Material + Oberfläche

best of DETAIL

Materials + Finishes

Edition DETAIL

Impressum • *Credits*

Diese Veröffentlichung basiert auf Beiträgen, die in den Jahren 2011 bis 2016 in der Fachzeitschrift **DETAIL** erschienen sind.
This publication is based on articles published in the journal **DETAIL** *between 2011 and 2016.*

Redaktion • *Editors*:
Christian Schittich (Chefredakteur • *Editor-in-Chief)*
Steffi Lenzen (Projektleitung • *Project Manager)*; Heike Messemer, Jana Rackwitz

Lektorat deutsch • *Proofreading (German)*:
Melanie Zumbansen, München

Lektorat englisch • *Proofreading (English)*:
Stefan Widdess, Berlin

Zeichnungen • *Drawings*:
Institut für internationale Architektur-Dokumentation GmbH & Co. KG, München

Herstellung/DTP • *Production/layout*:
Simone Soesters

Druck und Bindung • *Printing and binding*:
Kessler Druck + Medien, Bobingen

Herausgeber • *Publisher*:
Institut für internationale Architektur-Dokumentation GmbH & Co. KG, München
www.detail.de

Bibliografische Information der Deutschen Nationalbibliothek
Die Deutsche Nationalbibliothek verzeichnet diese Publikation in der Deutschen Nationalbibliografie; detaillierte bibliografische Daten sind im Internet über <http://dnb.d-nb.de> abrufbar.

Bibliographic information published by the German National Library
The German National Library lists this publication in the Deutsche Nationalbibliografie; detailed bibliographic data is available on the Internet at <http://dnb.d-nb.de>.

ISBN 978-3-95553-322-9 (Print)
ISBN 978-3-95553-323-6 (E-Book)
ISBN 978-3-95553-324-3 (Bundle)

FSC www.fsc.org
MIX
Papier aus verantwortungsvollen Quellen
FSC® C004192

FSC www.fsc.org
MIX
Paper from responsible sources
FSC® C004192

Inhalt • *Contents*

theorie + wissen • *theory + knowledge*

projektbeispiele • *case studies*

anhang • *appendices*

Vorwort • *Preface*

Materialien und deren Oberflächen verleihen Bauwerken und Innenräumen ihren unverwechselbaren Charakter. Aber nach welchen Kriterien treffen Architekten die Entscheidung für oder gegen ein bestimmtes Material? Wie finden sie sich im unendlich erscheinenden Angebot zurecht? Die Materialwahl erfolgt heute meist völlig losgelöst von lokalen Gegebenheiten und Traditionen, auch konstruktive Anforderungen schränken die Auswahl in der Regel kaum ein.
Diese Publikation aus der Reihe »best of DETAIL« bietet Orientierung. Sie zeigt verschiedene Herangehensweisen renommierter Architekturbüros an die Materialwahl, sie liefert Einblicke in Materialforschung und technische Innovationen, die zum Experimentieren einladen. Nicht zuletzt die Vielzahl realisierter Architekturprojekte aus DETAIL-Veröffentlichungen der letzten fünf Jahre liefert diverse Inspirationen für die eigene Praxis.

Materials and their finishes lend buildings and interiors their distinctive characters. Yet, which criteria persuade architects to use or not use a particular material? How do they find the right one among a seamlessly endless array of materials? Today, material selection is usually kept completely separate from local conditions and traditions and is rarely restricted by design requirements.
This volume, part of the "best of DETAIL" series, provides guidance while presenting different approaches of renowned architecture firms in how they select materials. It also provides an insight into material research and technological innovations that are perfect for experimentation. Last but not least, several completed architectural projects from Detail publications from the past five years offer abundant inspiration for the reader's own work.

Die Redaktion / *The Editors*

theorie + wissen
theory + knowledge

Materialforschung bei OMA

Material Research at OMA

Christiane Sauer

1

Das Büro von Rem Koolhaas gilt als ein Wegbereiter für den innovativen Einsatz von Materialien. Bereits in frühen Bauten wie der 1992 entstandenen Kunsthalle in Rotterdam haben die Architekten industrielle Massenprodukte neu interpretiert, indem sie sie in einen neuen architektonischen Kontext setzten und mit klassischen Baumaterialien kombinierten. In dem Ausstellungsbau wurden beispielsweise Kunststoffplatten aus Polycarbonat klassischen, edlen Werkstoffen wie Sichtbeton und Holz collagenhaft gegenübergestellt.
Diese für die damalige Zeit radikalen ästhetischen Experimente gehören inzwischen zum allgemein akzeptierten und verbreiteten Vokabular der Architektur. Doch auch heute gilt das Büro mit Sitz in Rotterdam, New York, Peking und Hongkong immer noch als Inkubator für experimentelle Architektur- und Materialkonzepte.

Die Zentren der Entwicklungsarbeit: Materialbibliothek und Modellwerkstatt
Betritt man die Zentrale in Rotterdam, ist der erste Eindruck ein organisiertes Chaos: Die Entwürfe werden anhand unzähliger Modelle und Materialstudien entwickelt, die sich in den Regalen und auf den Tischen der Arbeitsbereiche stapeln. Mithilfe von Mustern und Mock-ups im Maßstab 1:1 testen die Mitarbeiter die reale Wirkung ihrer Entwürfe im Raum. Vor allem die inzwischen fast vierzig Meter lange Materialbibliothek ist während der Entwurfsphasen hoch frequentiert. Sie besteht aus fahrbaren Kompaktregalen, in denen sich Muster aller erdenklichen Materialien in jeglicher Größe finden, die irgendwann für bestimmte Projekte geordert wurden.
Trotz des bestehenden Ordnungssystems ist bei der Materialsuche oft genug der Zufallsfaktor entscheidend – man sucht etwas ganz Bestimmtes, das gerade nicht da ist, findet dann aber in den vollen Regalen unerwartet ein anderes Material, das ganz neue Perspektiven eröffnet. Im Laufe der Zeit und mit zunehmender Projektintensität tendiert das Materiallager dazu, sich über das gesamte Büro zu verteilen. Regelmäßig wird deshalb eine Sammelaktion gestartet, bei der alle Muster, die für die Allgemeinheit unauffindbar auf Schreibtische und Regale gewandert waren, ordentlich rücksortiert und somit für alle wieder nutzbar werden. Auch die gerade modernisierte Werkstatt steht ganz im Zeichen des Experiments. Der Fokus wird im Modellbau auf Material, Werkzeug und Verarbeitung gelegt. Statt einer digitalen High-Tech-Station wurde eine architektonische »Experimentierküche« alter Schule eingerichtet. Gerade die jungen Mitarbeiter des Büros sind aus ihrem Studium fast ausschließlich den Umgang mit computergesteuerten Modellbauverfahren wie Laserschneiden und Rapid Prototyping gewohnt. Im Gegensatz dazu wird in der neuen »Modellküche« wieder mit Cutter und Klebstoff gearbeitet und so der Weg für das Experiment geöffnet. »Ideen kann man nicht aus dem 3-D-Plotter drucken« sagt Chris van Duijn, Associate bei OMA, dessen Schwerpunkt unter anderem die Materialentwicklung im Entwurfsprozess ist.

Anleihe bei der Verpackungsindustrie: der »Prada Transformer«
Chris van Duijn weiß, wovon er spricht, denn er war an der Planung vieler Gebäude des Büros beteiligt, bei denen Materialien auf experimentelle Weise eingesetzt oder projektspezifisch neu entwickelt wurden. Ein Beispiel ist der »Transformer«, ein temporärer Ausstellungspavillon für Prada in Seoul. Der geometrische Körper, dessen Seiten zwischen den Formen eines Rechtecks, Sechsecks, Kreises und Kreuzes wechseln, besteht aus einem inneren Stahlgerüst und lässt sich je nach Nutzung wie ein überdimensionierter Würfel drehen.
Für die Hülle suchten die Architekten ein flexibles und beständiges Material, das sich der komplexen Form optimal anpasst. Fündig wurde man schließlich in der Verpackungsindustrie. Wind- und wasserfeste PVC-Folien, die zum Schutz von hochwertigen Maschinenbauteilen oder Flugzeugen bei Transport oder Lagerung verwendet werden, erhielten hier einen neuen Einsatz-

2

1 Blick in das Büro von OMA in Rotterdam
2 Nachtaufnahme des »Prada Transformer«. Durch die transluzente Folienbespannung hindurch ist die Stahlkonstruktion deutlich ablesbar.
3 Modellfoto des Ausstellungspavillons
4 Nahaufnahme der PVC-Membranhülle beim Aufbau des Pavillons. Mithilfe von Kränen kann der »Prada Transformer« wie ein gigantischer Würfel gedreht werden.
5 Innenraum des Pavillons

1 View of the office of OMA in Rotterdam
2 Night view of the "Prada Transformer". The steel construction can be seen clearly through the translucent foil cover.
3 Model photo of the exhibition pavilion
4 Close-up of the PVC membrane exterior during pavilion assembly. Cranes permit turning the "Prada Transformer" similarly to a giant cube.
5 Pavilion interior

3

4

zweck. Das synthetische Material wird im Sprühverfahren auf eine Unterkonstruktion aus streifenförmigen Elementen (z.B. Klebeband) oder Folie hergestellt und formt nach Trocknung eine stabile Oberfläche, die sich selbst komplexen Untergründen perfekt anpasst. Für die Anwendung als Gebäudehülle musste die Zusammensetzung des Materials adaptiert werden, um eine transluzente Optik und den notwendigen Brandschutz zu erreichen.
Die Modifikation von Materialien für einen neuen Kontext ist eine häufige Herangehensweise des Büros. Die Architekten arbeiten, wenn es um Innovationen geht, gerne mit kleineren mittelständischen Handwerksbetrieben zusammen, die flexible Firmenstrukturen mit flachen Hierarchien besitzen. Das ermöglicht direkte Kommunikation, schnelle Entscheidungen und auch Experimente. Im Laufe der inzwischen über zehnjährigen Kooperation mit Prada haben sich die Kontakte besonders zu italienischen Familienbetrieben verstärkt, die auf sehr hohem handwerklichen Niveau produzieren. Aber auch mit lokalen holländischen Spezialisten gibt es eine langjährige Zusammenarbeit, etwa mit der Werkstatt von Vincent de Rijk. Er baut seit zwanzig Jahren Modelle für OMA und hat als Kunststoffspezialist die Modellsprache des Büros mitgeprägt.

Projektspezifische Neuentwicklung: Kunststoffschaum für Prada
Auch der inzwischen fast legendäre »Prada-Schaum«, der für fahrbare Displaykuben des Prada Epicenter Store in New York entwickelt wurde, entstand zunächst in de Rijks Werkstatt. Ausgehend von einem schaumartigen Modellbaumaterial sollte dessen reale Umsetzung im Maßstab 1:1 gefunden werden. Um die beabsichtigte, großmaßstäbliche Schaumstruktur zu kreieren, wurden zunächst Luftballons als Negativform in eine Schalung gefüllt und eingegossen. In unzähligen Materialversuchen entstanden weitere Schäume aus Gips, Metall sowie harten und flexiblen Kunststoffen. Das Endergebnis war ein neues, parallel zum Gebäudeentwurf entwickeltes Produkt: Wandpaneele aus einer brandbeständigen Schaumstruktur auf Basis von Polyurethan in der Firmenfarbe »Prada-Grün«. Die Rechte dieser Entwicklung liegen zu gleichen Teilen bei Prada und OMA – so wird die Exklusivität gewahrt.
Derzeit plant OMA für den italienischen Modekonzern die Fondazione Prada, ein Ausstellungs- und Archivgebäude auf einem ehemaligen Industriegelände in Mailand. Auch hier ist die Entwicklung neuer Fassadenmaterialien in Arbeit. Mehrere Industriepartner entwickeln gemeinsam ein neues Produkt, das anschließend industriell vermarktet werden könnte. Auch Forschungsinstitute sind involviert: Gemeinsam mit dem Fraunhofer-Institut für Werkzeugmaschinen und Umformtechnik IWU in Chemnitz testet OMA Aluminiumschaum für die bauliche Anwendung. Der Vorteil des Materials liegt darin, dass es mit seiner stabilen Struktur statische Funktionen erfüllen kann und zugleich als Sichtoberfläche eine faszinierende Optik besitzt. In der Fondazione Prada dient der Aluminiumschaum als aussteifende Verkleidung der Tragkonstruktion und zugleich als fertige Wandoberfläche im Innenraum.

Bewährtes in neuem Kontext: die Fassade der Shenzhen Stock Exchange
Nicht immer sind technologische Neuentwicklungen erforderlich, um zu einer neuen Materialästhetik zu gelangen. Das im Sommer 2013 fertiggestellte, 256 m hohe Gebäude der Shenzhen Stock Exchange besteht aus einer ebenso simplen wie einprägsamen Geometrie: ein rechteckiger Turm mit Basis. Im Gegensatz zu herkömmlichen Hochhaustypologien ist die Basis hier jedoch um 36 m angehoben und bildet eine stützenfrei vom Turm auskragende Plattform. Dieser Einfachheit der Form setzt OMA ein subtiles Spiel der Fassadenoberflächen entgegen. Von weitem wirkt die Fassade der Plattform solide, grau und fast bleiern, was die klare Form und massive Wirkung des Gebäudes unterstreicht. Bei näherem Hinsehen entpuppt sie sich als

5

6

7

6 Kunststoffschaum für die Prada Epicenter Stores
7 Materialstudie des Aluminiumschaums für die Fondazione Prada, Mailand. Das Material dient dort als Wandverkleidung und zugleich zur Aussteifung der Tragstruktur.
8 Wandpaneele aus Kunststoffschaum im Prada Epicenter Store in Los Angeles
9 Modell der Fondazione Prada in Mailand (ausgestellt zur Architekturbiennale 2011 in der Ca' Corner della Regina in Venedig)
10 Shenzhen Stock Exchange: Fassadenausschnitt

Christiane Sauer ist Architektin und Materialspezialistin. Sie leitet seit 2001 das Formade – Büro für Architektur und Material in Berlin. Zuvor war sie für internationale Büros wie OMA, David Chipperfield Architects oder FACE Design NYC tätig. Seit 2013 ist Christiane Sauer Professorin für Textil- und Flächendesign an der Kunsthochschule Weißensee in Berlin.

schimmernde, teilweise sogar transluzente Hülle. Die Tragkonstruktion aus Stahl wurde mit reflektiv beschichteten und grau bedruckten Gläsern umkleidet. Sie verleihen dem stützenden Raster eine unerwartete Tiefe und spiegeln das Licht sowohl im Innen- als auch im Außenraum auf kristalline Weise. Das klassische Baumaterial Glas entfaltet in diesem Zusammenhang eine ungewohnte Wirkung, die zwischen Massivität und Leichtigkeit oszilliert.
Wie in diesem Beispiel ist die Materialwahl bei OMA immer eng mit dem Gesamtkonzept der Gebäude verknüpft – dies jedoch nicht als bloße Wiederholung einer Idee, sondern als ein dialogischer Prozess. Das Zufallsmoment oder »organisierte Chaos« spielt nicht nur in der Arbeitsweise des Büros eine wichtige Rolle, sondern lässt sich auch aus den wunderbar überraschenden Momenten der fertigen Gebäude ablesen, die Brüche zulassen und Widersprüche herausfordern und daraus ihre ganz eigene Identität kreieren. DETAIL 11/2013

Rem Koolhaas and his office are considered pioneers in the innovative use of materials. Early projects demonstrate how the architects began to reinterpret industrial, mass produced items by placing them within a new, architectural context and combining them with classic construction materials. One example is the Kunsthal in Rotterdam, completed in 1992. In this exhibition building plastic panels made of polycarbonate, for instance, were juxtaposed with classic, high-quality materials such as exposed concrete and wood, similar to a collage. In the meantime these aesthetic experiments, considered radical back then, have become part of the commonly accepted and applied architectural vocabulary. To this day the firm, with offices in Rotterdam, New York, Beijing and Hong Kong, is still considered an incubator for experimental architectural and material concepts.
Upon entering the headquarters in Rotterdam, the first impression is organised chaos: Designs are developed via countless models and material studies that pile up along the shelves and the desks of the workspaces. By use of samples and full-scale mock-ups, the office staff tests the real-life impression of their designs within the environment. Most of all, the sample library, by now having reached a length of almost forty meters, is highly frequented within the design phases. It consists of portable compact storage units that house samples of all conceivable materials and in any possible size and that were ordered for particular projects at some point in time. Despite this existing filing system, when looking for certain materials the element of chance prevails more often than not – you look for something specific that doesn't happen to be there at that moment. But, within the stuffed shelves, you unexpectedly find a different material that opens up entirely new perspectives. In the course of time and during increasing project intensity, the sample library tends to scatter across the entire office. For this purpose, its bits and pieces are reassembled in regular intervals. All samples that become impossible to find for the office staff and are distributed across desks and shelves are returned in an orderly fashion, and thus, become accessible to all once again. In addition, the workshop has just been modernised and is entirely in the service of experimentation. The focus in model building is on material, tools, and craftsmanship. Instead of a digital high-tech station, an old-fashioned architectural "experimental laboratory" was set up. Since their student days, particularly the younger office members are almost exclusively used to working with computer-controlled model building techniques such as laser cutting and rapid prototyping. Within the new "model lab" the opposite takes place. People work with cutters and paste, thus paving the way for experimentation. "Ideas can't be printed by a 3D plotter", according to OMA Associate Chris van Duijn, among other things responsible for material development within the design process. Chris van Duijn knows what he is talking about. He was involved in the planning of numerous buildings that employed materials in an experimental way or made use of materials that were newly developed specifically for the

8

9

6 Plastic foam for the Prada Epicenter Stores
7 Material study of the aluminium foam for the Fondazione Prada, Milan. The material is intended for use as wall paneling and at the same time for stiffening the load-bearing structure.
8 Wall panel made of plastic foam in the Prada Epicenter Store in Los Angeles
9 Model of the Fondazione Prada in Milan (exhibited during the Architecture Biennale 2011 in the Ca' Corner della Regina in Venice)
10 Shenzhen Stock Exchange: facade detail

Christiane Sauer is an architect and material specialist. She heads "Formade", an office for architecture and material situated in Berlin. Until 2001 she worked for international offices such as OMA, David Chipperfield Architects or FACE Design NYC. In 2013 Christiane Sauer became Professor for Textile and Surface Design at the Weißensee School of Art in Berlin.

project. One example is the "Transformer", a temporary pavilion for Prada in Seoul. This geometric body has alternating sides comprised of rectangles, hexagons, circles and crosses. It consists of an interior steel frame and can be turned according to use, similar to an oversized dice cube.

For the building envelope, the architects wanted a flexible and durable material that could adapt to the complex form in an optimal way. Eventually, they found what they were looking for in an industry branch unrelated to architecture, the packaging industry. Wind- and waterproof PVC-foil that finds use as protective material for transport and storage of machine components or airplanes received a new function within this project. The synthetic material is sprayed onto a substrate made of strips (e.g. adhesive tape) or foil and forms a stable surface after drying that adapts perfectly to even highly complex surfaces. For use as a building envelope, the composition of the material had to be modified to achieve a translucent visual impression and the required fireproofing. Modification of materials for a new context is a common practice in the office, and the architects enjoy cooperating with small businesses and craftsmen within flexible company structures and flat hierarchies, which supports innovation. This enables direct communication and fast decision-making, as well as experimentation. In the course of the decade-long cooperation with Prada, contacts particularly with Italian family businesses that create products at a very high level of craftsmanship have increased. However, there are long-time cooperations with local Dutch specialists as well, such as the workshop of Vincent de Rijk. He has been building models for OMA for the past twenty years. Specialised in plastic, he has been influential in the way the office approaches model building.

The by now almost legendary "Prada-foam" developed for mobile display cubes in the Prada Epicenter Store in New York was first created in de Rijk's workshop. Originating in a foam-like model building material, its transformation into real life began with a full-scale model. Initially, in order to create the intended large-size foam structure, balloons as negative were placed into formwork and cast. In countless material tests, other foam types made of plaster, metal, as well as hard and malleable types of plastic were created. The final product was something new and developed in parallel with the building design: wall panelling made of a fireproof foam structure based on polyurethane in the company's colour, "Prada Green". The copyrights for this development are owned to equal parts by Prada and OMA – thus, exclusiveness is guaranteed.

Currently, OMA is designing the Fondazione Prada for the Italian fashion firm, an exhibition and archive building situated on a former industrial site in Milan. The development of new facade materials is in the works here as well. A number of industry partners are collaboratively developing a new product that may successively be mass-produced and marketed. Research institutions are involved as well: in collaboration with the Fraunhofer Institute for Machine Tools and Forming Technology IWU in Chemnitz, Germany, OMA is currently testing aluminium foam for building applications. The material's advantage is that its stable structure meets load-bearing requirements. At the same time, its surface appears visually fascinating. In the Fondazione Prada, the aluminium foam will serve as stiff cladding for the load-bearing structure and at the same time provide a finished wall surface facing the interiors.

These examples and others such as the Shenzhen Stock Exchange building show how the way OMA selects materials is always closely related to the overall concept of the building – yet not as a simple repetition of an idea, but within a process that equals a dialogue. The element of chance or the "organised chaos" not only plays an important role in the way the office works. It can also be recognised within the wonderfully surprising moments created by the completed buildings that allow for discontinuities and provoke contradictions, and thus, create their very own identity.

10

Sichtbeton – Sinnlichkeit und Ästhetik

Material and Aesthetic Properties of Exposed Concrete

Roland Pawlitschko

1

Unser Verhältnis zu Sichtbeton ist ambivalent. Einerseits prägen gedankenlos hinbetonierte und im Lauf der Zeit mehr oder weniger unkontrolliert verwitternde Plattenbauten, Verkehrsbauwerke, Tiefgaragen, Stützwände etc. die öffentliche Wahrnehmung. Auf der anderen Seite lässt sich beobachten, dass Sichtbeton als Stilmittel insbesondere im architektonischen Luxussegment immer selbstverständlicher wird: bei Einfamilienhäusern ebenso wie bei Hotels und Konzernzentralen.
Dass die Normalität im Umgang mit diesem Baustoff auch im Alltag zunimmt, davon zeugen unzählige neue Gebäude, die in aller Welt die einzigartige Kombination aus hervorragenden statischen und gestalterischen Eigenschaften räumlich und haptisch erfahrbar machen. Die folgenden Beispiele zeigen den spielerischen, baukünstlerischen, technisch-baukonstruktiven und wissenschaftlich-forschenden Umgang mit einem Material, dessen Möglichkeiten längst nicht erschöpft sind.

2

3

Versteinertes Holz
Gerade die Tatsache, dass sich Beton in beinahe jede beliebige Form gießen lässt, führt immer wieder zu erstaunlichen Ergebnissen. Nickisch Sano Walder Architekten beispielsweise haben in der Nähe des Graubündner Bergorts Flims ein Ferienhaus geplant, das – insbesondere im Winter, wenn es von Schnee bedeckt und umgeben ist – nur schwer als Neubau, ja noch nicht einmal als Betonbau zu erkennen ist (Abb. 1–3).
Auf den ersten Blick wirkt das für zwei Personen konzipierte »Refugi Lieptgas« wie eine gewöhnliche traditionelle Blockhütte aus Holz. Bei näherer Betrachtung zeigt sich jedoch, dass die Wände nicht aus ergrauten Rundhölzern bestehen, sondern den in Beton gegossenen Abdruck einer inzwischen abgerissenen Hütte zeigen. Diese Hütte diente einst als Unterkunft für Bergbauern, die in der auch heute noch direkt gegenüber gelegenen Holzhütte ihr Vieh untergebracht hatten.
Da sich das Ferienhaus in einem Gebiet außerhalb der gesetzlichen Bauzone befindet, galten strenge baurechtliche Auflagen. Beispielsweise war ein Neubau nur unter der Voraussetzung zulässig, dass die Form des neuen Hauses jener des alten entspricht – eine nicht näher definierte Aussage, die gewisse Interpretationsspielräume eröffnete. Da bereits die Holzhütte über einen Keller zur Käseherstellung und -lagerung verfügte und sich der ohnehin bereits kleine Innenraum des Ersatzneubaus durch die 60 cm starken Dämmbetonwände und -dachflächen weiter verkleinerte, erhielt der Bauherr die Möglichkeit, das am Rand eines schroffen Felsblocks platzierte Untergeschoss so zu vergrößern, dass das Ferienhaus heute eine Nettowohnfläche von immerhin insgesamt rund 35 m² aufweist – im Erdgeschoss befindet sich ein Wohnraum, im Untergeschoss ein Schlafraum mit Bad. Im Zuge der Bauarbeiten wurde das alte Blockhaus entkernt und für die Dauer der Bauarbeiten am Untergeschoss um einige Meter verrückt. Nachdem es wieder an den ursprünglichen Standort zurückversetzt war, wurden die inneren Schalwände platziert und die Fugen zwischen den Rundhölzern verschlossen, was sich wegen der unregelmäßigen Holzquerschnitte als nicht ganz einfach herausstellte. Ebenso herausfordernd war das Entfernen der gleichsam als verlorene Schalung dienenden Rundhölzer nach dem Aushärten des Betons. Um die Struktur nicht zu zerstören, wurden die Hölzer mit Motorsägen der Länge nach aufgesägt und die Stämme dann mit Schraubzwingen herausgebrochen. Da es dabei nur zu minimalen Beschädigungen des Betons kam, wirkt das Haus nun wie eine überdimensionale Versteinerung.

Monolithische Quader
Wie ein kubischer Kunstfels steht ein kleines Wohnhaus am Rand eines Skihangs im Vorarlberger Laternsertal (Abb. 4, 5). Dessen Bauherren äußerten im Vorfeld eigentlich nur zwei Wünsche: eine Natursteinfassade und eine Sonnenterrasse. Beide Anforderungen haben Marte.Marte Architekten, die für ihre Gebäude und Brücken in Sichtbeton weithin bekannt sind, nicht einfach umgesetzt, sondern respektvoll interpretiert. So entwarfen sie einen Kubus mit quadratischer Grundfläche, unregelmäßig gesetzten Fenstern, mittig ausgeschnittener Terrassen- bzw. Eingangsebene und monolithisch wirkender, in Wirklichkeit aber zweischaliger Gebäudehülle, die durch den sorgfältig gespitzten Beton an eine Natursteinfassade erinnert.
Zunächst wurde die innere Schale betoniert, wobei glatte Sperrholzplatten für eine samtige Sichtbetonoberfläche sorgen. Nachdem die druckfeste Kerndämmung und die Distanzhülsen aus Faserzement aufgebracht waren, erfolgte – unter Verwendung der be-

1–3 Ferienhaus »Refugi Lieptgas«, Flims 2013, Nickisch Sano Walder Architekten
4, 5 Wohnhaus, Laterns 2012, Marte.Marte Architekten

1–3 "Refugi Lieptgas" holiday house, Flims 2013, Nickisch Sano Walder Architects
4, 5 House, Laterns 2012, Marte.Marte Architects

4

stehenden Ankerlöcher der Innenschale – das Betonieren der anfänglich noch glatten Außenschale. Dem Beton wurden dunkle kantige Steine beigemischt, die Steinmetze mithilfe von Presslufthammern wieder zum Vorschein brachten. Insgesamt wurden rund 3 cm der Betonaußenfläche abgetragen, sodass am Ende eine gleichmäßig strukturierte Oberfläche entstand – an den Gebäudeecken in die Schalung eingelegte Profilleisten sorgen für präzise scharfe Kanten auch nach dem Spitzen. Anschließend erhielt die Außenwand im Spritzverfahren eine hydrophobierende Beschichtung, die einer feuchtigkeitsbedingten Verwitterung entgegenwirken soll.

Entsteht der monolithische Eindruck beim Haus in Laterns nicht zuletzt durch das Fehlen der für Betonwände charakteristischen Ankerlöcher (diese wurden mit »Zementstöpseln« verschlossen), erscheint der Erweiterungsbau des Sprengel Museums in Hannover vor allem wegen seiner auf 75 m Länge und 12 m Höhe reliefartig vor- und zurückspringenden Sichtbetonfassade als homogene Baumasse (Abb. 6).
Städtebaulich integriert sich der Neubau in Bezug auf seine Höhe und Ausrichtung in das Ensemble aus zwei Bestandsgebäuden der 1970er- bzw. 1990er-Jahre. Zugleich setzt der über einem Glassockel in Richtung Maschsee auskragende Betonquader aber auch ein selbstbewusstes eigenständiges Zeichen im Stadtbild. Die sich überlagernden, teilweise geschliffenen Bänder entstanden durch die fünf unterschiedlichen Wandstärken (25–48 cm) der vorgehängten Hülle aus anthrazitfarbenem, durchgefärbtem Ortbeton (Abb. 8).
Die lediglich von drei großen Fensterflächen durchbrochene Hermetik, für die der mit nur einer Dehnungsfuge realisierte Bau rasch den Spitznamen »Bunker«, »Sarg« oder »Brikett am Maschsee« erhielt, ist einerseits der Museumsnutzung geschuldet: Im Inneren befinden sich insgesamt zehn unterschiedlich große und hohe, nur von oben belichtete Ausstellungsräume, die so gegeneinander versetzt sind, dass sie gleichsam einen Reigen tanzen (Abb. 7). Andererseits spricht Markus Peter vom Architekturbüro Meili & Peter aus Zürich aber auch von der Aktivierung der »Ausdruckskunst des Reliefs«: Ähnlich wie etwa bei zahlreichen aktuellen Museumsneubauten tritt auch hier die baukünstlerische Gestaltung in den Vordergrund – indem die Gebäudehülle subtil auf das innere Raumgefüge verweist und nicht zum Selbstzweck wird, tritt sie dabei allerdings nicht in Konkurrenz zu den Exponaten.

5

Spiel der Strukturen
Die gestalterische Einheit zwischen innen und außen spielte bei einem von Wild Bär Heule Architekten in Uster bei Zürich realisierten Mehrfamilienhaus eine zentrale Rolle – hier in Form gleichmäßiger linearer Texturen (Abb. 9). Während die Innenräume über weiß gestrichenes Sichtmauerwerk (bei Außenwänden tragend, bei Innenwänden nichttragend) sowie einen sägerauen Parkettfußboden verfügen, erscheint die vorgehängte, vor Ort hergestellte Sichtbetonfassade größtenteils in Form einer feinen Rillenstruktur (Abb. 10).
Glatte und profilierte Betonflächen sind geschossweise übereck gegeneinander versetzt und gliedern zusammen mit großflächigen, ebenfalls wechselseitig angeordneten Fenstern den Baukörper. Für die texturierten Oberflächen verwendeten die Architekten

6

6–8 Erweiterungsbau Sprengel Museum Hannover, Hannover 2015, Meili & Peter Architekten
Grundriss Obergeschoss Maßstab 1:750

6–8 Extension Sprengel Museum Hanover, Hanover 2015, Meili & Peter Architects
upper floor plan scale 1:750

standardmäßig bei Tiefbauprojekten verwendete Styropor-Matrizen mit vertikaler Rillenstruktur. Bevor die geschosshohen, ca. 60 cm breiten und 2,5 cm dicken Matrizen in die Schalung eingelegt wurden, erhielten sie in einer Presse horizontale Furchen, die sich heute als erhabene Punktlinien im Beton abzeichnen. Zusätzliche Plastizität erlangte die Fassade dadurch, dass die texturierten Wandflächen – im Vergleich zu den glatt geschalten Flächen – um die Materialstärke der Matrizen zurückspringen. Ergänzt wird dieses Spiel der Strukturen um textile Sonnenschutzrollos, deren ornamentale Stickereien lebhafte Schattenbilder in die Innenräume werfen.

Geschichte in Beton

Als sich die Architekten des kanadischen Büros Kanva mit der Geschichte des Baugrunds für das neue Studentenwohnheim »Edison Residence« in Montreal beschäftigten, stießen sie auf historische Filmaufnahmen, die vor gut 100 Jahren mit einer einst von Edison entwickelten Kamera gedreht wurden. Mit dem Ziel, einzelne Sequenzen dieses Films zu neuem Leben zu erwecken, entstanden gravierte Betonfertigteile, die nun die ganze Fassadenfläche bekleiden (Abb. 12, 13).

Für deren Herstellung scannte der deutsche Betonspezialist Reckli die ausgewählten Bildvorlagen zunächst ein, verwandelte sie in Dateien mit 256 Graustufen und fräste sie dann mit einer CNC-Fräse in einen Plattenwerkstoff (Abb. 11). Dieses Positivmodell diente anschließend als Vorlage für elastische, mehrfach verwendbare Fotogravur-Matrizen, die vor dem Betonieren in die Schalung einzulegen waren, um die jeweils bildgebenden Oberflächenstrukturen zu erzeugen. Durch das bewegte Licht- und Schattenspiel sind die durch die feinen Reliefs entstehenden Bilder vor allem aus der Nähe überraschend deutlich erkennbar. Wie kaum eine andere Beton-Bearbeitungsmethode zeigt die Betongravur, wie groß das gestalterische Potenzial bei der flächigen Bearbeitung dieses Baustoffs ist. Weitere Spielräume eröffnen sich, wenn Beton zu feingliedrigen Strukturen aufgelöst wird, die z. B. aus ultrahochfestem Beton bestehen.

Gitternetzstrukturen

Nach den frei geformten Gitternetzpaneelen beim MuCEM (»Musée des Civilisations de l'Europe et de la Méditerranée«, siehe DETAIL 11/2013) zeigt der französische Architekt Rudy Ricciotti mit der rund 21 000 m² großen vorgefertigten Hülle des Pariser »Stade Jean-Bouin« (Abb. 14) ein weiteres Mal, wie filigran Betonbauteile sein können.

Die sanft geschwungene Gebäudehülle des rund 20 000 Zuschauer fassenden Stadions besteht aus insgesamt 3700 dreieckigen, liegend an einer bogenförmigen Stahlkonstruktion montierten Gitternetzpaneelen aus ultrahochfestem Beton: 1600 Fassadenelemente und 1900 Dachelemente – in der Dachfläche kommen erstmals in den Beton integrierte Festverglasungen zum Einsatz. Die unregelmäßige, zweifach gekrümmte Gitternetzstruktur definiert die Gebäudeform, lässt Licht und Luft in die umlaufenden Erschließungsbereiche und sorgt zudem für eine Kleinteiligkeit, die das am Rand eines Wohngebiets platzierte Stadion in sein Umfeld integriert.

Ein weiteres aktuelles Beispiel einer in eine Beton-Netzstruktur aufgelösten Fassade ist der vom Mailänder Studio Nemesi für das Gelände der Expo 2015 entworfenen Palazzo Italia – der einzige Pavillon, der am Ende nicht wieder rückgebaut wurde. Die rund 9000 m² große, auf der Idee eines »urbanen Waldes« basierende Gebäudehülle besteht aus 750, ca. 4 × 4 m großen Betonpaneelen, die sich zu einer verästelten, nach oben stetig lichter werdenden Struktur fügen (Abb. 15). Zum Einsatz kam ein mit Marmormehl weiß gefärbter, »biodynamischer Beton«, dessen beigemengter photokatalytischer Zement beim Kontakt mit Sonnenlicht dafür sorgt, Luftverschmutzungen wie z. B. Stickoxide aus der Luft zu binden und in ungefährliche Salze umzuwandeln, die dann mit dem Regen abgewaschen werden. Dieser eigens entwickelte Beton besteht zu 80 % aus recycelten Zuschlagsstoffen und ist zudem besonders flüssig, sodass sich damit sowohl sehr komplexe als auch feingliedrige Strukturen realisieren lassen.

Poesie und Vielfalt

Die von Architekten, Ingenieuren sowie Betonherstellern immer wieder neu entwickelten Betonlösungen veranschaulichen, wie vielfältig die technischen und gestalterischen Potenziale dieses Materials sind. »Der armierte Beton ist das schönste Baumaterial, das die Menschheit bis zum heutigen Tage geschaffen hat«, schrieb einst der Bauingenieur Pier Luigi Nervi. Eine Einschätzung, die bis heute durchaus nachvollziehbar ist – zumindest, wenn man dabei an Projekte denkt, bei denen sich die Planer dem Material neugierig, experimentierfreudig und mit viel Feingefühl annähern.
DETAIL 04/2016

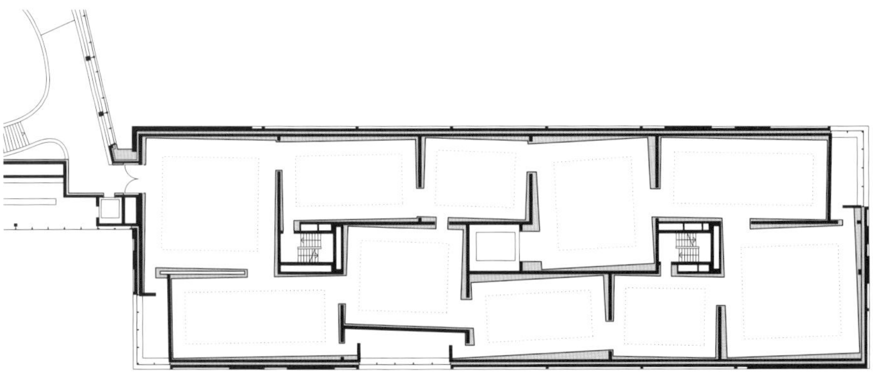

7

8

9, 10 Wohnhaus, Uster 2014, wild bär heule architekten
11–13 Studentenwohnheim »Edison Residence«, Montreal 2014, KANVA

9, 10 Housing development, Uster 2014, wild bär heule architects
11–13 'Edison Residence', student housing, Montreal 2014, KANVA

9

10

Our relationship to exposed concrete is ambivalent. On the one hand, public awareness of the material is shaped by thoughtlessly created structures that are subject to the uncontrolled effects of weathering. On the other hand, exposed concrete is clearly being used as a stylistic element, especially in the luxury or prestige sector of architecture, whether for single-family houses, hotels or company headquarters.
The fact that a certain normalisation and acceptance is taking place in attitudes towards the use of this material is demonstrated by the innumerable new buildings being created throughout the world that reveal the outstanding structural and design properties concrete possesses, both spatially and in haptic form. The examples below show a multifaceted, often playful, approach to this material in terms of building art, technical construction and scientific research – and its scope is by no means exhausted.

Petrified timber
Frequently the versatility of concrete – the fact that it can be cast in almost any desired form – leads to astonishing results. For example, Nickisch Sano Walder Architects designed a holiday house for two people near the mountain resort of Flims in Graubünden, Switzerland. It is scarcely recognisable as a new development, let alone a concrete structure, particularly in winter, when it is enveloped in snow (ills. 1–3). At first sight, this "Refugi Lieptgas" looks like a traditional log cabin. On closer inspection, however, the walls do not consist of silvery tree trunks stacked on top of each other, but are a grey concrete replica of a hut that has since been demolished. The cabin once served as a shelter for mountain farmers who still keep their livestock in a timber hut directly opposite. Since the holiday home stands in an area outside the statutory building zone, strict planning and construction laws had to be observed. For example, the new structure was permitted only on condition that it corresponded in form to the previous house – a requirement that was not more closely defined and that allowed scope for interpretation. The

11

12

original log cabin had a cellar space for the production and storage of cheese, and since the small internal space of the new house was reduced even further by the 60 cm insulated concrete walls and roof, the client was allowed to enlarge the cellar (situated on the edge of a steep rock) in such a way that the cabin now has a net living area of approximately 35 m². The ground floor contains the living space, and on the lower level are a bedroom and bathroom.
The old cabin was gutted and moved during the construction work. After being restored to its former position, the internal formwork was erected and the joints between the round timbers were closed. In view of their irregular cross sections, this was no easy matter. The removal of the logs after concreting also presented something of a challenge. In order not to destroy the structure, the timbers were cut along their length and subsequently broken out with clamps.

Monolithic cube

Close to a ski slope in the Laternser valley in Vorarlberg, Austria, stands a cubic structure not unlike an artificial rock (ills. 4, 5). The client expressed two prime wishes for the design: a natural stone facade and a sun terrace. Both were fulfilled by the architects, Marte.Marte, who are well known for their exposed concrete buildings and bridges. Here, they designed a cubic house based on a square plan, with a cut-out terrace and entrance level, an irregular arrangement of windows and an outer wall that appears to be monolithic but is, in fact, in a two-layer form of construction with carefully rough-hewn concrete that resembles stone masonry.
The inner concrete skin was cast first, using smooth plywood shuttering to achieve a velvety exposed finish. After the core insulation and the fibre-cement distance pieces had been fixed in position, the outer skin was constructed – initially with a smooth surface. Mixed in the concrete were dark, angular stones that were later revealed with jackhammers. Some 3 cm of the concrete outer face was removed, so that an evenly textured surface was achieved. Moulded strips inserted in the formwork at the corners of the building helped to ensure regular quoins even after the work to the face of the concrete had been executed. Finally, a water-repellent coating was spray-applied to the outer face in order to resist weathering caused by moisture.
If the monolithic appearance of the house in Laterns can be attributed to the absence of the anchor holes typically found in concrete walls (here they were closed with "cement stoppers"), the extension of the Sprengel Museum in Hanover is homogeneous above all on account of its relief-like exposed concrete facade, which extends over a length of 75 m and a height of 12 m (ill. 6). In terms of its dimensions, the new building is integrated into an existing ensemble, which consists of two structures dating from the 1970s and 1990s. The new concrete cube, projecting out from a glazed plinth and extending in the direction of Lake Masch, asserts itself in the urban surroundings. The irregular, partly sanded strips are the outcome of the five different thicknesses of the outer skin (25–48 cm), consisting of integrally pigmented, anthracite coloured in-situ concrete (ill. 8).
With its hermetic appearance, broken only by three large areas of fenestration and with only one expansion joint, the museum quickly acquired various nicknames, such as the "bunker", "coffin" and "briquette on Lake Masch". But the hermetic character of the building is also attributable to its use. Internally there are ten exhibition spaces of different areas and heights, daylighted from above and offset in such a way that they might almost seem to be revolving about each other. On the other hand, Markus Peter of the Zurich architects Meili & Peter speaks of an activation of the "expressive art of the relief". As in numerous contemporary museum structures, the design is brought out here by the way the outer skin makes subtle reference to the internal spatial structure (ill. 7); i.e. it is not just an end in itself that enters into competition with the exhibits.

Interplay of textures

The unity of design between interior and exterior also plays a central role in a housing development in Uster near Zurich designed by Wild Bär Heule Architects. In this case, the unity manifests itself in the form of regular linear textures (ill. 9). While the internal spaces are distinguished by white-painted exposed-brick walls (load-bearing externally, non-load-bearing internally) and by sawn wood flooring, the exposed-concrete curtain-wall facade, constructed on site, has a finely articulated ribbed texture for the most part (ill. 10).
Smooth and moulded concrete surfaces are offset to each other from floor to floor and at right angles to each other at the corners, articulating the volume of the building – in much the same way as the large areas of fenestration do. For the textured surfaces, the architects used polystyrene moulds with vertical channels (the type usually employed in engineering projects). Before the roughly 60 cm wide and 2.5 cm thick storey-height moulds were laid in the formwork, horizontal grooves were pressed into them. These are now visible as fine lines in the concrete. The three-dimensional quality of the facade was heightened by the fact that the textured wall sur-

13

14 *Jean-Bouin Stadium, Paris 2013, Rudy Ricciotti architecte*
15 *Palazzo Italia, Expo 2015, Milan, Studio Nemesi*

14 Stade Jean-Bouin, Paris 2013, Rudy Ricciotti architecte
15 Palazzo Italia, Expo 2015, Mailand, Studio Nemesi

14

faces – in contrast to the smooth areas – are recessed by the thickness of the moulds. This interplay of textures is complemented by textile sunshading blinds, the ornamental patterns on which cast lively shadows on the internal walls.

History in concrete

When the Canadian architects Kanva concerned themselves with the building site for the new Edison Residence student housing in Montreal, they came across historical film material shot more than a century ago with a camera developed by Edison. Precast concrete elements bearing engraved depictions of some of these film scenes were created and used to clad the entire facade (ills. 12–13). German concrete specialists Reckli scanned the selected images into data files with 256 shades of grey and then milled them into a slab material using CNC technology (ill. 11). This positive model ultimately served as a master pattern for the elastic templates that were laid in the formwork prior to concreting and that it was possible to use a number of times. The process of engraving concrete shows just how great the design potential is when treating the surface of this material. Further scope is revealed when it is used in finely articulated forms such as those that can be achieved with ultra-high-performance concrete (UHPC).

Gridded concrete panels

After the free forms of the gridded panels used in the Museum of European and Mediterranean Civilisations (MuCEM – see DETAIL 11/2013), the French architect Rudy Ricciotti demonstrated once again, with the roughly 21,000 m² prefabricated carcass of the Jean Bouin Stadium in Paris (ill. 14), the slender, filigree structures that can be created with concrete. The gently curving enclosure of the stadium comprises 3,700 triangular gridded panels in ultra-high-performance concrete assembled on a steel structure: 1,600 facade elements and 1,900 roof elements. For the first time, fixed glazing was integrated in the concrete roof elements.

Another example of a facade dissolved into a concrete gridded structure is that of the Palazzo Italia, created for the Expo 2015 site by the Nemesi Studio in Milan. This was the only pavilion that was not dismantled after the exposition. The roughly 9,000 m² building skin, based on the idea of an "urban forest", consists of approximately 750 concrete panels ca 4 × 4 m assembled to form a complex branching structure that becomes lighter and lighter towards the top (ill. 15). "Biodynamic concrete" – coloured white with marble powder – was used here. When subject to sunlight, the photocatalytic cement incorporated in this material helps to absorb air pollution such as nitrogen oxide and to transform it into harmless salts that are then washed out by the rain. Eighty per cent of this specially developed concrete consists of recycled additives. It is also cast in a very fluid state, so that complex, slender structures can be implemented with it.

Poetry and diversity

The ongoing development of new concrete mixes demonstrates just how diverse the technical and design potential of this material is. Pier Luigi Nervi once wrote that reinforced concrete was the finest building material man had ever created – an understandable statement if one considers all the projects in which planners have handled the material in an inquisitive, sensitive way and were willing to experiment with it.

15

Roland Pawlitschko ist Architekt, freier Autor, Redakteur und Architekturkritiker.

Roland Pawlitschko is an architect, author, editor and architectural critic.

Fasern neu gedacht – auf dem Weg zu einer werkstoffgerechten Konstruktionssprache

Fibres Rethought – Towards Novel Constructional Articulation

Jan Knippers, Achim Menges

1

Die Einführung grundlegend neuer Baumaterialien verläuft in der Architektur meist ähnlich: Zunächst werden sie als Ersatz für bekannte Baustoffe erprobt, bevor es in einer Experimentierphase zur Entwicklung werkstoffgerechter Konstruktionsformen kommt, die dann standardisiert und so schließlich zu einer neuen Regelbauweise werden. Gerade in der Zwischenphase, in der zwar schon erste Erfahrungen mit dem neuen Baustoff vorliegen, sich aber noch keine festen Vorstellungen hinsichtlich architektonischer Gestaltung oder technischer Umsetzung etabliert haben, entstehen häufig die spannendsten Konstruktionen.
Dies lässt sich besonders gut an der Entwicklung des Bauens mit Eisen zeigen. Sie beginnt gegen Ende des 18. Jahrhunderts nach einer Reihe von verheerenden Bränden in den großen britischen Spinnereien. Ein neuer, holzfreier Konstruktionstyp, bei dem die Holzbalken durch gusseiserne Träger und Stützen ersetzt werden, soll mehr Sicherheit schaffen. Architektonisch sichtbar wird diese neue Bauweise noch nicht. Auch im Brückenbau, der eine besondere Rolle bei der Entwicklung des Bauens mit dem neuen Werkstoff spielt, wird Eisen zunächst nur als Ersatz für Holz und Stein in Gewölbe- und Bogenkonstruktionen eingesetzt. Erst nach erfolgreicher Realisierung dieser ersten Projekte werden die ureigenen Möglichkeiten des Werkstoffs erkundet. Das Nichtvorhandensein festgefahrener Konventionen lässt dabei Bauwerke entstehen, die auch aus heutiger Sicht noch atemberaubend sind. Ein hervorragendes Beispiel sind die Gewächshäuser im englischen Bicton (Abb. 3). Der handwerkliche und experimentelle Zugang ermöglicht eine Überlagerung der Steifigkeit von Verglasung, Verkittung und Eisensprossen und damit eine faszinierende Leichtigkeit, Transparenz und räumliche Qualität.
Die ca. 25 Jahre später entstandenen Gewächshäuser in Kew Gardens (Abb. 4) zeigen dagegen bereits die hierarchische Anordnung von Hauptbögen und Nebenträgern, wie sie später bei allen großen Bahnhofs- und Ausstellungshallen zu sehen ist. Sie stehen damit an der Schwelle zur Etablierung des Bauens mit Eisen als Regelbauweise, womit Innovation zu Konvention wird. In der zweiten Hälfte des 19. Jahrhunderts führt dies zu standardisierten Hallen- und Brückentragwerken, die – festen Entwurfs-, Berechnungs- und Konstruktionsregeln folgend – immer wieder verwendet werden.

2

Faserverstärkte Kunststoffe

Übertragen auf Faserverbundwerkstoffe, d. h. in eine Kunststoffmatrix eingebettete Verstärkungsfasern, meist aus Glas oder Kohlenstoff, ließe sich sagen, dass wir uns heute immer noch ganz in der ersten Phase befinden, obwohl sie alles andere als neu sind. Bereits 1957 erfolgt mit dem Monsanto-Haus in Kalifornien der Bau eines ersten Musterhauses aus vorgefertigten Sandwichelementen mit einem Kern aus PUR-Schaum und Deckschichten aus glasfaserverstärktem Kunststoff (Abb. 1). Flexibilität der Nutzung, einfacher Standortwechsel und kostengünstiger Wohnraum waren die wesentlichen Argumente für diese Bauweise. In der Folge entstand eine Reihe von ähnlichen Musterhäusern aus Faserverbundwerkstoffen auf der ganzen Welt, deren Formensprache und konstruktiver Aufbau eine industrielle Produktion suggerieren. Tatsächlich wurden sie aber mit einfachsten handwerklichen Verfahren hergestellt.
Trotz des großen öffentlichen Interesses war diesen »Häusern der Zukunft« kein wirklicher Erfolg beschieden. Mitte der 1970er-Jahre war das Experimentieren mit Kunststoffbauten genauso schnell zu Ende wie es begonnen hatte. Fehlende Erfahrung bei der Planung sowie Mängel in der Ausführung verursachten häufig Schäden, die den faserverstärkten Kunststoffen den Ruf minderwertiger Materialien einbrachten. Hauptgrund dürfte aber gewesen sein, dass für eine sich zunehmend individualisierende Gesellschaft die einst so zukunftsweisende Idee einer industriell vorgefertigten Wohnzelle plötzlich veraltet schien. Zu sehr waren (und sind) Kunststoffe mit diesen Vorstellungen der Serialität behaftet, als dass sie eine Chance auf eine kontinuierliche architektonische Entwicklung gehabt hätten.
Als Ergebnis sind Faserverbundwerkstoffe in der Architektur heute auf ganz wenige Nischenbereiche beschränkt, obwohl sie in anderen Feldern, insbesondere dem Flugzeugbau, schon seit vielen Jahren für hochbeanspruchte und systemrelevante Komponenten eingesetzt werden. Nicht ganz zufällig ist daher, dass Faserverbundwerkstoffe häufig dann zum Einsatz kommen, wenn die Hochglanzästhetik des Automobil- oder Flugzeugbaus in die Architektur übertragen werden soll. Ein Beispiel hierfür ist die Fassadenverschattung des Kaufhauses Walbrook in London (Abb. 2). Hierbei werden nicht nur Formen und Oberflächen, sondern auch das Fertigungsverfahren, nämlich die Vakuuminfusion eines Handlaminats, aus dem Flugzeugbau übernommen. In diesem Einzelfall ist das überzeugend, für eine breite Anwendung in der Architektur aber sicher kein geeigneter Ansatz.
Vielmehr sind Verfahren erforderlich, die an die spezifischen Anforderungen der Archi-

1 Monsanto-House of the Future, Disneyland Resort Kalifornien 1957, Marvin Goody, Richard Hamilton
2 Kaufhaus »The Walbrook«, London 2010, Foster + Partners
3 Palmenhaus Bicton Gardens, Budleigh Salterton ca. 1825
4 Palmenhaus Kew Gardens, London 1848
5 ICD / ITKE Forschungspavillon, Stuttgart 2012

1 Monsanto House of the Future, Disneyland Resort California 1957, Marvin Goody, Richard Hamilton
2 The Walbrook department store, London 2010, Foster + Partners
3 Palm House, Bicton Gardens, Budleigh Salterton ca. 1825
4 Palm House, Kew Gardens, London 1848
5 ICD / ITKE research pavilion, Stuttgart 2012

3

4

tektur angepasst sind. Im Gegensatz zum Flugzeug- oder Automobilbau geht es meist um großformatige Unikate, für die der Formenbau nicht nur sehr aufwändig ist, sondern auch große Mengen an Reststoffen verursacht. Außerdem spielen Kriterien wie Robustheit während Herstellung und Nutzung eine große Rolle, während andere, wie z. B. höchste Anforderungen an die Fertigungstoleranzen oder mechanische Leistungsfähigkeit, eher nachrangig sind.

Forschungspavillon 2012
Mit dem ICD / ITKE Forschungspavillon 2012 (Abb. 5–7) begann die Serie von Demonstratorbauten, mit denen Ideen für baugerechte Verarbeitungsverfahren und materialangepasste Konstruktionsformen aus Faserverbundwerkstoffen vorgestellt werden sollten, die ohne aufwändigen Formenbau auskommen, und die aus architektonischer Sicht einen neuen Zugang zum »Selbstausdruck« des Materials ermöglichen. Von Beginn an wurden diese Projekte von der Analyse von Ideengebern aus der Natur begleitet. Ziel war dabei weniger der direkte Erkenntnistransfer aus der Biologie in die Architektur, sondern eher die Gegenüberstellung von Strukturbildungsprinzipien bzw. die Reflexion des eigenen Zugangs zum Entwerfen und Konstruieren. Während Baukonstruktionen auf Typologien beruhen, deren Geometrie und Funktionalität sich mathematisch beschreiben lassen, entstehen Strukturen der Natur in Selbstorganisationsprozessen, die sich typischen Ingenieurkriterien wie der Berechenbarkeit entziehen. Erstaunlicherweise bestehen fast alle tragenden Strukturen der Biologie aus gerade einmal vier Fasermaterialien: Zellulose in Pflanzen, Kollagen in Knochen, Chitin in Insektenpanzern und Spinnenseide. Gemeinsam ist diesen sehr unterschiedlichen Strukturen, dass sie die Fasern nutzen, um über Orientierung, Dichte und Schichtung fein abgestimmte Struktureigenschaften zu erzielen. Das Außenskelett des Hummers, das als biologisches Vorbild für den ICD / ITKE Forschungspavillon 2012 diente, besteht beispielsweise aus Chitinfasern, die schichtweise in eine Proteinmatrix eingelagert sind. Diese Einzelschichten sind in den harten Panzersegmenten und Scheren spiralförmig überlagert, da dort ein ungerichteter Lastabtrag gefordert ist. In den biegsamen Antennen und Gelenkmembranen sind die Fasern dagegen gerichtet angeordnet.
Dieses Grundprinzip der lokal angepassten Faserorientierung wurde abstrahiert und in einen architektonischen Demonstrator überführt. Hierfür wurde ein Verfahren entwickelt, das den Aufwand für den Formenbau auf ein Minimum reduziert, indem ein Roboter in Epoxidharz getränkte Fasern auf ein rotierendes Stahlgerüst ablegt (Abb. 6). Zunächst wurden mehrere Glasfaserschichten in unterschiedlicher Folge gewickelt, auf die dann die deutlich steiferen Kohlenstofffasern gelegt wurden. Nach dem Aushärten des Harzes wurde das Stahlgerüst entfernt, sodass eine reine Faserstruktur verblieb. Der Spannungs- und Verformungszustand ändert sich während des Wickelns und des sukzessiven Aushärtens des Harzes permanent. Dies muss vorab simuliert werden, damit die Faserschichten während des Wickelns stets mit Kontakt aufeinanderliegen und am Ende ein tragfähiges Laminat entsteht. Die Analyse erweitert sich also von der statischen Berechnung der fertigen Struktur hin zur Simulation des gesamten Prozesses, der Aufwand verschiebt sich von der Fertigung hin zu einer umfassenden Prozessplanung. Im Ergebnis entstand eine etwa 8 m weit spannende Struktur mit einer mittleren Stärke von 4,5 mm und einem Eigengewicht von etwa 320 kg, die ein halbes Jahr lang auf dem Innenstadtcampus der Universität Stuttgart zu besichtigen war. Insgesamt wurden rund 60 km Glasfasern und 30 km Kohlenstofffasern in 130 Stunden (reine Prozesszeit) mit dem Roboter gewickelt.

Forschungspavillon 2013–14
In einem nächsten Schritt wurde der Ansatz des kernlosen Wickelns zu einer modularen zweilagigen Struktur erweitert, um die Tragfähigkeit und Robustheit der Konstruktion zu

5

6 Fertigung ICD / ITKE Forschungspavillon 2012
7 gewickelte Oberfläche ICD / ITKE Forschungspavillon 2012
8 Vergleich der Deckflügel (Elytren) von nicht-flugfähigen (links) und flugfähigen Käfern
9 Herstellung einer der 36 Komponenten ICD / ITKE Forschungspavillon 2013–14
10 fertige Struktur ICD / ITKE Forschungspavillon 2013–14

6 Creating the ICD / ITKE research pavilion 2012
7 Coiled surface fibres of ICD / ITKE research pavilion 2012
8 Comparison of wing cases (elytra) of two beetles – one flightless (left), the other able to fly
9 Manufacturing one of the 36 components of the ICD / ITKE research pavilion 2013–14
10 Finished ICD / ITKE research pavilion 2013–14

6

erhöhen und die Vorfertigung weit spannender und frei geformter Strukturen zu ermöglichen. Als natürlicher Ideengeber dienten die Deckflügel von Käfern (Elytren), die die eigentlichen Flügel gegen mechanische Beschädigung schützen (Abb. 8). Sie bestehen aus zwei Schichten, die mit einer speziellen Faserarchitektur zu einer leichten und gleichzeitig robusten Schalenstruktur verbunden sind.
Auf den ICD / ITKE Forschungspavillon 2013–14 wurde dies übertragen, indem auf zwei steuerungstechnisch gekoppelte Roboter Rahmen montiert wurden, die sich jeweils individuell an unterschiedliche Modulabmessungen anpassen ließen (Abb. 9–10). Die Faserquelle war hierbei stationär zwischen den beiden Robotern positioniert. Zunächst wurden die nassen Glasfasern zu hyperbolischen Körpern gewickelt, auf die dann die ebenfalls nassen Kohlenstofffasern, den Hauptlastpfaden folgend, abgelegt wurden. Nach dem Aushärten des Harzes wurden die Elemente von den Rahmen abgenommen – die 36 geometrisch unterschiedlichen Module waren so leicht, dass eine Person sie ohne Probleme montieren und mit Schrauben verbinden konnte. Nachdem der Pavillon sechs Monate auf dem Innenstadtcampus der Universität Stuttgart stand, wurde er ein zweites Mal auf der Shanghai-Biennale in China aufgebaut.

Forschungspavillon 2014–15

Mit dem die Serie abschließenden ICD / ITKE Forschungspavillon 2014–15 (Abb. 12) sollte das Thema der Integration einer wasserdichten Hülle untersucht werden. Hierfür diente die Wasserspinne als Vorbild. Sie lebt in einer Luftblase unter Wasser, die sie von innen mit Fasern verstärkt. Dieser Ansatz wurde auf einen Fertigungsprozess übertragen, indem Fasern von innen auf eine pneumatisch vorgespannte ETFE-Folie abgelegt werden (Abb. 11). Die Anordnung der Fasern folgt innerhalb der vom Arbeitsraum des Roboters vorgegeben Grenzen einer Strukturoptimierung. Für die Fertigung musste eine Reihe von anspruchsvollen Prozessschritten gelöst werden, da der Roboter die Fasern nur mit begrenzter Kraft auf der nachgiebigen Folienhülle ablegen kann und sich deren Geometrie und Steifigkeit während des Prozesses ständig ändern. Ein integriertes Sensorsystem überwacht laufend die Anpresskraft des Roboters und passt seinen Pfad entsprechend an. Nach dem Aushärten der Fasern wurde der pneumatische Innendruck aus der Gesamtkonstruktion abgelassen. Die äußeren Lasten werden von da an allein über das druckbeanspruchte Fasergerüst getragen. Insgesamt wurden etwa 45 km vorimprägnierte Karbonfasern verwendet. Die Konstruktion wiegt bei einer Spannweite von etwa 7,5 m nur 260 kg.
Die im Rahmen dieser Projekte entwickelten robotischen Fertigungsverfahren resultieren in einem neuartigen Ausdruck der Tektonik und Materialität. Statt wie sonst Gewebematten werden hier Faserstränge verarbeitet – eine Technologie, die seit Neuestem auch der Automobilbau verfolgt. Dies vermeidet nicht nur den normalerweise anfallenden Mattenverschnitt, sondern ermöglicht auch einen lastangepassten Faserverlauf. Im Ergebnis führt dies bei allen drei Pavillons dazu, dass trotz Automatisierung die Herstellung an der Textur der Oberflächen deutlich ablesbar ist. Die drei Pavillons stehen damit den mit Matten verstärkten Elementen von Walbrook gewissermaßen diametral gegenüber. Dort sind die Oberflächen zwar von höchster Perfektion, die Herstellung erfolgte jedoch in unendlich vielen manuellen Arbeitsstunden.
Nicht alle, aber doch einige der hier gezeigten Ideen werden bereits in Folgeprojekten aufgegriffen. Ähnlich wie bei den frühen Konstruktionen aus Eisen ist die experimentelle Auseinandersetzung mit Fertigungsprozessen Ausgangspunkt der Entwicklung einer eigenen Konstruktionssprache. Im Ergebnis entstehen nicht nur hochleistungsfähige Strukturen, sondern auch Räume und Hüllen, die der Architektur neue Möglichkeiten jenseits gängiger Typologien und tradierter Tektonik eröffnen.
DETAIL 12/2015

7

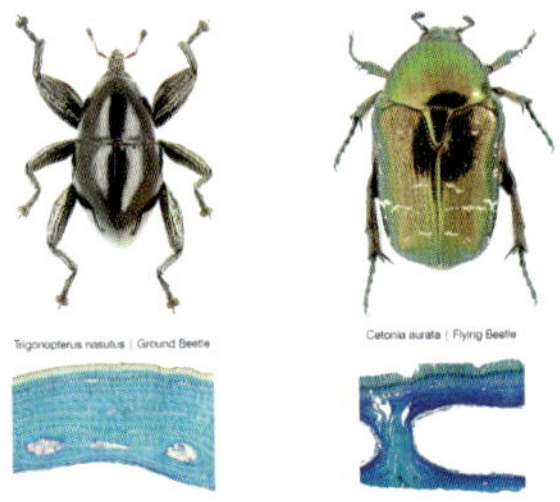

8

9

Jan Knippers ist Partner bei Knippers Helbig Advanced Engineering, Stuttgart, New York. Er leitet das Institut für Tragkonstruktionen und Konstruktives Entwerfen (ITKE) an der Universität Stuttgart.

Achim Menges ist Architekt und Leiter des Instituts für Computerbasiertes Entwerfen (ICD) an der Universität Stuttgart. Seit 2009 ist er Gastprofessor im Fachbereich Architektur an der Harvard University Graduate School of Design.

Jan Knippers is a partner of Knippers Helbig Advanced Engineering, Stuttgart, New York. He is also head of the Institute of Building Structures and Structural Design (ITKE) at Stuttgart University.

Achim Menges is an architect and head of the Institute for Computational Design (ICD) at Stuttgart University. In 2009, he became visiting professor in Architecture at Harvard University's Graduate School of Design.

The use of new materials in architecture generally follows a set pattern. Initially, they are employed as a replacement for existing materials. This is followed by an experimental phase in which suitable forms of construction are explored and eventually standardised. Often, the most striking forms are created at the intermediate stage, when no fixed design concepts exist and before innovation becomes convention. This is noticeable in the case of cast iron, which introduced a new age of construction towards the end of the 18th century, following a series of devastating fires in British cotton mills. In bridge structures, too, iron played an important role. At first, it was seen simply as a substitute for timber and stone in arched forms of construction. Only after the successful implementation of early projects was the potential of the material fully investigated. The absence of fixed conventions allowed structures to be created that are breathtaking to this day. An outstanding example are the greenhouses in Bicton, England (ill. 3). The greenhouses in Kew Gardens (ill. 4), erected some 25 years later, already reveal the hierarchic arrangement of main arches and secondary beams as they were later used in all large stations and exhibition halls.
Applying these insights to composite fibre materials – reinforcing fibres embedded in a plastic matrix such as glass or carbon – one could say that we are still very much in the initial phase today, even though one of the first buildings was the Monsanto House in California, dating from 1957 (ill. 1). This consists of prefabricated sandwich elements with a polyurethane-foam core covered with glass-fibre-reinforced layers of plastic. A whole series of prototypical buildings of this type followed around the world. Their formal language and constructional principles suggest industrial production, but in fact they were built according to simple craft methods. Despite enormous public interest, however, these "houses of the future" were not a real success. By the middle of the 1970s, experiments with plastic structures had come to an end. Lack of experience in the planning and shortcomings in the execution frequently resulted in defects. In addition, synthetic materials became associated with serial production and were not attactive for a society that increasingly valued individualism.
As a result, the use of composite fibre materials in architecture is restricted to a few marginal areas, in particular, where the aim is to apply the slick aesthetic of automobiles or aircraft. One example of this is the facade shading of the Walbrook department store in London (ill. 2), where the vacuum-infusion techniques of laminates from aircraft construction were successfully used.
With the 2012 research pavilion of the Institute for Computational Design (ICD) and the Institute of Building Structures and Structural Design (ITKE) (ills. 5–7), a series of demonstrator buildings was launched with the idea of presenting working processes that use composite fibre materials. From the outset, these projects were accompanied by an analysis of biological structures and processes from the world of nature, from which the basic ideas were drawn. The aim was not so much a direct application of biological insights to architecture as a comparison of the principles underlying the creation of structural forms. Surprisingly, nearly all load-bearing structures in biology are fibre composites, but nature uses only four basic fibrous materials for this: cellulose in plants, collagen in bones, chitin in the exoskeletons of insects, and spider silk. A common feature of these quite different structural systems is that they all use fibres to finely tune the structural performance through changes in fibre arrangement, density and orientation. The exoskeleton of the lobster, which served as a model for the ICD / ITKE research pavilion of 2012, consists of layers of chitin fibres in a protein matrix. In the outer shell and claws of the lobster, the individual layers are arranged

10

11

11, 12 ICD/ITKE Forschungspavillon 2014–15
11 schematisch dargestellter Fertigungsprozess von links nach rechts:
pneumatisch gestützte Form, ablegen der harzgetränkten Karbonfasern auf der ETFE-Hülle, Karbonschale nach Ablassen des Überdrucks

11, 12 ICD/ITKE research pavilion 2014–15
11 Diagram of the production sequence from left to right: pneumatic formwork, placement of pre-impregnated carbon fibres on the ETFE membrane, carbonshell after deflation

in spiral form, since a non-directional transfer of loads is required here. In the flexible antennae and synovial membranes, on the other hand, the fibres are laid out directionally.
This basic principle of locally adapted fibre orientation was applied in the architecture of the pavilion. A procedure was developed that reduced to a minimum the complexity and expense of creating the form. A robot was used to lay fibres soaked in epoxy resin on a rotating steel frame (ill. 6). A number of glass-fibre layers were applied in different arrangements, and the much stiffer carbon fibres were wound on top of these. After the resin had hardened, the frame was removed, leaving a structure consisting solely of the fibres. During the coiling process and hardening of the resin, the layers are subject to constant deformation, which has to be simulated in advance so that the layers remain in contact with each other and create a load-bearing laminate. The outcome was a structure with a mean thickness of 4.5 mm, a span of about eight metres and a weight of roughly 320 kg. This stood on the campus of Stuttgart University for approximately six months. Altogether some 60 km of glass fibre and 30 km of carbon fibre were wound by the robot in ca 130 hours.
In the next stage, the concept was extended to a modular, two-layer structure in order to increase the load-bearing capacity of the construction and to make it more robust. Here, the elytron or wing case of a beetle provided the basic idea (ill. 8). This was applied in the ICD / ITKE research pavilion dating from 2013–14 (ills. 9–10). In this development, frames were mounted on two collaborating robots. The frames could be adapted individually to different modular dimensions. In this case, the fibre was emitted from a stationary source between the two robots. The soft glass fibres were first wound to create hyperbolic forms on which the soft carbon fibres were then laid in the main force lines. After the resin had hardened, the elements were removed from the frames. The 36 different geometric modules were so light that it was possible for a single person to assemble them.
The series of ICD / ITKE research pavilions was concluded in 2014–15 (ill. 12). In this final project, a watertight outer skin was investigated. The model here was derived from the water spider, which lives underwater in an air bubble. Fibres were laid on the inside of a pneumatically prestressed ETFE membrane (ill. 11). The arrangement of the fibres served to optimise the structural properties. The robot could lay the fibres only with restricted pressure, since the membrane is pliable and its geometry constantly changes during the process, which required constant monitoring by pressure sensors and real-time reaction by the robot. After the fibres had hardened, the pneumatic internal pressure was released from the structure. Once the construction of the fibre framework is complete it works as a compression shell. Here, approximately 45 km of impregnated carbon fibres were used. With a span of ca 7.5 m, the structure weighs only 260 kg.
The robot production systems developed in these projects have led to a new expression of tectonic and material attributes. In recent times, a similar fibre technology has been applied in the car industry. This not only helps to avoid the offcuts that occur with other materials, like matting. It also results in a fibre layout that is adapted to the loads. In the three pavilions, the form of production is legible in the surface texture.
Some of the ideas presented here will be pursued in other projects. As with earlier cast-iron structures, the experimental exploration of manufacturing processes was the starting point for the development of a new and individual constructional language. The outcome has been the creation of highly efficient structures, as well as spaces and enclosures that afford architecture new scope to go beyond familiar typologies and forms of design.

12 

Transparenz und Tranzluzenz – aktuelle Materialentwicklungen

Transparency and Translucence – Developments in Construction Materials

Frank Kaltenbach
Roland Pawlitschko

1

2

Noch heute verbreiten traditionelle japanische Schiebewände aus sinnlich strukturiertem Reispapier einen geheimnisvollen Charme. Im westlichen Kulturkreis sind maximale Transparenz und die Möglichkeit, sich dennoch nach außen abzuschirmen, seit Anfang des 20. Jahrhunderts untrennbar vom Ideal fließender offener Räume: Lediglich ein um die Gebäudeecke laufender Vorhang bildete den Raumabschluss des Space House von Friedrich Kiesler aus dem Jahr 1933, Frank Lloyd Wright arbeitete bereits 1944 bei seinem Johnson Wax-Gebäude mit Trennwänden und Fensterbändern aus horizontalen Glasrohren, und Philip Johnson errang mit seinem rundum einfachverglasten Glass House 1949 Weltruhm. Bei all ihrer Faszination halten diese Konstruktionen aus heutiger Sicht oft den Sicherheitsstandards nicht mehr stand, sind empfindlich gegen Verschmutzungen und Beschädigungen oder bauphysikalisch problematisch. Im Wettbewerb um zeitgemäße transparente und transluzente Materialien, Bauteile und Konstruktionen entwickeln Ingenieure und Materialwissenschaftler in Industrie und Forschung ihre Produkte ständig weiter. Neu ist, dass die Schranken der strikten Trennung von Gläsern, Kunststoffen, Metallen und selbst Beton oder Holz überschritten werden. Auch die klassische Trennung der Funktionen Durchblick und Sichtschutz in die Bauteile Fenster und Vorhang wird zunehmend von integrierten Komplettlösungen abgelöst oder mit Zusatzfunktionen versehen: zur besseren Raumakustik, zur Gewinnung von Strom- oder Wärmeenergie oder als Informationsträger bzw. Medienfassade. Vorhänge werden nicht mehr vor Fenster gehängt, sondern zwischen Gläser einlaminiert, bei faserverstärkten Kunststoffen als Matrix in Kunstharz eingegossen oder in ein Fassadenelement mit konditioniertem staubfreien Zwischenraum integriert (Abb. 1). Gewebt und gewickelt werden nicht nur Stoffe, sondern auch Metallfäden oder in Harz getauchte Glasfasern, die im Verbund mit Kohlefasern eine neue Welt aus leichten transluzenten Tragkonstruktionen eröffnen.

a
b
c
d

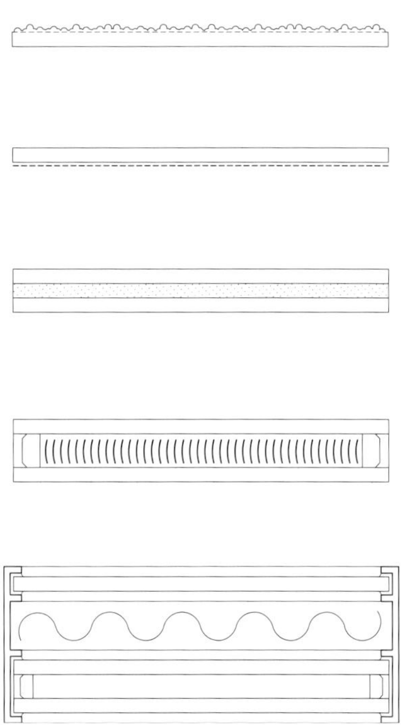

3 e

Transparentes Glas

Glas ist aufgrund seiner hohen Transparenz, Dauerhaftigkeit und Vielseitigkeit nach wie vor der bevorzugte Baustoff in Sachen »klarer Durchblick«. Doch selbst Transparenzwerte von 92 % lassen sich mit speziellen Beschichtungen noch auf 97 % steigern, indem der Anteil der Reflexion drastisch minimiert wird (Abb. 6). Anwendungen finden diese Anti-Reflex-Beschichtungen zur Erhöhung des Wirkungsgrads bei Deckscheiben von Photovoltaikpaneelen, für den ungestörten reflexfreien Einblick bei Schaufenstern oder wenn verhindert werden soll, dass Glasfassaden durch Spiegelungen und Lichtreflexe das Stadtbild als Fremdkörper beeinträchtigen. Um zu vermeiden, dass Vögel gegen Scheiben fliegen, wurde eine leicht transluzente Beschichtung in Netzstruktur entwickelt, die im Gegensatz zu den auf die Scheiben geklebten schwarzen Vogelsilhouetten von innen kaum wahrnehmbar ist, aber einen effektiven Schutz für die Vögel darstellt.
Wie leistungsfähig Glas auch als tragendes Bauteil sein kann, zeigen seit Jahren die Ganzglaskonstruktionen von Fassaden über Treppen bis hin zu kleineren Brücken. Beeindruckend sind die Dimensionen, in denen Verbundsicherheitsgläser neuerdings gefertigt werden können. So legten die Architekten von Sanaa die Proportionen der Glashülle der neuen Louvre-Dependance in Lens nach den im Entwurfsstadium erhältlichen Maximalabmessungen fest. 2012, im Jahr der Fertigstellung, werden mit 17 × 4,50 m bereits viel größere Scheiben produziert. Möglich macht diesen Dimensionssprung die große Nachfrage, die die millionenteure Anschaffung eines der weltgrößten Autoklaven in Gersthofen bei Augsburg zum Laminieren von ESG-Gläsern zu Verbundglas wirtschaftlich erscheinen lässt. Voraussetzung ist dabei, die gesamte Prozesskette an diese Maximalabmessungen anzupassen: die Öfen, in denen Floatglas durch Erhitzen auf 650 °C und schnelles Abschrecken zu ESG bzw. durch langsames Abkühlen zu TVG thermisch vorgespannt wird, die Kammer für den anschließenden Heat-Soak-Test und die gesamte Transportlogistik. Siebe für die Bedruckung 17 m langer Scheiben sind zwar noch nicht verfügbar, mit Beschichtungen oder mattierten Folien im Laminat lässt sich jedoch der Transluzenzgrad individuell einstellen. Krümmungen lassen sich durch Kaltbiegen oder das Laminieren von vorgebogenen ESG-Scheiben realisieren. Meterlange Glasbrüstungen ohne störende Pfosten oder Holme können genauso hergestellt werden wie die über 10 m hohen Fassaden- und Dachscheiben des aktuellen Apple-Glaskubus an der Fifth Avenue in New York City, die seit Kurzem die viel kleineren Scheibenformate der ursprünglichen Konstruktion ersetzen.
Nachdem seit einigen Jahren SentryGlas-Folien als Laminat anstelle von z. B. PVB-Folien die statische Leistungsfähigkeit von VSG deutlich erhöhen, ist seit Januar 2012 mit glascobond nun auch die erste schubfest laminierte Ganzglaskonstruktion mit statisch ansetzbarer Verbundwirkung und allgemeiner bauaufsichtlicher Zulassung auf dem Markt (Abb. 4). Das bedeutet Glasdicken von bis zu 120 anstelle bisher 20 mm.

4

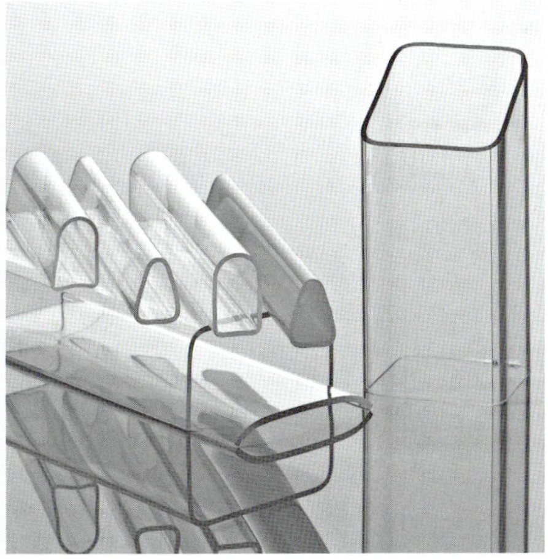

5

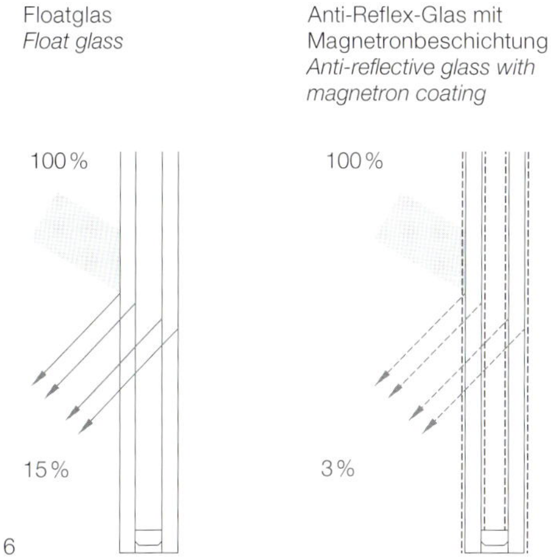

6

Dünnglas
Glasscheiben werden aber nicht nur immer leistungsfähiger, sondern auch immer dünner. Hochfeste, chemisch gehärtete Dünngläser sind bereits ab einer Dicke von lediglich 0,5 mm herstellbar, kommen bislang aber vor allem als Deckgläser für Smartphones, Tablets oder Photovoltaikmodule zum Einsatz. Anders als beim thermischen Härten werden Dünnglasscheiben – nach Zuschnitt und Bearbeitung – nicht erhitzt, sondern in ein alkalisches Salzbad getaucht, in dem Ionenaustauschprozesse für die Vorspannung der Oberfläche sorgen. Resultat ist ein besonders bruch- und kratzfestes Glas, das sich aufgrund der geringen Dicke überdies in sehr engen Radien biegen lässt. Momentan wird Dünnglas in einer maximalen Größe von nur ca. 2 × 1 m produziert, schlicht weil es aufgrund des aktuellen Hauptanwendungsgebiets in der Unterhaltungselektronik keinen Bedarf an anderen Formaten gibt. Die Herstellung wesentlich größerer Scheiben ist mit Blick auf zukünftige Anwendungsbereiche in der Architektur jedoch problemlos möglich.
Die Vorteile von Dünnglas – das sich wie Floatglas bearbeiten, beschichten, laminieren, kalt und warm biegen lässt – liegen vor allem im reduzierten Flächengewicht und der geringeren Glasstärke. In diesem Zusammenhang erweist sich z. B. der Einsatz bei Dreifachverglasungen als zukunftsträchtig, bei denen Glasstärken von heute üblicherweise 4 mm zu einem relativ hohen Gewicht führen. Dies wirft nicht nur in Bezug auf tragfähige Konstruktionen und Beschläge Probleme auf, sondern auch hinsichtlich des Transportgewichts und der Montageabläufe. Dünnglas könnte nicht zuletzt in Altbauten dazu beitragen, hochdämmende Fenster und Fassadenelemente leichter zu machen und deren Gesamtaufbaustärken zu verringern. Für innere und äußere Scheiben sind Gläser denkbar, die – je nach Wind- oder Anpralllasten – aus 2× 0,7 oder 2× 1 mm dicken Glaslaminaten bestehen, und dadurch über die Eigenschaften von Verbundglas verfügen. Die mittlere Schicht, die weder horizontalen Kräften noch Nutzern ausgesetzt ist, kann hingegen auch aus einfachem Dünnglas bestehen.

Glasrohrprofile
Neue Anwendungsmöglichkeiten erlauben auch die auf der glasstec 2012 in Düsseldorf präsentierten Glasrohrprofile aus Borosilikatglas, die in einem kontinuierlichen Ziehverfahren in unterschiedlichen symmetrischen und asymmetrischen Querschnitten hergestellt werden können (Abb. 5). Möglich sind Rohre mit glatter oder profilierter Oberfläche, jeweils in Durchmessern von bis zu 150 mm und Längen von bis zu 10 m. Einsatzgebiete solcher Glasrohre liegen vor allem im Innenbereich, wo sich besondere räumliche Wirkungen beispielsweise bei leichten Trennwänden erzielen lassen, wenn die eigentlich vollkommen transparenten Glasrohre durch die Krümmungen in den Ecken verschwommen transparente Durchblicke ermöglichen (Abb. 7).

7

1 CCF-Fassadenelement, Allianz-Hauptquartier Zürich, Wiel Arets Architects
2 in VSG einlaminiertes Textilgewebe
3 mögliche Anordnungen der transluzenten Schicht
 a auf Glasschicht aufgeschmolzenes Glaspulver
 b Beschichtung bzw. Bedruckung
 c eingelegte Materialien im Laminat von VSG
 d Textilien, Jalousien etc. im SZR von Isolierglas
 e Vorhang im Zwischenraum eines Kastenfensters
4 VSG mit passgenauen Bohrungen der Einzelscheiben während der Produktion
5 mehreckige Glasrohrprofile
6 Reflexionsgrad Anti-Reflex-Glas
7 Glasrohrprofile, Caja de Arquitectos de Bilbao, No. Mad Arquitectos

1 Curtain within a CCF element, Allianz Headquarters Zurich, Wiel Arets Architects
2 Fabric bonded to laminated safety glass
3 Alternative arrangements of the translucent layer
 a Glass powder fused to the glass layer
 b Coating or imprinting
 c Inlays in laminated safety glass
 d Textiles, louvres, etc. in the glass unit's cavity
 e Curtain in the buffer of a box-type window
4 Laminated safety glass with precision drillholes in individ. panes
5 Glass tubing cross-sectionst
6 Anti-reflective glass
7 Glass tubing, Caja de Arquitectos de Bilbao, No. Mad Arquitectos

8 künstlerische Glastechnik, Auftragen von keramischen Glasschmelzfarben auf einem Leuchttisch, Mayer'sche Hofkunstanstalt München
9 Glasschmelzfarben vor dem Brand, »Linde-Partitur«, Carl-von-Linde-Haus, München Künstler: Joachim Jung Mayer'sche Hofkunstanstalt München
10–12 mineralischer Acrylwerkstoff, Theke der Sparkasse Schwyz, Marty Architektur
10 CNC-Kugelkopffräsung der Wellenstruktur
11 ohne Hinterleuchtung erscheint die Theke opak
12 Die dünneren Bereiche des Wellenmusters werden bei Hinterleuchtung transluzent.

8

9

Künstlerische Glastechnik
Farbige Glasoberflächen lassen sich beispielsweise durch Auftrag von Farbschichten mithilfe keramischer Schmelzfarben erzielen. Dabei werden aus gemahlenem Glas und Farbpigmenten bestehende Farbpulver mit Siebdrucköl oder Gummi arabicum gemischt und anschließend von Hand, mit dem Pinsel, Airbrush oder auch im Siebdruckverfahren aufgebracht (Abb. 8). Nach Verdunstung des Lösungsmittels entsteht eine empfindliche »staubige« Farbschicht, die in einem Schmelzofen bei rund 620°C aufgeschmolzen wird und dadurch einen festen Verbund mit dem Glas eingeht. Dieser Vorgang kann bis zu dreimal wiederholt werden, um Farben in mehreren unvermischten Schichten übereinander aufzutragen – mehr als vier Brände führen allerdings zu einer spürbaren Verschlechterung der Glasstabilität. Erst wenn alle Farbschichten aufgetragen und sämtliche Nachbearbeitungen wie etwa partielles Bohren, Schleifen oder Sandstrahlen durchgeführt sind, erfolgt der abschließende ESG-Brand und Einbau der Gläser.
Anwendungsbereiche für derartig behandelte, farbig transparente Gläser liegen insbesondere in der künstlerischen Glasgestaltung, aber auch überall dort, wo transparente oder transluzente Farbflächen oder -effekte in Verglasungen gefragt sind. Die aufgeschmolzenen Glasfarben sind zwar lichtecht, jedoch nicht säureresistent, weshalb sie beim Einsatz in Außenfassaden grundsätzlich eher an den Innenseiten platziert werden sollten.
Die Herausforderung für die auf solche Verfahren spezialisierten Werkstätten liegt dabei vor allem in der Übersetzung der Entwürfe in farblich entsprechende Schmelzfarben (Abb. 9). So lassen sich im Computer generierte Farbkonzepte selbst bei präzise digital definierten Grundfarben nur mit großem Aufwand übertragen. Statt prozentualer Farbabstufungen per Mausklick muss das richtige Mischungsverhältnis der Glaspulver und Pigmente für jeden einzelnen Farbton von Hand in aufwändigen Misch- und Schmelzversuchen ermittelt werden.

Schaltbares Glas
Glas ist grundsätzlich entweder transparent oder transluzent. Allerdings bieten elektrisch schaltbare Gläser seit Jahren die Möglichkeit, zwischen diesen beiden Zuständen hin- und herzuwechseln. In einem Laminat eingebettete Flüssigkristalle sind dabei im spannungslosen Zustand unregelmäßig angeordnet, sodass Licht gestreut wird. Durch Einschalten des elektrischen Stroms ordnen sich die Kristalle und lassen die Scheibe schlagartig transparent werden.
Eine neue Art der Transparenzsteuerung erlauben selbstregulierende thermotrope Sonnenschutz-Isoliergläser, die eine solar gesteuerte Eintrübung des Glases ermöglichen. Je nach Zusammensetzung der mit einer speziellen Harzschicht laminierten Gläser verändert sich der Transparenzgrad der Scheibe selbstständig – ohne Einsatz von Fremdenergie nur in Abhängigkeit zur Außentemperatur. Bei Sonnenschein, also bei hohen Temperaturen auf den Scheibenaußenseiten, wird das Glas trübe und lichtstreuend, während es bei Temperaturen unter dem Schaltpunkt wieder transparent erscheint. Die Intensität der Eintrübung und die Schalttemperatur lassen sich individuell bei Herstellung der Gläser einstellen.

Transluzentes Glas
Bei mehrschichtigen Glasaufbauten kann die transluzente Schicht auf unterschiedlichen Ebenen angeordnet werden (Abb. 3). Anstatt Beschichtungen und Bedruckungen auf der Glasoberfläche aufzubringen, ermöglicht eine hochwertige Laminattechnik haptische sinnliche Texilien, Metallgewebe, Lochbleche oder Folien zwischen zwei Scheiben einzuschmelzen (Abb. 2). Voraussetzung für komplett blasenfreie Ergebnisse ist ein Autoklav, in dem die Schichten unter dem hohen Druck von bis zu 15 bar bei einer Temperatur von bis zu 140°C zwischen 4 und 24 Stunden lang »zusammengebacken« werden. Einlaminierte LEDs mit unsichtbar aufgedruckten Stromleitungen können eine VSG-Scheibe in eine Leuchte oder ein bespielbares Medienpaneel verwandeln. Bei organischen Einlegematerialien wie Schilfgras oder Holzfurnier ist bei langfristigem Einsatz eine optische Veränderung jedoch naturgemäß vorprogrammiert.
Bei Isolierglasscheiben bietet der Scheibenzwischenraum einen vor Wind und Wetter geschützten Platz für schmale integrierte Lamellenstores oder perforierte Folien, die seit Jahren auf dem Markt sind.
Überwiegend im Verwaltungsbau und bei Hochhäusern kommen zunehmend Kastenfenster mit Prallscheibe als Windschutz für den Sonnenschutz zum Einsatz. Bei der sogenannten Closed Cavity-Fassade CCF (DETAIL 04/2011, S. 404ff.) ist der Fassadenzwischenraum von der Außenluft abgeschlossen und wird von getrockneter Luft durchspült, sodass sich an den Innenseiten der Glasscheiben und auf den integrierten Lamellen-Raffstores kein Staub oder Schmutz ablagern kann. Vorteil sind nicht nur niedrige Wartungskosten für die Reinigung, sondern eine unverändert hohe Transparenz.
Eine sinnliche Variante ist mit der Hauptverwaltung der Allianz von Wiel Arets Architects auf dem Richti-Areal in Zürich entstanden. Anstelle technoider, perforierter Metalllamellen wird im Fassadenzwischenraum ein weißer Gardinenvorhang geführt, der dem Bau im Zusammenspiel mit der schwarzweißen Punktbedruckung im Randbereich der Prallscheibe eine poetisch wohnliche Note verleiht (Abb. 1).

Acryl-Mineralwerkstoff
Quarzsand, der Ausgangsstoff von mineralischem Glas, weist auf molekularer Ebene eine regelmäßige Gitterstruktur auf, die Lichtstrahlen ablenkt, und ist deshalb nicht transparent. Erst wenn sich dieses Gitter beim Schmelzprozess in ein unregelmäßiges Gebilde verformt, kann Licht das Material durchdringen. Ähnlich verhält es sich bei transparenten Kunststoffen mit der unregelmäßigen Anordnung langer Makromolekülketten. Sind sie wie Filz verknäult – also amorph – erscheinen sie glasartig, transparent und sind meist spröde. Ein Verbundwerkstoff aus lichtundurchlässigen, aluminiumhaltigen Mineralien (Gippsit, ca. 70%) und dem transparenten Kunststoff PMMA (ca. 30%) ist Acryl-Mineral-

10

11

8 *Artistic glass/glazing technique; applying ceramic enamel colours on a light table, Mayer'sche Hofkunstanstalt München*
9 *Ceramic enamel colours prior to firing, "Linde Partitur", Carl-von-Linde-Haus, Munich artist: Joachim Jung Mayer'sche Hofkunstanstalt München*
10–12 *Acrylic solid surface material, counter at the Sparkasse Schwyz bank, Marty Architekturf*
10 *CNC ball-nose cutting of the serrated pattern*
11 *Without backlighting, the counter appears to be opaque.*
12 *The areas where the material has less depth glow when lit from behind.*

werkstoff, der unter Markennamen wie Corian oder LG Himacs erhältlich ist. Die Designer von Marty Architektur machten sich bei der Theke der Stadtsparkasse Schwyz die speziellen Eigenschaften des Werkstoffs zunutze (Abb. 10–12). Die Platten in einem speziellen weißen Farbton mit verstärkter Transluzenz erhielten mit dem CNC-gesteuerten Kugelfräskopf einen Wellenschliff, wurden thermisch der gewünschten Krümmung angeglichen und zu einer monolithischen Theke miteinander verschweißt. Durch die stufenlos unterschiedlichen Materialstärken der Wellenschliff-Fräsung erscheint die Lichtwirkung beim Hinterleuchten weich und differenziert.

Kunststoffe

Sind ein geringes Gewicht und ein hoher Transluzenzgrad gefordert, stehen dünne Kunststoffplatten aus unterschiedlichen Materialien zur Verfügung. PMMA kommt in der Brillianz und Lichtdurchlässigkeit dem mineralischen Glas am nächsten, Polykarbonat dagegen ist besser geeignet bei hohen Temperaturen und wegen seiner hohen Schlagfestigkeit bei mechanischer Beanspruchung. Beide Materialien gehören zur Gruppe der Thermoplaste, d.h. sie können thermisch verformt und verschweißt werden. Die unterschiedlichen Eigenschaften von PMMA und Polykarbonat lassen sich bei optisch filigranen Sandwich-Wabenplatten kombinieren, die sich durch eine hohe Steifigkeit auszeichnen und sich auch für freitragende, transluzente Bodenplatten einsetzen lassen. Der Wabenkern der Paneele wird aus transparentem Polykarbonat gezogen, sodass eine 19 mm große Lochstruktur entsteht, die für Tiefenwirkung sorgt. Die Kerne werden dann auf einer Flachbettlaminieranlage mit den verschiedenen Deckschichten aus Polykarbonat oder Polymethylmethacrylat (PMMA) versehen (Abb. 13).
Eine der ungewöhnlichsten permanenten Gebäudehüllen aus Acrylglas entsteht zurzeit um das kreisrunde 12 m hohe Auslieferungslager des Möbelherstellers Vitra in Weil am Rhein mit einem Durchmesser von 150 m. Wie der unregelmäßige Faltenwurf eines weiß glänzenden gewellten Vorhangs legt sich der geheimnisvolle Schleier um das Gebäude. Und wie bei einem Vorhang sieht man weder Plattenstöße noch Befestigungen. Ihren edlen Reiz auch aus der Nähe erhalten die 6,5 mm starken Platten aus weißem Acrylglas durch eine klartransparente PMMA-Schicht, die schon beim Herstellungsprozess durch Koextrusion aufgeschmolzen wurde. Ein spezielles Tiefziehverfahren ermöglicht die unregelmäßigen Wellen. Silikonfugen und die rückseitig geklebten Halterungen mussten von den Ingenieuren von imagine structure aufwändig mit Materialprüfverfahren ermittelt werden und lassen den Vorhang ganz nach den Vorstellungen der Architekten von Sanaa optisch schweben.
In Innenräumen von Großraumbüros ermöglichen Stellwände aus mikroperforierten transluzenten Kunststoffpaneelen eine Verbesserung der Raumakustik, ohne die Arbeitsplätze zu stark abzudunkeln oder den Sichtkontakt komplett zu unterbinden. Die Materialien für solche Paneele werden – wie die meisten Kunststoffe – aus Erdöl gewonnen. Dass sich transluzente Akustikpaneele auch aus biobasierten Kunststoffen wie Polylactid herstellen lassen, hat der Prototyp von Carmen Köhler bewiesen, den sie im Rahmen ihrer Promotion am ITKE Stuttgart entwickelte. Selbst die schwierigen Brandschutzprüfungen hat das Produkt bestanden, Langzeittests stehen noch aus (Abb. 14).
Auch im Bereich der faserverstärkten Kunststoffe sind innovative Bauprodukte optisch und technisch zunehmend ausgereift. Bei der Entwicklung der Gebäudehülle des 2003 fertiggestellten Kunsthauses in Graz fiel die Materialwahl für die über 5000 doppelt gekrümmten, transluzenten Platten noch auf eingetrübtes PMMA, obwohl die Entwicklungsarbeit dieser Sonderlösung aufwändig war, die Platten sich während der Lagerung auf der Baustelle als extrem anfällig gegen Beschädigung erwiesen und aus Brandschutzgründen ein Sprinklersystem installiert werden musste. Inzwischen ist die damals als Alternativlösung abgelehnte, wesentlich robustere Variante aus hoch belastbarem

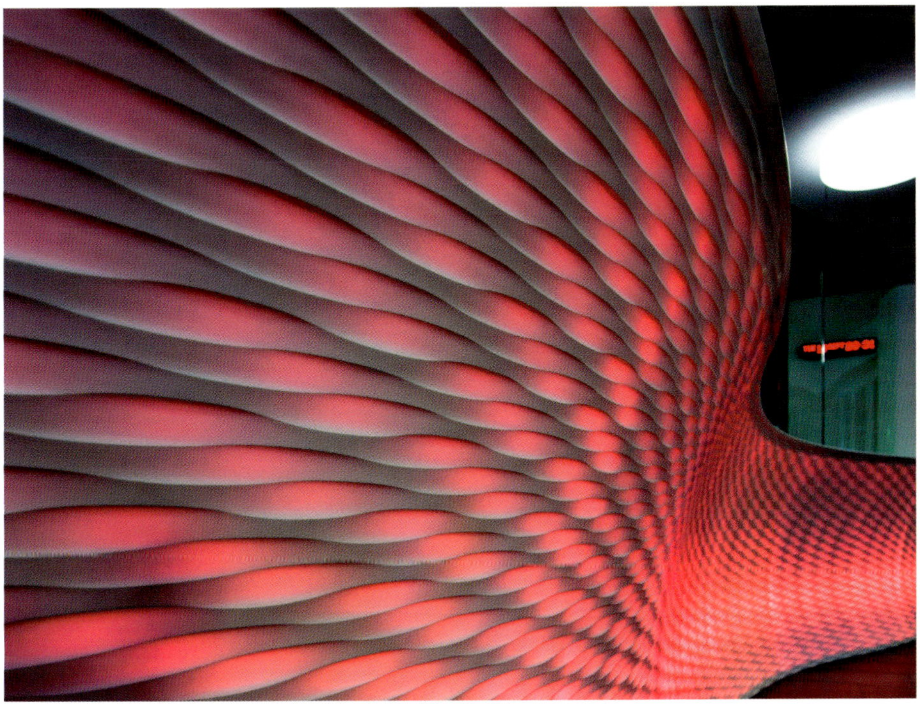

12

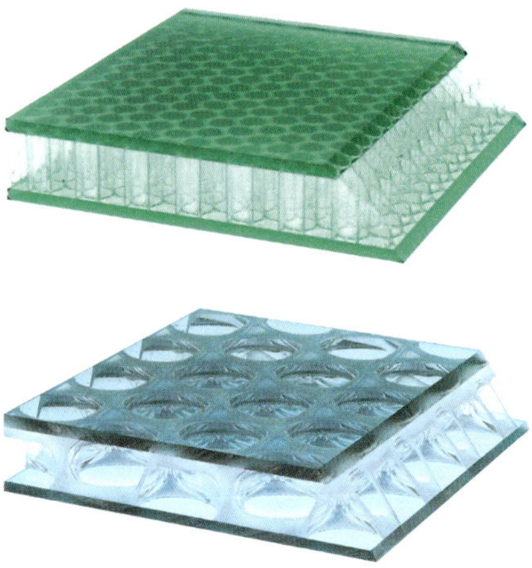
13

14

15

GFK weiterentwickelt worden. Heute sind Produkte auf dem Markt mit einer Vielzahl unterschiedlicher witterungsbeständiger Oberflächenqualitäten, mit einem homogenen Faserbild im Inneren und mit B1-Zulassung (Abb. 15).

Membrane
Der multifunktionale Sport- und Konzertkomplex Crystal Hall von gmp in Baku ist, wie die Lightshow des Internationalen Song Contests 2012 gezeigt hat, ein überzeugendes Beispiel einer grobmaschigen transluzenten Gebäudehülle aus ebenen Flächen mit integrierten LEDs. Insgesamt 180 rauten- und dreiecksförmige Membranpaneele aus anthrazit-silbern schimmerndem PVC-PES-Gittergewebe und kieselgrauem PVC-beschichteten Polyestergewebe kamen für die etwa 20000 m² große Fassade zum Einsatz. Dass Membranflächen überdies auch als transluzentes, frei stehendes Tragwerk einsetzbar sind und durch innovative Tragstrukturen eine neue Formensprache entstehen kann, zeigen die Architekten und Ingenieure vom ICD und ITKE der Universität Stuttgart mit ihrem Projekt Textile Hybrid M1 (Abb. 16–18). Der Entwurf basiert auf Untersuchungen der Integration von biegeaktiven Elementen und multidimensionalen Membranen (»Deep Surface«). Dabei wird das Ziel verfolgt, komplexe Gleichgewichtssysteme durch Koppeln elastisch verformter GFK-Stäbe mit mehrlagigen Membranflächen zu bilden. Neben der reinen Hüllfunktion konnten die Lichtlenkung und -streuung sowie die Schalldiffusion optimiert werden. Ab Oberkante Fundament sind nur textile Werkstoffe eingesetzt. Knotendetails wurden mit traditionellen Schnürtechniken aus UV-stabilen Polyesterseilen hergestellt.

Transluzente Energieerzeugung
Solarkollektoren und Photovoltaikmodule werden zunehmend nicht nur zur Energieerzeugung, sondern auch als Sonnenschutz bei transparenten Dächern und Fassaden eingesetzt. PV-Module der ersten Generation bestehen aus sprödem mono- oder polykristallinem Silizium, verfügen über standardisierte quadratische Abmessungen und sind auf Abstand in Verbundglas einlaminiert. Die zweite Generation ist dagegen flexibel: Dünnschichtsolarmodule aus amorphem Silizium können als Laminate auf der Basis von Kunststoffträgerfolien an die statisch wirksame Folie von ETFE-Membrandächern laminiert werden. Der Gewichtsvorteil zu Glaskonstruktionen ist beträchtlich (Abb. 23). Bei der dritten Generation, den organischen Solarzellen (OPV) und Farbstoff-Solarzellen (Dye-sensitized Solar Cells – DSSC), handelt es sich um elektrochemische Dünnschichtsolarzellen. Sie bieten als dünner Farbfilm gestalterisch noch größere Freiheiten. Integriert in Taschen, Schirme oder Zelte können sie auch unterwegs die nötige autarke Stromversorgung leisten (Abb. 19, 21). OPV können in Großproduktionsverfahren hergestellt werden, sind aber noch in der Entwicklung. Die Effizienz soll über die Zehn-Prozent-Marke gesteigert und die Haltbarkeit auf fünf bis zehn Jahre verlängert werden, während die Materialkosten noch um ein Vielfaches zu reduzieren sind. Farbstoff-Solarzellen verfügen über nanokristalline Elektroden aus Titandioxid, in die eine Schicht aus organischen Farbstoffen auf der Basis von Ruthenium eingebettet ist (Abb. 20, 22). Damit können eine höhere Lichtausbeute und ein besserer Elektronentransfer vom Lichtabsorber zur Elektrode als bei OPV erreicht werden, vor allem bei schwachem und diffusem Licht – zum Beispiel in Innenräumen zur mobilen Energieversorgung von Smartphones und Tablets oder an Nordfassaden. Sie sind semitransparent und in verschiedenen Farben erhältlich. Ihre Produktion ist im Vergleich zur Siliziumtechnik wegen der einfacheren Herstellungsverfahren aus der Siebdrucktechnik kostengünstiger. Die Massenproduktion von flexiblen Zellen hat vor 2 Jahren begonnen und liegt zur Zeit bei einigen Megawatt pro Jahr. Am Swiss Tech Convention Center der EPFL Lausanne wird noch dieses Jahr eine 350 m² große Fassade aus 30 × 40 cm großen Farbstoff-Solarmodulen in Betrieb gehen. Das Fraunhofer ISE hat 2012 gemeinsam mit Projektpartnern Prototypen von Paneelen mit den Abmessungen 100 × 60 cm realisiert.

Metallgewebe
Metallnetze, -vorhänge oder -geflechte bieten relativ einfache Möglichkeiten, unterschiedliche Transparenzgrade zu definieren – bei visuellen Abtrennungen in Innenräumen ebenso wie bei der Bekleidung ganzer Fassaden. Grundsätzlich stehen vielfältige natürliche, inzwischen auch dauerhaft farbbeschichtbare Materialien (z. B. Edelstahl, Aluminium, Messing, Kupfer, Bronze) sowie für ebene, ein- oder zweifach gekrümmte Flächen geeignete Gewebearten (Netze, Seilgewebe, Ring- und Schuppengeflechte) zur Verfügung (Abb. 24, S. 32). Große Vorteile bieten Metallgewebe an Außenfassaden, nicht zuletzt weil sie leicht sind, über eine geringe Bautiefe verfügen und sich unabhängig von anderen Fassadenbauteilen auch nachträglich montieren lassen. Zunehmende Aufmerksamkeit erhalten Seilgewebe, die als architektonisches Gestaltungselement, Sicht- und Sonnenschutz dienen, sich zugleich aber auch als Multimedia-Screens eignen – und als solche nur etwa ein Sechstel der Strommenge üblicher Displays verbrauchen. Anstelle von horizontalen Schussdrähten werden bei solchen Medienfassadensystemen mit einer unterschiedlichen Anzahl von LEDs besetzte Röhren eingearbeitet (Abb. 26).
Aktuelle Innovationen eines auf diesem Gebiet spezialisierten Herstellers liegen weniger bei den Netzen als vielmehr in optimierten Technologien – in Bezug auf Energieeffizienz, Lichtstärke oder Bildauflösung. Neu ist beispielsweise der Einsatz von RGB-SMD-LEDs im Außenbereich (Abb. 27). Diese erlauben nicht nur eine optimierte Seitenlesbarkeit und Farbtreue für Bilder und Videos, sondern durch ihre hohe Packungsdichte auch die Verringerung des Pixelrasters auf vertikal 40 und horizontal 30 mm – und damit eine Verkürzung des notwendigen Betrachtungsabstands. Die Pixelauflösung lässt sich bei Metallgeweben allerdings nicht beliebig vergrößern, nicht zuletzt, weil dadurch deren netzartig durchlässiger Charakter verloren geht. Prinzipiell lassen sich in Seilgewebe vielfältigste Materialien einweben – Bambusröhren

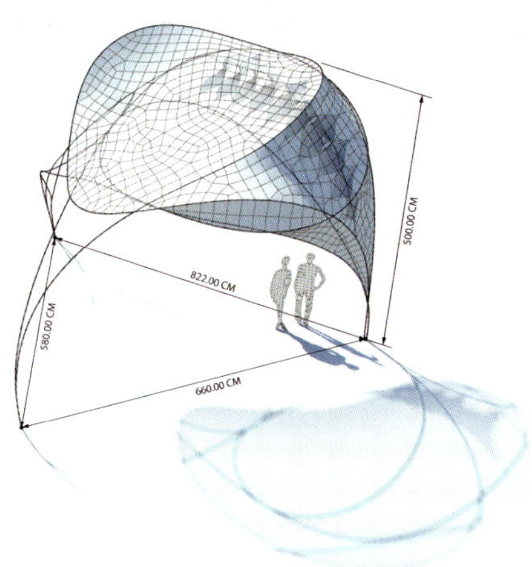

16

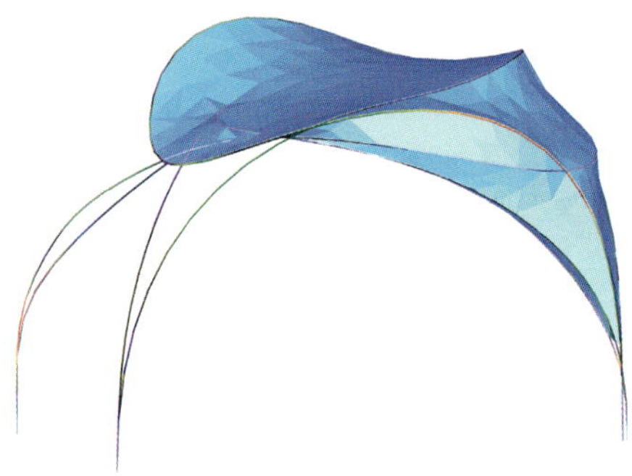

17

13 Sandwich-Wabenplatten mit transluzenter Zwischenlage aus Polykarbonat
14 individuell gestaltbare Platte aus GFK mit Feuerwiderstandsklasse B1
15 Prototyp mikroperforiertes Akustikpaneel aus Biokunststoff, Carmen Köhler, ITKE Uni Stuttgart
16–18 hybride Membrandachkonstruktion, textile Hybrid M1, ICD Achim Menges, ITKE Jan Knippers, Universität Stuttgart

13 Honeycomb composite panel with intermediate translucent polycarbonate layer;
14 Customisable board made of GRP; fire rating: B1
15 Microperforated acoustic panel prototype of bio-plastic, Carmen Köhler, ITKE University of Stuttgart
16–18 Hybrid membrane roof structure, Textile Hybrid M1; ICD Achim Menges, ITKE Jan Knippers, University of Stuttgart

ebenso wie transluzente Streifen aus besonders widerstandsfähigem papierähnlichem Spinnvlies, das ähnlich auch bei Schutzanzügen oder Briefumschlägen eingesetzt wird. Dieses Material ist weitgehend reiß- und scheuerfest, dampfdurchlässig und zugleich wasserabweisend und wird anstelle der Schussdrähte mit Edelstahlseilen verwebt (Abb. 25). Aufgrund seiner Brandschutzklasse B1 kann dieses Papiergewebe auch für die Ausstattung von Innenräumen verwendet werden – z. B. als Trennwand, Decken- oder Wandverkleidung.

Transluzenter Beton
Anders als Glas, Kunststoff und Metallgewebe ist Beton kein Material, das sich auf den ersten Blick für transluzentes Bauen eignet (Abb. 29). Erstmals breitere Anwendung fand das Material zu Beginn des 21. Jahrhunderts, nachdem geeignete Betonmischungen, kostengünstige Glasfasern und optimierte Fertigungsverfahren entwickelt waren. Für tragende Konstruktionen ist transluzenter Beton aufgrund fehlender Bewehrungen ungeeignet, und so liegen seine Haupteinsatzgebiete heute vor allem bei Designprojekten und in Innenräumen, etwa im Bereich hinterleuchteter Wandverkleidungen. Dass dieses Material trotz der atmosphärischen Wirkung eines massiven Baustoffs mit überraschender Lichtdurchlässigkeit nicht weiter verbreitet ist, liegt nicht zuletzt an den Herstellungskosten. Zum einen sind optische Fasern verhältnismäßig teuer. Zum anderen müssen einzelne Platten stets aufwändig aus großen Blöcken herausgeschnitten werden, die zuvor schichtweise abwechselnd aus Glasfasern und Betonlagen betoniert wurden. Anfänglich erfolgte dieses Schichten umständlich von Hand. Inzwischen gibt es maschinelle Verfahren, die die Herstellung erheblich vereinfachen, beschleunigen und die Kosten senken, sodass die Quadratmeterpreise inzwischen mit denen von Natursteinen vergleichbar sind.
Mit dieser Produktionsweise eröffnen sich für Architekten große gestalterische Spielräume – sowohl hinsichtlich der Betonzusammensetzung und -pigmentierung wie auch in Bezug auf Lage und Durchmesser der Lichtleitfasern. Möglich sind Querschnitte zwischen 0,1 und 3 mm, sowie hohe Transparenzgrade mit Glasfaservolumenanteilen im Beton von bis zu 20 %. Gekoppelt mit transparenter Kerndämmung kann transluzenter Beton überdies auch als vollwertiger Raumabschluss nach außen verwendet werden. Welche Möglichkeiten Beton zur Lichtinszenierung von Fassaden bietet, zeigt die interaktive, hinterlüftete Vorhang-Medienfassade eines Neubaus für das Institut für Textiltechnik an der RWTH Aachen von Carpus & Partner (Abb. 30). Dort sind alle 136 Lichtbetonplatten mit einem Faservolumenanteil von 3–4 % auf der Rückseite mit unabhängig steuerbaren RGB-LED-Paneelen versehen. Tagsüber unbeleuchtet scheint die Lichtbetonfassade aus anthrazitfarbenen Natursteinen zu bestehen, während sie in der Dämmerung und im Dunkeln als Lichtobjekt oder Screen für bewegte Bilder gleichsam von innen heraus zu leuchten beginnt. Vergleichbare Effekte lassen sich im Innenbereich auch mit lichtdurchlässigen Holzverbundplatten erzielen, bei denen dünne Holzschichten mit eingebetteten Lichtleitfasern hochfest miteinander verbunden sind (Abb. 28). Ebenso wie bei Beton sind auch hier vielfältige Materialoberflächen und -farben sowie unterschiedlichste Glasfaserstärken bzw. Transparenzgrade möglich.

18

Fazit
Die Grenzen zwischen transparent, transluzent und blickdicht werden zunehmend durchlässiger und die Bandbreite an Möglichkeiten wird immer größer. Nahezu vollkommen entmaterialisierte entspiegelte Gläser stehen scheinbar massiven Baustoffen gegenüber, die sich im Licht als überraschende sinnliche Inszenierungen präsentieren. Der Wunsch nach medial bespielbaren und zugleich authentischen, nicht technisch anmutenden transluzenten Oberflächen sowie neue Fertigungstechniken dürften in Zukunft noch für einige Überraschungen sorgen.
DETAIL 01–02/2013

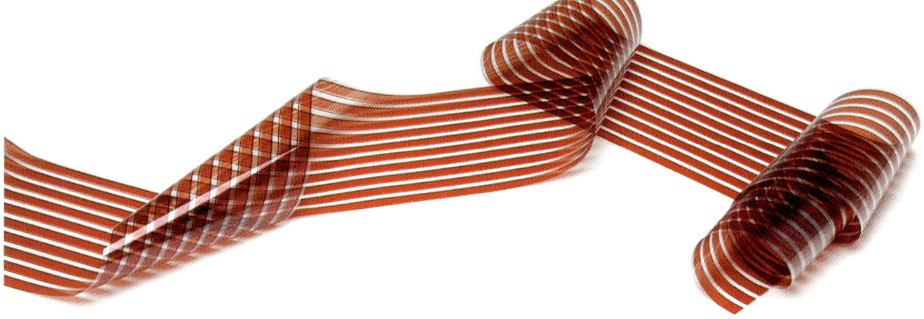

19

20

To this day, traditional Japanese sliding partitions made of rice paper have retained their enigmatic charm. In Western cultures, since the beginning of the twentieth century, the quest to maximise transparency – and, with it, the need to provide a screen to the world beyond – has been inextricably linked to the notion of flowing open spaces. In Friedrich Kiesler's Space House (1933), for example, a curtain running along one of the buildings corners serves as the physical enclosure. And at the Johnson Wax Building (1944), Frank Lloyd Wright had already begun to employ horizontal glass tubes in the partition walls and strip windows. Philip Johnson received international acclaim for his Glass House (1949): the exterior walls were all executed in single panes of glass. But despite the fascination with these designs, in many cases they do not meet today's safety standards and are susceptible to soiling or damage. In addition, the building physics and assemblies are often problematic. Engineers and materials science experts are in perpetual competition to develop new materials and building components. But an important change has occurred: the strict separation of different types of glass, plastics, metal and even concrete or wood has been abandoned. The classic functional distinction between the part of the window one looks through and the part that keeps the sun out is increasingly being replaced by integrated solutions, or upgraded with additional functions that improve the indoor acoustics, extract electric or thermal energy, or serve as information carrier or media facade.

Transparent glass

Thanks to its high degree of transparency, durability and versatility, glass continues to be the first choice when a "see-through" material is required. Yet the standard transparency value of 92 % can be increased to 98 % by drastically reducing the reflectivity. Anti-reflective coatings are employed to increase the efficiency of photovoltaic panel's covering, eliminate reflections in storefront displays, and ensure that glass does not cause unwanted effects that would disturb a sensitive setting, e.g. a city's historic centre. To prevent birds from colliding with glass, a translucent, patterned coating has been developed that – in contrast to the bird-shaped stickers – is barely perceptible to those inside the building. In past years, applications of structural glazing – including all-glass facades, stairs and even bridges – have demonstrated what glass is capable of. And the size in which laminated safety glass can be now produced is astonishing. For the new branch of the Louvre in Lens, for example, Sanaa determined the glass skin's proportions based on the largest format available when the project was in the design development phase. However, by 2012, the year the building was completed, much larger formats – 17 × 4.50 m – had become available. This leap in scale was made possible by the incredible demand for large formats: this made it appear feasible to a manufacturer to acquire the world's largest laminating machine – an autoclave – in which toughened glass is made into laminated safety glass. This also requires adapting the entire process chain to these dimensions: the oven in which float glass is heated to 650 °C, then quickly chilled, resulting in prestressed, toughened glass; the chamber in which the subsequent heat soak test is administered; and the entire transportation logistics. Screens for 17-metre-long imprints are not yet available, but the degree of translucence can be customised by employing coatings or frosted interlayers. Curves can be achieved through cold-forming or by laminating pre-curved panes of toughened glass. Metres and metres of translucent or transparent railings – free of distracting posts or caps – can be produced, as can 10-metre-long units for the facade and roof of the trendy Apple glass cube in New York City. The latter were installed just recently to replace the much smaller formats used in the original design. In January 2012, Glascobond became available, a new laminated product in which the bonding can also be exploited structurally: now the pane thickness can be as much as 120 mm (the previous maximum was 20 mm).

Thin sheet glass

But glass panes are not just becoming thicker – they are also becoming thinner. High-strength, chemically hardened thin sheet glass can be produced with a thickness as little as 0.5 mm, but it has, to date, been used primarily as covers for smartphones, tablets, or photovoltaic modules. In contrast to conventional, thermally hardened glass, thin sheet glass is not heated, but is instead dipped in a salt bath in which an ion exchange process hardens the layer on the surface. The result is unusually resistant to breakage and scratching, and, on top of that, can be shaped in curves with small radii. Currently, the largest available format of thin sheet glass is a mere 2 × 1 metres, due simply to the fact that the main application – electronic products – does not require larger panes. There are no real obstacles, however, to larger formats for future architectural applications. The advantages of thin sheet glass – which, like other types of glass, can be processed, coated, laminated, and cold- and hot-formed – lie above all in the lower weight per unit surface area. In this context, with triple glazing in mind, when one takes into account the considerable weight of conventional 4 mm panes, the future prospects of thin sheet glass look good. This not only causes problems for load-bearing systems, but also with regard to transportation and installation procedure.

Glass tubing

Glass tubing also holds potential for new applications. It is made of borosilicate glass and is produced in a wide range of symmetrical or asymmetrical cross sections (ills. 5, 7). A tube's outer surface can be either smooth or textured, with a diameter of up to 150 mm, and a length of up to 10 m. Glass tubing lends itself primarily to use in interiors, where, when employed for example as partition wall, it can produce unexpected effects. The curves in the corners of the completely transparent material cause the background to become blurred.

Artistic techniques with glass

Colourful glass surfaces can be attained by applying coats of ceramic enamel colours. A colour powder consisting of ground glass and colour pigments is mixed with screen-printing oil or gum arabic and then applied to the surface manually with a brush or airbrush, or

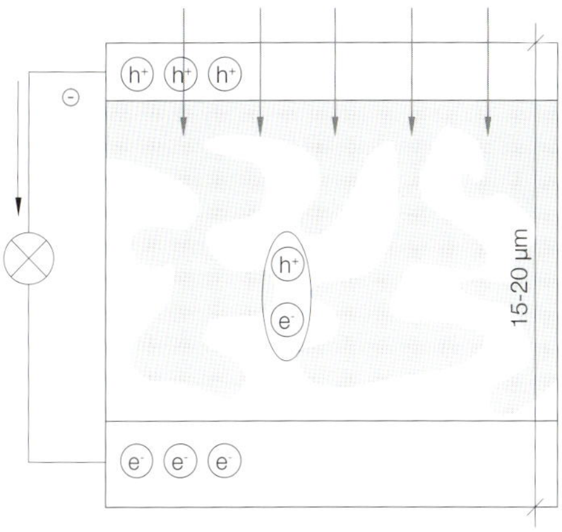

21

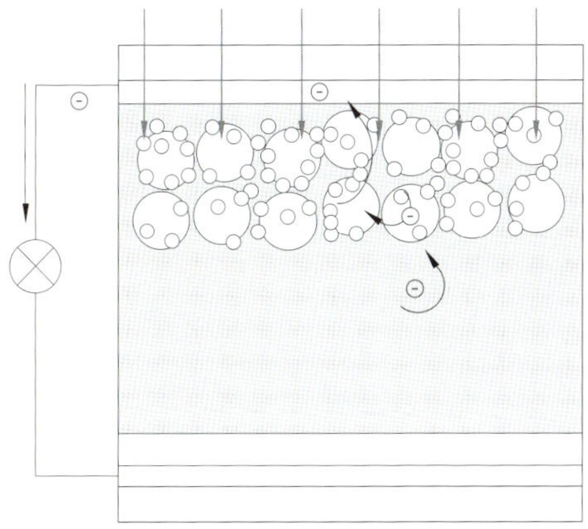

22

19 organische Photovoltaikfolie OPV
20 Farbstoffsolarmodul, Ausschnitt eines 60 × 100 cm großen glaslotversiegelten Prototyps eines Farbstoffsolarmoduls; serienverschaltet mit zwei weiteren Prototypen der gleichen Größe, Fraunhofer ISE
21 Funktionsprinzip organische Solarzelle
22 Funktionsprinzip Farbstoff Solarzelle
23 Dünnschicht Solarmodul aus amorphem Silizium auf ETFE-Kissen

19 Organic photovoltaic film OPV
20 Dye-sensitised solar module, close-up of a 60 cm × 100 cm sealing-glass prototype of a dye-sensitised solar module which is interconnected with two further prototypes of the same size; Fraunhofer ISE
21 Functional scheme of organic solar cells
22 Functional scheme of dye-sensitised solar cells
23 Thin-film solar module of amorphous silicon on ETFE cushion

in a silk-screen process (ill. 8). A vulnerable, "dusty" colour layer forms as the solvent evaporates: this is baked in an oven at 620 °C, bonding the layer to the glass. This process can be repeated as many as three times to apply colours in multiple separate layers atop one another – but more than four fires will cause a noticeable deterioration of the glass's stability. Not until all of the layers of colour have been applied and the finishing – for example, drilling, sanding, or sandblasting – has been completed is the glass fired to attain toughened glass. It is then ready to be installed.
Areas of application for this type of colourful transparent glazing are bespoke glass design, and in buildings in which colourful, transparent or translucent surfaces or effects are desired. Although enamel colours are lightfast, they are not acid-resistant, which is why, when used in facades, they should be positioned on the side facing the interior.

Switchable Glass
Glass is normally either transparent or translucent. But a number of years ago, materials scientists developed switchable glass, which alternates between these two states. Liquid crystals are embedded in a laminate; when no voltage is applied, the crystals are randomly arranged and diffuse light. When the electricity is switched on, the crystals align themselves, and the pane suddenly becomes transparent. One new way to control transparency: self-regulating thermotropic solar glazing that makes solar-controlled opacification possible. Depending on the composition of the glass – which has a special resin laminate – the degree of transparency changes automatically; no outside energy is required. It is simply a function of the outdoor temperature. When the sun shines, i.e. when the temperature of the outer pane's surface is high, the glass becomes cloudy and light-diffusing; when temperatures fall below the switching point, it becomes transparent again. Both the intensity of the opacification and the switching temperature can be customised during glass fabrication.

23

Translucent glass
In glass assemblies with multiple layers, there are a number of options regarding the positioning of the translucent layer (ill. 3). With high-quality laminating techniques – instead of applying coatings and imprints to the glass surface – sensual textiles, metal meshes, perforated metal or interlayers can be bonded between two glass panes (ill. 2). To achieve bubble-free results, an autoclave is essential: in it the layers are heated – at a temperature of up to 140 °C – under high pressure for twenty-four hours. By incorporating LED lamps with transparent electrical wiring not visible to the human eye, laminated safety glass can be transformed into a luminaire or a media panel. If organic inlays such as reeds or wood veneer are employed for long-term solutions, it is of course inevitable that the appearance will change. In double-glazed units, the cavity between the panes may contain mini-blinds or perforated interlayers; such products have been on the market for many years. Particularly in administrative buildings and high-rises, box-type windows with baffle plates that shield the solar protection components from the wind are increasingly being implemented. In closed-cavity facades (CCF), the facade cavity is sealed, keeping exterior air out: dried air circulates in the cavity so that the inner faces of the glass panes and the integrated louvres cannot soil or become dusty.

24
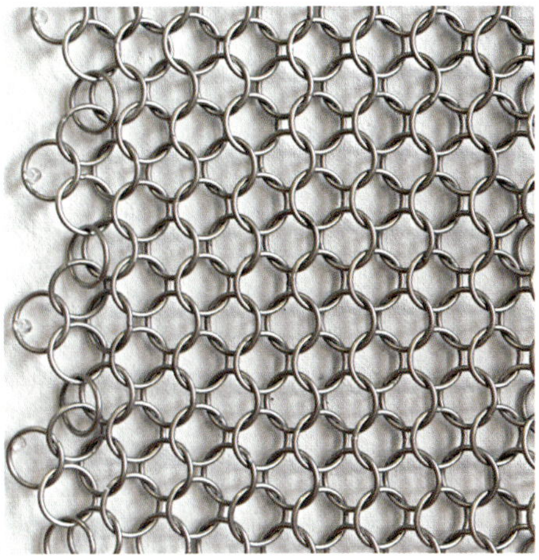

25

Acrylic solid-surface material

Silica sand, used to produce inorganic glass, has a lattice structure that, at the molecular level, refracts rays of light and is therefore not transparent. Not until the fusing process, when this lattice is deformed, can light pass through the material. The situation is similar for transparent plastics with an irregular arrangement of long macromolecule chains. If they are tangled like a piece of felt, they are referred to as amorphous: they are glass-like, transparent and usually brittle.
Acrylic solid-surface material is a composite material containing aluminium-based minerals not penetrable to light (Gippsit, about 70%), and PMMA, a transparent plastic (about 30%). On the market it is referred to by its trade names, including Corian and LG Himacs.
The design team at the Swiss firm Marty Architektur took advantage of its special characteristics for a counter at a branch of the bank Stadtsparkasse Schwyz (ills. 10–12). CNC-milling was employed to give the boards – which are in a special shade of white with enhanced translucence – a serrated surface. The curves were then thermoformed and, in the final step, bonded together, giving the bank counter a monolithic appearance. Thanks to the different thicknesses attained by structuring the surface, the glowing effect that comes about when the counter is backlit is gradated, and, correspondingly, soft and subtly differentiated.

Plastics

Thin sheets of different types of plastics are available in cases in which a material with low weight and a high degree of translucence is needed. PMMA's sparkle and translucence most closely approaches that of mineral glass; polycarbonate, on the other hand, is a better choice when impact resistance is a requirement. Both materials are thermoplastics, which means that they can be formed and bonded through application of heat. PMMA and polycarbonate's different characteristics can be combined in a honeycomb composite panel; these panels are characterised by high bending stiffness. The panel's honeycomb core is of extruded transparent polycarbonate, creating 19 mm honeycomb holes. These holes allow the observer to perceive the material's depth. The cores are then laminated with different layers of polycarbonate or PMMA (ill. 13).

Membranes

As was demonstrated during the light show of the International Song Contest, the Crystal Hall, a multifunctional sports and entertainment complex in Baku, is a convincing example of the implementation of a coarse-meshed translucent building envelope made of flat surfaces with integrated LED lamps. A total of 180 rhombus-shaped and triangular membrane panels of dark-grey, silvery shimmering PVC-PES fabric mesh and pebble grey PVC-coated polyester fabric are employed in the 20,000 m² facade. With their Textile Hybrid M1 project, architects and engineers at the University of Stuttgart's ICD and ITKE have demonstrated that membrane surfaces can also be employed as translucent, free-standing, load-bearing structural members and a new formal vocabulary can come into being (ills. 16–18). The design is based on studies of the integration of bending-active elements and multidimensional membranes (deep surface). In these studies, the aim is to create systems of equilibrium by interlinking elastically deformed GRP rods and membrane surfaces. In addition to functioning as envelope, it optimally diffuses and manages light and sound. Beginning at the upper edge of the foundation, only textile materials were used. The connections were executed in traditional tying techniques using UV-stable polyester rope.

Translucent energy generation

Solar collectors and photovoltaic modules are increasingly being used not only to generate energy, but also as shading devices and as solar protection for transparent roofs and facades. First-generation PV modules are made of brittle mono- or polycrystalline silicon, are square in shape, have standardised dimensions, and are laminated between – but at a distance to – glass panes. The second generation is, in contrast, flexible. As laminates with plastic backing film as the basis, thin-film solar

26
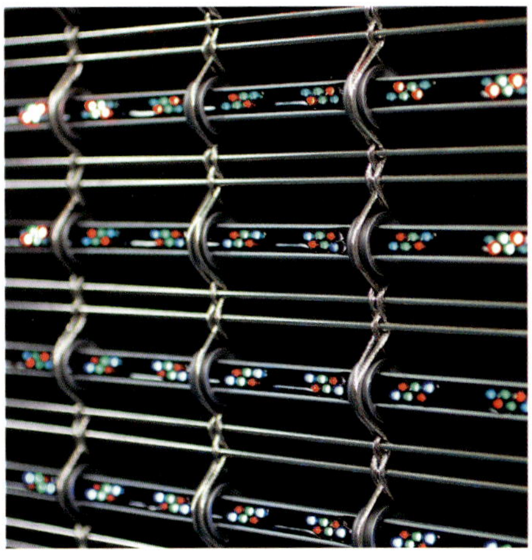

27
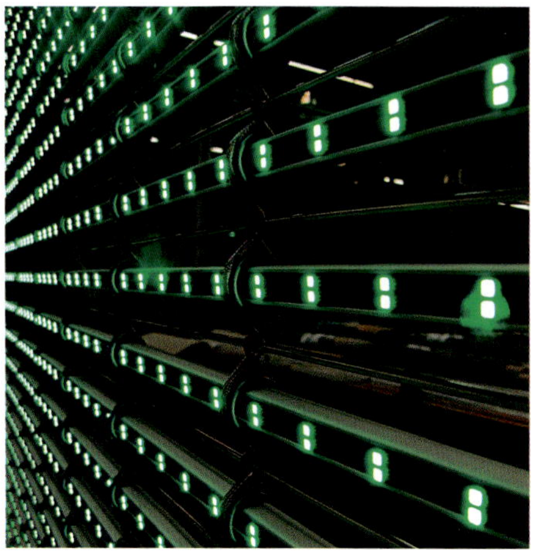

24 Edelstahl-Ringgeflecht, Kukje Art Center Seoul, SO–IL
25 Edelstahl-Seilgewebe mit eingewebtem, papierähnlichem Spinnvlies
26 Mediennetzfassade, Edelstahl-Seilgewebe mit 6 LED/Pixel
27 Mediennetzfassade, Edelstahl-Seilgewebe mit SMD-Outdoor-System

24 Stainless-steel ring mesh, Kukje Art Center, Seoul SO–IL
25 Stainless-steel woven wire cloth with paper-like spunbond woven in
26 Media mesh facade, stainless-steel woven wire cloth with 6 LED/pixel
27 Media mesh facade, stainless-steel woven wire cloth with SMD Outdoor System

30

modules of amorphous silicon can be encapsulated in EVA, and then laminated from below to the structurally effective membrane of ETFE roofing. In comparison to glazed units, weight is significantly reduced – a major advantage (ill. 23). And now the third generation is in the works. From the designer's viewpoint, OPV organic solar cells – a thin colourful foil – offer the most options. When integrated in handbags, umbrellas or tents, they can provide energy "on the road" (ill. 19). OPV are still in the development phase and will soon be economically mass-produced. Dye-sensitised solar cells (DSSC) have nano-crystalline electrodes of titanium dioxide in which a layer of organic dyes – on a ruthenium basis – are embedded (ills. 20, 22).
In this way, the light production is enhanced; the electron transfer from light absorber to electrode is improved, as well. They are semi-transparent and available in different colours and are more economical in production than panels using silicon technology because greatly simplified processes (silk-screen techniques) are employed. Further advantages are: high efficiency (even when the light is diffuse, e.g. when the energy is required indoors for smartphones and tablets). At the Swiss Tech Convention Center in Lausanne, a 350 m^2 DSSC facade, made up of 30 × 40 cm modules, will begin operation in 2013. Last year, the Fraunhofer ISE introduced a prototype of a larger module: 100 × 60 cm.

Metal meshes

Metal nets, curtains or latticework offer a relatively simple way to achieve different degrees of transparency – they serve as temporary visual partitions indoors and as cladding for entire facades. Generally speaking, there are a number of natural materials to which colour coatings can be durably applied (e.g. stainless steel, aluminium, brass, copper and bronze) for planar or single or double-axis curved surfaces. These may be nets, woven wire cloth, or ring or shingle meshes (ill. 24, see p. 32). Woven wire cloth is receiving increased attention: it can be used to control views in or out of a space, as solar protection, or as multimedia screen (woven wire cloth requires only one sixth of the electricity of conventional displays for this purpose). Recent innovations in this area have more to do with optimising technology – e.g. energy consumption, light intensity or image resolution – than with the mesh itself. Another innovation is the exterior use of RGB-SMD-LED lamps. These enable not only optimal legibility from the side and colourfastness for images and videos, but also make it possible to reduce the pixel grid to 40 × 40 mm – and thereby decrease the necessary distance from the image. A great variety of materials can be woven into the wire cloth, for example bamboo or translucent strips of a particularly durable, paper-like spunbond that is also used in protective clothing and in envelopes. This material is largely rip- and scrub-resistant, permeable to water vapour yet water-repellent, and is woven – in place of the weft wire – into stainless steel wire (ill. 25).

Translucent concrete

In contrast to glass, plastic and metal mesh, concrete does not, at first glance, appear to be a material that is suited to translucent construction (ill. 29). The material has first been employed on a broader basis at the beginning of the twenty-first century – once the appropriate concrete mix, economical glass fibre, and optimised production processes developed. Because it has no reinforcement, translucent concrete is not suited to structural applications, and at present its main areas of application are in designer products and interiors, for example, as backlit wall cladding. The reason this material, with its paradoxical aura as a translucent heavyweight building material, has not been used more extensively is probably related to its cost.
On the one hand, the optical fibres are relatively expensive. On the other hand, individual panels must always be cut out of larger blocks, which consist of multiple layers of glass fibres and concrete. Initially these steps were executed manually. In the meantime the process has been automated, and correspondingly, simplified and expedited. And the costs have been reduced, as well: the price per square metre is now roughly equivalent to that of stone.

28

29

28 transluzentes Holz, Holzverbundplatten mit eingebetteten Lichtleitfasern
29 transluzenter Beton
30 interaktive Medienfassade mit Modulen aus transluzentem Beton, Institut für Textiltechnik RWTH Aachen, Carpus & Partner

28 Translucent wood, composite wood board with embedded optical fibres
29 Translucent concrete
30 Interactive media facade with modules of translucent concrete, Department of Textile Technology, RWTH Aachen; Carpus & Partner

Revolution und Kontinuität im Holzbau

Revolution and Continuity in Wood Construction

Stefan Krötsch, Wolfgang Huß

1

1 Montage einer Giebelwand
2 Hochhäuser mit 6–10 Geschossen in Flensburg, Kaden + Lager Architekten
3 Wohnhaus Esmarchstraße, Berlin 2008, Kaden Klingbeil Architekten

»Das Grundelement des aktuellen Holzbaus ist konsequenterweise die Platte, nicht mehr der Stab« [1]. Mit dieser Aussage formuliert Andrea Deplazes vor 16 Jahren die Erwartung, dass sich der moderne Holzbau durch die Einführung plattenförmiger Bauteile vom bekannten Fügen von Stäben zu einer »Platten-Tektonik« entwickeln werde.
Tatsächlich verändert sich der Holzbau um die Jahrtausendwende grundlegend und diese Neuausrichtung ist bis heute prägend. Die neuen Möglichkeiten beflügeln die Fantasie der Planer und wecken verschiedenste Erwartungen – auch im Hinblick auf die sich abzeichnenden ökologischen Anforderungen an das Bauwesen. Der technische Innovationsschub ereignet sich vor dem Hintergrund eines politisch eingeleiteten weltweiten ökologischen Umdenkens, angestoßen vor allem durch die Klimaerwärmung.
In der Vorbereitung des Weltklimagipfels 1997 in Kyoto nimmt Deutschland eine Vorreiterrolle ein und verpflichtet sich in höherem Maß als andere Länder zur Reduktion von Treibhausgasen. Damit gewinnen die ökologischen Qualitäten des Holzbaus – zunächst durch die guten Dämmeigenschaften der leichten Bauweise – ebenso an Bedeutung wie der zuvor kaum nachgefragte Rohstoff aus heimischer Forstwirtschaft.

Neuerungen und Wiederentdeckungen
Vor diesem Hintergrund werden um die Jahrtausendwende einige wegweisende Materialentwicklungen gemacht und bereits bekannte Konstruktionen weiterentwickelt und neuen Anwendungen zugeführt:

OSB-Platte:
Die OSB-Platte wird in den 1950er-Jahren in den USA aus Abfällen der Furnier- und Sperrholzherstellung entwickelt. Seit den 1990er-Jahren verbreitet sie sich wegen ihres niedrigen Preises und der hohen Biegefestigkeit im Holztafelbau auch in Europa.

Holz-Beton-Verbunddecke:
1922 erhält Paul Müller für die Entwicklung einer »Decke aus hochkantig stehenden Holzbohlen oder Holzbrettern und Betondeckschicht« das erste bekannte Patent für eine Holz-Beton-Verbundkonstruktion im deutschsprachigen Raum. In der Mangelzeit zwischen den Weltkriegen sollen damit die teuren Baustoffe Stahl und Beton in Decken auf ein Minimum reduziert werden. In den 1980er-Jahren wird die Forschung zu dieser Bauweise wieder aufgenommen und führt ein Jahrzehnt später zu einer Vielzahl neuartiger Verbindungen und Konstruktionen. Ziel ist dabei nicht mehr Beton einzusparen, sondern Brandschutz- und Schallschutzverhalten sowie die Steifigkeit zu verbessern.

Brettstapeldecke:
Brettstapeldecken sind damals bereits seit einigen Jahrzehnten bekannt. Doch statt der ursprünglichen Vernagelung der Brettlamellen untereinander werden Verbindungen mit schräg eingebohrten, stark getrockneten Dübelstangen aus Hartholz eingeführt. Damit können die Elemente wie Massivholz werkzeugschonend bearbeitet werden. Aus einfachen und kostengünstigen Brettern entstehen Bauteile, die hohe Belastungen bei schlanken Querschnitten und völliger Leimfreiheit ermöglichen.

Hohlkastendecke:
Die gegensätzliche Richtung schlägt die Entwicklung des Hohlkastens ein: Der Anisotropie und Linearität in der Lastabtragung wird beim Hohlkasten durch das Zusammenwirken innerhalb des Konstruktionselements begegnet. Durch Verleimung der stabförmigen Rippen mit einer plattenförmigen Beplankung entsteht ein statisch wirksamer Gesamtquerschnitt. Somit werden die notwendige Bauteilhöhe und Rippenquerschnitte reduziert. Die Abmessungen von Hohlkästen werden nur durch die Transportierbarkeit begrenzt. Sie können ebenengleich in zwei Richtungen spannen und punktuell aufliegen.

Brettsperrholz:
Am eindrücklichsten steht die Erfindung von Brettsperrholz für einen epochalen Wandel im Holzbau. Nicht nur die Inhomogenität und Anisotropie des Holzes ist durch die in ungerader Anzahl kreuzweise miteinander verleimten, dünnen Brettlagen minimiert, sondern gleichzeitig entsteht ein maßhaltiger, berechenbarer und plattenförmiger Baustoff. Seine Abmessungen sind theoretisch undefiniert und nur durch die Gegebenheiten der Fertigungstechnik begrenzt. Brettsperrholz und analog dazu auch das bisher weniger verbreitete Furniersperr- und Furnierschichtholz sind statisch hoch leistungsfähig und einfach zu handhaben. Die klassischen Voraussetzungen für den Holzbau – vertiefte Materialkenntnis und Planungsdisziplin – scheinen außer Kraft gesetzt.
Furnierschälmaschinen sind ab Mitte des 19. Jahrhunderts verfügbar und ermöglichen die industrielle Produktion von Sperrholz. Das Prinzip wird für immer dickere Lagenwerkstoffe angewendet und nimmt den Weg vom Furnier zum Brett: Deutlich nach der Markteinführung von Mehrschichtplatten erscheint das Brettsperrholz als universelles Element für tragende Wände, Decken und Dächer. Erste Zulassungen erhalten im Jahr 1998 die Produkte KLH in Österreich und Merk Dickholz in Deutschland. Sie stellen einen Meilenstein in der Entwicklung des modernen Holzbaus dar.

Unveränderte Erwartungen
Seitdem präsentiert sich der Holzbau als innovativ, dynamisch und zukunftsweisend. Umso erstaunlicher ist es, dass die fachliche Diskussion damals wie heute von ähnlichen Themen bestimmt ist:
- Mehrgeschossigkeit, urbaner Holzbau
- Hybridbauweisen, Kombination von Konstruktionsmethoden
- gesetzliche und gesellschaftliche Rahmenbedingungen
- Planungs- und Fertigungsprozesse
- Ökologie, Ressourceneffizienz und Versorgungssicherheit

Im Jahr 2001 wurden in einer Umfrage der Zeitschrift »Zuschnitt« von verschiedenen Architekten folgende Forderungen gestellt: »Den Mischkonstruktionen gehört die Zukunft« [2], »Standarddetails müssen entstehen« [3], »Vorfertigung kompletter Elemen-

1 Mounting a gable wall
2 High-rises with 6 to 10 storeys in Flensburg, Kaden + Lager Architekten
3 Apartment building Esmarchstrasse, Berlin 2008, Kaden Klingbeil Architekten

2

te, um die Bauzeit noch weiter zu senken« [4], »frühzeitige Mitwirkung des ausführenden Betriebs« [5], »Baugesetze vereinfachen, Brandschutz aktualisieren« [6] – all diese Aussagen scheinen auch heute noch Gültigkeit zu haben. Neu hinzugekommen sind lediglich die Themen Hochhäuser aus Holz, Bauen im Bestand sowie vorgespannte Holzkonstruktionen.

Änderung der Gesetzeslage

Den gleichbleibend hohen Erwartungen an den Holzbau kommt die kontinuierliche Verbesserung der Rahmenbedingungen entgegen. Sehr gut ist das an den Veränderungen der Gesetzeslage abzulesen: So beschließt im Dezember 1999 die deutsche Bauministerkonferenz die Überarbeitung der Musterbauordnung, die ab 2002 sukzessive in fast allen Bundesländern außer Nordrhein-Westfalen und Rheinland-Pfalz eingeführt wird. Die grundlegende Änderung besteht in der Einführung von fünf anstelle von bislang drei Gebäudeklassen und der Definition von drei statt zuvor zwei Feuerwiderstandsklassen: Im Resultat werden Holzbauten bis zu 13 m (zuvor max. 8 m) Höhe und hochfeuerhemmende Bauteile mit 60 Minuten Feuerwiderstandsdauer (zuvor nur feuerhemmend mit 30 Minuten Feuerwiderstandsdauer) bauordnungskonform möglich. Bedingung ist allerdings die Kapselung der brennbaren Tragkonstruktionen mit nichtbrennbaren Baustoffen. Baden-Württemberg wagt im Jahr 2015 einen weiteren Vorstoß: hier ist Holz nun im Grundsatz für feuerbeständige Konstruktionen und alle Gebäudeklassen zulässig. Ein Blick in die Schweiz zeigt einen noch weitergehenden Ansatz: seit 2015 werden dort in den Brandschutzvorschriften gekapselte brennbare Konstruktionen nichtbrennbaren Konstruktionen gleichgestellt. Damit sind Bauten von über 30 m Höhe möglich. Angetrieben werden diese Entwicklungen von projektspezifischen Brandschutzkonzepten gebauter »Leuchtturm-Projekte«: Einen starken Akzent setzt 2007 das siebengeschossige Wohnhaus in Berlin von Kaden Klingbeil Architekten (Abb. 3). Achtgeschossige Gebäude an der Hochhausgrenze folgen, in Flensburg ist ein echtes Holzhochhaus von Kaden + Lager in Planung (Abb. 2). Im europäischen Ausland entstehen noch höhere Häuser aus Holz. Bisheriger Spitzenreiter ist ein Gebäude im norwegischen Bergen mit vierzehn Geschossen, das Ende 2015 fertig gestellt worden ist.

Weiterentwicklungen

Der Holzbau bleibt weiterhin innovativ, auch wenn sich in den vergangenen Jahren kein vergleichbarer Fortschritt mehr ereignet hat. In den mittel- und nordeuropäischen Ländern mit Holzbautradition führt in einer Vielzahl von Betrieben die kontinuierliche Weiterentwicklung zu einem Qualitätsniveau und einem technischem Standard, der Holz für fast alle alltäglichen Bauaufgaben möglich macht: Wohnungs- und Bürobau, Schulen, Kindergärten und weit spannende Tragwerke.
Die eingangs zitierte »Platten-Tektonik« ermöglicht Holzbauten auch in Ländern ohne entsprechende Tradition. Denn diese Bauweise erlaubt leistungsfähige Konstruktionen, für die kein allzu großes Vorwissen nötig ist, beispielsweise aus Brettsperrholz mit einfacher Detaillierung und vorgefertigten, häufig importierten Elementen.
So kann man sich den standardisierten Vorgehensweisen beim Bauen mit minerali-

3

4 Gemeindezentrum, St. Gerold 2009, Cukrowicz Nachbaur
5, 6 Sportzentrum, Sargans 2011, Blue Architects und Ruprecht Architekten

4 Community centre, St Gerold 2009, Cukrowicz Nachbaur Architekten
5, 6 Sports centre, Sargans 2011, Blue Architects and Ruprecht Architekten

schen Baustoffen annähern und gleichzeitig die ökologischen und fertigungstechnischen Vorteile von Holz nutzen.
In den Regionen Mitteleuropas und Skandinaviens mit durchgängig hochwertiger Holzbautradition erweist sich in vielen Anwendungen eine Mischung verschiedener Systeme als am vorteilhaftesten. Die wachsende Bedeutung von Misch- und Hybridkonstruktionen ist die logische Folge. Hohe und sehr spezifische Anforderungen können so zielsicher und wirtschaftlich umgesetzt werden. Beispielsweise werden im Projekt »Energieeffizienter Wohnungsbau in Ansbach« von Deppisch Architekten (Abb. 8) leichte, hoch wärmegedämmte Tafelbauelemente als Außenwand mit Innenwänden und Decken aus Brettsperrholz kombiniert, die bessere Eigenschaften für Schall- und Brandschutz bieten.
Hier wird erkennbar, dass sich der Holzbau vom Denken in sortenreinen Systemen befreit. Er bietet Lösungen für sehr unterschiedliche Aufgabenfelder und ist eine konkurrenzfähige Alternative zu anderen Baustoffen geworden.
Selbst der Verzicht auf verleimte Holzwerkstoffe aus ökologischen oder raumhygienischen Gründen ist ohne Qualitätseinbußen möglich. Beim Gemeindezentrum St. Gerold von Cukrowicz Nachbaur Architekten werden Tafelbauwände mit Beplankungen aus Diagonalschalung und verdübelte Brettstapeldecken eingesetzt, die jedoch analog zu ihren Pendants aus verleimten Plattenwerkstoffen als plattenförmige Elemente konstruiert, vorgefertigt und montiert werden.
Kombiniert man die flächig wirkenden Konstruktionselemente mit der Leichtigkeit und Präfabrikationsmöglichkeit des Holzbaus, liegt die Fertigung von Raumzellen wie für das Alpenhotel Ammerwald von Oskar Leo Kaufmann und Albert Rüf (Abb. 7) nahe. Mit den neuen Holzwerkstoffen finden Ideen, die in den 1960er-Jahren mit Beton und Kunststoff begonnen haben, neue Voraussetzungen. Die Vorfertigung von Raumzellen, die in kürzester Zeit zu Gebäuden zusammengesetzt werden können, scheint sich als eigene Disziplin zu etablieren.

Aktuelle Materialentwicklungen beziehen sich zum großen Teil auf die Verwendung von Laubholz, das als Konstruktionsholz bisher weitgehend ungenutzt ist. Gleichzeitig wächst in Deutschlands Wäldern angesichts der Klimaerwärmung mittelfristig der Anteil von Laubbäumen. Für diese Ressource gilt es hochwertige Nutzungen zu finden. Es gibt bereits marktreife Produkte wie Furnierschichtholz aus Buche und Brettschichtholz aus verschiedenen Laubhölzern wie Buche, Esche und Eiche; ein weiterer Innovationsschub ist in diesem Bereich zu erwarten. Beim Tragwerk der Sporthalle in Sargans von Blue Architects und Ruprecht Architekten (Abb. 5, 6) kommt Eschenholz für die vorgespannte Konstruktion zum Einsatz.

Evolution von Gestaltung und Planung

Bemerkenswert im Holzbau ist die Wechselwirkung zwischen technischen Neuerungen und architektonischem Erscheinungsbild. Darum nehmen Architekten, die sich mit dem Zusammenspiel von Material und Gestaltung auseinandersetzen, in der Entwicklung des Holzbaus eine Schlüsselrolle ein. So entwirft zum Beispiel Hermann Kaufmann für die Wohnanlage Ölzbündt (Abb. 13) statt geometrisch hierarchischer Gefüge flächige Bauteile. Das Tragwerk besteht aus einem Skelettbau mit Hohlkästen als Deckenelementen, deren ebenengleiche Rippen und Randträger an den Ecken auf den Stützen aufliegen. Die Außenwände aus Tafelbauelementen sind bündig in das Tragwerk gesetzt. Die vereinfachte Geometrie führt zur Vereinfachung sämtlicher Bauteilanschlüsse und erleichtert so die Ausführung einer luftdichten Gebäudehülle.

Digitale Fertigungsprozesse

Spektakuläre Freiformen aus parametrischen Formfindungsprozessen können die Möglichkeiten moderner EDV zwar sehr gut transportieren, spielen jedoch in der Baupraxis kaum eine Rolle. Dagegen hat die Digitalisierung von Planungs- und Fertigungsprozessen auf den Holzbau großen Einfluss. Mit der Einführung von automatisierten Abbundanlagen verändern sich die betrieblichen Abläufe in den Holzbauunternehmen grundlegend. Eine präzise digitale Abbundplanung wird zur essentiellen Voraussetzung der Fertigung. Zimmermannsmäßige Holzverbindungen erleben eine fast unsichtbare Renaissance, beispielsweise als Schwalbenschwanzverbindungen des Stabwerks im Inneren von Rahmenbauelementen.

Materialspezifische Planung

Der Planungsalltag im Holzbau stellt Architekten und Ingenieure bisweilen vor spezielle Herausforderungen. Einerseits ist spezifisches Wissen um Material, Konstruktion und Komplexität die Grundvoraussetzung für eine wirtschaftliche Umsetzung. Andererseits sind die Planungsabläufe nach der HOAI auf standardisierte Konstruktionen aus Mauerwerk, Beton und Stahl abgestimmt. Der Holzbau ist dagegen in erheblichem Umfang von den spezifischen Produkten einzelner Hersteller und den speziellen Vorlieben und Fertigungsabläufen einzelner Zimmereien geprägt. Um den unwirtschaftlichen Aufwand von Mehrfachplanungen zu vermeiden, wird immer öfter versucht, von bekannten Planungs- und Vergabeverfahren abzuweichen und den ausführenden Holzbaubetrieb bereits in den frühen Planungsphasen zu beauftragen und immanent in die Planung einzubinden. Komplementär dazu stehen die oft geforderten Bemühungen um die Standardisierung von Bauteilen, Bauteilanschlüssen und Ausführungsarten.

Selbsterfüllende Prophezeiung

Die Erwartungen an den Holzbau bleiben seit Beginn des neuen Jahrtausends in den Grundzügen gleich. Und doch führen sie zu großen technischen Verbesserungen: Leistungsfähige und innovative Betriebe etablieren sich und es entsteht eine Fülle hervorragender gebauter Beispiele. Sie wirken als Multiplikatoren und sorgen bei Bauherren für Akzeptanz und Vertrauen. Zwar ist der Holzbau noch immer nicht alltäglich, doch verlässt er längst die Nische von ländlichem Bauen, Behelfsbau und Öko-Folklore. In fast allen Bereichen ist Bauen mit Holz konkurrenzfähig und bietet hochwertige Alternati-

5

ven zu konventionellen Bauweisen, ohne seine einzigartigen ökologischen Vorteile zu relativieren. Denn die stoffliche Grundlage ist so einfach wie unmittelbar: die Natur selbst stellt den nachwachsenden Rohstoff in nahezu unendlicher Menge zu Verfügung, die Herstellungsenergie ist solar, Hauptbestandteil ist Kohlenstoff, der als CO_2 der Atmosphäre entnommen wird und damit zur Entlastung des Klimas beiträgt. Am Ende seiner stofflichen Lebensdauer ist Holz unproblematisch verwertbar. In einigen Bereichen schließt der Holzbau nicht nur zum Bauen mit Ziegel oder Beton auf, sondern ist ihm klar überlegen – gerade bei Themenfeldern, die die Zukunft des Bauens prägen: Energie- und Ressourceneffizienz sowie die Verbesserungen in Qualität und Bauprozess durch Vorfertigung. Diese Erkenntnis bestätigt sich seit zwei Dekaden immer wieder in der Praxis und verliert nicht an Aktualität.

Die Visionen von vor 20 Jahren bleiben aktuell. Ihre kontinuierliche Umsetzung in gebaute Realität beweist, wie bedeutungsvoll und prägend der Holzbau für unsere Zeit ist. Über verschiedene architektonische Moden hinweg etabliert Holz sich als moderner Baustoff – und bewahrt darüber hinaus ein noch weitaus größeres Potenzial für die Zukunft.

DETAIL 01–02/2016

[1] Deplazes, Andrea: Holz – indifferent, synthetisch *(Wood – indifferent, synthetic)*. In: DETAIL 01/2000, S. 23

[2] Widmann, Sampo: Umfrage *(Survey)*. In: Zuschnitt, 05/2001, S. 19

[3] Kaufmann, Hermann: Umfrage *(Survey)*. In: Zuschnitt, 05/2001, S. 9

[4] Hohensinn, Joseph: Umfrage *(Survey)*. In: Zuschnitt, 05/2001, S. 17

[5] Weeber, Hannes und Rotraut: Wohnungen in Holzbauweise – Bautechnische, wirtschaftliche und sozialwissenschaftliche Nachuntersuchung der Modellvorhaben. Hrsg. vom Bayerisches Staatsministerium des Innern, Oberste Baubehörde *(Flats constructed of wood – Constructional, economic and socio-scientific follow-up examination of the pilot projects. Edited by Bavarian Ministry of the Interior, Supreme Building Authority)*, München 2000, S. 5

[6] siehe/*see* [2]

Wolfgang Huß ist Partner von Huß Kühfuss Schühle Architekten HKS in München. Seit 2007 ist er wissenschaftlicher Mitarbeiter von Prof. Hermann Kaufmann am Fachgebiet Holzbau an der TU München. Stefan Krötsch betreibt zusammen mit Florian Braun das Büro Braun Krötsch Architekten in München. Von 2008 bis 2014 war er wissenschaftlicher Mitarbeiter von Prof. Hermann Kaufmann am Fachgebiet Holzbau der TU München. Seit Januar 2015 ist er Professor für Tektonik im Holzbau an der TU Kaiserslautern.

Wolfgang Huß is a partner in the firm Huß Kühfuss Schühle Architekten HKS in Munich. Since 2007 he has been a research fellow at the department of architectural design and timber construction (Hermann Kaufmann, department head) at the Technical University of Munich. Stefan Krötsch established Braun Krötsch Architekten in Munich with Florian Braun. From 2008–2014 Krötsch was a research fellow at the same department. In January 2015 he was named professor of tectonics in wood construction at the TU Kaiserslautern.

6

7

7 Hotel Ammerwald, Reutte 2009,
Oskar Leo Kaufmann, Albert Rüf
8 Energieeffizienter Wohnungsbau, Ansbach 2013,
Deppisch Architekten
9, 11 Kapelle St. Loup, 2008
localarchitecture
10 Elemente der Holztafelbauweise

*7 Ammerwald Hotel, Reutte 2009,
Oskar Leo Kaufmann and Albert Rüf*
8 Energy-efficient apartment building, Ansbach 2013, Deppisch Architekten
*9, 11 St Loup Chapel, 2008,
localarchitecture*
10 Panelised wood components

The basic component of contemporary wood construction is no longer the stick – it's the panel [1]. In 1999, Andrea Deplazes formulated the expectation that modern wood construction would move away from sticks – or studs – toward panelised construction, and consequently, panelised tectonics. The reorientation that wood construction underwent at the turn of the millennium continues to leave its mark – it was a fundamental change. The new possibilities inspire designers and heighten expectations – also with regard to ecological criteria to be met by the construction industry. The technological leap occurred against the backdrop of a politically charged worldwide reconception of what "thinking green" means – a reconception spurred by global warming. In this context, several developments in construction materials took place around the year 2000; in addition, materials and assemblies that already existed were developed further and used in new applications. Since the 1990s, for example, oriented strand board – which was developed in the 1950s in the USA – has been increasingly important in Germany in panelised construction.

Wood-concrete composite floor: *Back in 1922, Paul Müller obtained the first patent for the development of a floor of wood planks or boards standing on edge with a layer of concrete on top of them – the first known patent for a wood-concrete composite load-bearing component in the German-speaking world. The intention was to reduce the consumption of steel and concrete, which were relatively expensive materials, during the period of austerity between the world wars. During the 1980s the research on this construction method resumed, and a decade later it led to a large number of novel connections and assemblies. The goal is no longer to reduce the use of concrete, but to improve the fire safety and acoustic performance, as well as to increase the stiffness.*

Edge-fixed timber elements: *Back then, edge-fixed timber elements had already been in circulation for decades. But instead of connecting the boards with nails, as was the original practice, they are now connected my means of well-dried obliquely inserted hardwood dowels. In this way, the elements as a whole can be treated as solid wood, which causes less wear and tear on the tools. Building components that can support large loads with a minimised cross section and completely free of adhesives can be produced using simple, inexpensive planks.*

Timber box-element floors: *The development of the timber box-element floor is heading in the opposite direction: the combined forces of structural members act in response to the anisotropy and linearity of the loads. By gluing the ribs to the panels, the members are unified structurally in a single cross section. In this way the required structural depths of the components and the ribs' cross sections can be reduced. The dimensions of the timber box elements are limited only by their transportability. The elements can span in two directions and their supports are situated at intervals.*

Cross-laminated timber (CLT): *This material best represents the sweeping changes in wood construction. Not only does its odd number of cross-wise stacked, glued layers of boards minimise wood's lack of homogeneity and its anisotropy, but at the same time it is a dimensionally stable planar building material whose behaviour can be predicted. Its size is theoretically undefined and limited only by the parameters of the production sequence. CLT and, analogous to it, the other less prevalent materials veneer plywood and laminated veneer lumber (LVL) are high-performance materials that are easy to handle. The classical prerequisites for wood construction – profound knowledge of the material and its applications – appear to no longer hold sway.*

In the mid-19th century the veneer lathe was invented, and towards the end of the century it facilitated the mass production of plywood. The development of construction materials employing multiple layers of veneers followed a trajectory from the single ply to the board: a considerable amount of time after such multiple-ply boards had been introduced into the market, cross-laminated timber made its appearance as universal element for load-bearing walls, floor constructions and roofs. KLH ("Kreuzlagenholz", or CLT), produced in Austria, and Merk Dickholz, produced in Germany, received first approvals in 1988. They constitute a milestone in the develop-

8

9

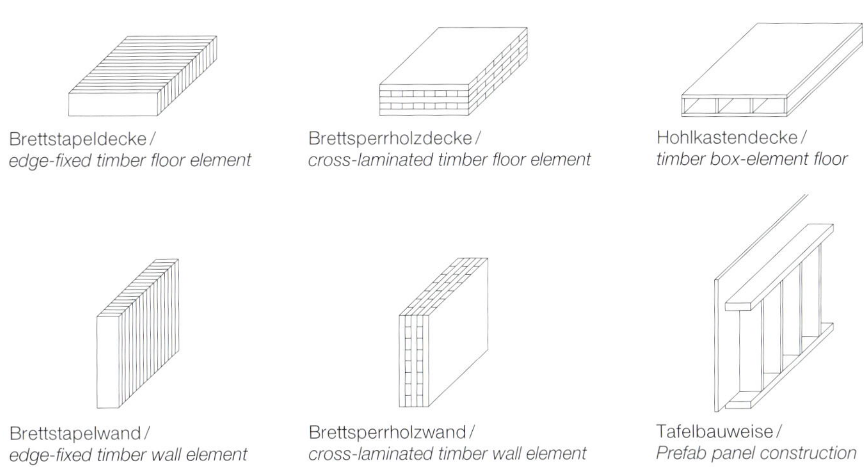

10

ment of modern wood construction. Since then wood construction has presented itself as innovative, dynamic and trendsetting. Thus, it is all the more astonishing that the professional debate past and present addresses similar topics:

- multi-storey, urban wood construction
- hybrid construction methods, combination of construction methods
- legal and societal parameters
- planning and production processes
- ecology, efficient use of resources and security of supply.

Back in 2001 the journal "Zuschnitt", presented the following statements formulated by a number of architects: "The future belongs to hybrid construction methods" [2], "there is a need for standardised details" [3], "prefabrication of complete modules would further reduce construction time" [4], "get firms involved early that will execute the work" [5], "simplify building codes, update fire safety" [6]. All of these statements appear to have kept their validity. And just a few new themes have arisen since: high-rises of wood, wood construction in the existing urban fabric, and pre-tensioned wood structures. The continual improvements to the parameters work in concert with the unvaryingly high expectations placed in wood construction. This is clearly legible in the changes made to the building codes: in December 1999, the German "Bauminister" conference (building ministers) approved the revised version of the Model Building Code, which, beginning in 2002, has been introduced in all German states with the exception of North Rhine-Westphalia and Rhineland-Palatinate. The fundamental change: there are now five (as opposed to the previous three) building classes in which wood is admissible, and three (as opposed to the previous two) fire ratings. As a result, wood buildings with a height of up to 13 metres (previously 8 metres) and fire-rated 60 minutes (previously 30 minutes) – under the condition that the load-bearing wood members be encapsulated in non-combustible materials. In 2015, Baden-Württemberg went a step further: in this state, wood is now considered inherently suited to fire-resistant construction and is admissible in all building classes. And Switzerland has adopted an approach that goes further still: since 2015 encapsulated burnable structural members have been treated as equal to non-burnable structural members. That makes buildings of heights of 30 metres and more possible. These developments are spurred on by exemplary case-by-case fire-safety concepts: the seven-storey apartment building in Berlin (2007) designed by Kaden Klingbeil Architekten constitutes one such breakthrough. Eight storey-buildings on the verge of high-rises followed; Kaden + Lager are planning a true high-rise in wood construction for Flensburg. In other European countries, even taller buildings are being built in wood. The tallest to date, with fourteen storeys, is a building in Bergen, Norway: it was completed in late 2015. The wood construction sector continues to be innovative, even if there haven't been any more revolutions in recent years. In central and northern European countries with traditions in wood construction, in a variety of firms a continual development has led to a level of quality and technological standard that makes wood an option for nearly every conceivable sort of building: housing, office buildings, schools, preschools and long-span structures. The "panel" tectonics mentioned at the beginning of the article facilitate wood construction in countries that have thus far not had such traditions. This construction method makes it possible to build high-performance structures without having profound knowledge of it. For example, CLT with simple detailing and prefabricated – and, often, imported – modules. Accordingly, these developments are allowing wood construction to come closer to the standardised building methods associated with mineral-based building materials, and at the same time, exploit wood's ecological and processing advantages. In the parts of central Europe and Scandinavia that have continuous wood construction traditions, in a number of different applications, employing a mix of systems has proven advantageous. The increasing significance of hybrid construction methods is a logical consequence of this development. These hybrid methods allow for cost-effective realisations of highly specialised designs. For example, the

11

12 Wohnhochhaus Trehus mit 14 Geschossen, Bergen 2015, Artec Arkitekter
13 Wohnanlage Ölzbündt, Dornbirn 1997, Hermann Kaufmann

12 Trehus, a fourteen-storey residential high-rise, Bergen 2015, Artec Arkitekter
13 Ölzbündt housing complex, Dornbirn 1997, Hermann Kaufmann

energy-efficient apartment building in Ansbach by Deppisch Architekten (ill. 8) makes use of highly insulated panelised components for the exterior walls – in combination with interior walls and floor construction of CLT, which has better properties with regards to acoustics and fire safety. Here it becomes clear that wood construction has liberated itself from rigid adherence to a pure system. Hybrid methods offer solutions to a wide variety of problems and are a competitive alternative to other approaches.

It is even possible to forego glue-laminated wood products for ecological reasons or to create a healthful building environment. In the design for a community centre in St Gerold by Cucrowicz Nachbaur Architekten, panelised walls consisting of diagonal boarding and dowelled edge-fixed timber elements – but which otherwise employ the production methods classically associated with laminated products – were prefabricated and mounted on site. Combining the planar characteristics of structural components with the lightness and possibilities offered by prefabricated wood construction will result in spatial units like the ones for the Ammerwald Hotel by Oskar Leo Kaufmann and Albert Rüf (ill. 7).

13

With the new products available for wood construction, ideas for room cells of concrete and synthetics that were first discussed in the 1960s are encountering new parameters. The prefabrication of entire rooms – which can quickly be assembled as a completed building – is indeed becoming established as a new sector. To a great degree, current material developments are geared toward use of hardwood, which has to date not played an important role as dimensional lumber. At the same time, due to global warming, German forest management's long-term planning is shifting toward a larger stock of deciduous forests. Now prominent applications must be found for the wood. Products such as LVL made of beechwood and CLT of different deciduous woods (beechwood, ash wood, and oak) are already on the market. Further developments can be expected in this area. One such example is the load-bearing structure of the sports hall in Sargans by Blue Architects and Ruprecht Architekten (ill. 5, 6) in which ash wood is used in the pre-tensioned structure.

Evolution of design and planning: *Another noteworthy aspect in wood construction is the reciprocity of technical advancement and tectonics. And that is why architects who are interested in the interplay of material and design, play a key role in the development of wood construction. Hermann Kaufmann's design of a housing complex in Ölzbündt in western Austria exemplifies this approach (ill. 19). Instead of a hierarchical system of load-bearing members, the design employs planar building components. The load-bearing system consists of a timber frame with timber box-element floor construction whose ribs are of the same length as the edge beams; the elements are supported on columns in the corners. The exterior walls were executed in timber platform frame construction. The simplified geometry leads to a simplification of all of the connections and correspondingly facilitates an airtight building envelope. Spectacular free forms originating in parametric form-finding processes can be conveyed well with the assistance of state-of-the-art computer programmes, but they do not play a significant role in practice. The digitalisation of the planning and production processes, in contrast, has had a considerable influence on wood construction. The introduction of automated carpentry equipment has been accompanied by fundamentally changing processes in respective firms. Precise digital planning of the modules becomes the essential basis for the production. Wood connections in the tradition of carpentry are experiencing a nearly invisible renaissance, for example as dovetail connections of the frame inside the timber platform frame components.*

Everyday practice poses considerable challenges to architects and engineers. On the one hand, specific knowledge of materials, structures, and the accompanying complexity is a prerequisite to a cost-effective realisation. On the other hand, in Germany the planning processes and the architects' fees are based on buildings erected in brick masonry, concrete or steel. Wood construction, in contrast, is characterised by a considerable time investment in specific products by different producers and the predilections and production processes of individual wood construction firms. In order to avoid making alterations to the project, attempts are often made to deviate from standard planning and commissioning procedures: this can be accomplished by involving the wood construction firm in the planning and commissioning it at an early stage.

In synchrony with this are the ever-increasing demands for standardisation of building components, connections and types of execution. The expectations placed on wood construction have remained relatively unchanged since the beginning of the millennium. And they have already led to major technological improvements: innovative firms have established themselves and a variety of exceptional buildings have been erected; the latter have had a rippling effect and help convince prospective clients. Though it is true that wood construction has yet to become commonplace, it has long outgrown its niche of rural settings, temporary structures and eco-folklore. In nearly every area, wood has become an economically competitive and high-quality alternative to conventional construction methods – without losing its ecological benefits.

Carbonbeton – Hochleistungsbaustoff mit Effizienzpotenzial

Carbon Concrete – a High-Performance Material with Great Efficiency Potential

Alexander Kahnt, Frank Schladitz, Matthias Tietze, Silke Scheerer, Manfred Curbach

1

2

3

Die allgemeine Verfügbarkeit der Rohstoffe, eine ausreichende Tragfähigkeit und Langlebigkeit sowie die einfache Herstellung ließen Stahlbeton zum Baustoff des 20. und des angehenden 21. Jahrhunderts werden. Im Jahr 2014 wurden rund 4,2 Milliarden Tonnen Zement, ca. 28 Milliarden Tonnen Gesteinskörnung und ca. 2,8 Milliarden Tonnen Wasser für die Herstellung von Beton verwendet [1]. Und das ist auch schon die Kehrseite des Universalbaustoffs Beton: kein anderer Werkstoff ist für eine größere Rohstoffentnahme und höhere CO_2-Emissionen verantwortlich. Problematisch sind vor allem die riesigen Mengen an Beton, die weltweit vorbaut werden. Gelänge es, durch eine neue Art des Bauens schlanker zu konstruieren, ließen sich erhebliche Einsparungen erzielen. Carbonbeton bietet dieses Potenzial. Durch mattenartige Bewehrungsstrukturen (textile Gelege) aus Carbonfasern lassen sich bereits heute im Sinne einer höheren Ressourcen- und Energieeffizienz einige Stahlbetonanwendungen im Neubaubereich sinnvoll substituieren (Abb. 5). Zudem ist es möglich, sanierungsbedürftige Massivbauwerke durch Verstärkungsschichten aus Carbonbeton instandzusetzen und dadurch deren Nutzungsdauer zu erhöhen. Für Architekten und Gestalter bieten Carbonbeton und andere textilbewehrte Betonarten eine große Gestaltungsfreiheit, da sich damit beliebige Formen, Formate, Oberflächenstrukturen und Farben in hoher Qualität herstellen lassen. Von Vorteil sind dabei vor allem die flexiblen Bewehrungsstrukturen. Moderne Herstellungsverfahren erlauben es, auch digital entworfene Formen umzusetzen. Darüber hinaus lassen sich zusätzliche Funktionen wie Heizen, Beleuchten oder Gebäudeautomation in die Bauteile integrieren. Durch die Anordnung der Bewehrung entsprechend dem Kräfteverlauf benötigen Bauteile aus Textilbeton auch weniger Bewehrung als konventioneller, faserbewehrter Beton, bei dem geschnittene Kurzfasern aus Glas, Kunststoff oder Kohlefaser ungerichtet in die Betonmischung eingebracht werden.

Bisherige Entwicklung

Nach Alternativen zum Stahlbeton sucht man nicht erst seit heute. In Deutschland wurde bereits in den 1980er-Jahren mit Betonbewehrungen aus technischen Textilien experimentiert. Erste Verbundforschungsprojekte in Dresden, Chemnitz und Aachen folgten Mitte der 1990er-Jahre [2]. Sie waren die Basis für zwei von der DFG geförderte Sonderforschungsbereiche in Dresden (SFB 528) und Aachen (SFB 532), in denen zwischen 1999 und 2011 die Grundlagenforschung auf dem Gebiet nichtmetallischer Bewehrungen vorangetrieben wurde. Schwerpunkt war die Entwicklung von Beton mit textilen Bewehrungen (kurz: Textilbeton, TRC) aus alkaliresistenten Glasfasern (AR-Glas) und später verstärkt aus Carbonfasern. Schon früh wurden erste baupraktische Projekte realisiert, die bewiesen, dass das Material die hohen Erwartungen der Forscher und Ingenieure erfüllt [3]. In dem aktuell größten deutschen Bauforschungsprojekt – C³ Carbon Concrete Composite – widmen sich mehr als 130 Partner aus Wissenschaft und Wirtschaft der Entwicklung und Markteinführung von Carbonbeton [4].

Verbundwerkstoff Carbonbeton

Bekanntlich übernimmt beim Stahlbeton der Beton vorrangig die im Bauteil auftretenden Druckkräfte und der Bewehrungsstahl kom-

4

1 Bewehrungsgelege aus Carbongarnen im Abstand von 1 und 1,5 cm
2 Zuschläge für Carbonbeton
3 Zuschläge für Stahlbeton
4 »Blütenpavillon«, Kahla 2012, Institut für Massivbau, TU Dresden. Die Schalen der aus Textilbeton gefertigten Überdachung sind lediglich 40 mm dick.

1 Reinforcement consisting of carbon strands at spacings of 1 and 1.5 cm
2 Aggregates for carbon-reinforced concrete
3 Aggregates for steel-reinforced concrete
4 Flower Pavilion, Kahla 2012, Institute for Solid Forms of Construction, University of Technology Dresden. The shell elements of the textile-concrete roof are only 40 mm thick.

5

5 Stadtquartier »Neuer Markt«, Neumarkt 2015, Bögl Gierer Architekten/Distler Architekten + Ingenieure. An der Fassade wurden stabförmige Elemente aus traditionellem Stahlbeton mit flächigen, nur 30 mm starken Verkleidungen aus carbonbewehrtem Textilbeton kombiniert.
6 Laminieren durch Auftragen der Betonmatrix per Hand
7 Laminieren durch Auftragen der Betonmatrix im Sprühverfahren
8 Gießen von Textilbeton
9 Schleudern von Textilbeton
10 3D-Druck
11 Vergleich eines Bewehrungsstahls mit einem Carbon-Heavy-Tow gleicher Tragfähigkeit
12 3D-Bewehrung für im Gießverfahren hergestellten Textilbeton

5 "New Market", urban district, Neumarkt 2015, Bögl Gierer Architects/Distler Architects + Engineers. Linear elements in the facade were cast in traditional steel-reinforced concrete and combined with planar carbon-reinforced textile-concrete cladding only 30 mm thick.
6 Laminated process: concrete matrix applied by hand
7 Laminated process: concrete matrix applied by spraying
8 Pouring textile concrete
9 Centrifugal casting of textile concrete
10 3D compression process
11 Comparison of reinforcing steel with heavy-tow carbon fibre of same load-bearing capacity
12 3D reinforcement for textile concrete produced in pouring process

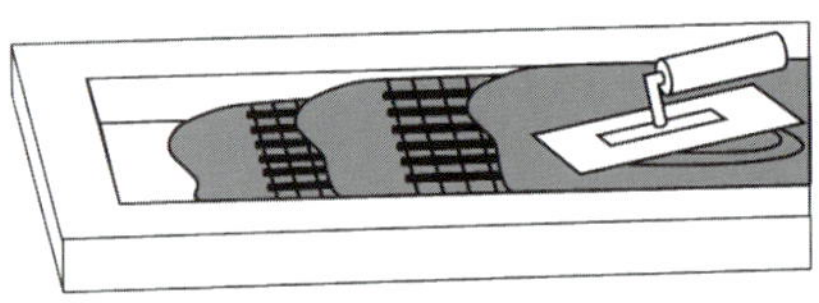
6

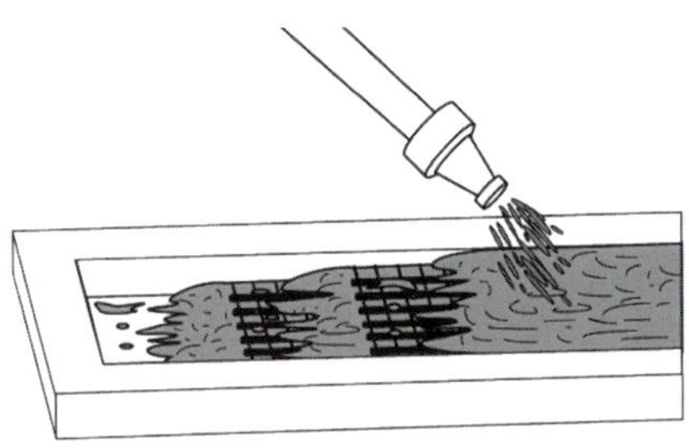
7

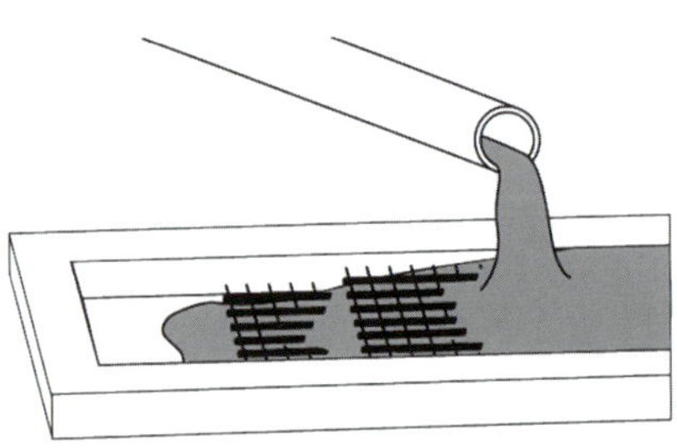
8

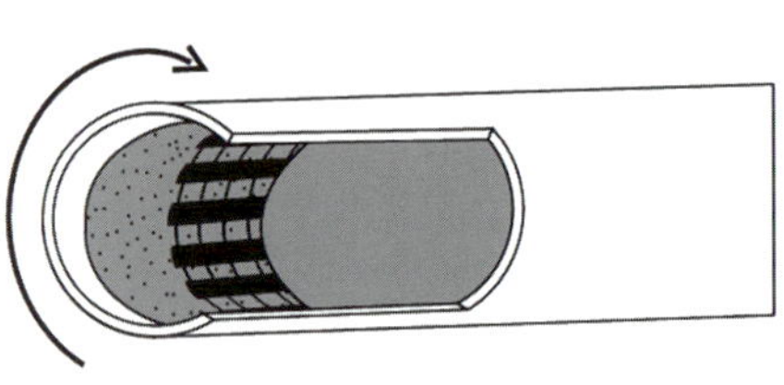
9

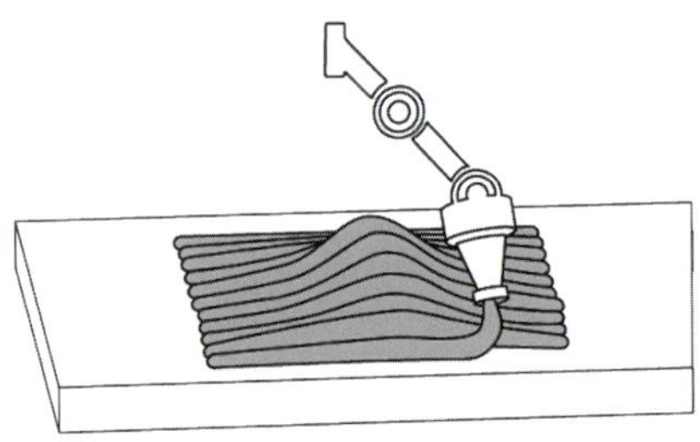
10

pensiert Zugbeanspruchungen. Zudem schützt die Betondeckung den Stahl vor Korrosion, korrosionsfördernden Medien (z. B. Tausalze) und Bränden. Je nach Einbausituation muss die Deckschicht bis zu 5 cm dick sein. Beim Carbonbeton stellt das Carbon als Äquivalent zur Stahlbewehrung die Zugfestigkeit des Verbundwerkstoffs sicher. Die Prinzipien und Bemessungsgrundlagen sind dem Stahlbeton sehr ähnlich. Da Carbon im Gegensatz zu Stahl etwa sechsmal tragfähiger (3000 statt 500 N/mm^2 Zugfestigkeit) und viermal leichter (1,8 statt 7,8 g/cm^3) ist und zudem nicht korrodiert, kann mit dieser Bewehrung deutlich freier konstruiert werden. Da der Korrosionsschutz für die Bewehrung entfällt, lassen sich beispielsweise Betonplatten für Fassadenverkleidungen mit einer Dicke von 2 cm statt bisher mindestens 7 bis 10 cm herstellen. Für die Verstärkung bestehender Stahlbetonbauteile reichen noch dünnere Schichten aus. Aktuell verwendet man als Bewehrung filigrane, mattenartige Strukturen, die aus zwei oder mehr Lagen Multifilamentgarnen (Rovings) gefertigt werden (Abb. 1). Rovings bestehen wiederum aus mehreren tausend Einzelfilamenten (Fasern). Da die Gelege relativ weich sind, lässt sich mit ihnen nahezu jede Form realisieren (Abb. 4) [5]. Für ganze Tragwerke werden jedoch künftig stabförmige Bewehrungen benötigt werden. Derzeit arbeiten verschiedene Forschungsstätten und Industrieunternehmen in Deutschland und im Ausland an der Entwicklung geeigneter Carbonstäbe. Für multifunktionale Anwendungen gewinnen neben Carbon auch Fasern aus AR-Glas weiter an Bedeutung. Diese sind etwas weniger tragfähig (1500 N/mm^2) und dauerhaft als Carbonfasern, aber deutlich preiswerter. Ferner leiten sie im Gegensatz zu Carbon keinen elektrischen Strom, sind jedoch gute Lichtleiter. Als Beton kommt bisher – je nach Bauteil und Anwendung – ein normal- oder hochfester sogenannter Feinbeton mit einem Größtkorn von 1 bis 8 mm zur Anwendung. Auch dies ist ein Unterschied zum Stahlbeton, bei dem Körnungen bis 32 mm Durchmesser üblich sind (Abb. 2, 3).

Herstellungsverfahren

Carbonbeton wird derzeit im Wesentlichen in zwei Verfahren – Laminieren und Gießen – hergestellt. Weitere Verfahren wie das Schleudern oder Drucken wurden bereits erprobt, aber noch nicht in der Praxis angewandt.

Laminieren

Werden Feinbeton und das textile Gelege in wechselnden Lagen in eine Schalung eingebracht, spricht man vom Laminieren (Abb. 6, 7). Das alternierende Schichten beider Bestandteile wird so lange fortgeführt, bis die gewünschte Bauteilstärke erreicht ist. Die Betonschichten haben in der Regel eine Mindestdicke von 3 mm, sowohl an den Außenseiten als auch zwischen den Lagen. Die Mindestdicke der gesamten Textilbetonschicht wird folglich von der erforderlichen Bewehrungsmenge bestimmt. Der Feinbeton selbst kann per Hand zum Beispiel mit Spachtel und Kelle oder im Sprühverfahren mit Hilfe handelsüblicher Putzerspritzen aufgebracht werden. Das Aufsprühen von Beton ist vor allem bei der großflächigen Verstärkung von Bestandsbauteilen (auch über Kopf) sowie bei frei geformten Bauteilen von Vorteil. Hierzu muss die Feinbetonmischung pump- und spritzbar sein und an schrägen und vertikalen Flächen haften. Dafür steht derzeit eine Fertigmischung zur Verfügung, der auf einer Baustelle lediglich Wasser zugegeben werden muss [6]. Abstandshalter, die die Lagesicherheit der Bewehrungsmatten garantieren, sind dabei nicht notwendig. Sowohl beim Laminieren per Hand als auch für das Sprühverfahren sind geschulte Verarbeiter erforderlich, um eine gleichbleibende Qualität der Lagen zu erreichen.

Gießen

Beim Gießen von Carbonbeton wird die textile Carbonbewehrung in der Schalung fixiert. Anschließend kann das Bauteil in einem Arbeitsschritt betoniert werden (Abb. 8). Hierzu eignen sich sowohl liegende als auch stehende Schalungen. Für das Gießverfahren ist ein fließfähiger und selbst-

11

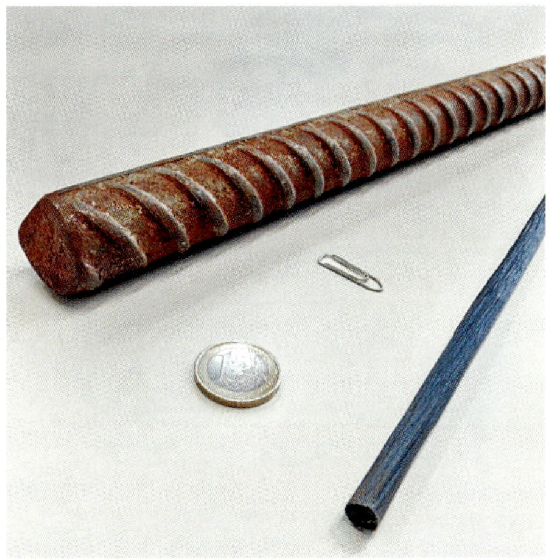

12

entlüftender Feinbeton erforderlich. Zur Lagesicherung von 2D-Bewehrungen verwendet man Abstandshalter [7] oder eine auf einen definierten Abstand vorkonfektionierte 3D-Bewehrung (Abb. 12). Neben kompletten Fertigteilen lassen sich im Gießverfahren auch Halbfertigteile für Decken- und Wandelemente herstellen.

Schleudern und Drucken
Beide Verfahren sind derzeit noch Zukunftsmusik. Das Prinzip des Schleuderns von Textilbeton wurde erstmals an der RWTH Aachen erprobt (Abb. 9) [8]. Es sind spezielle versteifte Textilien und ein für das Schleudern optimierter Beton nötig. Ein bisher noch nicht auf Carbonbeton angewandtes Herstellungsverfahren ist das Drucken von Bauelementen (Abb. 10). Das grundsätzliche Problem beim Drucken besteht – wie auch beim Stahlbeton – in der Integration der Bewehrung. Kann dies gelöst werden, eröffnen sich dem Betonbau schier ungeahnte Möglichkeiten, kraftflussgerechte, organische Formen zu realisieren, bei denen wir heute in der Regel noch an die Grenzen der Schalungstechnik stoßen. An weiteren Verfahren zur Herstellung räumlicher Strukturen wird derzeit geforscht. So könnten Platten aus Carbonbeton flächig betoniert und anschließend als grüner Beton oder im erhärteten Zustand (Oricrete) zu räumlichen Strukturen gefaltet werden [9].

Anwendungsgebiete und Praxisbeispiele
Nichtmetallische Bewehrungen aus Hochleistungsfasern eignen sich sowohl für den Neubau als auch für die Verstärkung bestehender Bauwerke [10]. Im Neubaubereich wurden bereits Pavillons, Fußgängerbrücken und Pontons sowie Dach- und Wandkon-struktionen realisiert. Hierbei handelt es sich hauptsächlich um Fertigteile. Das aktuell größte Anwendungsgebiet sind Fassadenverkleidungen. Zumeist wird bisher – auch bei den nachfolgend gezeigten Beispielen – die bereits länger erprobte AR-Glasfaserbewehrung verwendet. Teilweise handelt es sich auch um Mischgewebe aus Carbon und Glasfasern. Die Vorteile sind jedoch für beide Materialarten die gleichen: auch bei sehr dünnen Bauteildicken sind eine hohe Tragfähigkeit und eine konstante Dauerhaftigkeit gewährleistet.

Brückenbau
Besonders eindrucksvoll zeigt sich die Anwendbarkeit und Tragfähigkeit im Brückenbau. Der Brückenbau wird oft als die Königsdisziplin der Ingenieure bezeichnet, da er die höchsten Ansprüche an Planung und Materialqualität stellt. Dass der neue Baustoff diesen hohen Anforderungen gewachsen ist, unterstreichen die drei bisher realisierten, textilbewehrten Brücken in Oschatz, Kempten und Albstadt-Lautlingen [11]. 2006 wurde für die Landesgartenschau Oschatz die weltweit erste Brücke mit textiler Bewehrung der Öffentlichkeit präsentiert. Die kleine Fertigteilbrücke überspannt mit einer Stützweite von 8,60 m und einem Gewicht von lediglich 6 t einen Bach. Den Überbau bilden organisch geformte U-Schalen, die zentrisch durch Monolitzen miteinander verspannt sind. Da das verwendete AR-Glastextil nur wenige Millimeter Betondeckung braucht, genügte eine Bauteildicke von nur 30 mm, um die erforderlichen Lasten aus Fuß- und Radverkehr aufzunehmen. Die vertikalen, ca. 1,30 m hohen Querschnittsbereiche fungieren dabei als Brüstung und mittragende Gurte in einem. Der 2,50 m breite, unterseitig mit Rippen versteifte Schalenboden bildet die Lauffläche. Die Brücke wurde an einem Stück im Betonwerk vorgefertigt, direkt auf die Baustelle transportiert und dort auf die Widerlager gesetzt.
Basierend auf dem gleichen, nur geringfügig angepassten Tragsystem entstand 2007 in Kempten eine ca. 17 m lange Brücke über die Rottach (Abb. 14). Sie ist für Fußgänger, Radfahrer und ein Räumungsfahrzeug bis 3,5 t Gewicht ausgelegt. Die derzeit mit 97 m längste Brücke aus dem neuen Baustoff befindet sich in Albstadt-Lautlingen und führt in einer Kurve einen Fuß- und Radweg über die Bundesstraße 463. Die Brücke besteht aus sechs aneinander gereihten, gleich gekrümmten Fertigteilen mit Elementlängen von 11,80 bis 17,20 m. Der schlanke Brückenträger besteht aus einem Plattenbalken mit sieben Stegen und einer Bauhöhe von 430 mm (Abb. 13).Für die Genehmigung der drei Brückenbauwerke waren jeweils Zustimmungen im Einzelfall (ZiE) erforderlich. Die hierfür notwendigen, umfangreichen Versuche fanden an der TU Dresden und an der RWTH Aachen statt. Da heute bei einigen Landesstellen für Bautechnik bereits Erfahrungen mit Textilbeton vorliegen, sind inzwischen verkürzte Verfahren möglich. Aktuell werden im C³-Projekt Standard-Feinbetonmischungen und -Bewehrungen sowie einheitliche Prüfverfahren entwickelt, die das Bauen mit Carbonbeton erleichtern und die Kosten reduzieren sollen.

Fassaden
Für den Fassadenbau bieten textilbewehrte Betonelemente den Vorteil, dass sie sehr einheitliche, feinporige und scharfkantige Oberflächen aufweisen und viel schlanker und leichter als Stahlbetonelemente ausfallen können. Die Gewichtsreduktion führt in der Herstellung und beim Transport zu größerer Wirtschaftlichkeit und reduziert die Umweltbelastungen. Die Elemente werden hauptsächlich für vorgehängte hinterlüftete Fassaden verwendet (Abb. 15). Darüber hinaus eignen sich die Platten zur Herstellung besonders schlanker Sandwichfassaden. Die Plattenformate reichen momentan bis ca. 3 × 5 m. Ein erstes Büro- und Geschäftshaus mit vorgehängter hinterlüfteter Fassade aus Carbonbeton wurde in Neumarkt realisiert (Abb. 5). Die 2,88 × 4,48 m großen Fassadenelemente sind hier nur 30 mm stark. Eine Vorsatzschale aus Stahlbeton wäre an dieser Stelle rund dreimal so dick gewesen. Ebenfalls nur 30 mm stark, aber mit einem Gewebe aus AR-Glasfasern bewehrt sind die anthrazitfarbenen Fassadenelemente am Erweiterungsbau des St. Leonhard-Gymnasiums in Aachen (Abb. 19). Die Platten sind bis zu 2,88 × 4,48 m groß und werden zusätzlich durch zwei Verstärkungsrippen auf der Plattenrückseite ausgesteift. Die Oberfläche der Elemente wurde nachträglich gesäuert, sodass die Zuschläge leicht freigelegt sind. Dies verleiht der Fassade eine sandsteinartige Haptik. Die Möglichkeiten der dreidimensionalen Oberflächengestaltung illustriert ein Bürogebäude in Essen (Abb. 16, 17). Auch hier wurde eine vorgehängte hinterlüftete Fassade realisiert, wobei die Betonplatten jedoch anthrazit durchgefärbt sind und mithilfe einer Schalungsmatrize mit einem Binärcode versehen wurden.
Ein nur 11 cm dickes Sichtbeton-Fassadenelement mit Passivhaus-Dämmstandard (0,15 W/m²K) wurde im Rahmen des Forschungsvorhabens »vakutex Vakuumgedämmte Fassadenelemente aus Textilbeton« in Leipzig entwickelt (Abb. 18). Das nichttragende Sandwichelement besitzt ähnliche bauphysikalische Eigenschaften wie ein

13 Fußgängerbrücke, Albstadt-Lautlingen 2007, Groz-Beckert
14 Fußgängerbrücke, Kempten 2007, Deutsches Zentrum Textilbeton; Fertigteile vor der Montage
15 Vorgehängte hinterlüftete Fassade mit Verkleidung aus Textilbetontafeln
Systemschnitt Maßstab 1:10
A Textilbetonelement
B Agraffe mit Höhenjustierschraube
C horizontales Tragprofil
D Wandhalter, thermisch getrennt (Festpunkt)
E Basisprofil
F Wandhalter, thermisch getrennt (Gleitpunkt)
16 Bürogebäude, Essen 2005, Bahl Architekten
17 Bürogebäude in Essen, Binärcode auf der Betonplatte

13 Pedestrian bridge, Albstadt-Lautlingen 2007, Groz-Beckert
14 Pedestrian bridge, Kempten 2007, German Centre for Textile Concrete; prefabricated elements prior to assembly
15 Curtain-wall rear-ventilated facade with clip-on textile-concrete cladding panels; system section scale 1:10
A textile-concrete element
B clips with bolts for adjustment in height
C horizontal rail
D wall fixing, thermally divided (fixed point)
E base section
F wall fixing, thermally divided (sliding fixing)
16 Office building, Essen 2005, Bahl Architects
17 Office building in Essen: binary code on concrete slab

13

viermal dickeres Stahlbetonelement. Bei gleicher Gebäudekubatur resultieren daraus Grundflächengewinne von bis zu 15% [12]. Wie auch bei den Brücken waren für die Durchführung der ersten Projekte im Fassadenbereich diverse Zustimmungen im Einzelfall erforderlich. Darauf setzen auch heute noch viele Hersteller von Textilbeton- bzw. Carbonbeton-Fassadenelementen. ZiE müssen aber für jedes Bauprojekt neu beantragt werden. Die Firma Hering hat mittlerweile zwei allgemeine bauaufsichtliche Zulassungen (abZ) für Platten mit AR-Glasfaserbewehrung bis 120 × 60 × 2 cm Größe (Z-33. 1-577) und 240 × 120 × 3 cm Größe (Z-33.1-843) erhalten. Eine weitere allgemeine bauaufsichtliche Zulassung für Elemente bis 500 × 300 × 3,5 cm soll beantragt werden.

Betoninstandsetzung
Schon mehrfach wurde Carbonbeton für die Instandsetzung und Verstärkung von Überdachungen, Deckenplatten und Silos eingesetzt. Die äußerst dünnen Verstärkungsschichten haben u.a. den Vorteil, dass nur wenig zusätzliches Gewicht in das Bauwerk eingebracht wird. Lichte Höhe und Nutzvolumen bleiben so erhalten und die bauliche Struktur – wichtig beim Denkmalschutz – wird kaum verändert.
Eine der ersten carbonfaserverstärkten Betonkonstruktionen in Deutschland befindet sich in der ehemaligen Ingenieurschule in Zwickau [13]. Die denkmalgeschützte Tonnenschale aus dem Jahr 1903 erhielt 2008 eine Verstärkung, als das Gebäude zum Finanzamt umgebaut wurde (Abb. 20). Die Maßnahme war erforderlich, da sich die Tragfähigkeit der äußerst filigranen Dachkonstruktion nach aktuellen Regelungen nicht mehr nachweisen ließ. Das Tonnendach überspannt stützenfrei einen 16 × 7 m großen Raum. Die 8 cm dicke Stahlbetonschale ist monolithisch mit insgesamt elf 25 cm hohen und 20 cm breiten Unterzügen verbunden. In neun von zehn Dachfeldern sind mittig Lichtöffnungen angeordnet. Bereits etablierte Ertüchtigungsverfahren wie geklebte Lamellen aus carbonfaserverstärktem Kunststoff (CFK) oder mehrere Zentimeter dicker Spritzbeton schieden aus geometrischen, baupraktischen und statischen Gründen aus. Mit der Verstärkung aus Carbonbeton wurde die Tragfähigkeit der denkmalgeschützten Konstruktion ohne sichtbare Veränderung der Bauteilabmessungen gesichert und die historische Optik gewahrt. Nach der Entfernung der vorhandenen Putzschichten wurden der Altbetonuntergrund durch Feststoffstrahlen aufgeraut und vorhandene Fehlstellen ausgebessert. Auf dem vorgenässten Untergrund wurden abwechselnd mehrere 3 mm dünne Feinbetonschichten im Sprühverfahren aufgetragen und die textile Carbonbewehrung darin von Hand eingearbeitet. Die gesamte Verstärkungsschicht war je nach Anzahl der eingebrachten Lagen zwischen 15 und 25 mm dick.
Für die ersten Verstärkungsprojekte waren Zustimmungen im Einzelfall nötig. Seit Juni 2014 gibt es eine erste allgemeine bauaufsichtliche Zulassung (Z-31.10-182) für ein »Verfahren zur Verstärkung von Stahlbeton mit TUDALIT (Textilbewehrter Beton)«, sodass nun bei vielen Fällen auf ZiE verzichtet werden kann.

14

Ausblick
Die vorgestellten Prinzipien und Anwendungen haben gezeigt, was heute schon mit Carbonbeton möglich ist. Doch das Potenzial des Baustoffs ist noch lange nicht erschöpft. Teilweise liegt dies auch an Wissenslücken. Um diese möglichst bald zu schließen, haben sich mittlerweile Forscher und Unternehmen deutschlandweit des Themas angenommen. Das bereits erwähnte C³-Konsortium optimiert seit 2015 in mehreren parallel laufenden Verbundprojekten Materialien, Berechnungs-, Prüf- und Produktionsverfahren und sucht nach neuen Ansätzen für multifunktionale Carbonbetonelemente. Neben neuen Bauteilen für den Hoch- und Ingenieurbau arbeitet das Konsortium auch an Vorspannverfahren und Recyclingmethoden für den Werkstoff. Bis 2020 sollen die Voraussetzungen geschaffen sein, um Carbonbeton flächendeckend in den Markt einzuführen [14].
DETAIL 04/2016

15
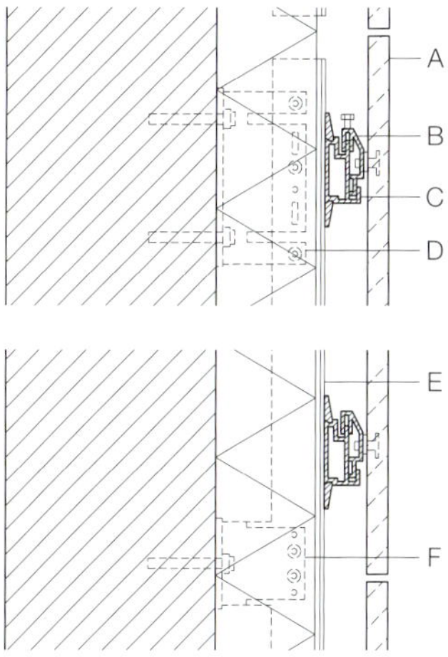

16

17

As a result of the general availability of the raw materials used in its manufacture, its ample load-bearing qualities, its durability and its simple means of production, reinforced concrete became the number-one building material of the past century. In 2014, roughly 4.2 billion tonnes of cement, 28 billion tonnes of aggregate and 2.8 billion tonnes of water were used to create concrete. But that is also its drawback: no other material is responsible for a greater extraction of resources from the earth and for higher CO_2 emissions.

Carbon concrete provides scope for more slender forms of construction; and if mat-like textile reinforcement is used, consisting of carbon fibres, a number of concrete structures that were traditionally reinforced with steel could be constructed using the new technology (ill. 5). Furthermore, solid structures in need of repair can be refurbished with additional layers of carbon concrete, thereby increasing their useful life. Carbon- and other textile-reinforced kinds of concrete also lend themselves to the creation of various high-quality forms, surface textures and colouration. Other advantages lie in the flexible reinforcement structures that can be achieved, the scope for digitally designed forms and the incorporation of heating, lighting and other service components. Finally, by arranging the textile reinforcement in accordance with the distribution of forces, less bracing is required than in traditional fibre-reinforced concrete, where short glass, plastic or carbon fibres are incorporated at random in the mix.

As early as the 1980s, experiments were being carried out in Germany in which technical textiles were used as concrete reinforcement, and by the mid 1990s, initial research projects were being implemented in Dresden, Chemnitz and Aachen. These formed the basis for two special areas of investigation sponsored by the German Research Foundation (DFG) between 1999 and 2011 in Dresden and Aachen to explore non-metallic reinforcement. The focus of this work was the development of textile-reinforced concrete (TRC), using alkali-resistant glass fibres (AR glass), and later, carbon fibres. At an early stage, it became evident that the material met the high expectations of both scientific research and engineering. In the largest current construction research project, C^3 – Carbon Concrete Composite, more than 130 partners from the fields of science and business are working to develop carbon concrete and introduce it to the market.

With steel-reinforced concrete, the concrete bears compression loads in the main and provides a covering to protect the steel against corrosion, while the reinforcement offsets tension stresses. Depending on the situation, the covering layer must be as much as 5 cm thick. With carbon concrete, the carbon – as the equivalent of the steel – provides the tensile strength of the composite material. Since carbon has roughly six times the load-bearing capicity of steel (3,000 instead of 500 N/mm^2 tensile strength), is considerably lighter (1.8 instead of 7.8 g/cm^3) and furthermore does not corrode, it provides a much freer form of construction. For concrete panels used as facade cladding, for example, a covering of only 2 cm would be adequate instead of 7–10 cm as hitherto.

At present, filigree mat-like structures are used, consisting of two or more layers of multifilament strands (rovings) (ill. 1). The rovings, in turn, consist of many thousand filaments (fibres). Since the material is relatively soft, it is possible to create almost any form with it (ill. 4). In future, though, linear bar-shaped reinforcement will be needed for the execution of entire structures. Various research bodies and industrial undertakings in Germany and elsewhere are working to develop suitable carbon rods. Alongside carbon, other materials such as AR glass fibres are gaining in significance. These are somewhat less durable and have a smaller load-bearing capacity (1,500 N/mm^2), but they are considerably more economic than carbon. What's more, they do not conduct electricity, but are, on the other hand, good light conductors. Commonly used in this context is normal or high-strength so-called "fine concrete" with large grains 1–8 mm in size. This, too, stands in contrast to steel-reinforced concrete, where aggregate up to 32 mm is common (ills. 2, 3).

At present, two main techniques are used in the production of carbon concrete: lamination and pouring. If fine concrete and the textile material are inserted in the formwork in alternate layers, one speaks of a laminated process (ills. 6, 7). The concrete layers usually have a minimum thickness of 3 mm. The fine concrete can be applied with a trowel or by spray. The spraying technique is particularly favoured where the aim is to increase the thickness of existing components over large areas as well as in the case of elements with free forms. The fine concrete mix must be suitable for pumping and spraying and should be capable of adhering to sloping and vertical surfaces. A ready-mixed product is now available that simply requires the addition of water on site. Distance pieces that guarantee the correct position of reinforcing mats are not necessary. Skilled workers have to ensure a constant quality of the layers, however.

In pouring carbon concrete, the textile reinforcement is fixed in the formwork. The component can then be cast in a single working process (ill. 8). For this, the fine concrete should be fluid and have self-ventilating properties. Distance pieces will be necessary, or specially made 3D reinforcement should be used with the requisite spacing (ill. 12) in order to maintain the position of 2D reinforcement. In addition to entire prefabricated elements, semi-finished components can be created for walls and ceilings using the pouring process.

Centrifugal spinning and compression are techniques that belong to the future. Trials were first made with the former process in the Rhine-Westphalian University of Technology (RWTH) in Aachen (ill. 9). Specially stiffened textiles and a concrete mix optimised for this purpose are required. Pressing building components is a further technique that has not yet been applied to carbon concrete (ill. 10). The main problem here, as with steel-reinforced concrete, lies in the integration of the reinforcement. If this can be overcome, enormous scope will open up to concrete construction, such as the realisation of organic forms that reflect the flow of forces and that at present

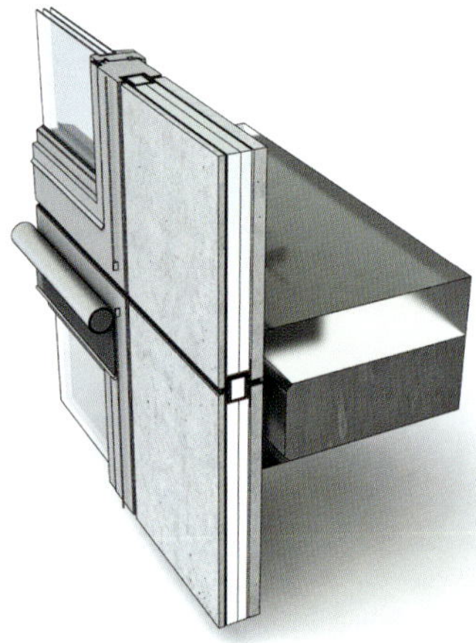

18

are limited by formwork technology. Other research is directed towards the creation of spatial structures, with the idea of pouring carbon concrete in horizontal slabs and then folding the freshly mixed or hardening material into other spatial forms.
Non-metallic reinforcement consisting of high-performance fibres can be used for new construction as well as for strengthening existing structures. New buildings executed with this technology include pavilions, pedestrian bridges and pontoons as well as walls and roofs. In these cases, the elements are commonly in the form of prefabricated units. In most examples hitherto, AR glass fibre has been used – or a mixture of carbon and glass fibre. The advantages are the same with both types of material: great load-bearing capacity and durability, coupled with very slender constructional forms. The scope for the application of these materials and their load-bearing properties are particularly impressive in bridge construction, an area that is often regarded as the supreme discipline of engineers. The fact that the new material can meet the great demands made of it is illustrated by the three textile-reinforced bridges implemented so far – in Oschatz, Kempten and Albstadt-Lautlingen. The first example in the world was unveiled in 2006 in Oschatz for the State Horticultural Show. This small prefabricated bridge, with a span of 8.60 m and a weight of only six tonnes, is drawn across a stream. The superstructure consists of organically shaped U-sections that are axially connected by monostrands. Since the AR glass textile required only a few millimetres of concrete covering, a thickness of just 30 mm was sufficient to bear the loads accruing from pedestrians and cyclists. The roughly 1.30-metre-high vertical cross sections also act as balastrades and bracing. The 2.50-metre-wide base, braced with ribs, forms the surface of the bridge.
In 2007 in Kempten, a bridge roughly 17 m long was built over the River Rottach (ill. 14), based on the same load-bearing system with minor modifications. The bridge was designed for pedestrians, cyclists and road-clearance vehicles up to 3.5 tonnes in weight. The longest bridge using this new material is in Albstadt-Lautlingen and consists of six curved prefabricated sections between 11.80 and 17.20 m long. In a slab-and-beam form of construction, the bridge is 97 m long and has a constructional height of 430 mm (ill. 13). Individual approval was required for each of these three structures, and extensive trials were carried out for this purpose at the University of Technology in Dresden and the RWTH Aachen.
In the context of facade construction, textile-reinforced fine-concrete elements have the advantage that they ensure extremely homogeneous, close-grained surfaces with sharp edges. They can also be much lighter and more slender than steel-reinforced members. Elements of this kind are used mainly to create rear-ventilated curtain-wall facades (ill. 15) and for thin sandwich facades. Slabs up to about 3 × 5 m in size are possible at present. An office and commercial development with a construction of this kind was implemented recently in Neumarkt (ill. 5) with facade elements 2.88 × 4.48 m and only 30 mm thick. Anthracite-coloured AR glass-fibre-reinforced facade units with the same dimensions were used in the St Leonhard School in Aachen (ill. 19). These are additionally stiffened with ribs on the rear face. The elements were subsequently acid-treated so as to bring out the additives slightly, thus lending the surface a sandstone-like texture.
The scope for three-dimensional surface design is illustrated by an office block in Essen (ills. 16, 17). Here, too, a curtain-wall facade was implemented, whereby the concrete slabs were integrally coloured anthracite, and a binary code was incorporated in the surface with the aid of a formwork template.
In Leipzig, in the context of the "vakutex" research project (vacuum-insulated facade elements in textile concrete), an exposed-concrete unit was developed only 11 cm thick and complying with passive-energy insulation standards (0.15 W/m²K) (ill. 18). This non-load-bearing sandwich element has similar properties to a steel-reinforced concrete slab four times as thick. As a result, with the same structure, a saving in floor area of up to 15 per cent can be achieved.

19

Alexander Kahnt leitet die Forschungsgruppe Nachhaltiges Bauen am Institut für Betonbau der HTWK Leipzig und ist an mehreren Projekten des C³-Konsortiums beteiligt.
Frank Schladitz leitet die Forschungsgruppe Carbonbeton des Instituts für Massivbau der TU Dresden und ist Vorstandsvertreter des Projekts C³ – Carbon Concrete Composite.
Matthias Tietze ist Wirtschaftsingenieur und Betriebswirt in der Forschungsgruppe Carbonbeton an der TU Dresden.
Silke Scheerer ist geschäftsführende Oberingenieurin des Instituts für Massivbau der TU Dresden sowie Geschäftsführerin des Schwerpunktprogramms 1542 – Leicht Bauen mit Beton.
Manfred Curbach ist Professor für Massivbau an der TU Dresden sowie Sprecher des Schwerpunktprogramms 1542 – Leicht Bauen mit Beton und des Projekts C³ – Carbon Concrete Composite.

Alexander Kahnt is head of the research group for sustainable building at the Institute for Concrete Construction of the HTWK, Leipzig, and is involved in a number of projects of the C³ Consortium.
Frank Schladitz is head of the research group for carbon concrete at the Institute for Solid Forms of Construction of the University of Technology, Dresden, and is a representative of the executive board of the project C³.
Matthias Tietze is an industrial engineer and business economist in the research group Carbon Concrete at the University of Technology, Dresden.
Silke Scheerer is managing senior engineer at the Institute for Solid Forms of Construction of the University of Technology, Dresden, and managing director of 1542 – Lightweight Forms of Construction with Concrete.
Manfred Curbach is professor for solid forms of construction at the University of Technology, Dresden, and spokesman for 1542 – Lightweight Forms of Construction with Concrete, as well as the project C³.

18 Sandwich-Fassadenelement im Passivhaus-Dämmstandard mit nur 11 cm Dicke
19 Erweiterung St. Leonhard Gymnasium, Aachen 2012, pbs Architekten – Gerlach Krings Böhning
20 Instandsetzung und statische Ertüchtigung der Tonnenschale im Finanzamt Zwickau (ehemalige Ingenieurschule) mit einer Carbonbetonverstärkung.

18 Sandwich facade element to passive-energy insulation standard with thickness of only 11 cm
19 Extension St Leonhard's School, Aachen 2012, pbs Architects – Gerlach Krings Böhning
20 Refurbishment and structural upgrading of barrel vault in the tax office Zwickau (former engineering school), with carbon-reinforced concrete.

As with the bridge developments, individual planning approval was required for each of the early facade structures. In the meantime, though, certain companies like Hering have obtained general approval for their construction methods for slabs with AR glass-fibre reinforcement up to certain sizes.
Carbon concrete has frequently been used for the refurbishment and reinforcement of roofing, floor panels and silos. The extremely thin additional layers have the advantage that they add little extra weight, and the spatial depth is scarcely changed. One of the first carbon-fibre-reinforced structures in Germany was the former engineering school in Zwickau. In 2008, the listed barrel vault, dating from 1903, had to be strengthened when the structure was converted for the use of the tax authorities (ill. 20). The barrel vault is drawn column-free over a space 16 × 7 m in area. The 8 cm steel-reinforced concrete shell is monolithically spanned with eleven downstand beams 20 cm wide and 25 cm deep. In nine of the ten bays, there are central roof lights. Established means of strengthening the structure, such as the addition of adhesive-fixed carbon-fibre-reinforced plastic or sprayed concrete ribs were not feasible, whereas with carbon-concrete reinforcement, the load-bearing capacity of this listed structure was ensured without any visible changes to the dimensions. After removing the existing layers of plaster, the old concrete backing was roughened and a number of 3-mm fine-concrete layers were sprayed on. The carbon reinforcement was worked in by hand. The overall thickness of the newly applied layers was between 15 and 25 mm. Individual approval was required for most initial reinforcing projects of this kind. Since June 2014, however, a first general constructional authorisation is in force, permitting a "procedure for the strengthening of steel-reinforced concrete with TUDALIT (textile-reinforced concrete)", so that in many cases, individual approval is no longer necessary.
The principles and applications presented here give some idea of what is possible with carbon concrete today. The potential of this material has by no means been fully explored, however. In part, this is due to gaps in our knowledge. In order to close these as quickly as possible, research scientists and various undertakings throughout Germany are addressing this subject. Since 2015, in a number of linked projects running parallel to each other, the C³ Consortium mentioned above has been optimising materials, calculations, testing and production processes in a search for new uses for multifunctional carbon-concrete elements. In addition to new components for building construction and engineering structures, the consortium is turning its attention to prestressing and recycling applications for this material. By 2020, conditions should exist where carbon concrete can be introduced to the market on a comprehensive basis.

[1] Mineral Commodity Summaries 2015. Hrsg. vom United States Geological Survey (USGS). Reston/Virginia 2015
[2] Scheerer, S.; Schladitz, F.; Curbach, M.: Textile reinforced concrete – from the idea to a high performance material. In: Brameshuber, W. (Hrsg.): Proceedings of the FERRO-11 and 3rd ICTRC (PRO 98), 7.–10.6.2015 in Aachen, Bagneux 2015, S. 15–33
[3] Beton- und Stahlbetonbau Spezial 2015 – Verstärken mit Textilbeton. Berlin 2015.
[4] www.bauen-neu-denken.de
[5] Scheerer, S.; Michler, H.: Freie Formen mit Textilbeton. In: Beton- und Stahlbetonbau Spezial 110. Berlin, 2015, S. 94–100
[6] siehe / *see* [3]
[7] Walther, T.; Schladitz, F.; Curbach, M.: Textilbetonherstellung im Gießverfahren mit Hilfe von Abstandhaltern. In: Beton- und Stahlbetonbau 109/3. Berlin, 2014, S. 216–222
[8] Brameshuber, W. et al.: Serielle Stückfertigung von Bauteilen aus textilbewehrtem Beton. In: Beton- und Stahlbetonbau 103/2. Berlin 2008, S. 64–72
[9] http://spp1542.tu-dresden.de/programm/arbeitsgruppen/bauteile-2d-3d/chudoba-hegger
[10] siehe / *see* [3]
[11] Scheerer, S.; Michler, H.; Curbach, M.: Brücken aus Textilbeton. In: Mehlhorn, G.; Curbach, M. (Hrsg.): Handbuch Brücken. Wiesbaden 2014, S. 120–125
[12] Hülsmeier, F.; Kahnt, A.; Grauer, O.; Huth, S.; Kirmse, S.; Tietze, M.: vakutex – Vakuumgedämmte Fassadenelemente aus Textilbeton. Abschlussbericht. Stuttgart 2013
[13] Schladitz, F.; Lorenz, E.; Jesse, F.; Curbach, M.: Verstärkung einer denkmalgeschützten Tonnenschale mit Textilbeton. In: Beton- und Stahlbetonbau 104 (7). Berlin 2009, S. 432–437
[14] Curbach, M.; Schladitz, F.; Kahnt, A.: Revolution im Bauwesen – Carbon Concrete Composite. In: Bundesingenieurkammer (Hg.): Ingenieurbaukunst 2015. Berlin 2014, S. 172–177

20

Moderner Lehmbau – eine Bauweise mit Entwicklungspotenzial

Modern Earth Construction – a Form of Building with Development Potential

Martin Rauch

1

Historische Entwicklung
Lehmbau ist eine weitgehend lokal geprägte Bauweise, die je nach gesellschaftlichem Kontext und entsprechender Bautradition sehr unterschiedlich entwickelt ist. Seitdem der Mensch sich sesshaft gemacht hat, ist Lehm global gesehen einer der wichtigsten Baustoffe. Schon in früher Zeit war es weltweit selbstverständlich, vor Ort gewonnenen Lehm aufgeschichtet, gemauert, gestampft zu Behausungen verschiedenster Art bis zu dauerhaften urbanen Siedlungen zu formen. Oft mit primitivstem Handwerkszeug und nur mit menschlicher Kraft wurden Hütten, Häuser und Paläste errichtet.
Bei Lehm handelt es sich um eine Bodenart. Er entsteht bei der Verwitterung von Gesteinsschichten infolge von Erosionseinflüssen wie Wasser, Frost, Wind oder tektonischer Bewegung. Erodiertes, zertrümmertes und sedimentiertes Gestein wird vorwiegend durch Wasser, aber auch durch Wind verfrachtet und als Löss abgelagert. Unser Planet ist durch Erosion nachhaltig geprägt und deshalb ist Lehm auch fast überall vorhanden und nutzbar. Je nach Fundort sind Lehme jedoch sehr verschieden, da der Anteil an Ton, Schluff, Sand und Kies variiert. Entsprechend entwickelten sich aus den lokal vorkommenden Lehmerden und pflanzlichen Baumaterialien die unterschiedlichen, traditionellen Lehmbauweisen. Diese sind an alten, noch erhaltenen Lehmbauten leicht ablesbar.
Die Industrialisierung von Baustoffen, die Entwicklung des Transportwesens sowie das Bestreben der Menschheit nach höherer Beständigkeit und Wertigkeit haben die lokalen Lehmbauweisen im Lauf der Zeit zur Bauweise der armen Leute abgestempelt. In Krisenzeiten jedoch kamen sie verstärkt zur Anwendung. Besonders nach dem ersten und zweiten Weltkrieg, in Zeiten großer Not, Energieknappheit und hoher Arbeitslosigkeit, hat sich dieses örtlich verfügbare Material als Baustoff bewährt. 1951 gab es in Deutschland sogar eine DIN 18951 »Lehmbauten, Vorschriften für die Ausführung«, die aber bereits 1956 wegen mangelndem Interesse wieder ersatzlos gestrichen wurde.
Das 1979 gegründete Forschungslabor »CRAterre-ENSAG« an der Architekturschule von Grenoble in Frankreich hob den Lehmbau aus seinem Schattendasein. Durch die langjährige Untersuchung weltweiter, tradierter Lehmbauweisen und fundierte Forschungsarbeit zu physischen Eigenschaften des Lehms konnte eine Grundlage für zeitgemäße, praktische Anwendungen geschaffen werden. So entstand Anfang der 1980er-Jahre in Zusammenarbeit mit CRATerre-ENSAG in Villefontaine bei Lyon die Wohnbausiedlung »Domaine de la Terre« mit 65 Wohneinheiten für 300 Menschen in verschiedensten Lehmbauweisen. CRATerre wurde zum UNESCO-Lehrstuhl für Lehmbauarchitektur. 1998 schließlich gab der Dachverband Lehm (www.dachverband-lehm.de) ein neues Regelwerk »Lehmbauregeln« heraus. Es ist eine zeitgemäße und willkommene Hilfestellung, um Lehmbau heute technisch richtig ausführen zu können. Weltweit gesehen bleibt Lehm nach wie vor einer der wichtigsten Baustoffe und auch heute noch lebt ein wesentlicher Teil der Weltbevölkerung in unterschiedlichsten Gebäuden aus Lehm.

Materialeigenschaften
Wenn gehärteter Lehm mit ausreichend Wasser bearbeitet wird, wird die durch das Trocknen entstandene Festigkeit aufgehoben und das Material wieder plastisch und formbar. Lehm ist damit das einzige Baumaterial, das unbeschränkt und ohne Qualitätseinbußen wiederverwendet werden kann. Da diese Wasserlöslichkeit die Wetterfestigkeit von Lehmbauten gefährdet, gehen viele Versuche und Entwicklungen dahin, dem Lehm die Wasserlöslichkeit zu nehmen, um ihn resistenter gegen Feuchtigkeit zu machen. Durch Zusätze, etwa Zementbeigaben, ist dies zwar möglich, dadurch werden aber andere wesentliche Eigenschaften des Lehms, wie Luftfeuchtigkeitsregulierung, Recycelbarkeit und Plastizität beeinträchtigt. Getrockneter Lehm weist eine Gleichgewichtsfeuchte von 6 bis 7 % auf, er ist also trockener als Holz. Zugleich hat er die Fähigkeit, Feuchtigkeit aus der Luft rasch aufzunehmen, aber auch sofort wieder abzugeben. Das schnelle Abtrocknen und die hohe Diffusionsoffenheit des Lehms tragen zu einem gesunden und angenehmen Raumklima bei. Eine Durchfeuchtung durch Regen oder Bodenfeuchte über das Fundament muss bei Lehmkonstruktionen jedoch durch konstruktive Vorkehrungen sorgfältig vermieden werden.

Lehmputz
Die wohl einfachste Methode, Lehm in ein Bauwerk zu integrieren, besteht darin, konventionelle Wandkonstruktionen mit Lehm zu verputzen. So werden heute in Europa die meisten Lehmbaustoffe in Form von Lehmputzen verarbeitet. Diese bestehen in der Regel aus einem Sand-Lehm-Gemisch im Verhältnis 2:1 mit Zugaben vorwiegend pflanzlicher Fasern. Optimale Korngrößenverteilung, Größe und Beschaffenheit des Sands in Verbindung mit fettem Ton (ohne Zusätze) und magerem Lehm (niedriger Tonanteil) sind ausschlaggebend für die Qualität in Bezug auf Festigkeit, Feuchtigkeitsregulierung, Erscheinungsbild und Farbigkeit eines Lehmputzes. Ein versierter Lehmbauer kann mit dem in der Region vorkommenden Lehm und Sand einen guten Lehmputz aufbereiten und ein zufriedenstellendes Putzergebnis erzielen. Eine Aufbereitung von großen Mengen ohne entsprechenden Maschinenpark ist allerdings kräfteraubend und letztendlich kostenintensiv. Hohe Lohnkosten und der Wunsch nach kalkulierbarer Produktqualität machen meist die Verwendung von Lehmfertigprodukten zur ökonomischen Notwendigkeit. Lehmputz lässt sich von Hand oder mit üblichen Putzmaschinen auf alle Putzgründe wie Beton, Mauerwerk oder Bauplatten auftragen. Weitere Vorteile von Lehmputzen sind eine bessere Raumakustik und aufgrund der geringen elektrostatischen Aufladung von Lehm ein niedriges Staubaufkommen. Auch eine geruchabsorbierende Wirkung von Lehmoberflächen ist festzustellen und als reines und antiseptisches Material wird Lehm in der Heiltherapie eingesetzt. Die Fähigkeit von Lehmputzen zur Luftfeuchtigkeitsregulierung ist bis zu drei Mal so hoch wie die

3

1 traditioneller Lehmbau in Nordafrika (Marokko)
2 Treppenraum Haus Rauch, Schlins, Roger Boltshauser und Martin Rauch
3 Vorfertigung im Lehmbau Wohnhaus in Almens, M. Gujan + C. Pally

1 Traditional clay construction in Morocco
2 Staircase space in Rauch House in Schlins, Roger Boltshauser and Martin Rauch
3 Prefabricated clay elements: house in Almens, M. Gujan + C. Pally

konventioneller Innenputze. Dies wird auch erfolgreich zur Einsparung von Betriebskosten in öffentlichen Gebäuden genutzt. Die Bandbreite der Verarbeitung reicht von grob strukturierten bis zu ganz feinen, glatten und scharfkantigen Oberflächen. Sie können entweder naturbelassen, mit farbigen Lehmen vermischt oder abschließend mit Naturfarben bemalt werden. Naturbelassene Lehmmörteloberflächen sind in der Verarbeitung zwar aufwändiger, sensibler und letztendlich weicher als Kalkzementputze, notwendige Restaurierungen lassen sich jedoch sehr einfach durchführen. Zudem sind wieder abgenommene Lehmputze ohne Umweg neu verarbeitbar.

Lehm und Holzbau

Traditionell findet man Lehmanwendungen in Fachwerkhäusern in ganz Europa. Früher wurde die tragende Holzkonstruktion mit Stakhölzern und Weiden ausgeflochten und dieses Geflecht beidseitig mit einer Lehm-Strohmischung ausgefüllt. Die Oberflächen sind sorgfältig mit Lehmputz, im Außenbereich oft mit einer Kalkfeinputztechnik als Regenschutz ausgeführt. Bei der heute gebräuchlichen Leichtlehmtechnik werden einer Lehmschlämme Leichtzuschläge pflanzlichen oder mineralischen Ursprungs zugemischt: Stroh, Holzhackschnitzel, Hobelspäne, Korkgranulat, Blähton oder Bimsschotter, die durch die Lehmschlämme feuerschützend und konservierend umhüllt werden. Die Rohdichte getrockneter Leichtlehmkonstruktionen liegt zwischen 400 bis 1200 kg/m^3, bei sehr guter Wärmedämmung. Zusätzliche Dämmschichten sind meist nicht erforderlich. Die getrockneten Leichtlehmmischungen sind relativ weich und können nicht statisch belastet werden. Sie werden daher in der Regel im Holzskelettbau als wandfüllendes und wärmedämmendes Element eingesetzt. Auch vorgefertigte, tragende Stampflehmelemente können in Verbindung mit Holzkonstruktionen eingesetzt werden (Abb. 3). Dabei werden vorgefertigte Stampflehmelemente als Innenwände, beheizbar, roh und natürlich, mit hoch gedämmten Außenwänden in Holzkonstruktionen und mit Vollholzdecken kombiniert. Zwei sehr nachhaltige Bauweisen können sich so mit ihren unterschiedlichen Eigenschaften ergänzen. Das hohe Vorfertigungspotenzial beider Baustoffe führt dabei zu einer effizienten Mischbauweise mit großem Entwicklungspotenzial.

2

Lehmziegel

Der Lehmziegelbau ist weltweit die am meisten praktizierte Lehmbauweise. Regionale Unterschiede finden sich lediglich im Steinformat und im Grad der Mechanisierung. In der einfachsten Weise wird der Lehm direkt am Ort der Gewinnung durch Wasserzugabe aufbereitet und plastisch gemacht. Der Lehmklumpen wird in eine eingesandete Holzform geschlagen und abgezogen. Anschließend wird der Lehmziegel auf dem Boden ausgeformt und von Wind und Sonne getrocknet. Die mechanisierte Herstellung von Ziegeln aus erdfeuchter Lehm-Sand-Mischung reicht von der händisch bedienten Hebelpresse bis zur vollautomatischen Hydraulikpresse. Im Südwesten der USA, wo sich die Tradition der Lehmziegelbauweise bis heute erhalten hat, sind in den 1970er-Jahren viele Betriebe entstanden, die Lehmziegel (Adobe) industriell herstellen. In Europa haben mittlerweile einige Ziegelwerke die Brennöfen abgestellt und produzieren mit den vorhandenen Betriebseinrichtungen Lehmziegel, Lehmwand-

4–8 »Haus Rauch«, Schlins 2008, Roger Boltshauser, Martin Rauch

Martin Rauch besuchte nach der Fachschule für Keramik und Ofenbau in Stoob die Hochschule für angewandte Kunst in Wien, 1983 Diplom »Lehm, Ton, Erde«. Seit 1990 Planung und Realisierung von Lehmbauprojekten, 1999 Firmengründung Lehm Ton Erde Baukunst, 2007 Firmengründung ERDEN. Seit 2003 Lehrtätigkeit an der Kunstuniversität Linz, seit 2010 Honorarprofessor des UNESCO-Lehrstuhls »Earthen Architecture«.

5

6

systeme und vorgefertigte Lehmmischungen für Wandverputz und Bodenschüttungen. Kleine Ziegelwerke können durch solche Nischenproduktion dem allgemeinen Verdrängungswettbewerb in der Baustoffindustrie entgegenwirken.

Stampflehm
Der Stampflehmbau ist eine jahrtausendealte Lehmbautechnik. Krümelige, erdfeuchte und relativ magere, steinige Lehmmasse wird lagenweise in eine Schalung gefüllt und durch Stampfen verdichtet. Das in der Natur häufig fast verarbeitungsreif vorkommende Gemisch aus Lehm, Sand und Schotter erweist sich am besten für diese Bauart. Dadurch kann oft ein Anteil von 50 % bis 100 % des humusfreien Aushubmaterials zum Bauen verwendet werden. Der Stampflehmbau eignet sich besonders für den tragenden Lehmbau im Innen- und Außenbereich, sowie für Wärmespeicherwände. Je nach Beanspruchung und Belastung können die Wandstärken von 6 cm als Vorsatzschale bis hin zu tragenden Wänden ab 24 cm variieren. Heizsysteme können in der Wand integriert werden. Somit kann die Stampflehmwand technisch, konstruktiv, gestalterisch, klimatisch bereichernd und flexibel eingesetzt werden. Die Dichte von Stampflehm entspricht etwa der von Beton, sein spezifisches Gewicht beträgt je nach Mischung und Vorkommen 1,8 bis 2,4 t/m³. Bei richtiger Verarbeitung sollte die Druckfestigkeit mindestens 2,4 bis 3,0 N/mm² betragen. Die zulässige Belastung für tragende Konstruktionen wird in den Lehmbauregeln mit 0,3 N/mm² angegeben. Dementsprechend werden tragende Stampflehmwände mit Wandstärken von mindestens 24 bis 70 cm dimensioniert. Im Brandverhalten weist Stampflehm als mineralisches Stoffgemisch feuerhemmende Wirkung und außerordentliche Standfestigkeit bei hohen Temperaturen auf. Lehmwände haben aufgrund ihrer hohen Dichte und der meist notwendigen konstruktiven Dicke der Mauern ein sehr gutes Schalldämmvermögen. Durch die Porosität und Elastizität trägt der Lehm mit einer relativ hohen Schallabsorption zu einer guten Raumakustik bei. Nach dem Ausschalen, wenn man die geballte Verdichtungsenergie an der Lehmstruktur erkennt, ist man fasziniert und immer von Neuem überrascht. Art und Erscheinungsbild der Stampfschichten visualisieren den Arbeitsprozess wie ein Datenschreiber. Die eingesetzte menschliche Kraft bleibt in den verdichteten Schichten sichtbar. Verschiedenfarbige Erdschichten können eingestreut werden und heben die Schichtung hervor. Der Arbeitsprozess wird zum Gestaltungsmittel, die Oberfläche ist von kalkulierten Zufällen gekennzeichnet. Während der ersten Trocknungszeit lässt sie sich gut retuschieren und künstlerisch nachbearbeiten.

4

Erosionsschutz
Als Schutz vor Erosion werden nach jeder dritten Lage Mörtelleisten an der Schalungsaußenkante eingebracht und mit eingestampft. Als bewährte Alternative können dazu auch Stein- oder Ziegelplatten zur Anwendung kommen (Abb. 8). Stärkere Erosionen werden so vermieden. Die vor allem auf der Wetterseite eintretenden minimalen Erosionen werden konstruktiv und gestalterisch einkalkuliert und heben die Natürlichkeit des Materials hervor. Handwerklich gut ausgeführte Lehmbauten erlauben so einen natürlichen Alterungsprozess, nicht zuletzt durch die Lichtechtheit der Erde. Die Fassaden zeigen über Jahrzehnte hinweg kaum Farb-änderungen, die Leuchtkraft der Oberflächen wird im Lauf der Zeit sogar stärker. Bei Beschädigungen kann die Lehmwand ohne optische Beeinträchtigungen mit dem gleichen Grundmaterial restauriert werden.

Vorfertigung im Stampflehmbau
Die heute üblichen kurzen Bauzeiten lassen eine Produktion vor Ort oft nicht zu. Die Fertigteilbauweise hingegen ermöglicht eine wetterunabhängige Produktion, ist terminlich genau kalkulierbar und verkürzt die Arbeitszeit auf der Baustelle. Die Trocknungsphase findet komplett im Werk statt. Arbeitsgänge können durch Modulsysteme optimiert und rationalisiert werden. Durch die Vorteile der Vorfertigung haben sich die Produktpalette und die Einsatzmöglichkeiten von Lehmbauteilen erheblich erweitert. Die Möglichkeiten reichen von Öfen und Raumteilern mit integrierter Wandheizung bis zu großflächigen, temperaturregulierenden und statisch belasteten Wandelementen oder vorgesetzten Wandverkleidungen und werden laufend erweitert. Größe und Gewicht der Elemente hängen stark von den örtlichen Gegebenheiten ab. So können für schwer zugängliche Räume Elemente in 6 cm Wandstärke als Vorsatzschale hergestellt und händisch versetzt werden. Bei gut zugänglichen Baustellen dagegen können Elemente bis 7000 kg mit dem Kran eingehoben werden. Trotz industrialisierter Vorfertigung kann ein hohes Maß an Individualität erreicht werden, da die Vorfertigung eine optimierte Detailarbeit in der Werkhalle erlaubt. Die Kombination mit Holz- oder Betonskelettbauweise hat sich als sehr effizient erwiesen. Durch die plastischen Materialeigenschaften von Lehm lassen sich die Fugen zwischen den Lehmfertigteilen problemlos retuschieren.

7

4–8 "Rauch House", Schlins 2008, Roger Boltshauser, Martin Rauch

After attending the technical school for ceramics and kiln construction in Stoob, Martin Rauch studied at the University for Applied Art in Vienna. In 1983, he gained his degree on the subject of "Clay, Loam, Earth". Since 1990, he has been involved in the planning and implementation of clay construction projects. In 1999, the company Lehm Ton Erde Baukunst was founded and in 2007, ERDEN. Since 2003, Rauch has taught at the University of Art, Linz; since 2010, he has been an honorary professor, holding the UNESCO Chair for Earthen Architecture.

So können große, monolithisch wirkende Wände entstehen. Obwohl die Weichheit des Materials einen sorgfältigen Transport erfordert, können Lehmfertigteile in verschiedensten Größen auch über längere Strecken transportiert werden. Eine höhere Nachfrage nach Lehmfertigteilen und die resultierende höhere Dichte an Produktionsstätten würde die Transportwege verkürzen. Bei schwer zugänglichen Projekten ist eine temporäre Vorfertigungsanlage in der Nähe des Einsatzortes zur Fertigteilproduktion aus lokal verfügbarem Lehm besonders effizient.

Nachhaltige Wirtschaftlichkeit

Unsere heutige Baukultur in Industrieländern wirft in Bezug auf Nachhaltigkeit viele Fragen auf. Immer mehr bedarf es verantwortungsvoller Zukunftsstrategien bezüglich Primärenergieeinsatz, Transportproblematik und Recycelbarkeit der eingesetzten Baumaterialien. Lehmbauweisen bringen in dieser Hinsicht große Vorteile mit sich. Trotzdem fristet der tragend monolithische Lehmbau ein Schattendasein. In heutiger Zeit und einem Kulturkreis, in dem Baugrund und Arbeitszeit unsere größten Kosten verursachen, findet der tradierte Lehmbau mit dem verbundenen großen Aufwand an menschlicher Arbeitszeit nur schwer seinen Platz. Über die Art der Bauweise wird auch die Entscheidung gefällt, wie und wo die Wertschöpfung erfolgt und ob der Einsatz des Budgets einen gesellschaftlichen Nutzen mit sich bringt. Im Vergleich zu einem Sichtbetonhaus können bei einem Stampflehmhaus 40 % der Primärenergie eingespart und dafür mehr lokale Arbeitsressourcen gebunden werden. Davon profitieren vor allem die lokalen Handwerker und mittelständischen Betriebe. Die Baukosten eines Betongebäudes sind in Industrieländern geringer, da die im Beton gebundene graue Energie günstiger ist als der Einsatz menschlicher Arbeitskraft. Zudem hat sich die Betontechnologie durch Forschung und Baupraxis über ein Jahrhundert intensiv weiterentwickelt. Dieses Defizit des Lehmbaus kann vermutlich nur durch politische Förderung, etwa steuerliche Begünstigungen, überwunden werden.

Beispielprojekte

Bei der Totenkapelle des Friedhofs Batschuns (Abb. 12) wurden von den Architekten Varianten in Sichtbeton und in Stampflehmbauweise ausgeschrieben. Von Anfang an sollte das Stampflehmprojekt vor allem aus ökonomischer Sicht dem Vergleich mit einer hochwertigen Sichtbetonkonstruktion, wie man sie von den Architekten Marte und Marte gewohnt ist, standhalten können.
Die Tendenz der Gemeindevertreter war: Stampflehm grundsätzlich ja, aber nur, wenn dadurch die Gesamtkosten nicht steigen. Durch erhebliche freiwillige Arbeitsleistung der Bevölkerung und eine ohne Schalung gegen Erdreich betonierte Fundamentierung konnten die Gesamtkosten letztlich gegenüber der Sichtbetonvariante bestehen. Der lokale lehmhaltige und steinige Aushub war für Stampflehm hervorragend geeignet. Auch die Symbolkraft des Materials in Verbindung mit den Themen Vergänglichkeit und Sterben überzeugte die Bauherrschaft. Ein wesentlicher ökologischer Vorteil ist, dass das natürliche Material nur ein Viertel der Primärenergie benötigt. Die Helfer aus der Gemeinde konnten neue Fähigkeiten erlernen, das Gemeinschaftsgefühl und die Identifikation mit dem Gebäude wurden gestärkt. Der Aufbahrungsraum aus purer Erde modelliert sich wie ein Monolith aus dem bestehenden Gelände. Sonst übliche Dilatationsfugen sucht man vergeblich – alles scheint wie in einem einzigen Arbeitsprozess aufgestampft. Die Decke, eine Holzplattenkonstruktion, liegt von außen nicht sichtbar zwischen den Lehmwänden. Ihre Untersicht ist mit Lehmbauplatten beplankt und mit Lehmfeinputz abgespachtelt. Der Stampflehmfußboden wurde auf einer kapillarbrechenden Schotterschüttung eben ausgezogen, mit schwerer Rüttelplatte verdichtet und nach der Austrocknung mit Canaubawachs behandelt.
Das 2010 errichtete Stampflehmkino in der obersten Rheinstadt Ilanz (Schweiz) ist ein weiteres Beispiel von integrativem und iden-

8

10

tätsstiftendem Bauen mit lokalen Ressourcen. Die Mitglieder eines privaten Kinoclubs bauten eine alte Schmiede zu einem Kino mit 50 Plätzen und einer Bar mit Konzertbühne um. Boden und Wände des Kinosaals sind aus Stampflehm mit integrierter Wandheizung hergestellt, die Decke mit Lehmputz versehen. So konnten die raumklimatischen und akustischen Bedingungen optimiert werden. Der Lehm wurde lokal gewonnen und aufgearbeitet. Die mit dem hohen Arbeitsaufwand verbundenen Kosten konnten auch durch freiwillige Hilfe der Club- und Gemeindemitglieder begrenzt werden. Die Ausführung erfolgte unter fachlicher Anleitung des Autors.

9

Entwicklungsländer

Die derzeit gebräuchlichen Baumethoden ermöglichen nur einer Minderheit der Weltbevölkerung sicheren und gesunden Wohnraum, da sieben Milliarden Menschen es sich auf Dauer nicht leisten können, überwiegend mit Beton, Stahl oder gebrannten Ziegeln zu bauen. Mit Baumethoden, die auf einem erhöhten Primärenergieeinsatz basieren, ist das ökologische Gleichgewicht nicht haltbar. Länder mit großer Bevölkerungsdichte haben jedoch eine wertvolle Energieressource, die sozial fair, absolut ökologisch und zudem noch kreativ ist: die menschliche Arbeitskraft. In diesen Ländern liegt es auf der Hand, auf Baumethoden zu setzen, die lokal vorhandenes Baumaterial nutzen und deren Energieeinsatz in der Arbeitskraft liegt. Trotzdem zielt auch die Bauentwicklung in Ländern mit noch vorhandenen Lehmbautraditionen auf die Verwendung industriell gefertigter Materialien. Auch dort gilt Lehm als rückständig und als Baumaterial der Armen. Überraschenderweise zeigt sich jedoch mittlerweile in den reichen arabischen Ländern Interesse am Lehmbau. Eine baukulturelle Identitätskrise macht Lehmarchitektur, die unmittelbar mit dem Ort verknüpft ist, dort wieder interessant. Dringend notwendig – in Ländern des Südens wie des Nordens – sind überzeugende Pilotprojekte. Die Schule von Francis Kéré in Burkina Faso, Projekte der Firma Lehm Ton Erde Baukunst, wie die Kapelle der Versöhnung in Berlin, das Etoschahaus im Zoo Basel, das Lehmhaus Rauch (Abb. 4–8) oder die preisgekrönten Lehmbauten in Bangladesch von Anna Heringer (Abb. 13, 14, 18) sind wichtige Impulsgeber. Letztere haben in Bangladesch zu einem aufrichtigen Interesse bei lokalen Architekten geführt. Im März 2009 organisierte die Architektenkammer Bangladesch gemeinsam mit dem Building and Housing Research Institut der Regierung von Bangladesch und in Kooperation mit BASEhabitat (Studio für Architektur in Entwicklungsländern an der Kunstuniversität Linz), geleitet von Anna Heringer und Martin Rauch, einen praktischen Workshop für modernen Lehmbau in Dhaka. Unter den 75 Teilnehmern waren etablierte Architekten, Professoren, Studierende, Lehrende, Beamte und Sozialarbeiter des Landes. Lehm ist kein Material, das sich in eine Kategorie einordnen lässt. Es überbrückt vermeintliche Gegensätze zwischen arm und reich, traditionell und modern, schön und ökologisch.

Perspektiven

Zu oft noch scheitern Stampflehmprojekte an der Finanzierbarkeit und am Mangel an entsprechend ausgebildeten Handwerkern. Bauen mit Lehm sollte jedoch wieder zu einer Selbstverständlichkeit werden, dann wird in Zukunft auch ein moderner Lehmbau möglich sein. Moderne Lehmbauten in Industriestaaten wiederum wirken beispielgebend für andere Länder, in denen Lehmbauten aus rein ökonomischer Notwendigkeit realisiert werden. Sie tragen zu einer Aufwertung der traditionellen Lehmbauweise entsprechend heutigen Bedürfnissen und damit zu einer globalen Nachhaltigkeit bei. Mit Lehm zu bauen hat nichts mit experimentieren zu tun, im Gegenteil. Lehm als Baustoff ist heute unter erforschten Methoden und Bedingungen einsatzfähig. Moderner Lehmbau sollte das gesamte weitere Entwicklungspotenzial ausschöpfen – bisher haben weder die moderne Bautechnologie noch die Maschinentechnik in neue Lehmbauweisen investiert. Diese jahrtausendealte Bauweise, nahezu weltweit vertreten, aber in den letzten 200 Jahren kaum weiterentwickelt, fordert die gestalterische und technische Kreativität heraus.
Die konsequente Nutzung der heutigen Möglichkeiten und des aktuellen Wissensstands könnte im Lehmbau Berge versetzen. Schon setzen immer mehr Initiativen, Pioniere und Architekten auf dieses zukunftsorientierte Aufgabengebiet. Das Interesse ist also vorhanden, und hier neue architektonische Wege zu entwickeln, ist eine spannende, anspruchsvolle Aufgabe. Ein Baustoff, der unbegrenzt zur Verfügung steht und eine lange Tradition vorweist, gewinnt so, architektonisch zeitgemäß eingesetzt, wieder an Aktualität.
DETAIL 06/2011

9 Vorsatzschale aus Stampflehm, »W-House«, Tokio 2000, Akira Watanabe
10 Lehmbeschichtung im Kolumba Kunstmuseum des Erzbistums Köln, Köln 2007, Peter Zumthor
11 Stampflehmwand Landeskrankenhaus Feldkirch, Feldkirch 1993, Erich Gutmorgeth, Günter Graß
12 Totenkapelle, Batschuns 2001, Marte.Marte Architekten

9 Outer skin in tamped clay, "W-House", Tokyo 2000, Akira Watanabe
10 Clay coating to walls in Kolumba Museum of Art of the Archdiocese of Cologne, Cologne 2007, Peter Zumthor
11 Tamped clay wall of Feldkirch state hospital, Feldkirch 1993, Erich Gutmorgeth, Günter Grass
12 Mortuary chapel, Batschuns 2001, Marte.Marte Architekten

12

Historical development

Earth or clay forms of construction are a largely local phenomenon dependent on the social context and the relevant tradition. As a result, they have developed in a number of different forms. Since man has led a settled way of life, clay has been one of the most important building materials worldwide, used for anything from simple huts to palaces.
Clay is a type of soil that is formed through the erosion of stone strata and as a result of tectonic movement. Borne by water and wind, it is deposited in the form of loess and is found almost everywhere. The material varies according to the location and the content of clay, silt, sand and gravel. Together with the various vegetable fibres that are used in combination with it, this has led to many different types of traditional construction.
The industrialised production of building materials and the development of efficient means of transport – together with a desire for greater durability and value – have meant that local forms of earth construction have been reduced in significance and stamped as something inferior, suitable only for the poor.
In times of crisis and great hardship, however, clay has always found a wider use. This was the case after the First and Second World Wars, for example. In 1951, there was even a German standard for earth construction, although this was withdrawn in 1956 due to lack of interest.

11

The CRATerre-ENSAG founded at the school of architecture in Grenoble in 1979 raised this form of building from its neglected role. Research was carried out to explore earth forms of construction throughout the world and to create a modern practical basis for the application of this material.
In collaboration with CRATerre-ENSAG in Villefontaine near Lyons, a housing estate with the title Domaine de la Terre was erected at the beginning of the 1980s. It comprised 65 dwellings for 300 people in all kinds of earth construction. CRATerre became the UNESCO Chair for Earthen Architecture. In 1998, the umbrella organisation for clay building (www.dachverband-lehm.de) issued new guidelines.

Material properties

If hardened clay is worked with a sufficient quantity of water, the material acquires a soft, pliable state. Clay is, therefore, the only building substance that can be reused without limitation or loss of quality. Since the solubility of clay endangers its weather resistance, however, many experiments have been carried out in a bid to overcome this. Additives such as cement are one solution, but they impair other important qualities such as the recyclability of the material, its plasticity and its moisture-regulating properties. Dried clay has an equilibrium moisture content of 6–7 per cent. In other words, less than that of wood. It also has the ability quickly to absorb moisture from the atmosphere and to give it off again. These properties help to create a pleasant and healthy indoor climate. The propensity of clay to absorb moisture from above and from the foundations, however, makes it necessary to take preventive constructional measures.

Clay wall finishings

The simplest form of using clay in the construction process is as a finishing coat to walls. In Europe, a combination of sand and clay in a proportion of 2:1 is common, with the addition of vegetable fibres. An optimum size and distribution of the sand grains in conjunction with heavy clay (without additives) and lean clay (low clay content) is decisive for the quality in terms of the strength, moisture-regulating properties, appearance and colouration of the finished coating. High labour costs and the wish for quality control make the use of ready-made clay products an economic necessity. The material can be applied by hand or with the usual machines to surfaces such as concrete, brickwork and building boards. Other advantages include improved spatial acoustics and a reduced level of dust on account of low electrostatic charging. Clay also has the ability to absorb odours, and it is used as an antiseptic material in therapeutic treatment. The property of clay wall finishes to regulate the moisture content of the air in internal spaces is up to three times as great as that of conventional plasters (an aspect that is exploited in public buildings to reduce operating costs). The types of finish range from coarse-structured to fine, smooth surfaces that allow the creation of sharp arrises. The material can be left in its natural state, mixed with coloured clays or subsequently painted. Natural finishes are more elaborate to work. On the other hand, repairs and restoration measures are simpler to execute, and the material can be reused if removed from the wall.

Clay and timber construction

The use of clay is found throughout Europe in traditional half-timbered houses. The bays between the load-bearing wood members were filled with timber strutting and willow saplings, which were then covered with a clay coating on both faces. In external situations, this was often in the form of a smooth rendering as protection against rain. Modern techniques can consist of a clay slurry with lightweight additives of vegetable or mineral origin such as straw, wood shavings, cork granules, expanded clay or pumice. These are protectively enveloped by the clay slurry, which also has a fire-resisting effect. The relative density of lightweight clay materials in a dry state is between 400 and 1,200 kg/m^3. They provide very good thermal insulation, so that additional protective layers are often not necessary. Lightweight mixes cannot bear loads. They are usually applied in wood skeleton-frame structures, therefore, as forms of wall filling

13 

13, 14, 18 DESI-Schule, Rudrapur (Bangladesch) 2007, Anna Heringer, Eike Roswag
15–17 BASEhabitat-Workshop in Dhaka, 2009 Leitung: Anna Heringer, Martin Rauch

13, 14, 18 DESI school in Rudrapur (Bangladesh) 2007, Anna Heringer, Eike Roswag
15–17 BASEhabitat workshop in Dhaka, 2009; direction: Anna Heringer, Martin Rauch

and thermal insulation. Prefabricated load-bearing elements in compacted clay that can be combined with timber structures are also available (ill. 3). Used for internal walls, elements of this kind can bear heat and are left in a natural, untreated state. They can also be applied in highly insulated external walls in timber construction as well as in all-timber floors. In this way, the different properties of two sustainable forms of building can complement each other. The high degree of prefabrication that is possible with both types creates an efficient mixed form of construction with a great development potential.

Clay bricks

Clay bricks are the most common form of clay construction in the world. Both hand- and machine-made varieties are used. The differences lie mainly in the size and degree of mechanisation applied in their production. The bricks consist of a moist clay-and-sand mixture that is pressed to shape. In the south-western US, where this traditional form of construction has survived to the present day, many companies were founded in the 1970s that manufacture clay (adobe) bricks industrially. In Europe, a number of brickworks have closed their kilns and use the existing facilities to produce clay bricks and walling systems as well as ready-mixed clay products for wall finishes and floor filling.

Tamped clay

Tamped-clay construction dates back thousands of years. A crumbly, moist and relatively lean, stony mass is spread in layers in formwork and compacted. Naturally occurring mixes of clay, sand and grit can be used in an almost unmodified state and are ideal for this type of wall construction. In many cases, 50–100 per cent of the excavated material – free of humus – can be used for building work. Tamped-clay construction is highly suited to load-bearing situations both internally and externally as well as for walls where thermal storage capacity is required. Depending on the loading, thicknesses from 6 cm for facing layers to 24 cm and upwards for solid load-bearing walls can be created. Heating systems can also be incorporated in such walls. The density of tamped clay is roughly the same as that of concrete. Depending on the mixture and natural properties, the relative density will be 1.8–2.4 t/m^3. If the material is worked correctly, the crushing strength should be at least 2.4–3.0 N/mm^2. The permissible loading for bearing structures is 0.3 N/mm^2, according to clay construction regulations. The thicknesses of load-bearing walls are, therefore, commonly in the range of 24–70 cm. As a mixed mineral substance, clay is fire-resisting and has exceptional stability when subject to high temperatures. The porosity and elasticity of this material also mean that it has relatively good sound-absorbing properties. In addition, the high density of clay walls lends them a great degree of sound insulation.

Protection against erosion

To protect against erosion, mortar strips can be incorporated every three layers in the outer face of clay walls next to the formwork and tamped in. Alternatively, stone slabs or bricks can be used (ill. 8). In the structural calculations and design planning account should also be taken of any erosion that may occur on the weather face. Hand-built clay structures undergo a natural ageing process. The lightfast quality of earth materials means that facades show scarcely any colour changes after many decades. Indeed, the radiance of the surface may increase over the years. In addition, if the same material is used, repairs can be carried out without imparing the appearance.

Prefabricated tamped-clay elements

Nowadays, tight construction deadlines often mean that clay cannot be worked in situ. Prefabrication allows production that is independent of weather conditions and that can be precisely scheduled, resulting in a shorter working period on site. The drying-out process takes place entirely at works. The use of modular systems optimises the work even further. Prefabrication has meant that the range of products and the scope for using clay construction have been considerably extended. In many cases the dimensions of elements will be determined by the location where they have to be used. Ease of access can allow units of up to 7,000 kg to be moved into position by crane. Prefabrication also enables a high degree of individuality to be achieved, since finer detailing is possible at works. Combinations of clay units with wood and concrete skeleton-frame structures have proved effective. The plasticity of clay also allows joints between prefabricated elements to be touched up without difficulty.
Although the softness of the material requires a careful handling of the units, prefabricated clay elements can be transported over long distances. Greater demand would lead to a denser network of production centres, which would, in turn, reduce the distance that elements have to be conveyed.

Sustainability and cost-effectiveness

Modern building culture in the industrialised world raises a number of questions in terms of sustainability. Responsible strategies for the future are needed when it comes to the use of primary energy and the whole issue of recyclability. Clay forms of construction have many advantages in this respect. Nevertheless, the use of this material for load-bearing monolithic structures stands somewhat in the shadows. Where the costs of land and labour are high, it is difficult to establish traditional clay construction, not least because of the great input of work that is necessary. In com-

14 

15 

16 

17 

parison with an exposed concrete building, a 40 per cent saving of primary energy costs could be achieved through the use of tamped clay. The main reason why the price of a concrete structure is lower in industrialised countries is because the grey energy embodied in the material costs less than the use of human labour. Furthermore, concrete technology has more than a century of development, research and practice behind it. In all likelihood, the deficit on the part of clay construction can be overcome only by means of political and financial support.

Built examples

For the mortuary chapel in the cemetery of Batschuns, tenders were requested for two different forms of construction: one in exposed concrete, the other in tamped clay. The architects, Marte and Marte, wanted the alternative in clay to be the more economical solution. Representatives of the local council were willing to accept the tamped-clay structure, but only if the overall costs were not higher. Through a large amount of voluntary work on the part of the population and by building the concrete foundations without formwork, it was ensured that the overall costs did not exceed those of the concrete alternative. The excavated material was ideally suited for use as tamped clay. What is more, the symbolic power of earth in respect of transience and death also helped convince the clients.

18 

One major ecological advantage of clay is that the natural material requires only a quarter of the primary energy that is needed for concrete building systems. The monolithic appearance of the mortuary chapel was the outcome of using an earth form of construction. The wood-slab roof structure, sunk below the top of the walls, is not visible from the outside. It is lined on the underside with clay building slabs smoothed with a layer of fine clay. The tamped clay floor, laid on a bed of gravel to prevent capillary action, was subsequently treated with carnauba wax.

The cinema erected in tamped clay in Ilanz on the Rhine in Switzerland in 2010 is a further example of a building that was constructed with local resources and that played an integrative role in the community. The members of a private film club converted a former forge into a cinema with 50 seats and a bar with a stage for concerts. The floor and walls of the cinema auditorium were built with tamped clay. A heating system was integrated in the walls, and the soffit was finished with a layer of clay. In this way, it was possible to optimise the indoor-climate and acoustics. The material was excavated and worked locally. Here, too, the labour costs were reduced by means of voluntary work by club members and people from the community.

Developing countries

Modern construction methods permit only a minority of the world's population to enjoy secure, healthy living conditions. Seven billion people cannot afford to build with concrete, steel and fired bricks. Methods that rely on a great investment of primary energy would not be ecologically viable anyway. In countries with a high population density, forms of construction based on readily available local materials and energy in the form of manual work would be sensible, ecologically sound and also creative. Nevertheless, even in countries with a long tradition of clay construction, there is a tendency to use industrially produced materials. Clay is regarded as something that is backward, a material of the poor. Interestingly enough, in wealthy Arab nations, a new interest in clay construction is manifesting itself.

Urgently needed in many countries of the northern and southern hemispheres are convincing pilot schemes. The school by Francis Kéré in Burkina Faso, projects like the Chapel of Reconciliation in Berlin, the Etosha House in Basel Zoo, the Rauch House and the prizewinning buildings in Bangladesh by Anna Heringer are important signals for earth forms of construction. The works by Heringer, for example, have aroused genuine interest among local architects. In 2009, the Chamber of Architects in Bangladesh, together with the Building and Housing Research Institute of the Bengali government and BASEhabitat (the Studio for Architecture in Developing Countries of the University of Art, Linz) – under the direction of Anna Heringer and Martin Rauch – organised a workshop for modern clay construction in Dhaka. The 75 participants included architects, professors, teachers, students, civil servants and social workers of that country. Clay is not a material that is simple to categorise. It forms a bridge between apparent antitheses.

Future perspectives

All too often, tamped-clay construction founders on the financial feasibility of schemes as well as on the lack of trained craftsmen. Building with this material needs to become a matter of course. Modern structures in the industrialised nations of the world in which clay is used serve as examples for other countries where clay construction is an economic necessity. Developments of this kind lead to an upgrading of the tradition. There is nothing experimental about building with clay. On the contrary, modern applications are the outcome of prolonged research. On the other hand, a form of construction that is thousands of years old and that was used almost worldwide has undergone little new development in the past 200 years. This poses a challenge to our technical and design creativity. More and more pioneers and architects are showing an interest in this area with an eye to the future. Defining new directions in architecture is an exciting and demanding task. Used in a modern form, a building material with a long tradition – and that is available in unlimited quantities – thus acquires a new topicality.

Ein traditionsreicher Baustoff mit Zukunft – mit Ziegel individuell gestalten

A Building Material with a Rich Tradition – Using Brick in Custom Solutions

Dietmar Müller, Oswald Günzl

1

2

Ziegel – auch Backstein oder Ziegelstein genannt – ist einer der ältesten bekannten Baustoffe. Aus Ton gebrannte Ziegel wurden wegen ihrer positiven Eigenschaften bereits 3000 v. Chr. als Baustoff verwendet und haben sich über die Jahrtausende bewährt. Leichter und flexibler als Naturstein verbreiteten sich Ziegel mit ihren handlichen Formaten in allen Teilen der Erde und führten zu faszinierenden Ikonen der Baugeschichte: von der Kuppel der Hagia Sophia in Konstantinopel aus typisch byzantinischen, schmalen Ziegeln, deren Fugen die Dicke der Steine zum Teil sogar übertrifft, bis zu der im Jahr 1500 fertiggestellten gotischen St. Martinskirche in Landshut mit ihrem 130 m hohen gemauerten Turm, dem weltweit höchsten Bauwerk aus tragendem Ziegel. Aufgrund seiner hervorragenden bauphysikalischen Eigenschaften, seiner Haltbarkeit und nicht zuletzt seiner haptisch-sinnlichen Anmutung ist Ziegel heute so aktuell wie je. Neben Klinkern und Vormauerziegeln, mit denen sich auch heute noch traditionelle Oberflächen erzielen lassen, bieten keramische Ziegelplatten, die mit neu entwickelten Verfahren hergestellt werden, bisher nicht realisierbare Gestaltungsspielräume.

Sanierung

Nach Jahren der industriellen Perfektionierung werden wieder verstärkt handwerkliche Oberflächen nachgefragt. Handgeschlagene Klinker werden oft bei Sanierungen eingesetzt, wenn Belange des Denkmalschutzes berücksichtigt werden müssen. Bei der Münchner Frauenkirche müssen zahlreiche schadhafte Klinker ersetzt werden. Von Seiten der Behörden wird Wert darauf gelegt, dass die neuen Klinker sowohl rohstoffseitig als auch fertigungstechnisch den historischen Vorbildern aus dem 14. Jahrhundert entsprechen. Die Rohstoffe der neuen Klinker werden dabei aus ähnlichen Tonvorkommen gewonnen wie die ursprünglichen. Wie schon im Mittelalter werden bei dem traditionellen Handschlagverfahren Holzformen verwendet, um eine authentische Oberflächenstruktur zu erreichen.

Individuell in Format, Form und Farbe

Ihre natürliche Farbigkeit und Oberflächenstruktur sowie die haptische Anmutung des Materials verleihen Fassaden, Dächern und Böden mit Klinkern und Ziegeln einen unverwechselbaren Charakter. Ob einfarbig oder bunt, mit oder ohne Glasur, die Farbvielfalt reicht von kühlem Weiß über Grau bis hin zu warmen Gelb- und Orange-Tönen. Nicht zu vergessen die klassischen Ziegelfarben von Rot und Rotblau bis zu Braun und Tiefschwarz.
Durch moderne Fertigungsanlagen sind Ziegel heute in fast jeder Größe, Form, Oberfläche und Farbe erhältlich. Unzählige gebaute Beispiele dokumentieren die vielfältigen Gestaltungsmöglichkeiten und die kreative Weiterentwicklung des traditionsreichen Materials – vom 240 × 115 × 52 mm großen Dünnformat über bis zu 600 × 600 mm frei wählbare Abmessungen von Terrakottasteinen bis zur 3 m langen Ziegelplatte für wärmegedämmte Außenwände mit vorgehängten hinterlüfteten Fassadensystemen. In Zusammenarbeit mit Architekten und Planern entstehen immer neue profilierte Oberflächen und Sonderformate für verschiedenste Bauaufgaben in Architektur und Stadtgestaltung.
Daneben überzeugt der Baustoff mit sehr guten bauphysikalischen Eigenschaften, ist frostsicher, nicht brennbar, beständig gegen Säuren und Laugen und frei von Ausblühungen. Dank der geringen Wärmeleitfähigkeit schaffen Ziegel- und Klinkerfassaden ein angenehmes Wohnklima, halten im Winter die Wärme im Gebäude und schützen im Sommer vor Überhitzung.
Auch im Innenbereich kommen vorgehängte hinterlüftete Ziegelwände zum Einsatz. Zum einen kann dies rein gestalterische Gründe haben. Zum anderen eignen sich perforierte Ziegelplatten für den effizienten Schallschutz und werden daher im Innenbereich häufig als Akustikelemente eingesetzt (Abb. 6, 7).

Maßhaltige Produkte mit schnittglatten Oberflächen

Der Herstellungsprozess verläuft bei allen Ziegelprodukten ähnlich. Eine Mischung aus verschiedenfarbig brennenden, natürlich vorkommenden Tonen, Lehmen und Sanden wird aufbereitet und gibt vor, welche Farbe das Endprodukt später haben wird. Die während des Brennvorgangs durch Oxidationsprozesse der Tonmineralien entstehenden Farben sind rein natürlichen Ursprungs und absolut UV- und witterungsbeständig. Die Formgebung von Ziegeln erfolgt zumeist im Strangpressverfahren. Dabei gibt ein Mundstück vor der Strangpresse die Form des Produkts vor, das dann mit dünnem Draht in einzelne Elemente geschnitten wird (Abb. 14). Anschließend wird der Formling getrocknet und gebrannt. Klinker sind Ziegelsteine, die bei Temperaturen bis 1300 °C gebrannt werden. Dabei schließt der beginnende Sinterprozess die Poren und es wird kaum Wasser aufgenommen. Keramische Steine und Fassadenplatten aus Terrakotta werden bei ähnlich hohen Temperaturen wie Klinker 75 Stunden im Tunnelofen gebrannt.

Rohstoffkreislauf

Nach Abbau des Rohstoffs ist es möglich, Ton- und Lehmgruben aufzufüllen und für Land- oder Forstwirtschaft bzw. als Erholungsraum nutzbar zu machen (rekultivieren) oder von Pflanzen und Tieren auf natürliche Weise wiederbesiedeln zu lassen (renaturieren). Ziegel- und Klinkerfassaden haben mit 100 Jahren und mehr eine sehr lange Lebensdauer, sind unempfindlich gegenüber Verschmutzungen und altern in Würde. Schadstofffrei hergestellt lassen sich alle Ziegelvarianten anschließend auch rückstandslos recyceln.

Pflasterklinker

Pflasterklinker vereinen Ästhetik und Funktionalität für den Bodenbelag von öffentlichen, gewerblichen und privaten Flächen. Ob in Fußgängerzonen oder auf Vorplätzen, Zufahrten oder Terrassen – die natürliche und sehr stabile Pflasterung eignet sich für eine individuelle und prägnante Gestaltung von Bodenflächen. Da die Pflasterklinker bis zur Sinterung gebrannt werden, sind sie besonders robust, frostsicher und beständig

3

4

gegenüber mechanischen Belastungen. Da sie aus einem einzigen Material bestehen, ist ihre Größe aus Gründen der Brenntechnik begrenzt, üblich sind Pflasterklinker mit Querschnitten von 24 × 11,8 × 5,2 cm. Zahlreiche Formate für unterschiedliche Verlegemuster stehen zur Auswahl. Zudem haben die Oberfläche und die Gestaltung der Kante Einfluss auf die Wirkung des Bodenbelags, von klassisch-elegant bis ursprünglich-rustikal. Auch Reliefstrukturen sind mit Pflasterklinkern möglich, beispielsweise um taktile Bodenleitsysteme für Blinde und sehbehinderte Menschen zu schaffen. Für den neuen Eingangshof des Museums der Kulturen in Basel wählten die Architekten Herzog & de Meuron einen Pflasterklinker im langgestreckten Riegelformat. Das durchgefärbte Schiefergrau des Klinkers erzeugt mit seiner robusten Salzglasur und den aus dem Kohlebrand resultierenden feinen Nuancierungen eine zurückhaltende Lebhaftigkeit. Unterstrichen wird diese durch die exakte Form der hochkant verlegten 490 mm langen und 40 mm breiten Steine mit einer 6 mm breiten Fuge. Das schmale gestreckte Format, die Kantenschärfe und die Maßgenauigkeit der Verlegung schaffen bei der leicht abfallenden Gestaltung des Hofs ein Bild präziser handwerklicher Arbeit und leiten über zu den Inhalten der Ausstellung (Abb. 8).

Klinker an der Fassade

Bei der Fassadengestaltung mit Ziegeln können Architekten aus unterschiedlichen Materialien und Konstruktionsweisen wählen: Fassadenklinker, Terrakottafassaden und vorgehängte hinterlüftete Ziegelfassaden kommen dabei weltweit zum Einsatz. Regional gibt es geschichtliche Unterschiede: Speziell in Norddeutschland prägen Klinkerfassaden historische und zeitgenössische Stadtbilder gleichermaßen. Häufig wünschen Architekten auch heute die Optik der in kohlegefeuerten Ringöfen hergestellten Klinker mit ihrem expressiven und dynamischem Farbspiel. Aus Gründen des Umweltschutzes und der Qualitätssicherung ist die-

5

1–5 Wohnhaus »k house«, München 2015, Sauerbruch Hutton:
1 Modell Maßstab 1:20.
Um die Farbwirkung der Fassade zu beurteilen, haben die Architekten jede einzelne der erhabenen Flächen der texturierten Fassade mit dem Pinsel von Hand bemalt.
2 Fassaden-Mock-up Maßstab 1:1 zur Bemusterung der Glasurfarben und der Sondersteine an den Kanten. Im zweigeschossigen Sockelbereich bildet ein grauer Scherben des Ziegels einen dunklen Hintergrund. In den Obergeschossen wurde hellgelber Ziegel eingesetzt.
3 Die teilglasierten »Höckersteine« wurden eigens entworfen. Nur die Stirnseite der Höcker ist glasiert. Dafür hat der Hersteller ein industrialisiertes Verfahren entwickelt.
4 Fassadenschnitt Maßstab 1:10
5 Fassaden-Mock-up Maßstab 1:1,
Louisa Hutton bei der Feinabstimmung der Musterfassade mit Farbtafeln.

1–5 "k house", Munich 2015, Sauerbruch Hutton:
1 Model scale 1:20
To judge the effect of the colours in the facade, the architects used brushes to manually paint each of the raised surfaces of the textured facade.
2 Facade mock-up scale 1:1 to sample the glaze colours and the customised bricks. The two-storey base employs grey brick and creates a dark background. On the upper storeys a light-yellow brick was used.
3 The partially glazed "hump" bricks were designed especially for this project. Only the face of the humps has a glaze. The manufacturer developed a specific industrial process to produce the bricks.
4 Facade section scale 1:10
5 Facade mock up scale 1:1
Louisa Hutton fine-tuning the facade with colour samples.

6, 7 Akustikziegel:
6 Schnitt Wandaufbau Maßstab 1:10 mit Akustikdämmung und Hinterlüftung
7 Debis Systemhaus, Aachen 1997, Nellesen. Brasse. Partner
8 Pflasterklinker, Sonderformat 490 × 40 mm hochkant verlegt. Die belebte Oberfläche entsteht durch Salzeinstreuungen beim Brand. Museum der Kulturen, Basel 2010, Herzog & de Meuron

6, 7 Acoustic brick:
6 Section of wall assembly, scale 1:10, with acoustic insulation, rear-ventilated
7 "debis Systemhaus", office building, Aachen 1997, Nellesen. Brasse. Partner
8 490/40 mm clinker brick paving, special format, used on edge. The animated surface is attained by adding salt during firing. "Museum der Kulturen", Basel 2010, Herzog & de Meuron

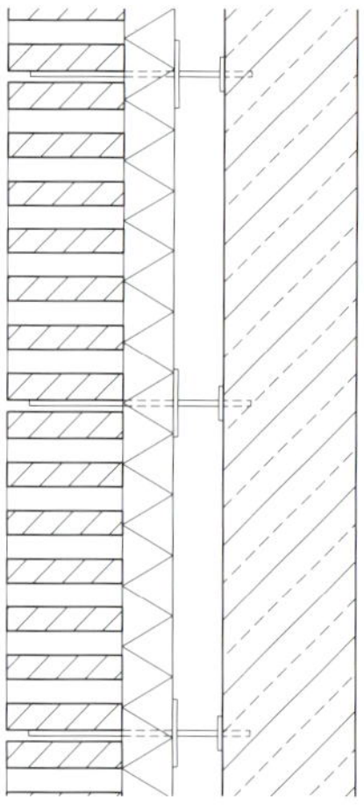
6

7

se traditionelle Herstellung zwar nicht mehr möglich, durch aktuelle Brenntechniken und die Zugabe natürlicher Mineralstoffe lässt sich ihre besondere Optik aber auch in modernen Tunnelöfen erzielen. Neben den bewährten Standardformaten der Klinker sind in den vergangenen Jahren schmale und langgestreckte Riegelformate hinzugekommen, die wie beim Kolumba Kunstmuseum des Erzbistums Köln von Peter Zumthor neue Möglichkeiten der Gestaltung eröffnen. Moderne Produktionstechniken mit sehr geringen Toleranzen erlauben es dabei, mit enorm dünnen Fugen zu arbeiten. Häufig werden Klinkerfassaden als Vorsatzschalen vor die tragende Außenwand und die flächig aufgebrachte Wärmedämmung gemauert. Der Zwischenraum zur Hinterlüftung kann dabei bis zu 200 mm und mehr betragen. Auch eine Ausführung mit Kerndämmung ohne Luftschicht ist möglich. Gemauerte, wärmegedämmte Klinkerfassaden kosten je nach Fassadengeometrie, Steinformat und Steinfarbe zwischen 160 und 350 €/m², inklusive Lieferung und Verarbeitung.

Geometrische Experimente mit Klinkerziegeln
Klinkerfassaden können eine plastische Gestaltung erhalten: So realisierten beispielsweise Sauerbruch Hutton die wirkungsvolle Fassade des Wohnhauses »k house« in München mit objektspezifisch hergestellten dreidimensionalen Klinkern (Abb.1–5). Der 210 mm lange und 52 mm hohe Stein hat auf seiner Längsseite zwei 55 mm breite Erhebungen. Im Sockelbereich des Hauses kamen Klinker mit einem dunkleren, in den oberen Geschossen mit einem helleren Scherben zum Einsatz. Die Ziegelsteine sind teilglasiert, nämlich nur auf den Stirnseiten der zwei vorspringenden »Höcker«. Von Seiten der Architekten gab es genaue Vorgaben für alle zwölf Glasurfarben mit glänzenden Oberflächen. Um die Wirkung der Farbverläufe vorab darzustellen, haben die Architekten ein Modell des Hauses im Maßstab 1:20 gebaut mit der exakten dreidimensionalen Struktur der Klinkerfassade, auf die sie die gewünschten Farben mit dem Pinsel auftrugen (Abb. 1).

Entsprechend dieser Vorgaben der Architekten wurden die Glasurfarben im Labor entwickelt und anhand eines Fassaden-Mockups im Maßstab 1:1 bemustert (Abb. 2, 5). Da die genehmigende Behörde der Landeshauptstadt München Einwände gegen eine glänzende Oberfläche geltend machte, mussten alle zwölf Glasuren schließlich matt ausgeführt werden.
Durch die um einen Viertel-Stein versetzte Anordnung der Klinker im Läuferverband ergibt sich im Gesamtbild eine Art dreidimensionales Schachbrettmuster. Diese formale Strenge der Fassade wird durch die Teilglasur der Klinker und das frei komponierte Spiel ihrer Farben kontrastiert.

Terrakottafassaden auf Beton-Fertigteilen
Bei der Gestaltung mit Terrakotta sind Formate bis zu einer maximalen Steinansichtsfläche von bis zu 600 × 600 mm frei wählbar. Die Steine können nicht nur vor Ort einzeln aufgemauert, sondern auch vorab im Werk an Stahlbetonfertigteilen angebracht werden, wie bei der Fassade der Galerie Roter Turm in Chemnitz von Kollhoff Architekten. So können filigrane und geometrisch komplexe Formen unter kontrollierten Bedingungen produziert und in kurzer Zeit vor Ort montiert werden.

Vorgehängte hinterlüftete Ziegelfassaden
Als Bekleidungsmaterial an vorgehängten

8

9–13 Ziegelelemente als vorgehängte hinterlüftete Fassade mit unterschiedlichen, auf die Ziegelelemente abgestimmten, standardisierten Unterkonstruktionen. Schnitte Maßstab 1:2
9, 10 Standard: Glatte Oberfläche mit durchlaufenden dominanten Horizontalfugen

9–13 Tile elements as rear-ventilated rainscreen with different standardised supporting structures attuned to the respective tiles. Sections scale 1:2
9, 10 Standard solution: smooth surface with continuous, dominant horizontal joints

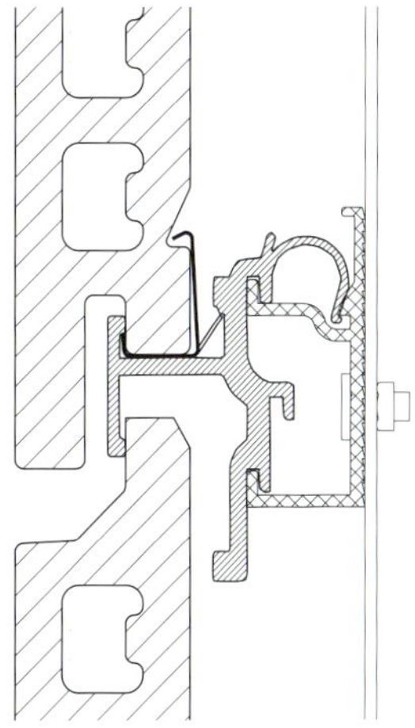

9

10

hinterlüfteten Fassaden (VHF) fügt sich der traditionelle Werkstoff Ziegel in ein hochmodernes System: VHF eignen sich für jeden Gebäudemaßstab in Neubauten und Sanierungen. Das modulare, langlebige System gilt als bauphysikalisch besonders sicher und ermöglicht es, mit beliebiger Dämmstoffstärke und modernen Unterkonstruktionssystemen nahezu jeden gewünschten U-Wert zu erzielen. Vorgehängte hinterlüftete Ziegelfassaden bieten auch ein breites Spektrum an Gestaltungsmöglichkeiten: Produktionsbedingt waren bis vor Kurzem glatte Platten lediglich als Kleinformate bis maximal 250 × 500 mm realisierbar. Durch technische Innovationen haben sich die Möglichkeiten in den vergangenen Jahren deutlich erweitert: Moderne Produktionsanlagen ermöglichen es heute, Platten mit bis zu 3000 mm Länge, 1000 mm Höhe und einer Dicke von bis zu 150 mm zu produzieren. Trotz ihrer Abmessungen haben die Platten durch die Kalibrierung mit einer CNC-gesteuerten Diamantschneidanlage eine sehr gute Maßhaltigkeit. Zur Befestigung von vorgehängten hinterlüfteten Ziegelfassaden werden systemspezifische bauaufsichtlich zugelassene Unterkonstruktionen verwendet. Diese basieren je nach Anwendungsfall auf horizontalen oder vertikalen Tragprofilen, an denen die Plattenhalter vorab per Blindniet befestigt werden. Unterschiedliche Formen von Plattenhaltern stehen für die unsichtbare Befestigung der Ziegelplatten zur Verfügung. Moderne Unterkonstruktionen ermöglichen eine schnelle und einfache Montage und den Austausch von bereits montierten Platten. Daher arbeiten fortschrittliche Systeme mit Langlöchern in den Profilen, die eine Befestigung ohne Bohren ermöglichen. Zudem können die Platten werkzeuglos eingehängt werden: Edelstahlfedern in den Plattenhaltern rasten bei der Montage in eine rückwärtige Nut in der Platte ein und sichern die Platte. Vorgehängte hinterlüftete Ziegelfassaden können bereits für einen Komplettpreis von unter 150 €/m² geliefert und mit Wärmedämmung montiert werden. Bei größeren Platten und komplexeren Geometrien liegen die Kosten bei über 200 €/m². Raum für gestalterische und wirtschaftliche Optimierung besteht beispielsweise durch die Wahl der Elementgrößen und die Einteilung in Hinblick auf die Statik der Fassade. Das Gewicht der Ziegelfassade liegt etwa zwischen 45 und 75 kg/m². Durch ihre offenen Fugen gelten Ziegelfassaden als windoffene Konstruktion, weshalb bei der statischen Bemessung reduzierte Windlasten angesetzt werden können. Um diese Spielräume voll auszuschöpfen empfiehlt es sich, den Hersteller frühzeitig in die Planung einzubeziehen.

Plastische Gestaltung und Fugenbild

Die spezifische architektonische Wirkung von Ziegelfassaden lässt sich nicht nur über das Format und das Verlegebild, die Farbe und Oberflächenqualität des Ziegels oder der Glasur erzielen, sondern auch über die dreidimensionale Gestaltung des Querschnitts, deren räumliche Wirkung sich durch den Wechsel von Licht und Schatten im Tagesverlauf wandelt. Da die individuell geformten Mundstücke der Strangpresse, die das Profil der Platten bestimmen, aufbewahrt werden, ist eine Nachproduktion von identischen Ersatzplatten auch noch nach langer Zeit möglich (Abb. 14). Dank modernster Herstellungsverfahren können Ziegelplatten für VHF heute eine Dicke von bis zu 150 mm mit Vertiefungen und Relieffugen erhalten.
Welche symbolische Kraft solche Fassadenreliefs vermitteln, zeigt beispielsweise das Multimediahaus der Hochschule für Musik in Karlsruhe, entworfen von Architekten.3P Feuerstein Rüdenauer & Partner (Abb. 18–21): Das Gebäude beherbergt neben Seminar- und Lehrräumen auch einen multifunktionellen Theatersaal. Um diese Nutzung im Außenraum erlebbar zu machen, entwarfen die Planer eine dunkel glasierte keramische VHF, die Assoziationen an einen Bühnenvorhang weckt. Ursprünglich sollte diese Wirkung durch eine Fassade mit senkrecht stehenden Ziegelröhren, sogenannten Baguettes, entstehen, mit denen z. B. die Sammlung Brandhorst in München bekleidet ist. Da sich einzelne Röhren aufgrund der aufwändigen Unterkonstruktion als zu kostspielig herausstellten, wurden auf Vorschlag des Herstellers jeweils vier Baguettes zu einer strukturierten Platte zusammengefasst (Abb. 19). So entstand eine identische Wirkung, die aber durch die Befestigung an einer standardisierten Unterkonstruktion erheblich günstiger realisiert werden konnte (Abb. 20). Versetzt zueinander montiert sorgen die polygonalen Querschnitte für eine lebendige Vorhang-Optik (Abb. 21, 24).
Neben der räumlichen Tiefe ist auch das Fugenbild ein wichtiges Gestaltungsmittel bei keramischen VHF. So war es beispielsweise den Architekten Léon Wohlhage Wernik bei ihrem Erweiterungsbau des Münchner Landtags wichtig, mit den vertikalen Fugen zwischen den keramischen Platten eine optische Fernwirkung zu erzielen, während die horizontalen Plattenabstände kaum wahrnehmbar sein sollten (Abb. 11–13). Dafür schlug der Hersteller eine Plattenform mit einem Doppelfalz vor, welcher der horizontalen Fuge ihre optische Tiefe nimmt. Zudem weisen die Platten ein horizontal gegliedertes Relief auf und sind in drei verschiedenen Höhen in scheinbar willkürlicher Reihenfolge eingesetzt (Abb. 13). Ein dunkel beschichtetes Fugenprofil hebt die 20 mm breiten vertikalen Fugen hervor. So entsteht ein klares, lebendiges und nuanciertes Bild der einfarbigen Fassade.

Farben und Glasuren

Bereits die natürlichen Ziegelfarben bieten Planern ein breites Spektrum an Gestaltungsmöglichkeiten. Sind objektspezifisch besondere Farbnuancen gewünscht, können diese durch die Mischung verschiedener Tone und Brennverfahren auch individuell entwickelt werden. Auch Glasuren können nach Architektenwunsch entwickelt und hergestellt werden. Glasuren haben rein optische Wirkung und keinen Einfluss auf die technischen Eigenschaften des Ziegels. Der Auftrag der flüssig aufbereiteten Glasur erfolgt vor dem Brennen auf die getrocknete Platte. Die getrocknete ungebrannte Platte hat eine relativ hohe Wasser-

11–13 Sonderentwicklung: Dominante Vertikalfugen und fast unsichtbare Horizontalfugen durch Doppelfalz und Riffelung der Oberfläche. Erweiterung Bayerischer Landtag, München 2012, Léon Wohlhage Wernik

11–13 Customised solution: dominant vertical joints and barely discernible horizontal joints attained with double rabbet and grooved surface. Extension of the State Parliament Building, Munich 2012, Leon Wohlhage Wernik

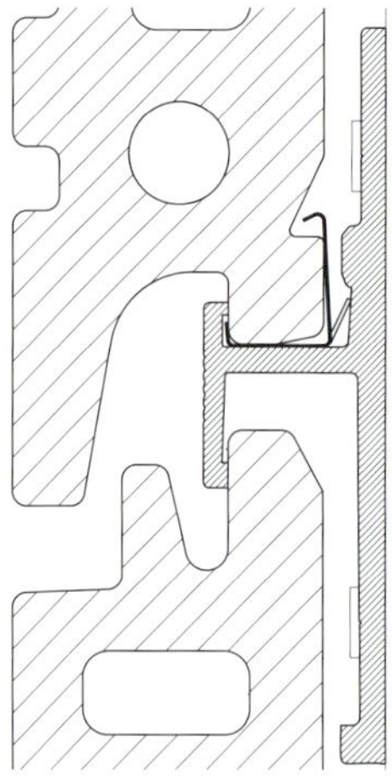

11

12

aufnahmefähigkeit und saugt die flüssige Glasur auf, was nach dem Brennen bei bis zu 1200 °C eine sehr feste Verbindung zwischen der Ziegelplatte und der Glasur zur Folge hat. Dieses Einbrennverfahren stellt hohe Anforderungen an die Rollenöfen. Auf Wunsch können die Schnittkanten in den Plattenfugen nach dem Brennen mit einer farblich angepassten Kaltglasur beschichtet werden. Alternativ kann der Glasurauftrag auch auf die bereits gebrannte und kalibrierte Platte erfolgen. Dabei können die Schnittkanten mitglasiert werden. Anschließend erfolgt ein zweiter Brand. Allerdings ist die Verbindung zwischen Glasur und Ziegelplatte in diesem Fall nicht so fest, da die Glasur auf den bereits gebrannten Scherben aufgebracht wird. Da die Ziegelplatte auch beim zweiten Brand noch einer Schwindung unterliegt, muss man bei diesem Verfahren erhöhte Toleranzen der Platten berücksichtigen. Bei beiden Verfahren besteht eine nahezu unbegrenzte Vielfalt an Farben. Abhängig von der gewünschten Wirkung am Gebäude können Glanzgrad, Oberflächenstruktur und Transparenz der Glasur individuell gesteuert und angepasst werden.
Eine aktuelle Innovation im Bereich der Glasuren ist die Möglichkeit, Oberflächen mit einem feinen Krakelee-Rissbild auch an der Fassade einzusetzen: Diese klassische Technik der Feinkeramik bietet durch die zarten Sprünge in der Glasur eine interessante Optik (Abb. 22). Bisher waren Krakelee-Glasuren allerdings oft nicht frostbeständig und daher für die Anwendung im Außenraum ungeeignet. Moderne Glasuranlagen machen es nun möglich, mehrschichtige Glasuren in nur einem Brennprozess herzustellen. Somit kann die Krakelee-Optik auch für Fassadenziegel erzielt werden, wie bei dem Abell House Apartmentblock in London von DSDHA.
Durch die vielfältigen und präzisen Farbnuancen eignen sich glasierte Keramikplatten dazu, die Fassaden von Büro- und Verwaltungsgebäuden in den Corporate Design-Farben des Unternehmens zu gestalten oder an die Umgebung anzugleichen. Ein besonders plakatives Beispiel ist das in Rottöne gekleidete Bürogebäude in Berlin von nps tchoban voss, das aufgrund seiner Farbigkeit von Coca-Cola als Hauptverwaltung bezogen wurde.
Beim Veranstaltungs- und Kongresszentrum Malmö Live haben die Architekten von schmidt hammer lassen eine plastische Textur und verspringende Horizontalfugen mit einer handwerklichen Qualität glasierter Oberflächen kombiniert (Abb. 23, 26). Um den großen Gebäudekomplex mit dem höchsten Hochhaus der Stadt sensibel in die Silhouette am Hafen einzufügen, sind Konferenzzentrum und Festspielhaus der Blockrandbebauung durch je eine unterschiedliche warme Glasurfarbe subtil differenziert, die drei in der Höhe gestaffelten Hoteltürme dagegen heben sich in strahlendem Weiß ab.

Transluzente Ziegelflächen: Baguettes

Neben Ziegelplatten finden auch stabförmige Ziegelelemente – Baguettes – an Fassaden und Steildächern Einsatz. Die länglichen Elemente eignen sich für semitransparente Gebäudehüllen, zum Setzen von Gestaltungsakzenten und zum Verschatten. Sie werden auf systemspezifische Unterkonstruktionen montiert und können dabei Spannweiten bis zu 2000 mm erreichen (Abb. 27–30). Die komplette Farb- und Oberflächenvielfalt von Fassaden- und Dachziegeln ist auch für Baguettes möglich. Als Sonnenschutz verglaster Dachaufbauten können sie farblich auf benachbarte Ziegelflächen abgestimmt werden. Durch die Anmutung geschlossener Ziegeldächer fügen sich so Dachausbauten mit durchgehenden Schrägverglasungen selbst in denkmalgeschützten historischen Altstädten in den Kontext ein. Mit runden, ovalen und eckigen Querschnitten und verschiedenen Abständen sorgen sie für vielfältige Wirkungen in Innen- und Außenräumen.
Bei den Verschattungselementen der Erweiterungsbauten des Israel Museums in Jerusalem war es das Ziel, trotz maximalem Sonnenschutz ausreichend Tageslicht in

13

14
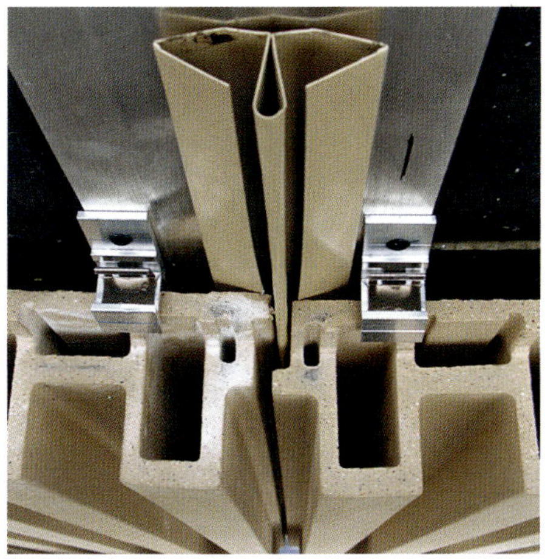
15

16

die Museumsräume zu lassen, um auf eine künstliche Beleuchtung weitgehend verzichten zu können und störende harte Licht-Schatten-Kontraste zu vermeiden. In einer Symbiose von Architektur, Ingenieurwesen und Kunst hat James Carpenter daher zwei objektspezifische Keramik-Baguette-Typen entwickelt (Abb. 27, 28, siehe S. 65):
An den Südseiten berücksichtigt die Querschnittsgestaltung des Profiltyps 1 den um die Mittagszeit fast senkrechten Sonnenstand. Vor den West- und Ostfassaden schirmt der Profiltyp 2 die tiefstehende Nachmittagssonne ab und reflektiert durch die konkave Ausformung das Sonnenlicht diffus in den Raum. Bei beiden Profilen wird der direkte Ausblick gefiltert, eine Impression der Umgebung bleibt bis tief in die Innenräume schemenhaft erhalten.
Wie sich unterschiedlichste Profile und Konstruktionsprinzipien von Ziegelelementen zu einem homogenen, monolithisch wirkenden Baukörper kombinieren lassen, zeigt die Marktscheune Hallstadt bei Bamberg von Schettler & Wittenberg Architekten (Abb. 14–17).
Der Regionalmarkt mit Bistro fügt sich mit seiner an Holzverschalungen erinnernden Gebäudehülle in die Altstadt ein. Im Bereich des Obergeschosses mit einem Veranstaltungssaal für 300 Personen sind die Lisenen der Ziegelplatten in einem doppelten Abstand gesetzt. Wo Fensterbänder in die Fassade eingeschnitten sind, setzen sich die Lisenen als frei spannende Baguettes vor der Verglasung fort. In den Dachflächen aus Aluminiumblech sind die Stehfalze mit Profilen aus Kantblech überdeckt, die mit der Keramikfarbe Bemoflon beschichtet sind, um die Textur und Farbigkeit der Ziegelfassade nachzubilden.

Innovation als Traditionspflege

Ob gemauert oder vorgehängt, als sicherer Bodenbelag, Witterungsschutz oder Schattenspender, zum Brechen von Schallwellen oder zum Gestalten ganzer Stadträume – Ziegel übernehmen vielfältige Aufgaben in der Architektur. Getrieben vom Ideenreichtum der Architekten erweitern sich die technischen Möglichkeiten und die ästhetischen Freiheiten in der Gestaltung mit Ziegeln stetig. Gemeinsam mit experimentierfreudigen Unternehmen entstehen immer wieder neue Ausdrucksformen für das jahrtausendealte Material. DETAIL 05/2015

Dietmar Müller studierte Werkstoffwissenschaften – nichtmetallische anorganische Werkstoffe (Steine und Erden) – an der TU Clausthal und ist seit 2003 Geschäftsleiter der Firma Moeding Keramikfassaden in Marklhofen.

Oswald Günzl absolvierte seine Lehre in einer Ziegelei und ist seit 1998 Bauberater bei GIMA, Marklhofen.

Dietmar Mueller studied materials sciences (non-metallic minerals and earths) at Clausthal University of Technology; since 2008 he has been managing director of "Moeding Keramikfassaden", a firm based in Marklhofen, Germany.

Oswald Günzl apprenticed at a brick factory; since 1998 he has been a consultant at GIMA Marklhofen.

17

14–21 vorgehängte, hinterlüftete Ziegelelemente mit individuellem Reliefprofil
14 Extrusionsverfahren: Der feuchte Ton wird als Endlosstrang durch das individuell entwickelte formgebende Mundstück gepresst.
15–17 Marktscheune Hallstadt 2015, Schettler Architekten, Weimar / Schettler & Wittenberg Architekten, Weimar
17 Rendering mit Fassade und Dach aus Ziegel
18–21 Multimediahaus der Hochschule für Musik, Karlsruhe 2013, Architekten.3P
18 Mit fünf unterschiedlichen Mundstücken können durch gespiegelten Einbau zehn verschiedene Geometrien erzeugt werden.
19 glasiertes Ziegelprofil 100 × 250 × 1250 mm
20 Ziegelprofile auf horizontaler Unterkonstruktion
21 Fassade mit versetzten Vertikalfugen

14–21 Rainscreen with rear-ventilated tile elements and customised profiles
14 Extrusion process: the moist clay is pressed, as continuous strand, through the specially developed die
15–17 "Marktscheune", community centre, Hallstadt 2015, Schettler Architekten, Weimar and Schettler & Wittenberg, Weimar
17 Rendering with brick facade and roof
18–21 Multimedia building at the "Hochschule für Musik", Karlsruhe 2013, Architekten.3P
18 10 different geometries created with 5 dies
19 100/250/1,250 mm glazed brick profile
20 Brick profile on horizontal supporting structure
21 Facade with offset vertical joints

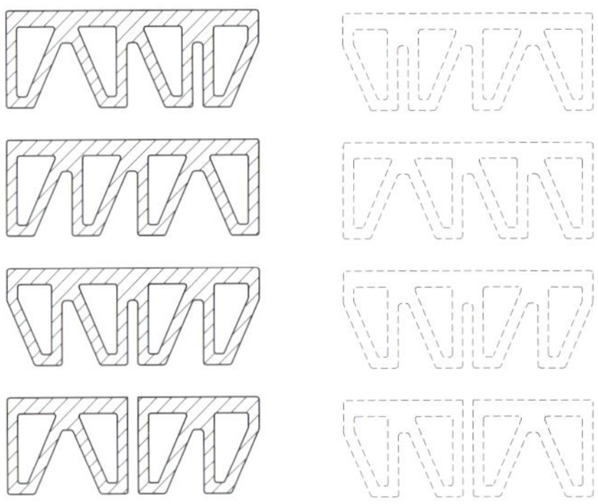

18

19

20

Brick is one of the oldest known building materials. Bricks of fired clay were first used in 3000 BCE as building material. Lighter in weight and more adaptable than stone – and easier to handle – bricks have spread across the globe and are the basis for fascinating icons of architectural history: from the dome of the Hagia Sophia in Constantinople erected in the thin bricks typical of the Byzantine era, in which the thickness of the joint in some cases surpasses that of the brick, to the Gothic St Martinskirche in Landshut, completed in 1500, with its 130-metre-high, masonry tower – the world's tallest load-bearing-brick structure. On account of its excellent building physics properties, durability and, last but not least, sensual qualities, brick is always up to date. In addition to clinker bricks and facing bricks, with which even today traditional surfaces can be achieved, ceramic tile plates – which are manufactured in a newly developed process – offer a freedom of design that had not been possible before.

Refurbishment: *Following a long period of perfectioning mass-produced materials, artisanal products are increasingly in demand. Hand-cut clinker bricks are often used in refurbishments when there are historic preservation issues to contend with. At Munich's Frauenkirche, many damaged clinker bricks need replacing. The authorities attach importance to having the new clinkers correspond as precisely as possible to the 14th century prototypes. The raw material for the new clinkers is extracted from clay deposits similar to those of the original bricks. To shape the bricks, a traditional process is employed: an extruded mass is cut manually. Like in the middle ages, wood forms are used to attain an authentic surface texture.*

Format, shape and colour: *The natural chromaticity and surface structure as well as the sensual qualities of the material give facades, roofs and floors made of brick, tile and clinker an unmistakable character. Whether monochromatic or colourful, with or without glaze, the colour spectrum ranges from cool white, via grey to warm shades of yellow and orange. And we must not forget the classic brick colours: red and red-blue, to brown and deep blue. Thanks to modern production equipment, bricks can now be had in almost any size, shape or texture. Countless built examples document the great variety of design possibilities and the continued development of the tradition-rich material – from the thin format (240/115/52 mm) via terracotta bricks (as specified by planner, max. 600/600 mm), to ceramic tile plates for thermally insulated exterior walls with rear-ventilated facade systems (up to 3 metres in length). In cooperation with architects and planners, new surfaces with relief patterns and bespoke formats for a great variety of applications in architecture and urban design are constantly being created. The optimal building physics characteristics of brick are convincing, as well: frost-proof, fire-resistant, resistant to acids and lyes, and efflorescence-free. Thanks to brick's low thermal conductivity, tile and clinker facades create a pleasant interior climate, keep the warmth in the building during winter*

21

22 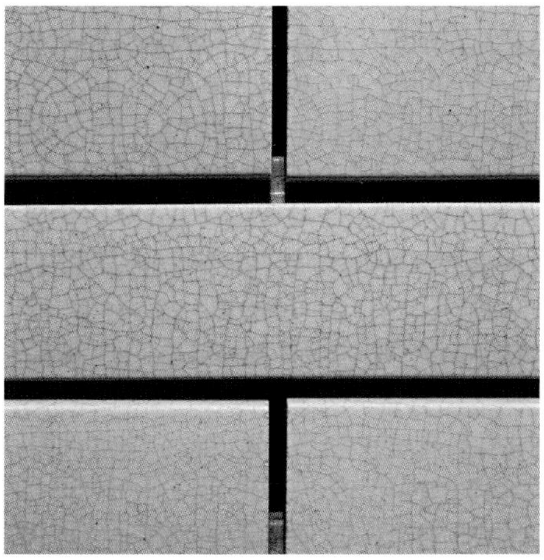

22–26 Gestaltungsmöglichkeiten durch Glasuren und handwerkliche Oberflächen
22 Krakelee-Glasur mit scharf geschnittenen Kanten im Innenraum. Die Struktur ist frostbeständig und kann auch an Fassaden eingesetzt werden.
23 Veranstaltungszentrum Malmö Live, Malmö 2015. Fassaden-Mock-up mit den drei glänzenden Glasurfarben und versetzten Horizontalfugen. Ein Element besteht aus zwei prismenartigen Lisenen.
24 Medienzentrum der Hochschule für Musik, Karlsruhe 2013, Architekten.3P unterschiedliche Reliefprofile mit glänzend schwarzer Glasur, versetzte Vertikalfugen
25 Inselpark Hamburg-Wilhelmsburg, 2014, Bolles + Wilson. Matt glasierte, gebogene Elemente mit versetzten Vertikalfugen.
26 Veranstaltungszentrum Malmö Live, Malmö 2015. Jede der drei Nutzungen wird durch eine Farbe akzentuiert.

22–26 Design possibilities making use of glazes and artisanal surfaces
22 Craquelure glaze for an interior, with crisply cut edges. The pattern is frost-resistant and can also be used for facades.
23 Malmö Live, event centre, Malmö 2015 Facade mock-up with the three glossy glaze colours and offset horizontal joints. An element consists of two prism-like pilaster strips.
24 Multimedia building at the "Hochschule für Musik", Karlsruhe 2013, Architekten.3P Profiles with different cross sections, with glossy black glaze, offset vertical joints
25 "Inselpark Hamburg Wilhelmsburg", Bolles und Wilson, 2014 Matt-glazed, curved elements with offset vertical joints
26 Malmö Live, event centre, Malmö 2015. Each of the three uses is accentuated by a different colour.

and protect it from overheating in summer. Rear-ventilated rainscreens can also be employed inside buildings: perforated ceramic tile plates have advantageous sound control properties. (ills. 6, 7).
Dimensionally stable products: *The production process is similar for all brick products. A combination of naturally occurring clays, loams and sands with different colours and different firing characteristics determine the colour the final product will have. During firing, the colours that come about through the oxidation processes are purely natural – and on top of that, UV-resistant and weatherproof. Bricks are usually formed in an extrusion press process. In the extrusion press it is the die that determines the cross section of the product, which is then cut to size using a thin wire (ill. 14). Then the "green brick" is dried and fired. Clinkers are bricks that are fired at temperatures of up to 1,300 °C. At such high temperatures the sintering process begins: the pores close, and the clinker therefore absorbs very little water. Ceramic bricks and facade tile of terracotta are fired in a tunnel for 75 hours at similarly high temperatures. Life cycle of raw materials: Once the raw material has been extracted, clay and loam pits can be renaturalised. Tile and clinker facades will last 100 years or longer, are resistant to soiling, and age gracefully. The production process is free of toxins; all types of bricks can subsequently be completely recycled.*
Clinker brick paving: *This version of brick unites aesthetics and functionality for floor surfaces in public, commercial and private settings. Whether in pedestrian zones or forecourts, driveways, or terraces – this natural and very durable product is conducive to striking, one-of-a-kind design of ground surfaces. Because the paving is fired at temperatures on the verge of sintering, it is particularly robust, frost-proof and resistant to mechanical loads. Because it is made of a single material, its dimensions are limited by the firing technique; clinker brick paving typically measures 24/11.8/5.2 cm. However, a large number of formats are available for different paving patterns. In addition, the surface and the design of the face have an influence on the effect of the flooring, from classically elegant to rustic. Textures are also possible on clinker brick paving, for example, to achieve tactile floor guidance systems for visually impaired persons. Herzog & de Meuron selected a clinker brick paving in bar format for the new entrance courtyard to the "Museum der Kulturen Basel". The integrally coloured slate grey paving with robust salt glaze yields fine nuances that are muted yet animated. This is also underscored by the precise form of bricks (490/40 mm, with a 6 mm wide joint), which are laid on edge. (ill. 8)*
Clinkers in the facade: *In facade design with ceramic tiles, architects can choose from a variety of materials and construction methods: facade clinkers, terracotta facades and rear-ventilated tile facades are being realised around the globe. Regionally there are historical differences: particularly in northern Germany, clinker facades are equally prominent in century-old and contemporary urban ensembles. And to this day, architects often want the expressive, dynamic colouring of the clinkers that results from firing in coal-fuelled Hoffmann kilns. On account of environmental issues and lacking quality control, this traditional production method is no longer possible. However, by employing contemporary firing techniques – including modern tunnel kilns – and adding natural aggregate, the special look can still be achieved. In recent years, narrow bar formats have been added to the palette, as exemplified at the Kolumba, an art museum in Cologne designed by Peter Zumthor. Modern production techniques with very small tolerances allow planners to specify thin joints.*
Geometrical experiments with clinker bricks: *Clinker facades can be conceived of three-dimensionally. Sauerbruch Hutton Architekten, e.g., realised the powerful facade of the "k house" in Munich with bespoke three-dimensional clinkers (see page 57, ills. 1–5). The brick, 210 mm/52 mm, has two 55 mm wide protrusions on its long face. The bricks have a partial glaze, namely only on the fronts of the two projecting "humps". The architects specified all 12 glaze colours with glossy surfaces. To be able to accurately depict the effect of the colour gradient in advance, they built a model of the house at a scale of 1:20, with the precise 3D pattern of the clinker facade, on which they applied the desired colours with a brush (ill. 1). The glaze colours were developed in the laboratory conforming to the architects' specifications and were tested with the aid of a model of the facade at a scale of 1:1 (ill. 2, 5). Because the presiding authority objected to the glossy surface, all 12 glazes were executed with a matt surface. By staggering the clinkers at one-fourth of their length in running bond, the architects achieve an overall impression akin to a 3D checkerboard pattern. This formal rigour of the facade is a foil to the playful application of colour.*
Terracotta facades: *For designs employing terracotta, the maximum format is 600 × 600 mm. The tile plates can either be mounted on site or integrated in precast concrete units.*
Rear-ventilated rainscreens: As cladding in rear-ventilated rainscreen systems, brick (ceramic tile) becomes part of an ultra-modern system: rainscreens can be employed in buildings at any scale in new construction as well as refurbishment projects. With respect to building physics, it is a durable system; there are no limits to the thickness of the thermal insulation. In combination with modern supporting structure systems, the desired U-value can be attained. Brick or ceramic tile rainscreens also offer a broad spectrum of design possibilities: until recently smooth plates could only be produced in small formats (maximum 250/500 mm). Thanks to technical innovations, in recent years the possibilities have increased significantly: today modern production equipment makes it possible to produce plates with a length of up to 3,000 mm, height of up to 1,000 mm and a thickness of up to 150 mm. Precise calibration by means of CNC diamond cutting ensures a high degree of dimensional stability despite these relatively large dimensions. Specialised supporting structures are used to install the rear-ventilated ceramic tile plates. Depending on the application, they may employ horizontal or vertical load-bearing profiles, upon which the clips are attached using blind rivets. Clips in different forms facilitate concealed mounting of ceramic facade tile plates. Mod-

23

24

25

ern supporting structures facilitate quick and simple installation, and plates that have already been installed are easily replaced.
For that reason advanced systems use profiles with elongated holes to facilitate drill-free installation. In addition, no tools are required to mount the plates: during installation stainless-steel springs in the clips click into a groove on the back of the plate and secure the plate. The weight of the brick facade is between about 45 and 75 kg/m^2.
On account of their open joints, brick facades are considered open to the wind. As a result, engineers can use reduced wind loads in their structural dimensioning calculations. To best exploit these possibilities planners are advised to begin consultations with the manufacturer early in the design process.
Three-dimensional design and joint pattern: *The unique architectural effect of brick facades is achieved not only by means of the format and the brick bond, or the colour and the surface quality of the brick or of the glaze, but also via the 3D design of the cross section, whose spatial effect alternates over the course of the day between light and shadow. Since the individually formed extrusion dies that determine the profile of the plates are kept in storage by manufacturers, subsequent production of identical substitution plate is possible – even many years later (ill. 14). Thanks to state-of-the-art production processes, today tile plates for rainscreens can have a thickness of as much as 150 mm.*
Colours and glazes: *The natural brick colours furnish planners with a broad spectrum of design possibilities. However, if bespoke colour nuances are desired, the mixture of different clays and burn techniques can be developed accordingly. Glazes can also be developed and manufactured in accordance with the architects' specifications. The effect of a glaze is purely visual; glazes have no influence on the technical properties of the brick. The liquid glaze is applied to the dry plate prior to firing. The dried, unfired plate has relatively high water absorption and soaks up the liquid glaze, which, when firing at a temperature of up to 1,200 °C, creates a strong bond between the ceramic plate and the glaze. This stoving process places high demands on the roller kiln. If desired, after the firing a non-fired glaze may be applied to the cut edges. Alternatively, the application of the glaze can also take place after the plate has been fired and calibrated. At the same time, the cut edges can also be glazed. Then the plate is fired a second time. However, here the bond between glaze and tile plate is not so strong, because the glaze is applied to material that has*

26

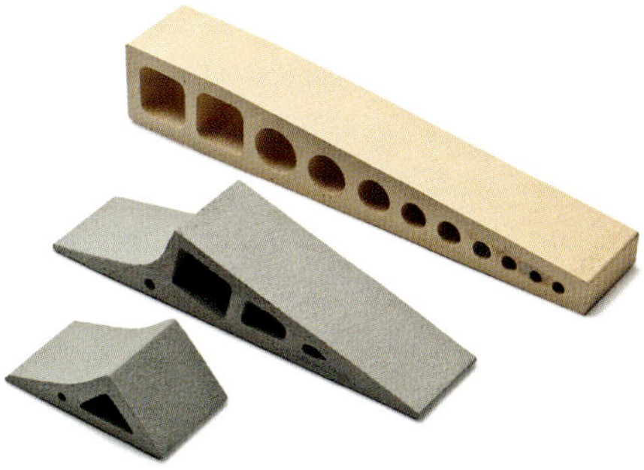

27

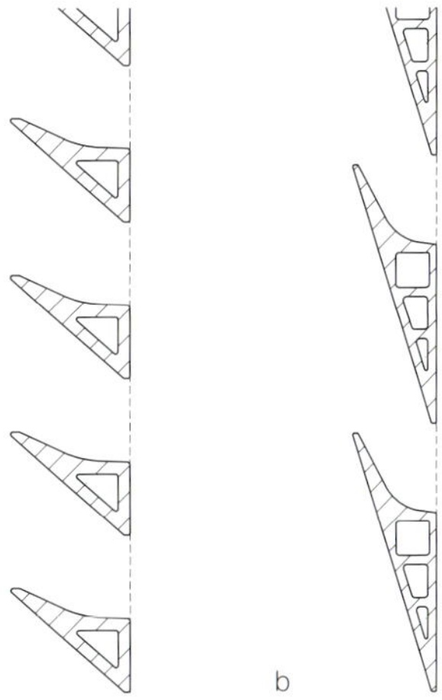

28a b

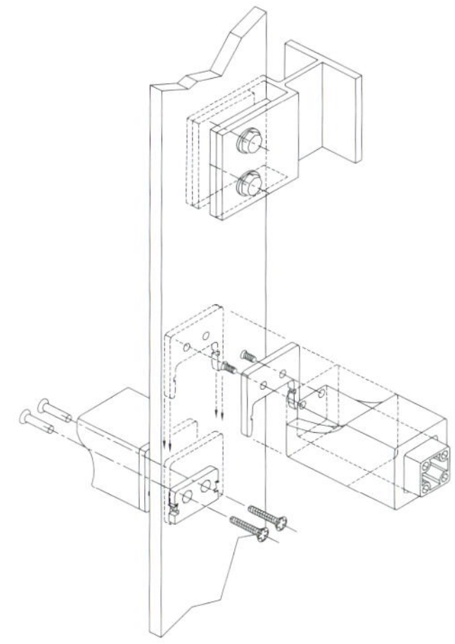

29

already been fired. Because a second firing will also cause the ceramic plate to shrink, allowance for greater tolerances of the plates must be made when employing this process. In both processes a nearly infinite variety of colours can be attained. Dependent on the desired effect, gloss levels, surface pattern and transparency of the glaze can be controlled and fine-tuned individually.
A recent innovation in glazes provides the option of creating surfaces with a fine craquelure pattern – this may also be employed in facades: the fine cracks in the glaze of this classical technique for fineware create an interesting look (ill. 22). To date, however, craquelure glazes were in many cases not frost-resistant and therefore unsuited to outdoor use. Modern glaze equipment now makes it possible to produce multilayered glazes in a single firing. In that manner the craquelure look can also be attained for facing brick, as the Abell House demonstrates, an apartment building designed by DSDHA and currently under construction in London,.

Translucent brick surfaces: baguettes

In addition to ceramic tile plate, there are also rod-shape brick elements for use in facades and steep roofs. These linear elements, called "baguettes", are well suited to use in semi-transparent building envelopes and shading devices. They are installed with the aid of a specialised supporting structure and can span up to 2,000 mm (ills. 27–30). The whole gamut of colours and surfaces of facing bricks and roof tiles is also available for baguettes. As solar protection-accompanying additions to roofs employing glass, their colour can be attuned to the adjoining brick surfaces. Because they then have a very similar appearance to the extensive oblique glass surfaces often used in loft conversions, clay tile roofs blend in well, even in listed historic centres. The round, oval and orthogonal cross sections, in combination with different spacing, ensure a great variety for indoor and outdoor applications.
The intention of the shading elements accompanying the additions to the Israel Museum in Jerusalem was, while maintaining maximum solar protection, to allow sufficient daylight to enter the spaces so that artificial lighting would seldom be required, and to steer clear of distracting contrasts between bright light and dark shadows.

Innovation as stewardship: *Regardless of the form they take, bricks assume a variety of roles in architecture. Spurred on by architects' wealth of ideas, manufacturers are expanding upon the technical possibilities, and the options continue to grow.*

27–30 Erweiterung des Israel Museum, Jerusalem 2010, James Carpenter Design Associates
27 unterschiedliche Profile
28a Südfassade: Profiltyp 1 berücksichtigt die fast senkrecht stehende Sonne.
28b Ost- und Westfassade: Profiltyp 2 schirmt die flache direkte Sonneneinstrahlung ab und reflektiert indirektes Licht an die Decke.
29 standardisiertes Befestigungssystem von Baguettes mit Einschieblingen aus Aluminium
30 Blick durch die »Vorhangfassade« aus Baguettes auf die Kuppel des Schrein des Buches von Friedrich Kiesler.

27–30 Extension of the Israel Museum, Jerusalem 2010, James Carpenter Design Associates
27 Different profile
28a South facade: profile type 1 accounts for solar radiation when the sun is nearly directly overhead
28b East and west facade: profile type 2 screens / shields direct solar radiation and reflects indirect light back up to the ceiling
29 Standardised clip system for baguettes with aluminium inserts
30 View through the "baguette" rainscreen to the dome of the Shrine of the Book, by Frederick Kiesler.

30

Glas in der Architektur – neue Entwicklungen

Glass in Architecture – New Developments

Jutta Albus, Stefan Robanus

1 Gigant-Isolierglasscheibe, glass technology live, Messe Düsseldorf 2014
2–4 Apple Store an der 5th Avenue, New York 2006 und 2011, Bohlin Cywinski Jackson Architects

1 Large-format insulated glass unit, glass technology live, 2014, fair in Düsseldorf
2–4 Apple Store on Fifth Avenue, New York 2006 and 2011, Bohlin Cywinski Jackson Architects

Der Baustoff Glas ist als Gestaltungselement aus der zeitgenössischen Architektur kaum mehr wegzudenken – weder bei der Gebäudehülle noch im Innenraum. Die fortlaufende Weiterentwicklung der Produktions- und Verarbeitungstechnologie von Glas und die stetige Verbesserung anwendungsreifer Produkte spielen eine entscheidende Rolle dabei, gestiegenen funktionalen Anforderungen sowie der Suche nach neuen ästhetischen Ausdrucksformen gerecht zu werden. Einige spektakuläre Architekturprojekte und neuartige gestalterische Ansätze haben innovative Entwicklungen in diesem Bereich angestoßen. Verfeinerte Planungs- und Simulationswerkzeuge erleichtern die Umsetzung oder ermöglichen sie sogar erst. Auch die Übertragung von Entwicklungen aus anderen technischen Bereichen auf das Bauwesen hat zu innovativen Glasprodukten geführt. Zudem wurden bewährte Herstellungs- und Verarbeitungsverfahren in den letzten Jahren vorangetrieben, wodurch Qualität und Disponibilität sowie Varianz und Dimensionen der so produzierten Gläser deutlich gesteigert werden konnten. Die bessere Verfügbarkeit bestimmter Glasarten – wie eisenoxidarme Gläser oder für Spezialanwendungen entwickelte technische Gläser –, ermöglicht es, in Verbindung mit neuen Vorspann-, Laminations- und Beschichtungstechniken, viele Glasprodukte entscheidend zu verbessern. Nicht zuletzt erlauben neue Verfahren der Glasbearbeitung und Oberflächengestaltung sehr anspruchsvolle und außergewöhnliche gestalterische Lösungen.

Großformatige Gläser

Durch neue Entwicklungen in der Glasbearbeitung konnten die Grenzen der technischen Realisierbarkeit, Verfügbarkeit und Größenbeschränkungen deutlich erweitert werden. Bislang geben in Europa die vorhanden Größen von Floatglasscheiben von 3,21 × 6,00 m auch das maximale Format für die Glasverarbeitung vor. Während die auf der Glasstec 2010 präsentierte 18 m lange Dreifach-Isolierglasscheibe aus Floatglas neue Maßstäbe setzte, war die Technik für weitere Veredelungsprozesse derartiger Scheiben noch nicht verfügbar. Mittlerweile ist es jedoch möglich, übergroße Scheibenformate mit bis zu 15,00 m Länge thermisch vorzuspannen (ESG), zu laminieren (VG, VSG), mit funktionalen Beschichtungen für Wärme- und Sonnenschutz zu versehen oder keramisch zu bedrucken (Abb. 1). So lassen sich Isoliergläser mit einer Größe von 3,21 × 15,00 m als Dreifach- oder Vierfachglas herstellen, die hohen wärme- und sicherheitstechnischen Standards sowie statischen Erfordernissen genügen. Mehr und mehr rücken dabei Gewicht, montagetechnische und logistische Anforderungen in den Vordergrund.

Der Laminierung von Gläsern kommt bei funktionalen und sicherheitsrelevanten Aspekten im Glas- und Fassadenbau eine entscheidende Rolle zu. Eine Reihe von Zwischenschichten steht zur Verfügung, meist Kunststofffolien wie PVB (Polyvinylbutyral), TPU (Thermoplastisches Polyurethan), SG (Ionoplast/SentryGlas) oder EVA (Ethylen-Vinylacetat). Diese werden in einem gasdichten Druckbehälter (Autoklav) zu einem Verbund mit den Gläsern gefügt. Insbesondere die Verwendung der im Vergleich zu herkömmlichem PVB erheblich schubsteiferen SG-Folie als Zwischenlage ermöglicht die Herstellung sehr großer Glaslaminate. Der Vorteil ist eine wesentlich höhere Belastbarkeit bzw. die Möglichkeit, bei gleicher Belastung Dicke und Gewicht zu reduzieren. Durch die hohe Festigkeit des Verbunds lassen sich eine bessere Kantenstabilität, Witterungs- sowie Temperaturbeständigkeit erzielen, was den Einsatz bei hohen Beanspruchungen oder größeren Spannweiten erlaubt. Zudem können metallische Verbindungsteile in den Glasverbund einlaminiert oder auf die Oberfläche auflaminiert werden. Über diese Metallfittings werden optisch minimierte, kraftschlüssige Verbindungen von Glaselementen möglich, die im Gegensatz zu reinen Glasklebeverbindungen wieder lösbar sind.

Besonders deutlich werden die Fortschritte in der Laminationstechnik hinsichtlich größerer Formate und minimierter Fügepunkte am Eingangsbauwerk des Apple Store an der 5th Avenue in New York. Der von Bohlin

1

2

3

4
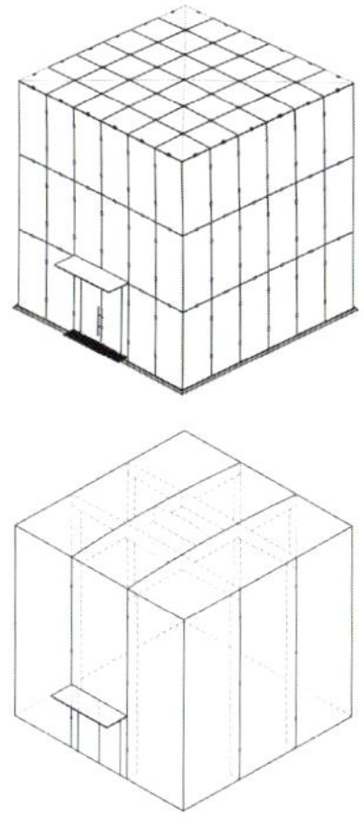

Cywinski Jackson Architects und dem Ingenieurbüro Eckersley O'Callaghan geplante Glaswürfel mit 10 m Kantenlänge wurde 2006 eröffnet. Die gläserne Tragkonstruktion bestand ursprünglich aus 24 vertikalen und 10 horizontalen Glasschwertern aus 5 × 12 mm TVG mit einer maximalen Einzelglaslänge von 6,90 m. Daher mussten die Gläser für die erforderliche Länge von 10 m noch stoßlaminiert werden. In der überarbeiteten Konstruktion von 2011 konnten für die Fassade bereits Scheibengrößen von 10,30 × 3,30 m als Fünffach-VSG eingesetzt werden und somit die Anzahl der Scheiben von vormals 72 auf 12 verringert werden. Analog dazu wurden die Elemente der biegesteifen selbsttragenden Dachkonstruktion von 36 auf 3 reduziert. Erstmalig wurden Verbindungsstücke aus Titan in die Gläser einlaminiert, die die Außenscheiben beinahe unsichtbar in den Vertikalfugen an die Glasschwerter anbinden. Durch den Einsatz neuester Glastechnologie mit deutlich weniger Fügepunkten wurde eine unvergleichlich transparente Erscheinung erreicht (Abb. 2–4).

Verformung von Gläsern

Gekrümmte und frei geformte Glasoberflächen gehören mittlerweile zum gängigen Repertoire der Architektur. Bei der Herstellung solcher Gläser wird zwischen Warmverformen und dem so genannten Laminationsbiegen oder Kaltbiegen unterschieden. Beim Warmverformen wird die Scheibe erwärmt und auf einer Form oder mit Hilfe der Schwerkraft plastisch verformt. Nach dem Abkühlen behält die Scheibe ihre Form. Neben gebogenen Floatgläsern können gebogene thermisch vorgespannte Gläser, Verbundgläser und Isoliergläser produziert werden. Für einfache zylindrisch gebogene Scheiben stehen mittlerweile automatisierte Prozesse zur Verfügung, die die Herstellung von vorgespanntem Glas mit Größen bis zu 3,21 × 5,00 m und Biegeradien von minimal ca. 1,00 m, in Abhängigkeit von der Glasdicke, erlauben. Das Laminationsbiegen oder Kaltbiegen hingegen beruht auf dem Prinzip der Glaslamination mit Kunststoffzwischenlagen. Bei der formunterstützenden Laminierung werden die Gläser mit schubweichen Zwischenlagen (PVB) laminiert und dann beim Einbau über einen formgebenden äußeren Anpressdruck in die gewünschte Geometrie gebracht (Montagebiegen). Dagegen wird bei formgebender Laminierung der Scheibenstapel vor dem Laminationsprozess im Autoklaven in die gewünschte Geometrie gezwungen. Durch die Verwendung einer schubsteifen Zwischenlage (SG-Folie) behält dieser danach dauerhaft seine endgültige Form, ohne auf formgebende Unterkonstruktionen angewiesen zu sein. Der wesentliche Vorteil des Laminationsbiegens ist die hohe optische Qualität der Gläser, da diese im Gegensatz zur Warmverformung unterhalb der Erweichungstemperatur des Glases verarbeitet werden und somit sehr ebene Oberflächen besitzen. Durch die schubsteife Laminierung ergibt sich ein annähernd monolithisches Tragverhalten. Der Einsatz normgerechter ESG-Gläser sowie bedruckter und beschichteter Gläser ist möglich.

Die Herstellung von Scheiben mit komplexer, zweisinnig gekrümmter Geometrie oder sehr engen Radien hingegen lässt sich bisher nur mit Warmverformung realisieren. Die Leistungsfähigkeit und spezifischen Vorteile der einzelnen Verfahren werden an verschiedenen aktuellen Produktentwicklungen und Architekturbeispielen deutlich. Sie eröffnen neue gestalterische Möglichkeiten, indem sie maximale Transparenz mit hoher Funktionalität oder komplexen Geometrien verbinden.

Für das Glasdach über einem Atrium im Aria-Hotel in Budapest kamen die bisher größten Isolierglaseinheiten aus laminationsgebogenen Gläsern zum Einsatz. Die fünf Elemente sind jeweils 3,20 m breit und besitzen eine Spannweite von 8,13 m. Die entlang des Dachrands und auf vier laminierten Glasträgern aufgelagerte, hochtransparente Überdachung zeigt eindrucksvoll den momentanen Entwicklungsstand in der Anwendung von Isoliergläsern im Überkopfbereich (Abb. 6). Ein Beispiel für den kombinierten Einsatz unterschiedlicher Laminations-/Biegeprozesse zur Herstellung komplex geformter Gläser stellt der anspruchsvolle Entwurf für die 15 m hohen Glashäuser des 2014 eröffneten Bombay Sapphire Headquarters von Heatherwick Studio dar (Abb. 5, 7). Die fächerförmige Gebäudehülle der zentralen, öffentlich zugänglichen Gewächshäuser setzt sich aus gebogenen Edelstahlträgern, Zugseilen aus Edelstahl und den in einem zweistufigen Prozess verformten Glasscheiben zusammen. Die Abtragung der Vertikalkräfte erfolgt über die Edelstahlträger, während die Glasscheiben zur Aussteifung in Querrichtung eingesetzt wurden. Durch den Einsatz von Zugseilen im Bereich der Glasfugen konnten die Ansichtsbreiten der Träger auf ein Minimum reduziert werden. Um maximale Lichtdurchlässigkeit und Transparenz zu erreichen, werden VSG-Einheiten aus 2 × 6 mm eisenarmem, ultraweißem ESG mit einer Zwischenlage aus SG-Folie verwendet. Diese sind auf der Fassadeninnenseite zusätzlich mit einer hydrophoben Beschichtung versehen. Die einsinnig, zylindrisch gekrümmten Glaselemente mit einem Krümmungsradius unter 16 m wurden in einem ersten Arbeitsschritt im Werk warm verformt. Scheibenradien über 16 m wurden durch formunterstützende Kaltlamination erreicht. Die endgültige Formgebung in zweisinnig (doppelt) gekrümmte Glassegmente entstand durch Montagebiegen vor Ort. Diese Vorgehensweise ermöglichte es, sämtliche geforderten Krümmungsradien der Gebäudehülle bis zu einem Minimalradius von 2,03 m zu realisieren. So konnte die gewünschte gestalterische Wirkung in optimaler Weise erreicht werden.

Die erhöhte Stabilität leicht verformter Gläser nutzt eine kürzlich vorgestellte Entwicklung im Bereich großer vertikaler Dreifach-Isolierverglasungen. Die Scheiben in Formaten bis zu 2 m Breite und 5–8 m Höhe (12 m sind geplant) sind nur zweiseitig am oberen und unteren Rand gelagert (Abb. 8). Aufgrund ihrer linsenförmigen Geometrie können sie freitragend ohne vertikale Unterkonstruktion verwendet werden. Durch die statische Überhöhung der äußeren Scheiben

5, 7 Bombay Sapphire Distillery, Laverstoke 2014, Heatherwick Studio
6 Glasdach Aria-Hotel, Budapest 2015, Örökségvédelmi Tervező és Szolgáltató Kft.

5

lassen sich die ansonsten bei solchen Spannweiten erforderlichen Glasdicken um 30–50 % reduzieren und das Gewicht der Einheit entsprechend niedrig halten. Die äußeren Scheiben – aktuell noch aus ESG – werden dabei »kalt« vorgeformt. Die bogenförmigen langen Kanten werden durch ein patentiertes, hinsichtlich der auftretenden Schubkräfte optimiertes Abstandhaltersystem geschlossen. Die mittlere Scheibe aus teilvorgespanntem Glas sorgt für zusätzliche Stabilisierung und Reststandfestigkeit im Fall eines Totalbruchs des übrigen Systems. Der Aufbau verfügt über einen U_g-Wert von ca. 0,7 W/m²K und ist sehr fehlertolerant gegenüber Planitätsabweichungen von Einzelscheiben. Weitere Vorteile sind das geringe Gewicht und die hohe Transparenz aufgrund der geringen Scheibendicken. Durch dünne laminierte Gläser sollen die Spannweiten zukünftig noch weiter gesteigert werden. Die Geometrie dieser Gläser stellt eine neue Variation in der architektonischen Gestaltung transparenter Fassadenflächen dar.

Dünngläser

Beim Einsatz von großen Glasformaten und von Dreifach-Isoliergläsern können einzelne Glaseinheiten aufgrund ihres hohen Gewichts eine Herausforderung für Konstruktion, Handling und Logistik darstellen. Ein Lösungsansatz ist die Verwendung von Dünngläsern. Insbesondere ihr geringeres Gewicht in Verbindung mit hoher Widerstandsfähigkeit gegen mechanische und chemische Beanspruchungen, sehr gute optische Eigenschaften sowie der geringere Ressourcenverbrauch machen Dünngläser für den Einsatz im Bauwesen interessant.

Glasarten

Als Dünngläser werden in der Regel Gläser mit Stärken bis zu 2 mm bezeichnet. Diese unterscheiden sich je nach Anwendung, Herstellungs- und Verarbeitungsverfahren erheblich in der Glaszusammensetzung, ihren spezifischen Eigenschaften und den verfügbaren Formaten und Dicken. Übliche Glasarten für Dünngläser sind Borosilikatglas, Aluminiumsilikatglas und das bekannte Basis- bzw. Floatglas. Besonders Borosilikatglas, das mechanischen, chemischen und thermischen Beanspruchungen gleichermaßen gut standhält, sowie Aluminiumsilikatglas, das eine außergewöhnlich gute Beständigkeit gegen mechanische Einwirkungen besitzt, werden bisher vorwiegend im Bereich der technischen Gläser, z. B. als Displayglas in der Elektronikindustrie oder als Objektträger in der Labor- und Biotechnologie eingesetzt.

Herstellung

Die Gläser werden je nach Hersteller und Endprodukt in unterschiedlichen Verfahren, dem Float-Prozess, dem Down-Draw-Verfahren oder dem Overflow-Fusion-Verfahren, gefertigt. Insbesondere für die Herstellung von Displaygläsern mit weniger als 1,5 mm Stärke wurde das Verfahren von verschiedenen Herstellern soweit angepasst, dass mittlerweile Glasstärken ab 0,5 mm mit Abmessungen von bis zu 3,00 × 2,00 m möglich sind, bei Dickendifferenzen unter 50 µm. Prozesse wie das Down-Draw- oder das Overflow-Fusion-Verfahren ermöglichen durch einen Ziehvorgang die Produktion noch dünnerer Gläser bis minimal ca. 0,5 mm Stärke. Beim Down-Draw-Verfahren wird das geschmolzene Glas über eine Auslaufdüse aus dem Schmelzofen nach unten abgezogen (Abb. 9). Der Prozess stellt höchste Anforderungen an die Homogenität der Schmelze und Temperatur, insbesondere im Bereich der Auslaufdüse. Beim Overflow-Fusion-Verfahren wird die Glasschmelze in eine Rinne gegossen, die an den Längsseiten zum Überlaufen gebracht wird. Die entlang der Außenkanten ablaufende Schmelze fügt sich unter der Rinne zu einem homogenen Glasband (Abb. 10). Mit diesem Verfahren können besonders dünne Gläser mit extrem homogenen und glatten Oberflächen hergestellt werden. Diese erfahren, im Gegensatz zum Float-Prozess, keinerlei mechanische Beanspruchungen.

Vorspannen von Dünngläsern

Generell wird zwischen thermischem und chemischem Vorspannen unterschieden. Auch wenn das chemische Verfahren aufgrund der langen Prozessdauer sehr aufwändig und teuer ist, bietet es dafür jedoch die Möglichkeit einer formstabilen Vorspannung extrem dünner Gläser und Scheiben mit komplexen Geometrien. Hierzu wird eine Spannungsdifferenz zwischen den äußeren und inneren Glasschichten durch das Einbringen der Scheiben in eine heiße Salzschmelze erzielt. Dabei werden die Natriumionen an der Glasoberfläche durch solche mit größerem Radius ersetzt und so die Vorspannung erzielt. Die Dauer des mehrstündigen Prozesses entscheidet über die Tiefe des Ionenaustausches und somit über die Biegefestigkeit. Bisher wird das Verfahren vorwiegend für sehr dünne, kleinformatige Displaygläser eingesetzt. Darüber hinaus kommt es für komplex geformte Scheiben aus Luft- und Raumfahrt sowie im Schiffs- und Eisenbahnbau mit hohen Anforderungen an Kratz- und Bruchbeständigkeit zur Anwendung. Maximale Abmessungen sind durch das Format der Salzschmelze-Wannen begrenzt.
Thermisches Vorspannen erlaubt im Vergleich dazu wesentlich größere Glasformate mit Minimalstärken von 2–3 mm, Ausgangsprodukt ist übliches Floatglas. Aufgrund der Wirtschaftlichkeit und des Bruchbilds werden in der Automobilindustrie und im Bausektor eingesetzte Gläser überwiegend thermisch vorgespannt. Ein spezielles thermisches Vorspannverfahren, das auf einer Flachbettanlage mit Hochkonvektions-Luftsystem basiert, ermöglicht mittlerweile auch die effiziente Verarbeitung von Gläsern mit Glasstärken ≤ 1 mm ohne optische Distorsionen. Die Glasflächen bleiben während des gesamten Prozesses unberührt, die normalerweise auftretenden Verwerfungen der Glasoberfläche, so genannte Rollerwaves oder Planitätsabweichungen, können so vermieden werden und es kommt zu einer entsprechend hohen optischen Qualität der extrem dünnen Gläser. Die Flachbettanlage ermöglicht dabei einen sehr wirtschaftlichen, flexiblen Umgang mit sehr unterschiedlichen Glasformaten und -stärken bei einer maximalen Bearbeitungsgröße von 1,70 × 5,00 m.

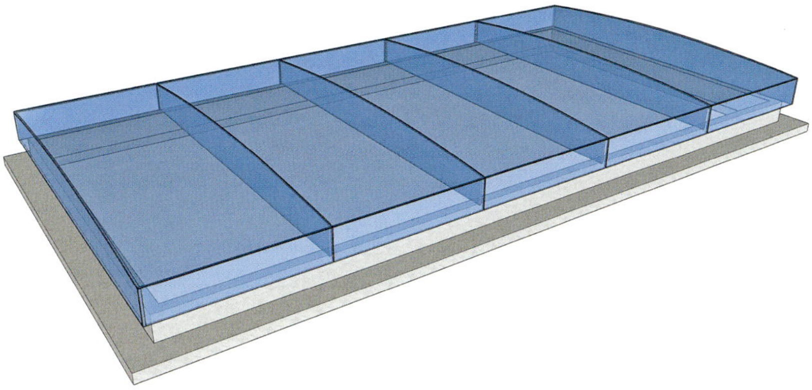

6

5, 7 *Bombay Sapphire Distillery, Laverstoke 2014, Heatherwick Studio*
6 *Glass roof, Aria Hotel, Budapest 2015, Örökségvédelmi Tervező és Szolgáltató Kft.*

Anwendungen von Dünngläsern
Thermisch wie chemisch vorgespannte Dünngläser werden auch in der Solarindustrie als Abdeckgläser für Photovoltaikmodule und Solarthermiekollektoren verwendet. Neben der Gewichtsreduktion zeichnen sich solche Module auch durch eine längere Lebensdauer der Gläser gegenüber herkömmlichen Folienlaminaten aus. Dünngläser verfügen zudem über eine bessere Lichtdurchlässigkeit, was die solaren Erträge positiv beeinflusst. Ihre höhere mechanische Steifigkeit erlaubt den Wegfall des Modulrahmens aus Aluminium, was die Integration in Fassadensysteme enorm vereinfacht.

7

Thermisch vorgespannte Dünngläser
Dreifach-Isoliergläser sind aufgrund geltender Wärmeschutzvorgaben, insbesondere bei Wohn- und Bürobauten, mittlerweile Standard. Die Herstellungstechnologie ist ausgereift, die Mehrpreise im Vergleich zu Zweifach-Verglasungen sind wesentlich geringer als noch vor einigen Jahren. Die Glasgewichte stellen jedoch erhöhte Anforderungen an Beschläge und Rahmenprofile und erlauben nur limitierte Größen manuell bedienter Öffnungsflügel. Dünngläser bieten ein großes Potenzial zur Lösung dieser Probleme und zur weiteren Optimierung von Wärmeschutzverglasungen und erlauben filigranere Fenster- und Fassadenprofile, insbesondere der Öffnungselemente.
In einem gemeinsamen Forschungsprojekt aus dem Zeitraum 2010–2012 beschäftigten sich das Institut für Fenstertechnik (IFT) Rosenheim und der Bundesverband Flachglas mit den unterschiedlichen Möglichkeiten zur Gewichtreduzierung von Mehrscheiben-Isolierglas. Dabei wurden verschiedene Glasaufbauten u. a. mit Dünngläsern, Folien oder transparenten Kunststoffen untersucht. Dünngläser bieten nicht zuletzt wegen ihrer höheren Belastbarkeit große Vorteile gegenüber hybriden Aufbauten. Die minimale Stärke konventionell produzierter Gläser liegt bei 4 mm, mit vorgespannten Dünngläsern lassen sich bis zu 2 mm erreichen. Besonders in Situationen, die den Einsatz von VSG-Scheiben erfordern, lassen sich mit Dünngläsern erhebliche Gewichtseinsparungen erzielen. Die möglichen Formate sind durch den Vorspannprozess limitiert, es ist jedoch davon auszugehen, dass diese Grenzen im Lauf des Entwicklungsfortschritts überwunden werden. Ein weiterer Vorteil dünnerer Glasstärken ist der höhere Lichttransmissionsgrad, was eine Weiterentwicklung Richtung Vierfachglas sinnvoll macht. Erste Hersteller sind in der Lage, Dünngläser thermisch vorzuspannen. Insbesondere gewichtssensible und seriell hergestellte Einheiten wie Dachflächenfenster werden mit derartigen Isoliergläsern bestückt. Für das EU-geförderte Forschungsprojekt »Membranes for Windows« (MEM4WIN) wurde eine Isolierglas-Einheit für Vierfach-Verglasungen mit ultradünnen Glasmembranen entwickelt, die als rahmenloses öffenbares Fenster für die direkte Anwendung in Fassaden verwendbar ist. Damit können U_g-Werte von 0,3 W/m²K, eine Gewichtsreduzierung um 50 % sowie eine Kostensenkung von 20 % erreicht werden. Das Konzept sieht die Integration weiterer Funktionen (Sonnenschutz, Tageslichtsteuerung, organische Photovoltaikzellen) vor.

Chemisch vorgespannte Dünngläser
Durch die noch immer aufwändige Verarbeitung, Einschränkungen bei den verfügbaren

8 zweiseitig gelagerte Dreifach-Verglasung
9 Dünnglas-Herstellung, Down-Draw-Prozess
10 Dünnglas-Herstellung, Overflow-Fusion-Prozess

8 Triple glazing with bilateral bearings
9 Manufacturing thin glass, down-draw process
10 Manufacturing thin glass, overflow-fusion process

a Glasschmelze
b Rollen
c Kühlkanal
d Überlaufrinne
e Platinrand
f glatte Außenfläche fläche
g Zusammenfluss
h Glasband

a molten glass
b rollers
c annealing (cooling channel)
d overflow trough
e platinum edge
f smooth outer surface
g confluence
h glass ribbon

8

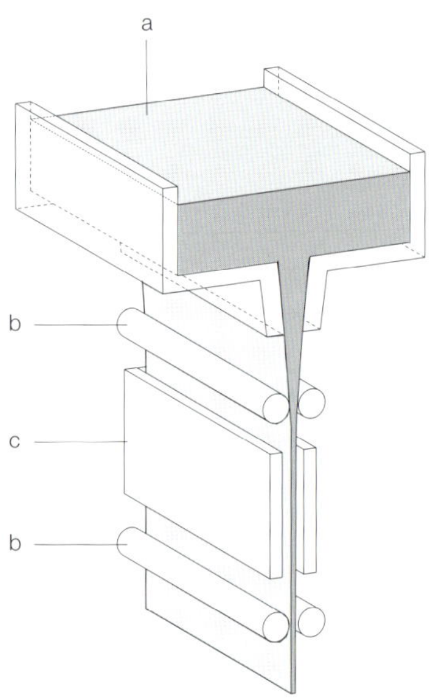

9

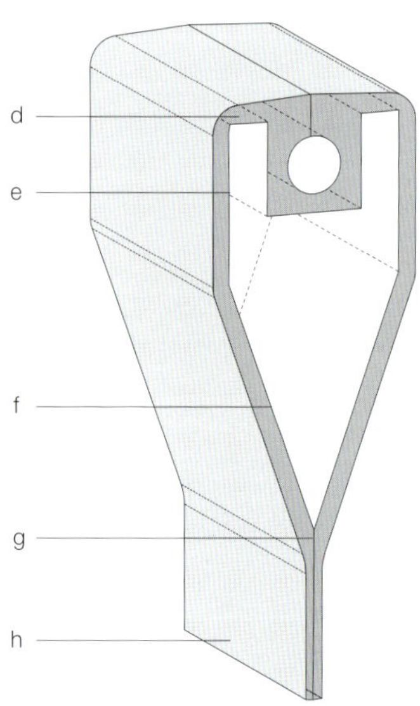

10

Größen sowie den relativ hohen Herstellungskosten findet bisher keine verbreitete Anwendung der Gläser statt. Laminierte, chemisch vorgespannte Dünngläser bieten jedoch ein hohes Potenzial für Spezialanwendungen mit extremen Beanspruchungen. Das Laminat aus bis zu 0,5 mm dünnen Glasscheiben hat die Eigenschaften eines Verbundsicherheitsglases mit extrem geringem Gewicht. Die Gläser werden mit je nach Anwendungsfall gewählten Zwischenlagen laminiert. Die fast folienartige Struktur der Gläser ist vorteilhaft bei gewichtssensiblen Anwendungen wie z. B. Seilnetzfassaden oder Überkopfverglasungen und kann für membranartige Konstruktionen mit anspruchsvollen Geometrien eingesetzt werden. Der hohe Aufwand beim Biege- und Verarbeitungsprozess rechtfertigt einen Einsatz allerdings nur im Sonderfall.
Für den Experimentalbau eines faltbaren Glasdachs musste aufgrund der Beweglichkeit der Konstruktion ein Material gefunden werden, das neben seiner extremen Leichtigkeit große Verformungen mitmacht und zugleich seine Eigensteifigkeit behält. Für die bewegliche Dachkonstruktion wurden Glassegmente von 0,70 × 1,20 m mit einem Außenradius von 2,80 m zu einem Bogenfaltwerk gefügt, das sich öffnen lässt. Um den Sicherheitsanforderungen im Überkopfbereich Folge zu leisten, weisen die Scheibenlaminate – VSG-Einheiten aus 2× 0,7 mm Corning Gorilla-Glas – eine besonders hohe Widerstandsfähigkeit auf und sind bei einem Gewicht von weniger als 5 kg/m² ultraleicht. Das flach produzierte VSG wird beim Öffnen des Faltdachs in kegelförmige Geometrien gezwungen und erhält damit seine sich selbst stabilisierende Form. Ultraleichte Verbundgläser ermöglichen den Bau filigraner, sehr leichter Strukturen im Überkopfbereich (Abb. 11–13).
Auch für die Überdachung der Spielerbänke in den Arenen der Fußball-WM 2014 in Brasilien kam chemisch vorgespanntes Dünnglas zum Einsatz. Durch neue Möglichkeiten im Verarbeitungsprozess können inzwischen Scheiben in großen Abmessungen hergestellt werden. Hier wurde Verbundglas aus 2× 0,7 mm Dragontrail X verwendet, das sich durch besonders hohe Bruchresistenz auszeichnet und durch den chemischen Härtungsvorgang eine achtfach höhere Druckspannung in der Oberfläche aufweist als normales Natron-Kalk-Silikatglas.
Dünnglas zeichnet sich neben seinem extrem geringen Gewicht durch hohe Flexibilität aus. Die Skulptur »Kusanami« (Abb. 14, 15) demonstriert als künstlerische Arbeit beispielhaft die Umsetzung komplexer Geometrien mit Dünnglas. Es konnten Biegeradien der unteren Glaskante von weniger als 3,2 cm realisiert werden, wodurch die 0,56 mm dünnen Leoflex-Gläser allein stehen. Eine Bewegung und Verformung des Glasrands um 5 cm und mehr ist möglich. So führt die Skulptur eindrucksvoll die Flexibilität chemisch vorgespannter Dünngläser vor.

Ausblick
Die vorgestellten Projekte zeigen die Möglichkeiten gläserner Bauteile mit geringem Gewicht und innovative Lösungen für flexible Glaskonstruktionen auf. Erhöhte energetische, konstruktive und gestalterische Ansprüche erfordern die technisch anspruchsvolle Entwicklung zukunftsfähiger Materialien. Im Bereich innovativer Isolierverglasungen hat diese bereits begonnen – erste Produkte sind am Markt verfügbar. Dünngläser auf der Basis von Borosilikat und Aluminiumsilikat waren bisher, trotz ihrer hervorragenden Eigenschaften, im Bauwesen nur bedingt vorstellbar. Enorme Fortschritte im Bereich der Maschinen- und Anlagentechnik könnten die Herstellungs- und Verarbeitungsprozesse jedoch soweit optimieren, dass geeignete Abmessungen und ein moderateres Preisniveau für einen Einsatz im Bauwesen absehbar werden. Weitere Verbesserungen im Hinblick auf eine wirtschaftliche Herstellung, optimierte Schallschutzeigenschaften und ein geringeres Kantenbruchrisiko könnten die Entwicklung raumbildendender Glasbauteile forcieren, die die Trennung zwischen Konstruktion und Funktion fast vollständig aufheben.
DETAIL 01–02/2015

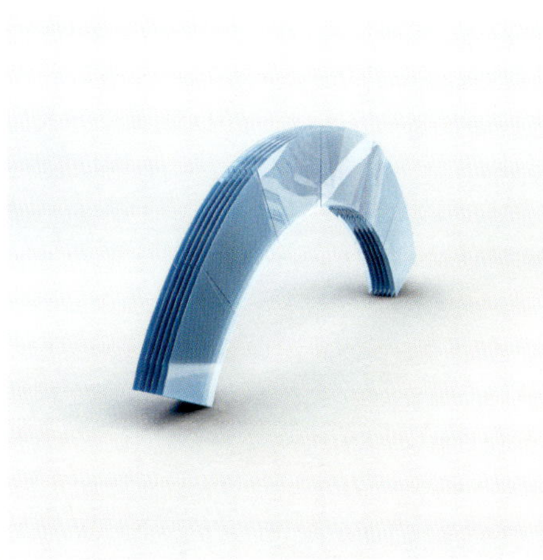

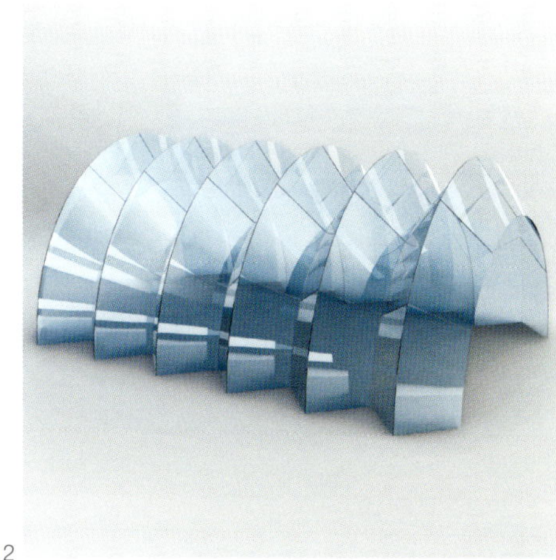

11–13 bewegliche Dachkonstruktion, Faltwerk aus Dünnglas-Bögen

11–13 Operable roof construction, accordion-like structure of thin glass arches

11 12

Contemporary architecture – both for interiors and exteriors – is inconceivable without glass. The continued development of the production and processing technologies of glass and the continual improvement of "application-ready" products play a decisive role in mastering increasing demands regarding functional requirements and the quest for new aesthetic forms of expression.

A number of spectacular architecture projects and novel design concepts have triggered the developments in this field. Improvements in planning and simulation tools ease or even make a realisation possible at all. The transfer of developments from other technical disciplines to the construction sector has also paved the way for innovative glass products. In addition, other time-honoured manufacturing and processing methods have been improved upon and refined in recent years, thereby significantly enhancing quality and availability, as well as variety and dimensions of the glass produced. The improved availability of certain types of glass – for example, low-iron glass or technical glass developed for special applications – in combination with new pre-tensioning, lamination and coating techniques make it possible to decisively improve the performance of many glass products. Last but not least, these new methods of processing glass and treating its surface open up new options for remarkable design solutions.

Large-format glass

In recent years the developments in glass processing have pushed back – in some cases significantly – the limits of technical viability, availability and size restrictions. So far, the dimensions of the largest available float glass panes in Europe (3.21 × 6.00 m) have been the determining factor in the maximum format in glass processing. While the 18-metre-long, triple-glazing units (utilizing float glass) that were presented at Glasstec 2010 set new standards, the pertinent production technique was not immediately available for application. In the meantime, however, it is possible to thermally pretension over-sized panel formats with a length of up to 15.00 m (toughened glass), to laminate it (laminated glass, laminated safety glass), and to equip them with functional coatings for thermal and solar protection, or apply ceramic frit (ill. 1). Accordingly, insulated glazing units measuring 3.21 × 15.00 m can be manufactured as 3-glass-ply or 4-glass-ply panels that fulfil rigorous thermal and safety standards, as well as structural requirements. More and more, however, their weight, installation technique and logistical requirements have become problematic.

Glass lamination plays a decisive role in functional and safety-related aspects of glazing and facade construction. A variety of interlayers are available, typically synthetic films such as PVB (polyvinyl butyral), TPU (thermoplastic polyurethane), SG (safety glass interlayer/Ionoplast/SentryGlas) or EVA (ethylene vinyl acetate).

The glass and the interlayers are bonded in a pressure chamber (autoclave). Particularly in comparison to PVB, the safety glass interlayer has considerably higher shear strength as interlayer and facilitates production of very large glass laminates. The advantage is a significantly higher load-bearing capacity and the potential to reduce, for the same load, thickness and weight. On account of the high strength of the laminate, improved edge stability, weathering and temperature resistance can be achieved, making it possible to employ it for large loads or larger spans. Moreover, metallic connecting pieces can be contained in between the sheets of glass or laminated to the surface. These metal fittings facilitate optically minimised force-locking connections of glass elements that can, in contrast to pure glass-adhesive connections, be dismantled.

The progress in the lamination technique for larger formats and minimised connection points becomes particularly clear in the redesigned entrance to the Apple Store on New York's 5th Avenue. The glass cube with panels 10 metres in length first opened in 2006. The glass load-bearing structure originally consisted of 24 vertical and 10 horizontal glass fins of 5× 12 mm heat-strengthened, prestressed glass (TVG) with a maximum glass panel length of 6.90 m. Therefore it was necessary to butt-join the laminated glass to arrive at the required length of 10 metres. In the newer design (2011), 5-glass-ply laminated safety glass panels measuring 10.30 × 3.30 m were employed, making it possible to reduce the number of units from 72 (in the initial design) to 12 (in the more recent one). At the same time, the number of components in the flexurally rigid self-supporting roof structure was reduced from 36 to just 3.

For the first time, titanium connecting pieces have been incorporated in the laminate assembly, which nearly invisibly fasten the seams of the outer panes to the glass fins. By

13
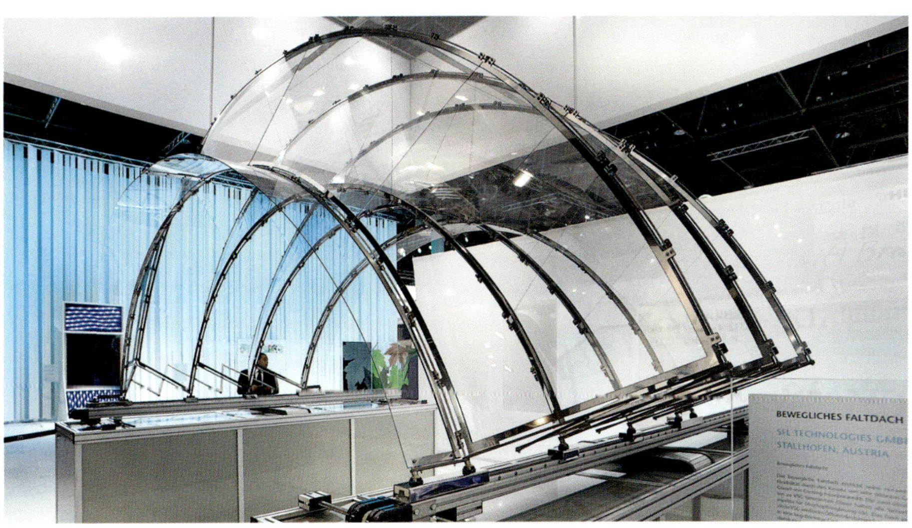

14

15

14, 15 Dünnglas-Skulptur »Kusanami«

14, 15 Thin-glass sculpture "Kusanami"

employing state-of-the-art glass technology with far fewer connection points, a level of transparency that had not seemed possible was attained (ills. 2–4).

Shaping glass

In the meantime, curved and free-form glass surfaces have become part of the established architectural repertoire. In the production of such glass, one must distinguish between hot-forming and so-called lamination bending (also known as cold-bending).

In hot forming the pane is heated and formed with the help of a mould or gravity. When the pane cools, it retains its form. In addition to curved float glass, using this process, thermally pre-tensioned glass, laminated glass and insulated glazing units can be shaped.

In the meantime, automated processes are available for single-curvature cylindrical panels that facilitate the production of pre-tensioned glass with dimensions up to 3.21 × 5.00 m and radii of curvature of at least ca. 1.00 m, depending on the thickness of the glass.

Lamination bending, on the other hand, is based on the principle of glass lamination with synthetic interlayers. In form-supporting lamination, the glass is laminated using interlayers (PVB) that have low shear strength, and it is then given the desired geometry by applying pressure during installation. In form-giving lamination, in contrast, prior to the lamination process the stack of panes is mechanically fixed in the desired shape in the autoclave. The use of an interlayer (SG film) with high shear strength enables the panel to retain its final form and does not require form-giving supporting structures. The significant advantage of lamination bending is the high optical quality of the glass, because, in contrast to hot-forming, these panels are processed below the softening point of glass and as a result have very smooth surfaces. On account of its high shear strength, the resultant structural behaviour of the laminate approaches that of its monolithic counterpart. It is possible to use standardised toughened glass as well as imprinted and coated glazing.

Manufacturing panes with complex, double-curvature geometry or very tight radii, on the other hand, has thus far only been attainable by means of hot-forming.

A look at a variety of current developments and architectural realisations will make clear what these glasses are capable of and illustrate specific advantages of the respective processes. By combining maximum transparency and high functionality or complex geometries they open up new possibilities for architectural designs. The glass roof above an atrium at Aria Hotel in Budapest has the largest insulated glazing units employing lamination bent glass ever to be installed. Each of the five elements is 3.20 m wide and spans 8.13 m. The highly transparent roof supported by four laminated glass beams along the edge of the roof impressively demonstrates the present state of the art in the application of overhead insulated glazing units (ill. 6).

The design of the 15 m tall glass structures of the Bombay Sapphire Headquarters by Heatherwick Studio (2014, ills. 5, 7) is an example of the combined use of different lamination bending processes to produce complexly formed glazing. The pleated building envelopes of the central, publicly accessible greenhouses consist of curved stainless steel beams, tension cables of stainless steel and glass panels shaped in a two-stage process. The vertical loads are distributed via stainless-steel beams, while the glass panes are utilised for lateral bracing.

Generally speaking, panels in formats up to 2 m wide and 5 to 8 m high (lengths of up to 12 m are in preparation) are only supported on their upper and lower edges (ill. 8). Owing to their lens-shaped geometry they can be used in free spans without vertical supporting structure. By cambering the outer panes the glass thicknesses required for such spans can be reduced by 30 to 50 % and, correspondingly, the weight of the unit kept low.

In such cases the outer panes – currently still of toughened glass – are "cold" preformed.

A patented spacer system, optimised with respect to the arising shear forces, is employed to close the panel's long edges. The centre pane of partially pre-tensioned glass provides additional stability and residual stability in case of a total failure of the remaining system.

Thin glass

The trend toward large glass formats and triple glazing goes hand in hand with heft: each individual glazing unit presents challenges with regard to load-bearing system, handling and logistics. One approach to solving this problem is to employ thin glass. Especially its lower weight, in conjunction with high resistance to mechanical and chemical loads, as well as exceptional visual properties and reduced consumption of resources, makes thin glass attractive to the construction sector.

Types of glass

As a rule, thin glass designates panes with a thickness of up to 2 mm. Depending on the application, manufacturing and processing methods, there can be significant variation in glass composition, as well as in respective properties and the available formats and thicknesses.

Typical glass types used for thin glass are borosilicate glass, aluminosilicate glass and the well-know float (or basic) glass. Especially borosilicate glass, which withstands mechanical, chemical and thermal loads equally well, and aluminosilicate glass, which possesses unusually advantageous resistance to mechanical influences, have thus far primarily been used in technical glass, e.g. as cover glass in the electronics industry or as glass substrates in laboratories and biotechnology.

Manufacturing

Depending of the manufacturer and the desired final product, the glasses are produced using different processes: the float process, the down-draw process, or the overflow-fusion process. Especially for the fabrication of cover glass with a thickness of less than 1.5 mm, the process has been revised by different manufacturers to such an extent that in the meantime glass thicknesses starting at 0.5 mm with dimensions up to 3 × 2 m are possible, with deviations in thickness of under 50 µm.

Through a drawing process (subdivided into the down-draw process and the overflow-fusion process) it is possible to obtain even thinner glasses, with a thickness of as little

Die Autoren Jutta Albus und Stefan Robanus sind Architekten und akademische Mitarbeiter am Institut für Baukonstruktion, Lehrstuhl 2, an der Universität Stuttgart.

The authors Jutta Albus and Stefan Robanus are architects and research assistants at the Department for Building Construction 2, University of Stuttgart.

as 0.5 mm. In the down-draw process the molten glass is pulled down out of the furnace through an orifice (ill. 9). The process places the highest demands on the homogeneity of the molten glass and temperature, particularly in the vicinity of the orifice. In the overflow-fusion process, the molten glass is poured into a trough and made to overflow along its long sides. The molten glass pouring over the outer edges comes together below the trough to form one homogeneous glass ribbon (ill. 10). Extremely thin glass with extraordinarily homogeneous and smooth surfaces can be produced with this process. In contrast to the float process, these glasses are not subjected to any mechanical loads whatsoever.

Pre-tensioning thin glass

Generally speaking, there is a distinction between thermal and chemical pre-tension. Although on account of the lengthy and quite elaborate process it entails, chemical pre-tensioning is expensive, it does offer the possibility to pre-tension and stiffen extremely thin glasses and panes possessing complex geometries. In this process stresses between the outer and inner layers of glass are introduced by placing the panes in a hot salt bath. In this manner, ions on the glass surface are replaced by other ions with a larger radius and the pre-tensioning is achieved. The duration of the process (it lasts several hours) determines the depth of the ion exchange and, with it, the flexural rigidity.

So far the process has been used primarily for ultra thin, small-format cover glass. In addition, it is used in aeronautical and aerospace engineering, as well as in nautical engineering and railway technology for panes with complex forms and demanding requirements for resistance to scratching and breaking. The maximum dimensions are limited by the size of the tubs holding the salt bath. In comparison, thermal pre-tensioning makes substantially larger glass formats possible with minimum thicknesses of 2–3 mm, originating from common float glass. On account of its efficiency, thermally pre-tensioned glass has become predominant in the automobile industry and in the construction sector.

Thermally pre-tensioned thin glasses

Due to Germany's current energy codes, especially in residential buildings and office buildings, triple glazing has become the new standard. The manufacturing technology has matured, the added cost in comparison to double glazing is substantially less than just a few years ago. But the weights of the glazing units place increased demands on hardware as well as on frame profiles and only allow limited sizes in sashes that are operated manually. Thin glass holds great potential in the further optimisation of thermal glazing and will play a role in enabling more slender window and facade profiles, especially for operable components. From 2010 to 2012, an institute specialising in window technology (Institut fur Fenstertechnik Rosenheim) and Germany's federal flat glass association (Bundesverband Flachglas) teamed up to research different options to reduce the weight of multiple-pane insulated glass units. To this end they examined different glass assemblies, for example, employing thin glass, membranes or transparent synthetics. Last but not least, on account of its load-bearing capacity, thin glass offers significant advantages over hybrid assemblies. The minimal thickness of conventionally manufactured glass is 4 mm; with pre-tensioned thin glass, 2 mm can be attained. Particularly in situations that require laminated safety glass panes, by employing thin glass the weight can be reduced significantly. The formats are limited by the pre-tensioning process, but there is reason to believe that these limitations will be overcome as development continues. A further advantage of optimised glass thicknesses is the higher degree of light transmission; for this reason thin glass will play a key role in the development of quadruple glazing. A few manufacturers are now able to thermally pretension thin glass. Particularly weight-sensitive and serially manufactured units such as roof windows are equipped with such insulated glazing.

Chemically pre-tensioned thin glass

On account of the processing, which is still elaborate, limitations in the sizes available, and the relatively high production price, these glasses have not yet been widely employed. But laminated chemically pre-tensioned thin glass holds great potential for special applications subjected to extreme loads. Such laminates – which contain glass panes with a thickness of as little as 0.5 mm – exhibit the same properties of laminated safety glass, but weigh significantly less.

An interlayer attuned to the type of application is selected for the lamination. The glass – whose structure approaches the qualities of a membrane – is advantageous in weight-sensitive applications, such as tensile structure facades or overhead glazing, and can be employed for membrane-like structures with demanding geometries. However, on account of the elaborate bending and processing methods, its use is only justified in special cases. For the experimental construction of a folding glass roof, because the construction is mobile, a material had to be found that, aside from having extremely low weight, could withstand significant deformation, and, at the same time, retain its inherent rigidity. For an operable roof construction, glass segments (0.70 × 1.20 m) with an outer radius of 2.80 m were joined in an accordion-like arch that can be slid open. To fulfil safety standards for overhead glazing, the laminated panes – laminated safety glass units consisting of 2× 0.7 mm Corning Gorilla Glass – possess unusually high strength and, at a weight of less than 5 kg/m^2, are classified as ultra-lightweight glass. When the folding roof is opened, the laminated glass (first produced as a flat sheet) takes on it self-stabilizing form. Ultra-light laminated glasses make it possible to build "overhead" ultra-light structures (ills. 11, 12).

Despite its outstanding properties, at present thin glass on a borosilicate or aluminosilicate basis is only conceivable to a limited extent in building construction. However, the manufacturing and processing methods have now been optimised to a point that sizes and costs will soon be suited to the construction sector. Further improvements, e.g. in economical manufacturing and acoustic properties, could allow glass to completely break down the boundaries between structure and function.

projektbeispiele
case studies

Kunstmuseum der Stadt Luxemburg

Luxembourg City Art Museum

Architekten / *Architects*:
Diane Heirend & Philippe Schmit architectes, Luxemburg
Tragwerksplaner / *Structural engineers*:
Ney & Partners, Brüssel / Luxemburg

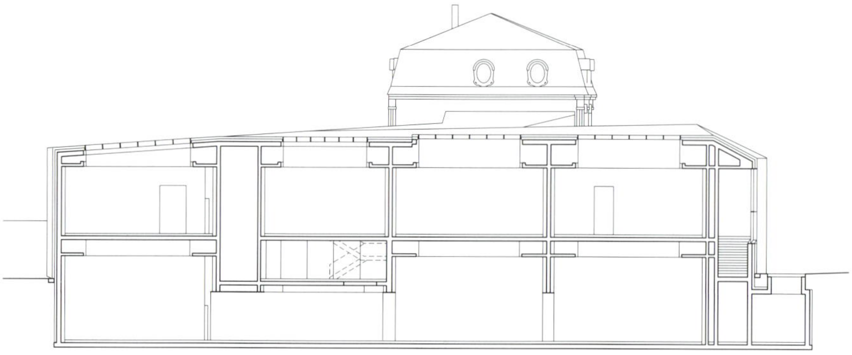

aa

Auf den Festungsmauern des ehemaligen Fort Vauban inmitten des Grüngürtels der Luxemburger Innenstadt erbaut, beherbergt die gleichnamige Villa seit 1959 die städtische Gemäldesammlung. 2002 erhielten die Architekten den Auftrag, das idyllisch in die Parklandschaft eingebettete gründerzeitliche Gebäude zu sanieren und zu erweitern. Der 2010 eröffnete Ergänzungsbau zeigt sich trotz des stattlichen Volumens von 13500 m³ sensibel im Umgang mit dem historischen Bestand, zu denen auch die Garten- und Parkanlage aus den 1870er-Jahren gehört. Von der Straße her gesehen lässt der eingeschossig wirkende Riegel dem Altbau den Vortritt, seine geneigten Dachflächen zitieren das sanft gewellte Gelände. Die eigentliche Größe erahnt man erst auf der Parkseite: geschickt den Geländesprung des alten Festungsgrabens nutzend erhält auch das erste Untergeschoss natürliches Licht, während das zweite im Erdreich eingegraben ist. Elf Ausstellungsräume befinden sich auf diesen drei Ebenen, ein lichtdurchflutetes Foyer verbindet sie mit dem Altbau.
Doch nicht nur der virtuose Umgang mit dem Volumen und den Raumbeziehungen im Inneren zeichnen den Museumsbau aus. Als wesentlich für die gelungene Mischung aus Eigenständigkeit und Zurückhaltung erweist sich die Fassadengestaltung: stumpfwinklig gefaltetes Lochblech umhüllt den Neubau und spielt mit dem auftreffenden Sonnenlicht und dem Schatten der Bäume. Um die erdig-braune Farbe des Holzes zu erreichen, kam Rotmessing in einer Legierung aus 85% Kupfer und 15% Zink zum Einsatz. Zusammen mit dem Hersteller wurde eine spezielle Perforierung entwickelt. Die 75 × 7,5 mm großen Löcher sorgen für fast 50% Öffnungsanteil. So bleibt der Eindruck einer homogenen Metallhaut gewahrt, doch ist die Lochung selbst aus einiger Entfernung noch wahrnehmbar. Eine besondere Stimmung entwickelt sich in der Dämmerung: Von innen beleuchtet lässt der halbtransparente Fassadenvorhang das Gebäude nahezu immateriell erscheinen. DETAIL 07–08/2012

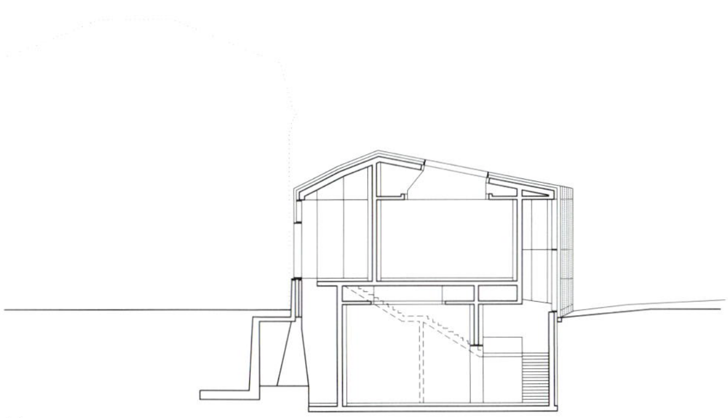

bb

cc

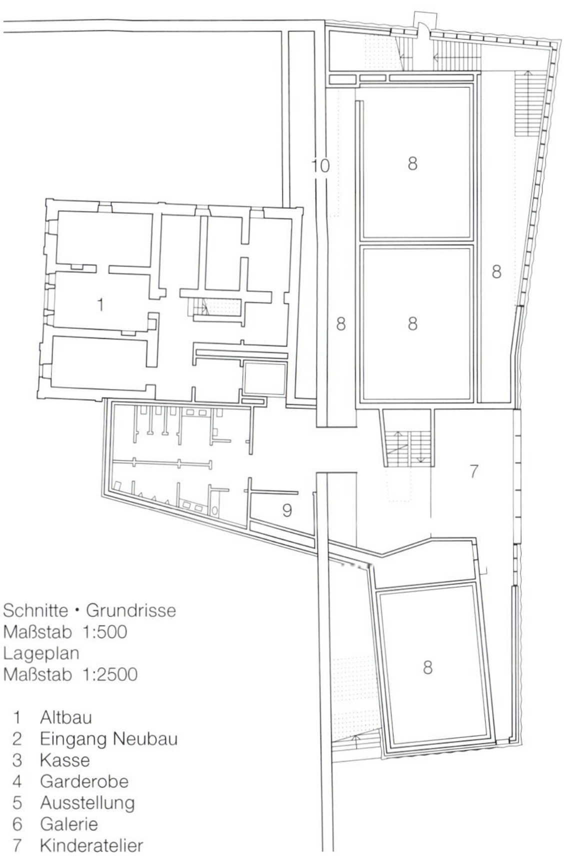

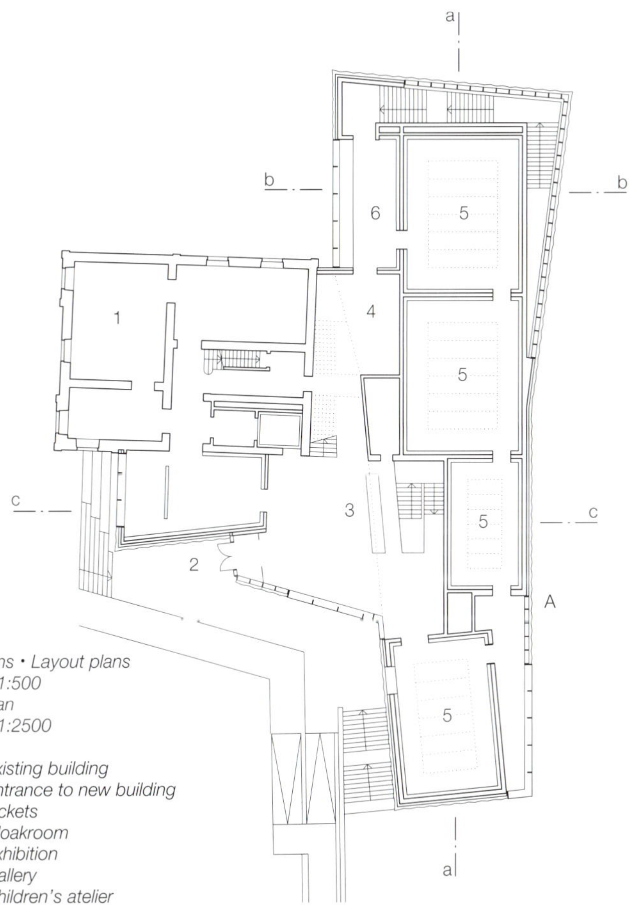

Schnitte • Grundrisse
Maßstab 1:500
Lageplan
Maßstab 1:2500

1 Altbau
2 Eingang Neubau
3 Kasse
4 Garderobe
5 Ausstellung
6 Galerie
7 Kinderatelier
8 Luftraum
9 Lager
10 Festungsmauer

Sections • Layout plans
scale 1:500
Site plan
scale 1:2500

1 Existing building
2 Entrance to new building
3 Tickets
4 Cloakroom
5 Exhibition
6 Gallery
7 Children's atelier
8 Void
9 Storage
10 Fortress wall

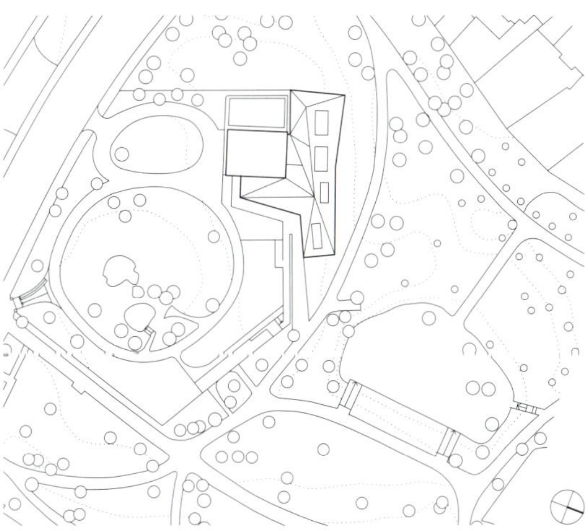

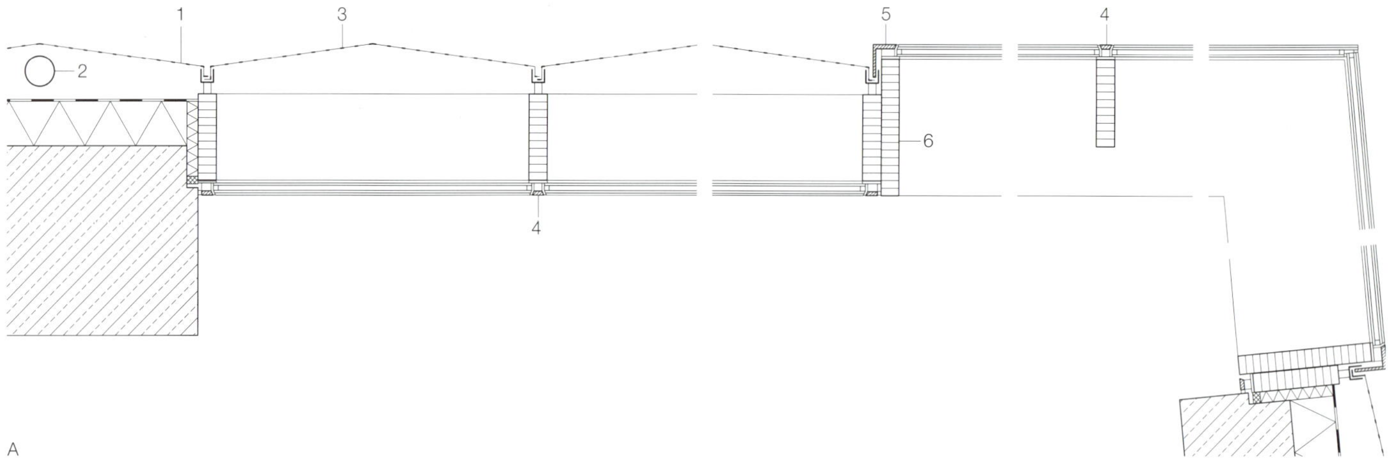

A

In the middle of the green zone flanking Luxembourg's historic centre and resting atop the ramparts of the former Fort Vauban is a museum of the same name. Since 1959 this institution has housed the city's collection of paintings. In 2002, Heirend and Schmit were commissioned to refurbish and extend the building – a late nineteenth-century historicist villa nestled in the idyllic park landscape (designed in the 1870s by Edouard André). Despite the considerable size of the new program, the architects were able to sensitively insert the addition to the museum into this historic setting. Seen from the street, the single-storey building massing allows the original building to continue to occupy centre stage. The new structure's inclined roof surfaces allude to the gently modulated landforms. When viewing the addition from the park, one becomes aware of its actual size: the design takes advantage of the topography of the former fortress's moat to bring daylight into the first basement. The second basement, on the other hand, is fully embedded in the earth. These three levels accommodate eleven exhibition spaces; they are connected to the original building via a bright, lofty foyer. However, the new building has more to offer than skillfully modelled massing and spaces: the treatment of the facades makes a substantial contribution to the museum's convincing mix of autonomy and restraint. Perforated metal that has been bent into a gentle V-shape cloaks the new structure; the surface is animated by the play of sunlight and the shadow created by the nearby trees. In order to match the earth-brown tones of the wood, the architects selected red brass in an alloy consisting of 85% copper and 15% zinc. In cooperation with the manufacturer, they developed a special perforation. The ratio of perforation – each slit measuring 75 × 7.5 mm – of the sheet metal is nearly one to one. In this way, the effect of a homogeneous metallic skin is maintained, but at the same time, the perforation is perceptible from a considerable distance. At dawn and at dusk, a special mood comes about: illuminated from within, the semi-transparent facade cladding almost appears to melt into thin air.

Horizontalschnitt • Vertikalschnitt
Maßstab 1:20

Horizontal section • Vertical section
scale 1:20

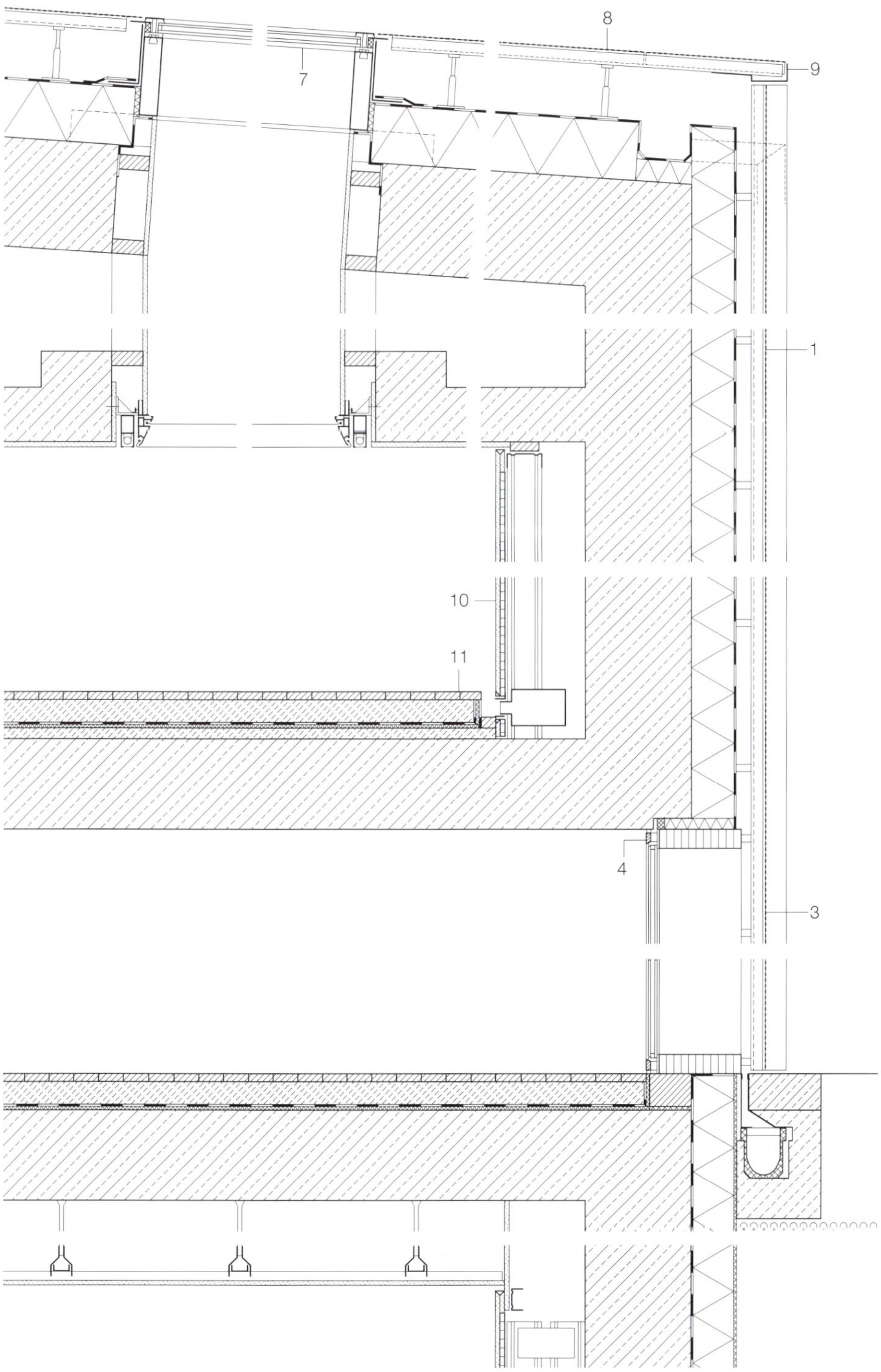

1 Lochblech Rotmessing 1,5 mm
befestigt mittels selbstbohrender Edelstahlschrauben
U-Profil Rotmessing 30/35 mm auf Distanzstück Neoprenprofil
Dichtungsbahn EPDM
Wärmedämmung Schaumglas bitumenverklebt 120 mm
Stahlbetonwand 300 mm
2 Fallrohr Rotmessing DN 80
3 Lochblech Rotmessing 1,5 mm
Pfosten-Riegel-Fassade BSH Eiche 230/50 mm mit Isolierverglasung 6 + SZR 16 + 2× 6 mm eisenoxidarm, raumseitig matt geätzt
4 Anpressprofil Edelstahl 11 mm
5 Anpressprofil Edelstahl ∟ 55/100 mm
6 Pfosten BSH 365/50 mm
7 Oberlicht Isolierverglasung in Aluminiumrahmen
8 Lochblech Rotmessing 2 mm
U-Profil Rotmessing 30/35 mm
Abstandshalter Edelstahl mit EPDM-Manschette
Dichtungsbahn EPDM, Dachbahn Bitumen
Wärmedämmung Schaumglas 160 mm
Stahlbetondecke 300 mm
9 Traufblech Rotmessing
10 Gipskartonplatte 12,5 mm
OSB-Platte 13 mm auf ⊔-Profilrahmen
Installationsbereich ca. 220 mm
11 Parkett Eiche 22 mm, Spachtelung 3 mm
Zementestrich 65 mm, Trennlage PE-Folie
Trittschalldämmung 10 mm,
Ausgleichsestrich 30 mm
Stahlbetondecke Oberfläche gestockt 250 mm

1 1.5 mm perforated red brass sheet affixed with self-drilling stainless-steel screws
30/35 mm red brass channel on neoprene-profile distancer
EPDM sealing layer
120 mm foam-glass thermal insulation, bituminous adhesive
300 mm reinforced concrete-wall
2 DN 80 red brass down-pipe
3 1.5 mm perforated red-brass sheet
post-and-rail facade: 230/50 mm glue-laminated oak with double glazing 6 + cavity 16 + 2× 6 mm low-iron, room-side etched, matt
4 11 mm stainless-steel pressure plate
5 ∟ 55/100 mm stainless-steel pressure plate
6 post: 365/50 mm glue-laminated timber
7 roof light: double glazing in aluminium frame
8 2 mm perforated red-brass sheet
30/35 mm red-brass channel
stainless-steel distancers with EPDM sleeves
EPDM sealing layer; bituminous sealing layer
160 mm foam-glass thermal insulation
300 mm reinforced-concrete slab
9 red brass eave flashing
10 12.5 mm plasterboard
13 mm oriented-strand board on metal studs
approx. 220 mm for installations
11 22 mm oak parquet; 3 mm levelling coat
65 mm cement screed; polythene separating layer
10 mm impact-sound insulation
30 mm levelling screed
250 mm reinforced-concrete slab, bush-hammered surface

Kunstmuseum Ravensburg

Museum of Art in Ravensburg

Architekten / *Architects*:
LRO Lederer Ragnarsdóttir Oei, Stuttgart
Arno Lederer, Marc Oei,
Jórunn Ragnarsdóttir
Tragwerksplaner / *Structural engineers*:
Ingenieurbüro Schneider & Partner,
Ravensburg

Mit grob verfugten Recyclingziegeln, Kupferblechen und Holzfenstern integriert sich das neue Kunstmuseum ganz selbstverständlich in das kleinteilige Altstadtgefüge – und präsentiert sich dank der relativ großen Baumasse und der prägnanten Bogenschwünge am Dachrand doch zugleich als vollkommen eigenständig.
Nach Passieren des kleinen Eingangshofs und der kupferverkleideten Karusselltür gelangen die Besucher auf einen kupfernen Gitterrost, der gleichsam als roter Teppich auf eine elegante Empfangstheke aus Sichtbeton zuführt, hinter der sich eine große, schwarz eingefärbte und von oben natürlich belichtete Ablagenische befindet. Abgesehen von dieser räumlichen Inszenierung präsentiert sich das Museum als insgesamt eher zurückhaltender, neutraler Hintergrund für die Werke einer Ravensburger Kunstsammlerin sowie für Wechselausstellungen. Im Mittelpunkt des Entwurfskonzepts steht der rechtwinklige, dem Grundstück in maximaler Größe einbeschriebene Grundriss der Ausstellungsbereiche – seitliche Restflächen enthalten einen Aufzug sowie zwei Treppenräume. Trotz identischer Abmessungen erscheinen die drei Ebenen jeweils eigenständig: Das Eingangsgeschoss dient als zentrale Schnittstelle, während das 1. Obergeschoss als introvertierter »White Cube« konzipiert ist. Im Dachgeschoss erklären tragende konische Gewölbe aus Sichtmauerwerk die Form des geschwungenen Dachrands und sorgen für eine Materialkontinuität zwischen Gebäudeinnerem und Fassade. Die aus Abbruchgebäuden einer Klosteranlage in Belgien stammenden Ziegel sind gestalterisches Element mit sinnlicher Patina, aber auch Teil des Nachhaltigkeitskonzepts des als Passivhaus zertifizierten Museums. Als Gebrauchtmaterial für die zweischalige Fassade und das Dachgewölbe sind sie zwar nicht günstiger als vergleichbare neue Ziegel, dafür weisen sie eine positivere Energiebilanz auf, weil sie nicht erst aufwändig gebrannt werden mussten. DETAIL 06/2013

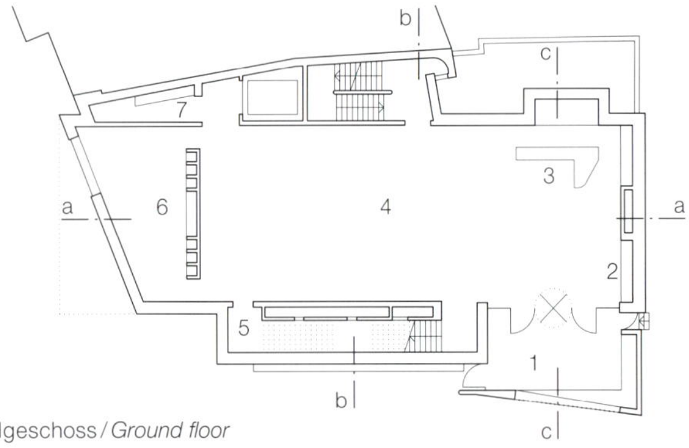

Erdgeschoss / *Ground floor*

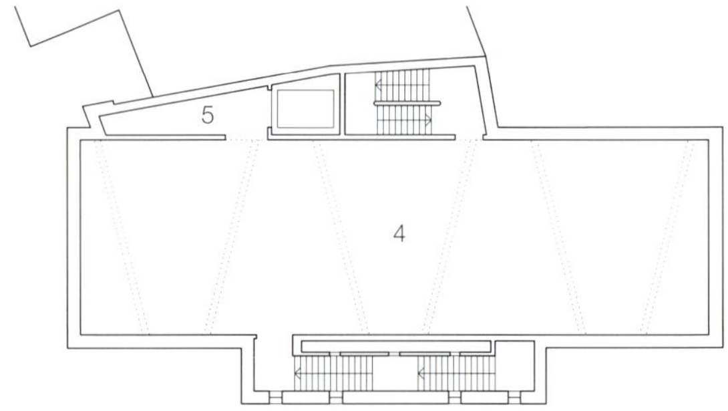

2. Obergeschoss / *Second floor*

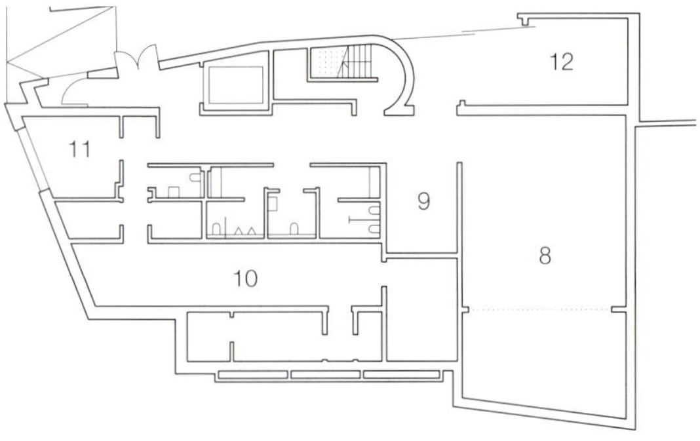

Untergeschoss / *Basement*

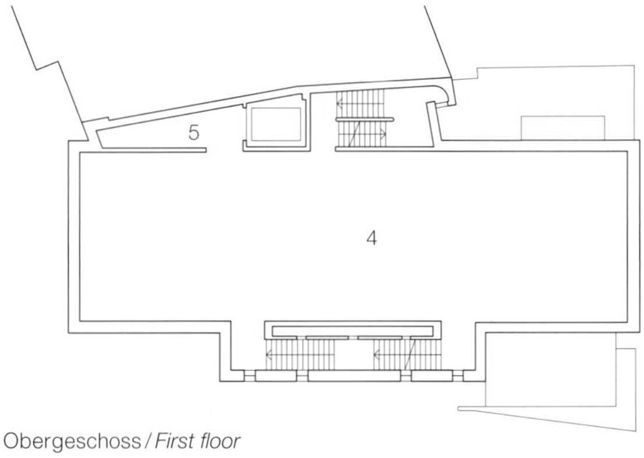

1. Obergeschoss / *First floor*

Grundrisse • Schnitte
Maßstab 1:500

1 Eingangshof
2 Garderobe
3 Kassenbereich
4 Ausstellung
5 Lager
6 Pädagogik
7 Teeküche
8 Depot
9 Zwischendepot
10 Technik
11 Bibliothek
12 Anlieferung

Floor plans • Sections
scale 1:500

1 Entrance court
2 Cloakroom
3 Ticket counter
4 Exhibition space
5 Store
6 Pedagogic area
7 Kitchenette
8 Gallery store
9 Interim storage
10 Building services
11 Library
12 Deliveries

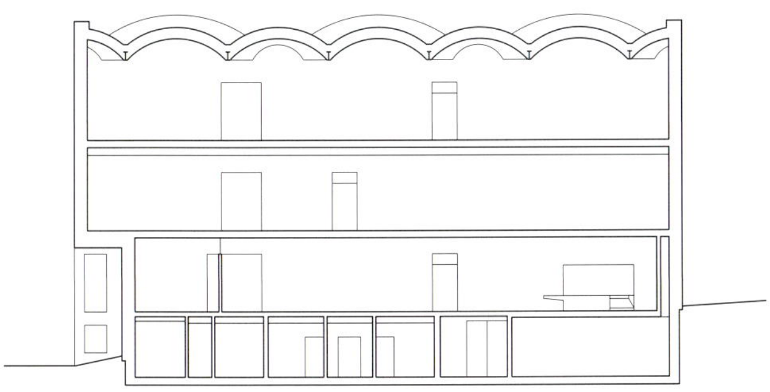

aa

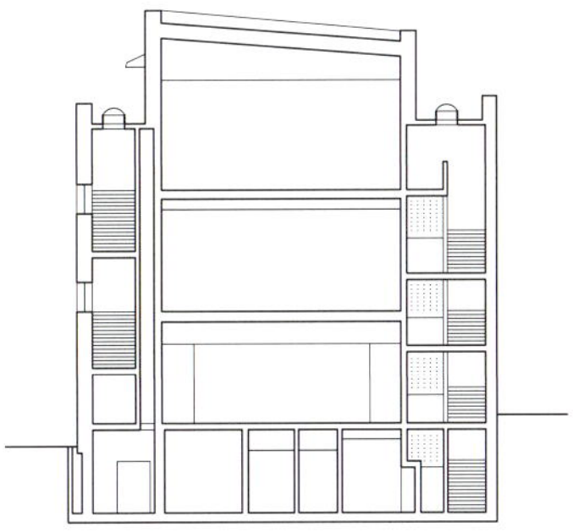

bb

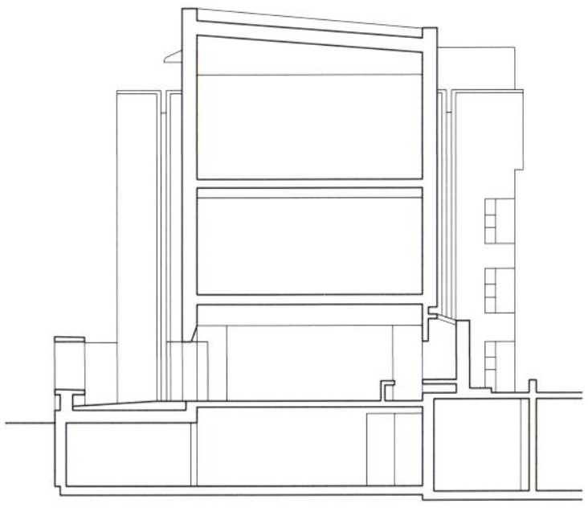

cc

With its roughly jointed recycled bricks, sheet copper, and wooden windows, the new museum of art is integrated quite naturally in the small-scale texture of the old city centre. Nevertheless, thanks to the relatively large volume of the building and the striking curved lines of the roof, the structure is a completely independent element in the urban context. After crossing the small entrance court and passing through the copper-lined revolving doors, visitors find themselves on a copper grating that resembles a red carpet and leads to an elegant, exposed-concrete reception desk. Behind this is a large, black-coloured recess that is naturally lighted from above. Apart from these spatial design features, however, the museum provides a restrained, neutral background for the works of an art collector from Ravensburg and for the temporary exhibitions that are staged there. The exhibition spaces with their rectilinear layout are inscibed to a maximum scale in the site area and form the centrepiece of the design. The residual spaces at the sides accommodate a lift and two staircases. In spite of their identical dimensions, each of the three levels has its own individual appearance. The entrance storey is a central interface area with a number of large-scale windows, whereas the first floor was conceived as an introverted "white cube". In the roof storey, a system of interlocking, load-bearing, conical vaulting in exposed brickwork determines the curved line of the roof and ensures continuity between the interior of the building and the facade. The bricks were rescued from a demolished monastery complex in Belgium and are an important design element that lend the development a sensuous patina. They also form part of the concept of sustainability of the museum, which is certified as a passive-energy building. The choice of this recycled material for the double-skin facade and the roof vaulting did not result in cost savings compared with new brickwork, but it helped to achieve a more positive energy balance by eliminating the elaborate firing process that would otherwise have been necessary.

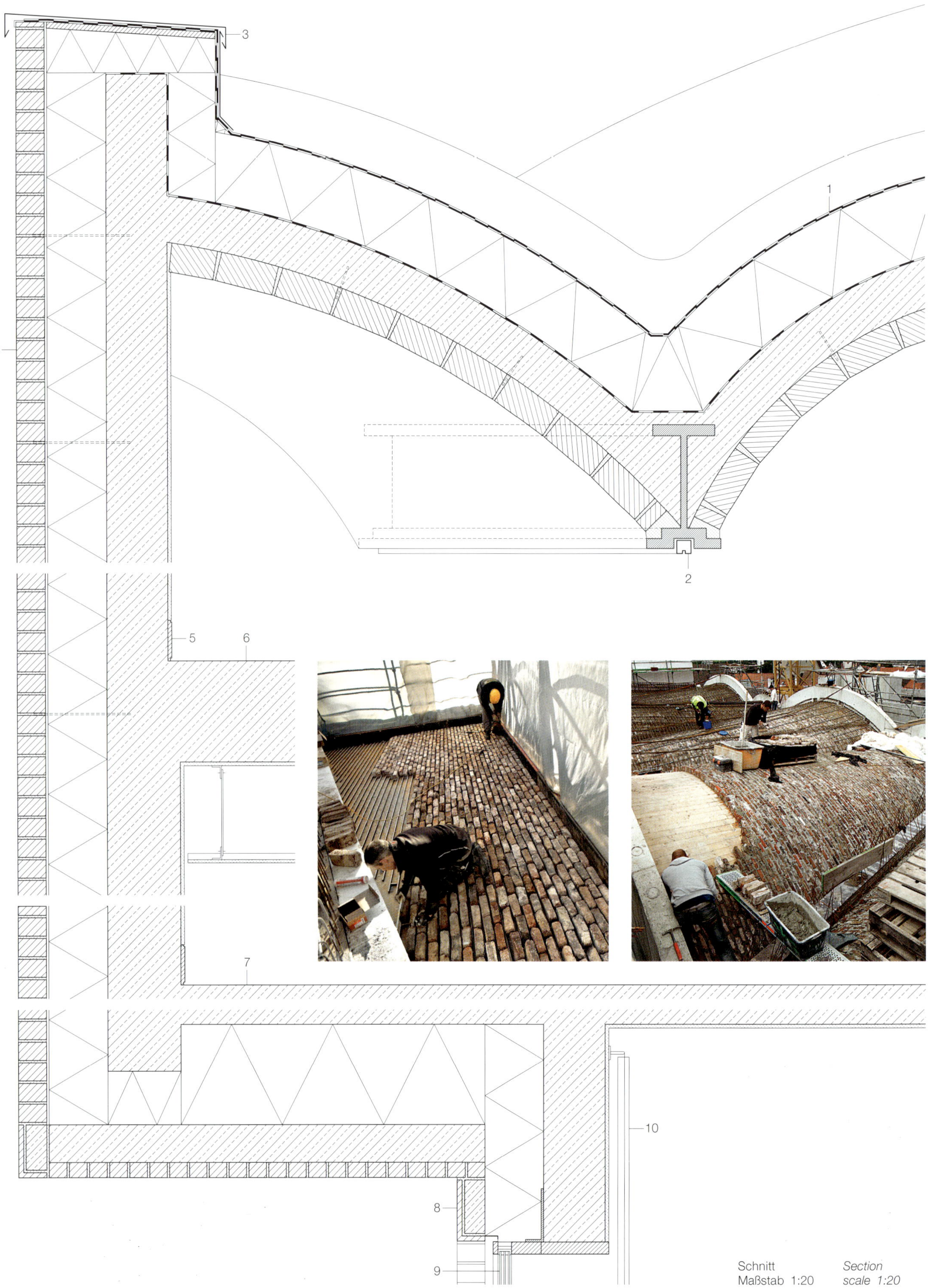

Schnitt
Maßstab 1:20

Section
scale 1:20

1 Dachdichtung Bitumenbahn zweilagig, obere Lage beschiefert
Wärmedämmung 300 mm
Dampfsperre, Voranstrich
Lastverteilung Stahlbeton 200 mm
Luftschichtanker Edelstahl ∅ 4 mm in Mörtelfuge
Abbruchziegel 115 mm, Bogenradius gleichmäßig konisch 1,50–5,50 m
2 Stahlprofil lackiert, mit integrierter Stromschiene
3 Attikaabdeckung Kupferblech 0,7 mm, Gefälle 6 %
4 Verblendmauerwerk Abbruchziegel 115 mm
Luftschichtanker Edelstahl ∅ 4 mm in Mörtelfuge
Fingerspalt 10 mm
Wärmedämmung 240 mm
Stahlbeton 250 mm
Gipsputz geglättet
Dispersionsanstrich
5 Sockelleiste Hartholz 160/15 mm lackiert
6 Stahlbeton mit Betonkerntemperierung 400 mm, Oberfläche abgescheibt und imprägniert
Metallunterkonstruktion zweilagig
Gipskarton 12,5 mm
7 Stahlbeton mit Betonkerntemperierung 400 mm, Oberfläche abgescheibt und imprägniert
Wärmedämmung 388 mm
Verbundkonstruktion aus Abbruchziegeln und Ortbeton 210 mm
8 Fertigteilsturz verblendet mit Abbruchziegeln
9 Pfosten-Riegel-Fassade Holz mit Dreifachverglasung U_w = 0,80 W/m²K
10 Vorhang Textil

1 two-layer bituminous roof seal, upper layer with shale covering
300 mm thermal insulation
vapour barrier; undercoat
200 mm reinforced concrete load-distribution layer
∅ 4 mm stainless-steel ties in mortar joints
115 mm curved demolition-brick layer to 1.50–5.50 m radius with regular conical form
2 painted steel section with integral electric track
3 0.7 mm sheet-copper covering to parapet (6 % falls)
4 115 mm demolition-brick facing skin
∅ 4 mm stainless-steel ties in mortar joints
10 mm cavity
240 mm thermal insulation
250 mm reinforced concrete wall
gypsum plaster, smoothed, with emulsion paint
5 15/160 mm hardwood skirting, painted
6 400 mm reinforced concrete floor with core temperature control, surface smoothed and impregnated
two-layer metal supporting structure
12.5 mm gypsum plasterboard
7 400 mm reinforced concrete floor with core temperature control, surface smoothed and impregnated
388 mm thermal insulation
210 mm composite construction consisting of demolition bricks and in-situ concrete
8 prefabricated lintel with demolition-brick cladding
9 timber post-and-rail facade with triple glazing (U_w = 0.80 Wm²K)
10 fabric curtain

Schnitte
Maßstab 1:20

Sections
scale 1:20

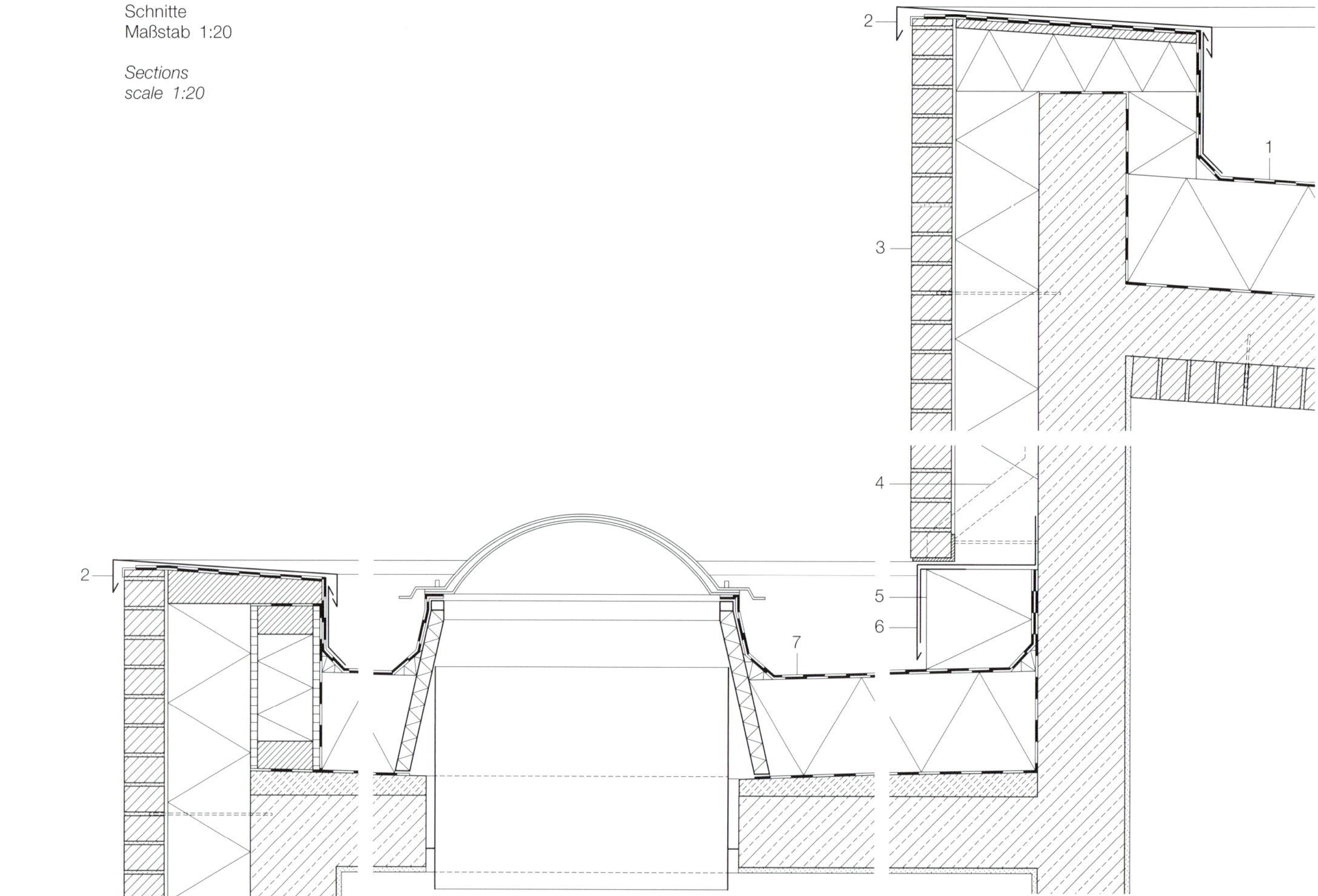

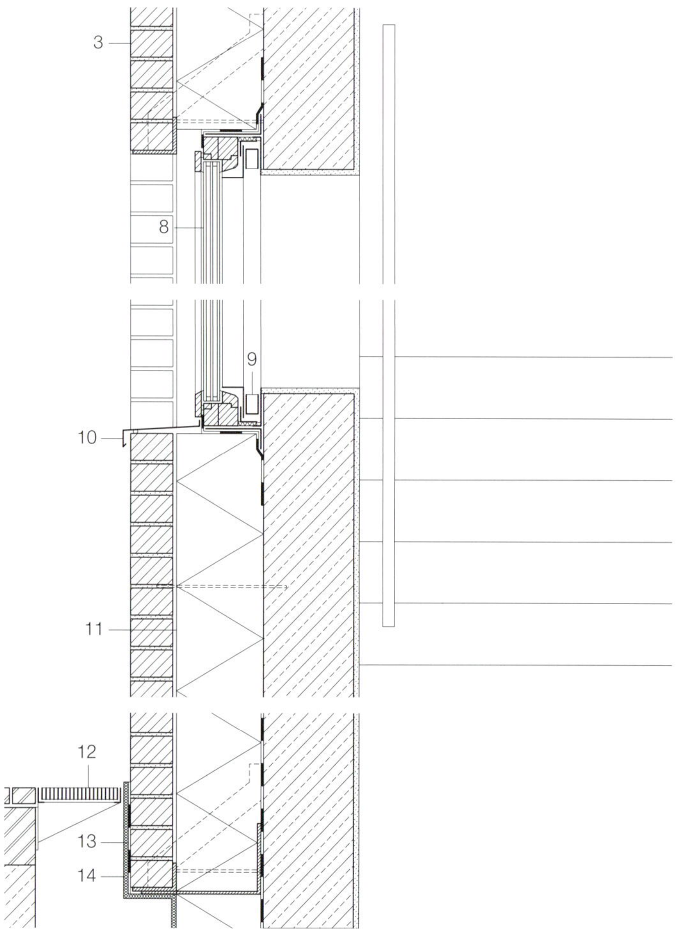

1 Dachdichtung Bitumenbahn zweilagig, obere Lage beschiefert
Wärmedämmung 300 mm
Dampfsperre
Voranstrich
Stahlbeton zur Lastverteilung 200 mm
Anker Edelstahl ∅ 4 mm in Mörtelfuge
Abbruchziegel 115 mm
Bogenradius gleichmäßig konisch 1,50–5,50 m
2 Attikaabdeckung Kupferblech 0,7 mm
Gefälle 6 %
3 Verblendmauerwerk Abbruchziegel 115 mm
Fingerspalt 10 mm
Luftschichtanker Edelstahl ∅ 4 mm in Mörtelfuge
Wärmedämmung 240 mm
Stahlbeton 250 mm
Gipsputz geglättet mit Dispersionsanstrich
4 Konsolanker Duplexstahl, zur Verringerung der Wärmebrückenwirkung minimierter Materialquerschnitt
5 Wärmedämmung 300 mm
6 Kupferblech 0,7 mm
7 Dachdichtung Bitumenbahn zweilagig, obere Lage beschiefert
Wärmedämmung 280 mm
Notabdichtung / Dampfsperre
Voranstrich
Gefälleestrich 2 % 40–95 mm
Stahlbeton 200 mm verputzt
8 Festverglasung: Holzrahmen mit Dreifachverglasung, U_w = 0,84 W/m²K
9 LED-Lichtleiste umlaufend
10 Fensterbank Kupferblech 1,5 mm
11 Wärmedämmung 240 mm
12 Schachtabdeckung Stahlguss
13 Dichtschlämme zementgebunden
14 Dränschicht druckstabil mit Vlies
15 Oberlicht Pfosten-Riegel-Konstruktion Aluminium mit Sonnenschutzverglasung, U_w = 0,96 W/m²K
16 Abdeckung und Rinne Kupferblech 0,7 mm
17 Innenputz geglättet, schwarz lackiert
18 Schublade Holz lackiert mit Auszugblende MDF lackiert
19 Sockelleiste Hartholz 160/15 mm lackiert

1 two-layer bituminous roof seal, upper layer with shale covering
300 mm thermal insulation
vapour barrier; undercoat
200 mm reinforced concrete load-distribution layer
∅ 4 mm stainless-steel ties in mortar joints
115 mm curved demolition-brick layer to 1.50–5.50 m radius with regular conical form
2 0.7 mm sheet-copper covering to parapet (6 % falls)
3 115 mm demolition-brick facing skin
10 mm cavity
∅ 4 mm stainless-steel ties in mortar joints
240 mm thermal insulation
250 mm reinforced concrete wall
gypsum plaster, smoothed, with emulsion paint
4 duplex-steel anchor pieces; minimised cross section of material to reduce thermal-bridge effect
5 300 mm thermal insulation
6 0.7 mm sheet-copper flashing
7 two-layer bituminous roof seal, upper layer with shale covering
280 mm thermal insulation
backup sealing layer / vapour barrier
undercoat
40–95 mm screed to 2 % falls
200 mm reinforced concrete roof with plastered soffit
8 window: wood frame with fixed triple glazing (U_w = 0.84 W/m²K)
9 LED peripheral lighting strip
10 1.5 mm sheet-copper window sill
11 240 mm thermal insulation
12 cast-steel grating to shaft
13 cement-bonded waterproof coating
14 drainage layer, pressure stabilised with mat
15 aluminium post-and-rail roof-light construction with sunscreen glazing (U_w = 0.96 W/m²K)
16 0.7 mm sheet-copper eaves covering and rainwater gutter
17 plaster, smoothed and painted black
18 wood drawer, painted, with MDF pull-out front
19 15/160 mm hardwood skirting, painted

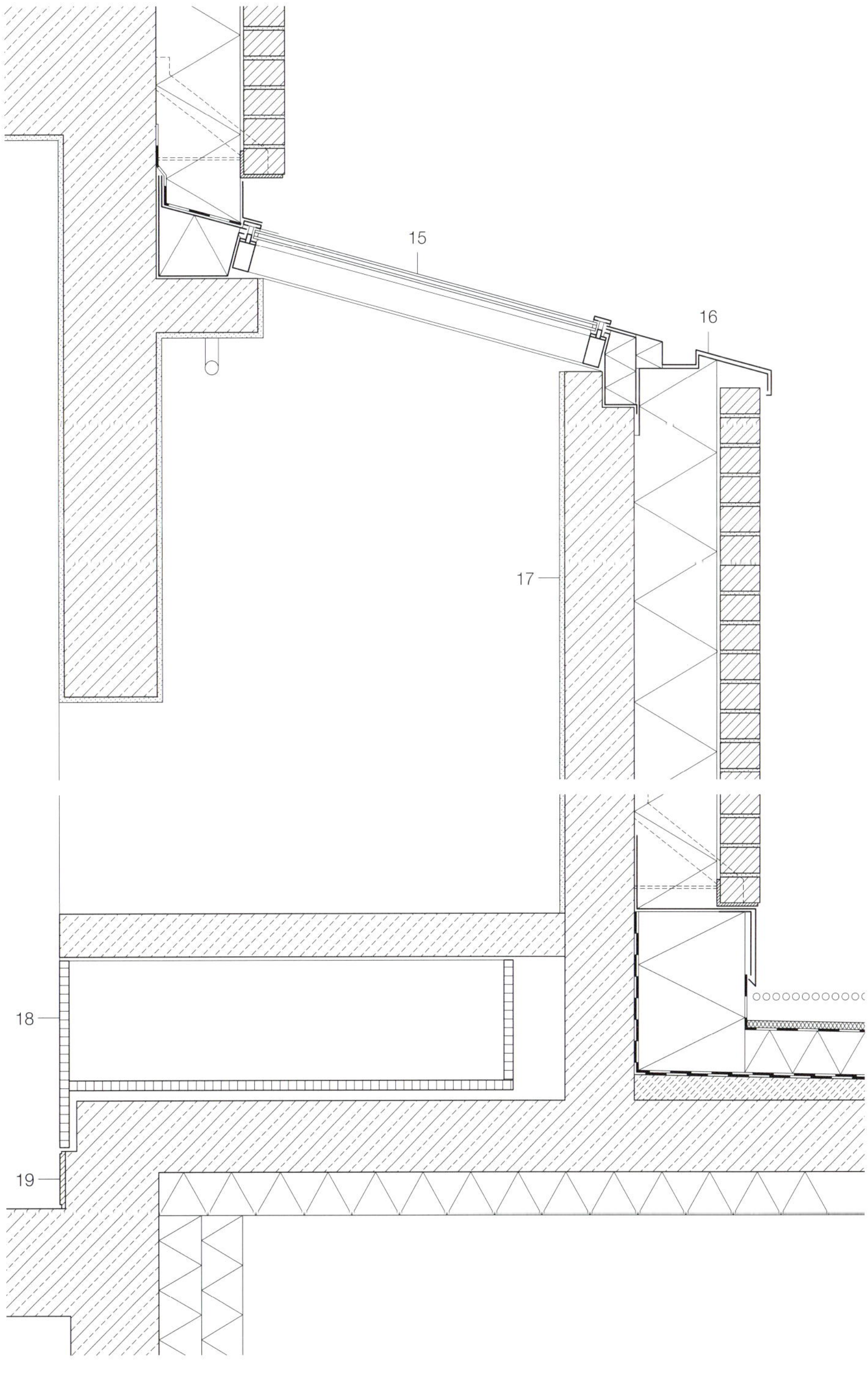

Restaurant in Kayl-Tétange

Restaurant in Kayl-Tétange

Architekten / *Architects*:
WW+, Esch-sur-Alzette und Trier
Jörg Weber, Luc Wagner
Tragwerksplaner / *Structural engineers*:
Schroeder & Associés, Luxemburg

Unter den Baumkronen eines neu gestalteten Parks in der luxemburgischen Gemeinde Kayl-Tétange schimmert ein rötlich-brauner Kubus: der Pavillon Madeleine, der in idyllischer Lage ein Restaurant beherbergt. Eine teils opake, teils perforierte Hülle aus voroxidiertem Stahl umgibt den 10 × 22 m großen Baukörper. Ist das Restaurant geöffnet, werden die geschlitzten Fassadenplatten aufgeklappt, um Ein- und Ausblicke durch gebäudehohe Verglasungen zu bieten. Das so entstehende Schattenspiel belebt die einfache Gebäudeform ebenso wie die reizvoll unregelmäßige Patina des Stahls. Die 4 mm starken Tafeln, die nicht sichtbar auf der Rückseite befestigt sind, verkleiden das Tragwerk des Pavillons aus 4,60 m hohen Stützen und 10 m langen Trägern aus Normprofilen. Alle Stahlbauteile sind vorgefertigt und vor Ort verschraubt. Um im Inneren einen ruhigen, großzügigen Raumeindruck zu schaffen, sind Tragwerk und Haustechnik hinter der abgehängten Decke oder der Wandverkleidung verborgen. Das Zentrum des Restaurants bildet die offene Küche, in der die Gäste die Zubereitung der Speisen miterleben können. Ein Tresen aus Schwarzstahl umgibt den Küchenblock. Auch der offene Kamin und der Weinschrank sind mit diesem Material verkleidet. Charakteristisch für den unbehandelten Stahl sind die Muster und Schlieren – Produktionsspuren, die beim Warmwalzen entstehen. Eine dünne Schicht aus Bienenwachs schützt die markante Oberflächenzeichnung vor Oxidation. Die beiden unterschiedlichen Stahlarten prägen das Gebäude und nehmen Bezug auf die Geschichte der Region, in der bis in die 1970er-Jahre Eisenerz abgebaut und in nahen Stahlwerken verhüttet wurde. Als robustes und witterungsbeständiges Material prägt der voroxidierte Stahl auch die weiteren baulichen Elemente im Park – sorgfältig gestaltete Sitzbänke, Brüstungen, Leuchten – und wird so zum gestalterischen Leitmotiv der Gesamtanlage, die Einwohner und Besucher gleichermaßen anzieht.
DETAIL 07–08/2013

Lageplan
Maßstab 1:5000
Schnitt • Grundriss
Maßstab 1:200

Site plan
scale 1:5,000
Section • Floor plan
scale 1:200

Beneath the treetops of a newly completed park in the Luxembourg town of Kayl-Tétange is a reddish-brown shimmering structure: the "Pavillon Madeleine" occupies a quiet, idyllic site. A partly opaque, partly perforated skin of pre-oxidised steel sheathes the building massing. The pavilion's footprint measures 10 × 22 metres.
When the restaurant is open, the incised steel plates are slid into parked position and offer views in and out through panes of glass extending to the height of the building. The play of shadows animates the building's simple form, as does the steel's irregular patina. The 4 mm thick sheets clad the pavilion's structural members (4.60 metre high columns and 10-metre beams made of standard sections); the connection of the steel sheets to the frame is concealed. All steel components were prefabricated and connected with bolts on site. To attain a serene, spacious atmosphere inside the pavilion, the architects situated the structural members and the building services behind the suspended ceiling and wall cladding. The restaurant's open kitchen is the heart of the establishment; this layout gives guests the opportunity to experience how the different dishes are prepared. A counter made of untreated steel surrounds the cooking island. The open fireplace and the wine cabinet are also clad in this material. The patterns and streaks that characterise untreated steel are remnants of the manufacturing process: they come about during hot-rolling. A thin layer of beeswax protects the striking surface tracery from oxidation. These two types of steel are what distinguish the building. They also make reference to the region's history: until the 1970s, iron ore was mined here and then smelted in the nearby steelworks. Because it is a robust, weather-resistant material, pre-oxidised steel was selected for further interventions in the park – the painstakingly designed benches, parapets and luminaires –, thus becoming the conceptual common thread running through the entire park and attracting inhabitants and visitors to an equal degree.

aa

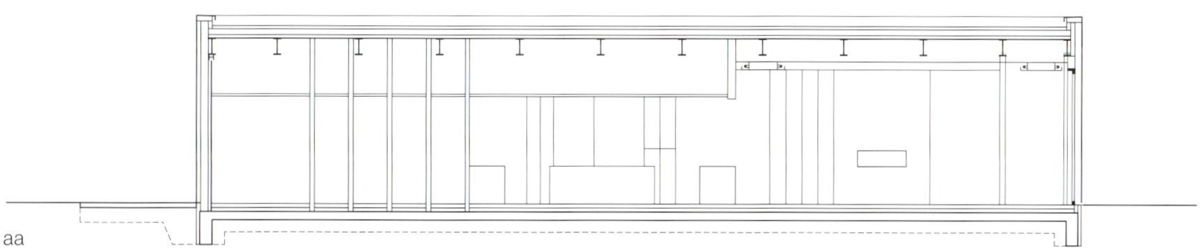

1 Terrasse
2 Eingang
3 Gastraum
4 Kamin
5 offene Küche
6 Getränketheke
7 Spülstation
8 Kühlraum
9 Technik
10 Umkleide Personal
11 Lager

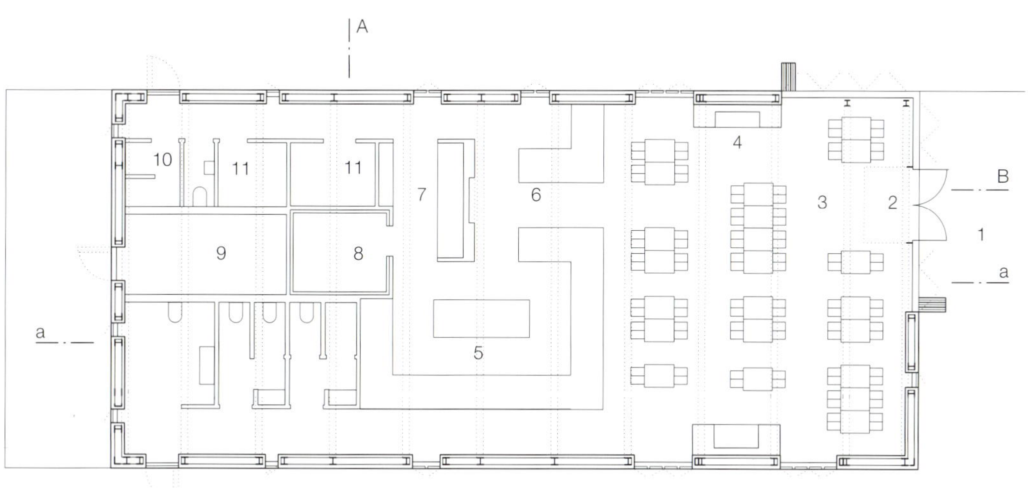

1 Terrace
2 Entrance
3 Dining area
4 Fireplace
5 Open kitchen
6 Beverage counter
7 Rinsing station
8 Cool room
9 Building services
10 Employee changing room
11 Storage

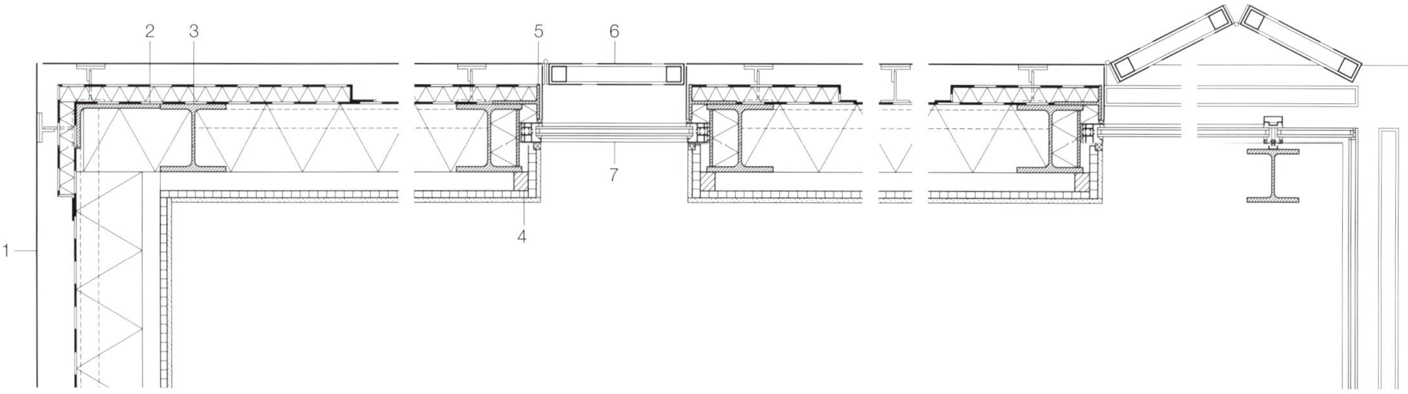

1 Stahlblech voroxidiert 4 mm
Neopren, Stahlprofil T 40/40 mm
Hinterlüftung 100 mm, Winddichtung
Wärmedämmung Holzweichfaser 180 mm
Stahlprofil ⌀ 50/50 mm
OSB-Platte 18 mm, Gipskarton 12,5 mm
Glasfaservlies mit Anstrich
2 Stahlprofil ∟ 220 mm
3 Stütze Stahlprofil HEB 180
4 Unterkonstruktion Kantholz 60/40 mm
5 Stahlprofil T 100/200 mm
6 Klappladen Stahlblech voroxidiert 4 mm
auf Rahmen Stahlrohr ⌀ 40/40 mm
7 Festverglasung Isolierverglasung in
Aluminiumrahmen
8 Aluminiumblech gekantet 2 mm
9 Stahlprofil aus Stahlblech 20/300/50 mm
und 160/50 mm
10 extensive Begrünung, Substrat 80 mm
Abdichtung Kunststoff
Gefälledämmung XPS 180 mm
Abdichtung Bitumen
Trapezblech 70 mm, Stahlträger IPE 400
abgehängte Akustikdecke: Gipskarton
gelocht 12,5 mm mit Akustikputz
11 Lamellenparkett Eiche 20 mm
Zementestrich mit Heizrohren 80 mm
Trennlage, Trägerplatte 35 mm
Ausgleichsschicht 50 mm
Abdichtung Bitumen, Stahlbeton 200 mm
12 Verfüllung Epoxidharzmörtel

*1 4 mm steel sheet, pre-oxidised
neoprene; 40/40 mm steel T-section
100 mm ventilated cavity; wind-tight membrane
180 mm wood-fibre insulation
50/50 mm steel SHS
18 mm oriented strand board
12.5 mm plasterboard
glass-fibre mat with coating*
2 220 mm steel angle
3 column: 180 mm steel I-section
4 60/40 mm squared-timber supporting structure
5 100/200 mm steel T-section
*6 folding shutter: 4 mm sheet steel, pre-oxidised, on
40/40 mm steel SHS frame*
7 fixed double glazing in aluminium frame
8 2 mm aluminium sheet, bent to shape
*9 20/300/50 mm + 160/50 mm steel profile of
steel sheet*
*10 extensive vegetation; 80 mm substrate
plastic sealing layer
180 mm extruded polystyrene insulation to falls
bituminous seal
70 mm corrugated metal; 400 mm steel I-beam
suspended acoustic ceiling: 12.5 mm plasterboard,
perforated, with acoustic plaster*
*11 20 mm industrial parquet, oak
80 mm cement screed with heating pipes
separating layer; 35 mm insulation panel
50 mm levelling course
bituminous seal; 200 mm reinforced concrete*
12 filling: epoxy resin mortar

Horizontalschnitt
Vertikalschnitte
Maßstab 1:20

Horizontal section
Vertical sections
scale 1:20

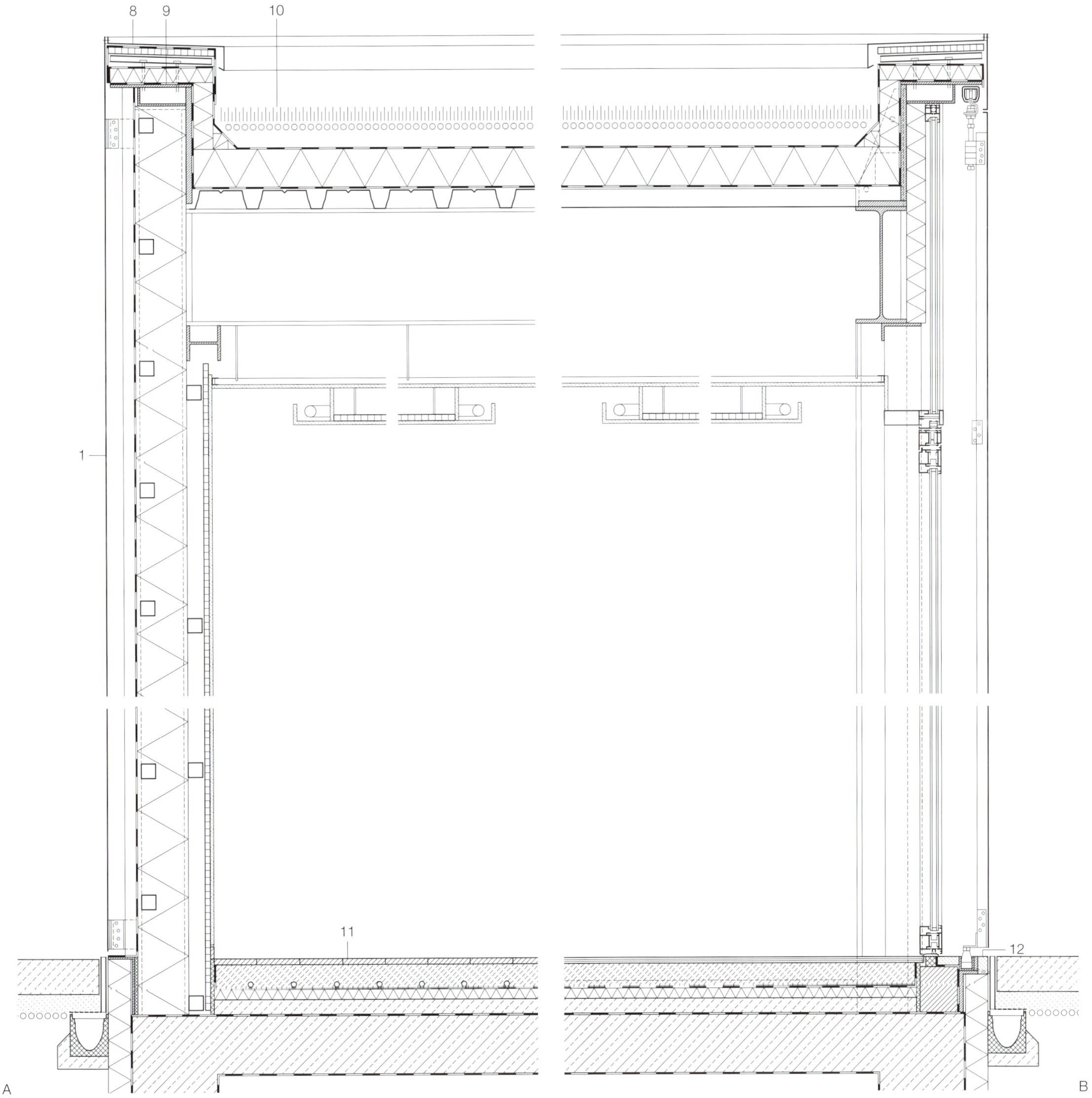

Faltbarer Teepavillon

Umbrella Teahouse

Architekt/*Architects*:
Kazuhiro Yajima, Yoshikawa

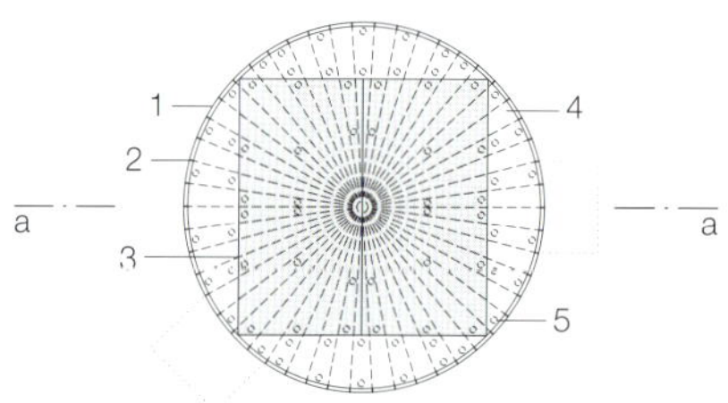

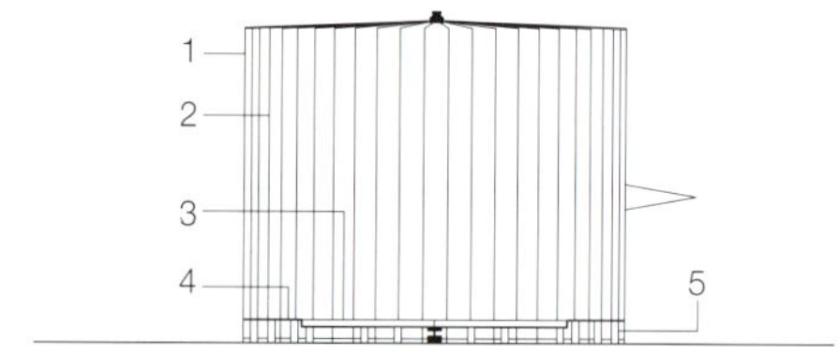

aa

Inspiriert von der schlichten Eleganz eines traditionellen japanischen Bambusschirms und seiner in Jahrhunderten zur Vollendung gebrachten Konstruktion entwarf der Architekt das nur sechs Kilogramm leichte, faltbare Objekt als Prototyp eines Teepavillons. Mit wenigen Handgriffen lässt er sich öffnen und bietet genug Raum und Abgeschiedenheit, um der Teezeremonie gerecht zu werden. Zwei Öffnungen unterbrechen die transluzente Hülle aus Reispapier, die das Licht gleichmässig streut, aber keinen Blick nach außen zulässt. Die kleinere ist den Gästen vorbehalten, die sich zum Betreten des Raumes niederknien und so Respekt bezeugen. Auf dem Durchmesser von 2,75 m, einer Fläche ausreichend für zwei Tatami-Matten, entwickeln sich die Proportionen des zylindrischen Pavillons. Seine selbsttragende Struktur basiert auf 5 × 10 mm breiten Streifen, die aus einem Bambusrohr geschnitten werden. Dach und Boden sind dabei aufgebaut wie eine Speiche: Von der zentralen Holznabe gehen jeweils fünfzig Bambusstreben aus, die durch 2,20 m lange, vertikale Stäbe mit ihrem Pendant verbunden sind. Eine zerlegbare Konstruktion aus Sperrholzplatten bildet den Boden, in dem auch die Tatami-Matten eingelassen sind. Entfernt man sie und hebt den Pavillon mithilfe einer Angel an, kann er wie ein Schirm zusammengeklappt und als 20 cm dicke Rolle einfach transportiert werden.
DETAIL 10/2013

Inspired by the simple elegance of a Japanese bamboo umbrella, the architect designed this 6-kg folding object for the tea ceremony. The translucent rice-paper skin facilitates an even distribution of light, but allows no view out. Based on a diameter of 2.75 m, the pavilion has a self-supporting structure consisting of 5 × 10 mm strips cut from one bamboo cane. The floor and roof are constructed like spoked wheels with 50 struts extending radially from the central timber hubs at top and bottom and linked by vertical staves 2.20 m long. If the tatami mats and plywood flooring are removed and the teahouse is lifted vertically, it can be folded up like an umbrella to form a cylinder only 20 cm in diameter for transport.

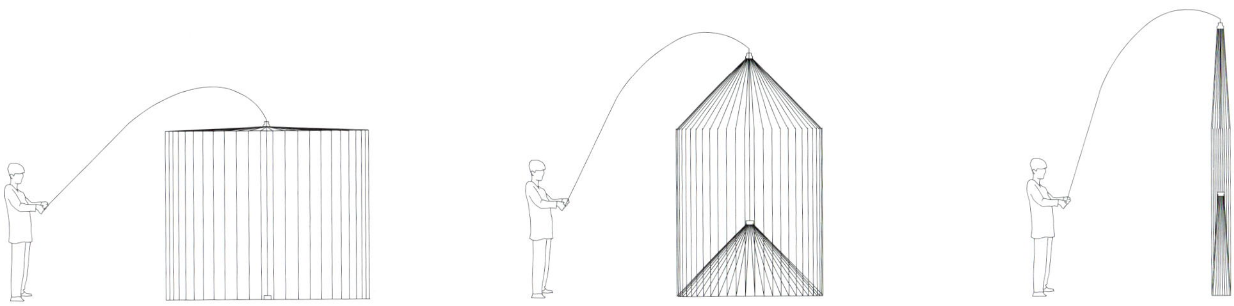

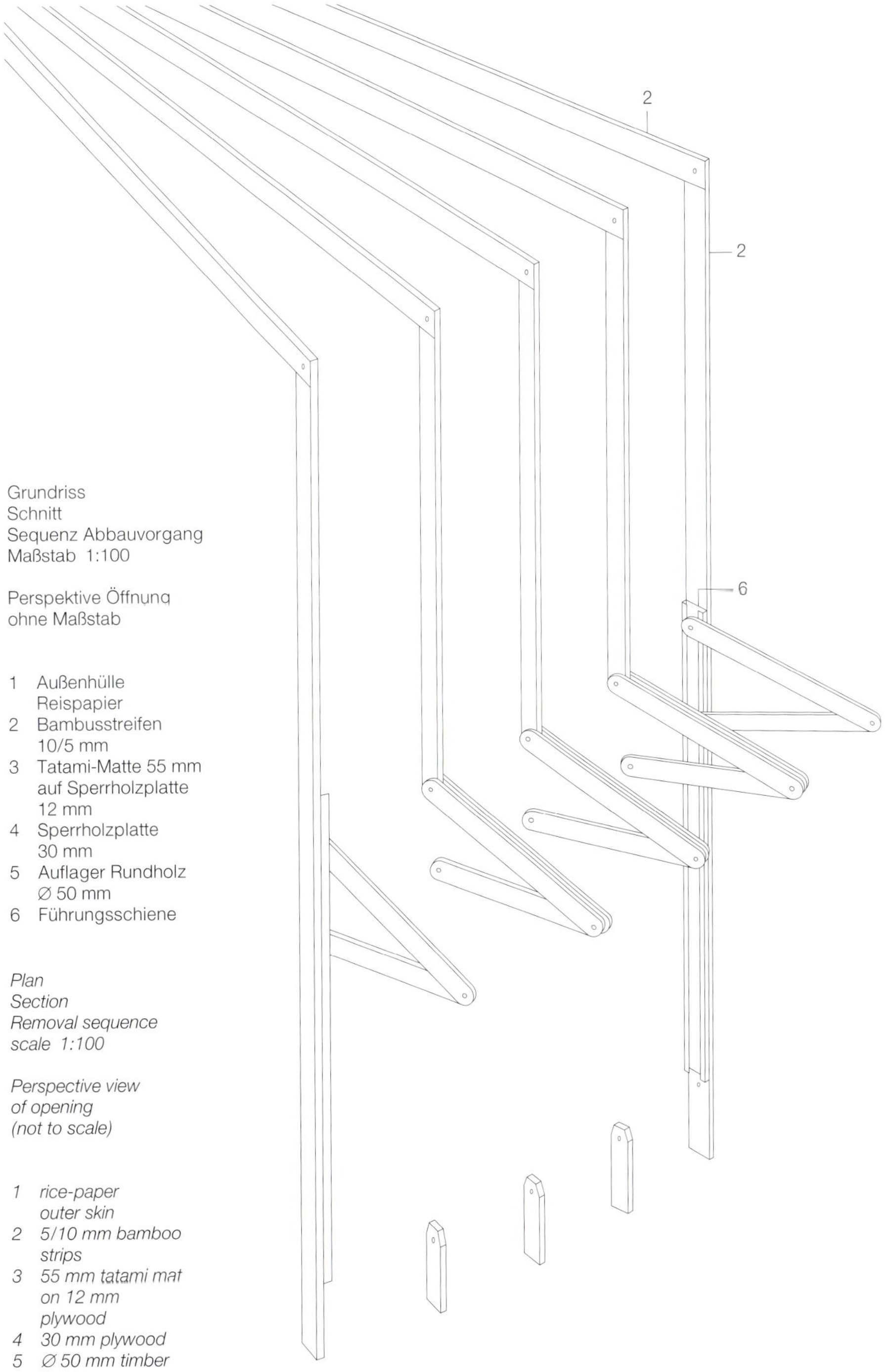

Grundriss
Schnitt
Sequenz Abbauvorgang
Maßstab 1:100

Perspektive Öffnung
ohne Maßstab

1 Außenhülle Reispapier
2 Bambusstreifen 10/5 mm
3 Tatami-Matte 55 mm auf Sperrholzplatte 12 mm
4 Sperrholzplatte 30 mm
5 Auflager Rundholz ⌀ 50 mm
6 Führungsschiene

Plan
Section
Removal sequence
scale 1:100

Perspective view of opening (not to scale)

1 *rice-paper outer skin*
2 *5/10 mm bamboo strips*
3 *55 mm tatami mat on 12 mm plywood*
4 *30 mm plywood*
5 *⌀ 50 mm timber bearer*
6 *guide track*

Notunterkünfte in Iwaki

Emergency Housing in Iwaki

Architekten / *Architects*:
Kunihiro Ando + Satoyama Architecture Laboratory, Tsukuba

Die modular aufgebauten Notunterkünfte in der vom Erdbeben im März 2011 stark zerstörten Stadt Iwaki basieren auf der traditionellen Itakura-Holzbauweise. Das System besteht aus eingenuteten Stützen, zwischen die vorgefertigte Elementtafeln aus horizontalen, 30 mm starken Nut- und Federbrettern eingesetzt sind. Diese einschalige Wand ist raumseitig sichtbar, außen ist sie mit Brettern verkleidet. Boden und Dach sind mit Chinaschilf und Reisspreu gedämmt und bewirken ein ausgeglichenes, angenehmes Raumklima. Trotz ihrer geringen Grundfläche bieten die drei unterschiedlich großen Haustypen mit dem bis unters Dach offenen Wohnraum, der Galerie und den mit Schiebetüren abteilbaren Bereichen eine hohe räumliche Qualität. Eine Veranda, ähnlich der traditionellen »engawa«, erweitert den Raum, hier trifft man sich auch mit den Nachbarn. Für eine befristete Standzeit konzipiert, können die Häuser auch dauerhaft genutzt werden. Dank leicht demontierbarer Trennwände sind sie anpassbar, zudem können zwei Hauseinheiten kombiniert werden. In nur zwei Monaten wurden in Iwaki 198 Häuser errichet. So kann diese Bauweise nicht nur hinsichtlich Kosten und Bauzeit mit standardisierten Notunterkünften aus Stahl konkurrieren, sondern überzeugt auch durch die Verwendung einheimischen Zedernholzes, die Einbeziehung der Handwerker vor Ort und den größeren Wohnkomfort. DETAIL 10/2013

These modular shelter homes in Iwaki, a town that was heavily damaged by an earthquake in 2011, are based on a traditional form of timber construction, with prefabricated wall elements let into grooved columns. The floor and roof are insulated with miscanthus and rice husks, thus ensuring a balanced indoor climate. Despite their small floor area, the three house types of different sizes offer great spatial quality and living comfort. Thanks to their easily dismantled partitions, the dwellings are readily adaptable and can be erected elsewhere. Built in just two months, the 198 houses are also convincing for their exclusive use of native cedar wood and the involvement of local craftsmen in their construction.

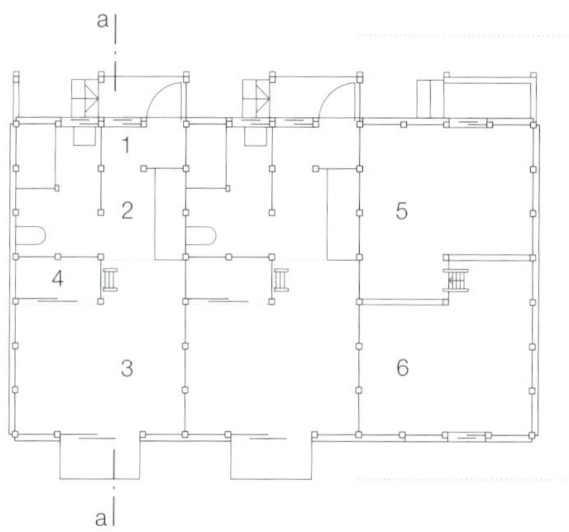

Erdgeschoss / *Ground floor* Galerie / *Gallery*

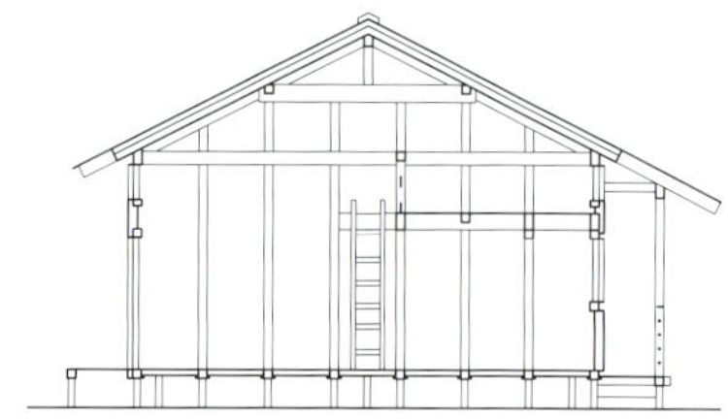

aa

Typ A *Type A*
Grundfläche *Footprint*
3,64 × 6,37 m *3.64 × 6.37 m*

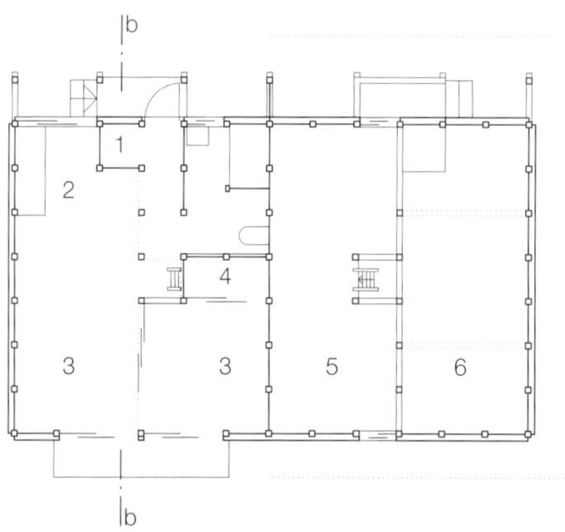

Erdgeschoss / *Ground floor* Galerie / *Gallery*

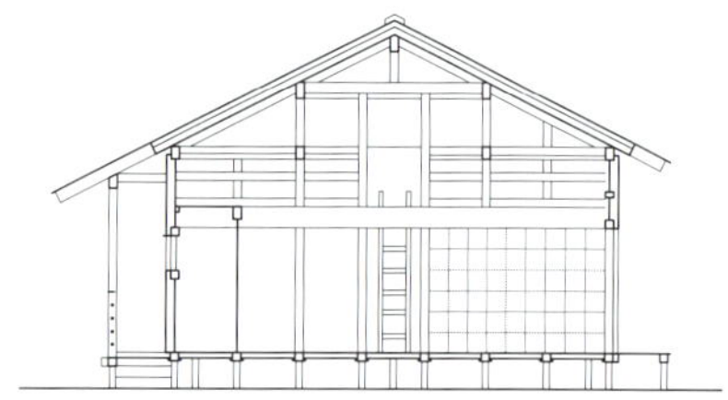

bb

Typ B *Type B*
Grundfläche *Footprint*
5,46 × 6,37 m *5.46 × 6.37 m*

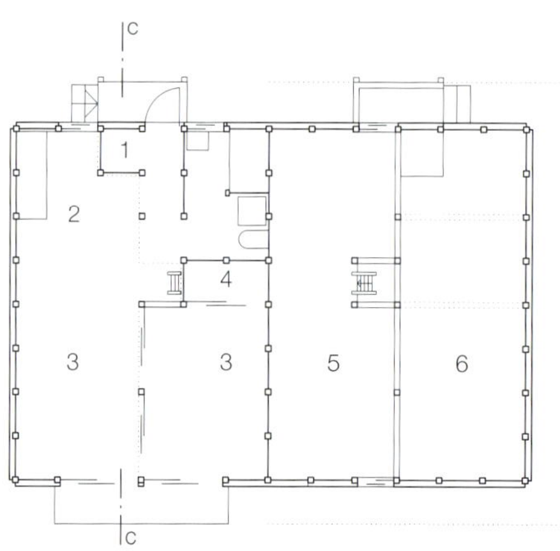

Erdgeschoss / *Ground floor* Galerie / *Gallery*

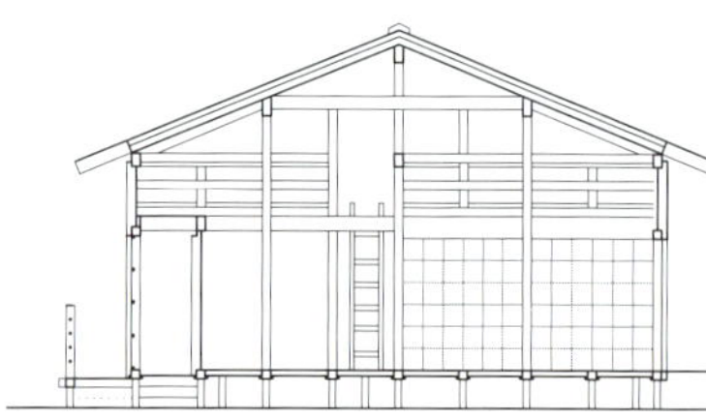

cc

Typ C *Type C*
Grundfläche *Footprint*
5,46 × 7,28 m *5.46 × 7.28 m*

Grundrisse *Floor plans*
Schnitte *Sections*
Maßstab 1:200 *scale 1:200*

1 Windfang *1 Vestibule*
2 Küche *2 Kitchen*
3 Wohnen, Schlafen *3 Living, Sleeping area*
4 Stauraum *4 Storage space*
5 Galerie *5 Gallery*
6 Luftraum *6 Void*

Vertikalschnitt • Horizontalschnitt
Maßstab 1:20

Vertical section • horizontal section
scale 1:20

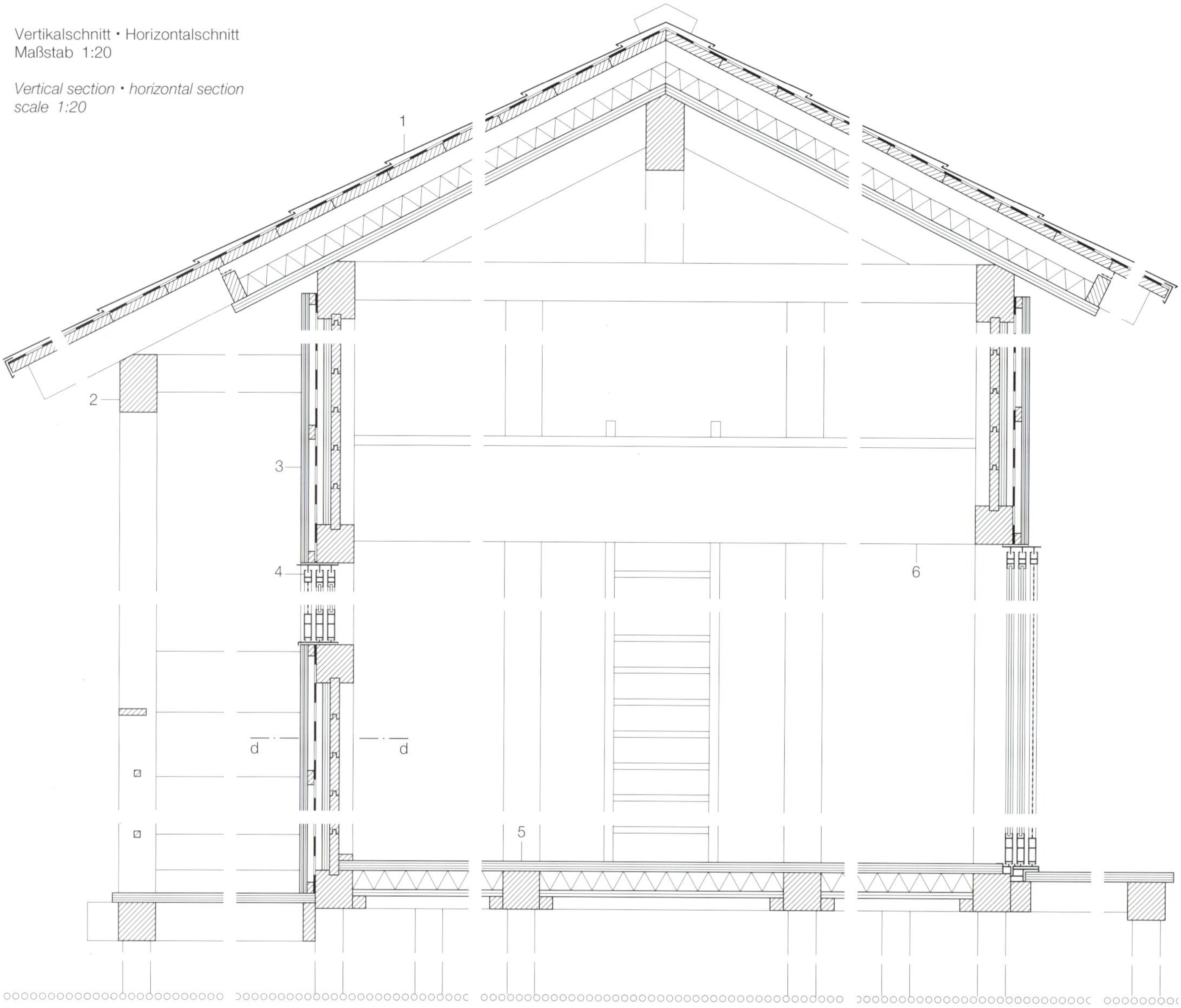

1 Stahlblech aluminium-zinkbeschichtet 0,35 mm, Abdichtung Bitumenbahn, Schalung japanische Zeder 30 mm, Sparren 120/120 mm dazwischen Wärmedämmung Chinaschilf 60 mm Schalung Nut und Feder 30 mm
2 Fußpfette 120/180 mm
3 Schalung sägerau 2× 12 mm, Lattung 21/45 mm, Winddichtung Baupappe, Konterlattung 21/45 mm, Schalung 24 mm, Blockwand Nut und Feder 30 mm, Elementgröße 2800/810 mm, in Stütze bzw. Träger genutet 120/120 mm
4 Schiebefenster in Aluminiumrahmen
5 Bretter 30 mm, Anstrich Öl, Träger 120/120 mm, dazwischen Dämmung Reisspreu, Bretter 12 mm, Latte 45/39 mm, Holzpfahl ∅ 90 mm
6 Träger Vollholz 120/300 mm

1 0.35 mm sheet steel coated with aluminium-zinc bituminous layer; 30 mm Japanese cedar boarding; 120/120 mm rafters with 60 mm miscanthus thermal insulation between; 30 mm t.+g. boarding
2 120/180 mm eaves purlin
3 3× 12 mm sawn boarded cladding 21/45 mm battens; windproof building paper 21/45 mm counterbattens; 24 mm boarding; 30 mm t.+g. wall element 810/2,800 mm in 120/120 mm grooved columns/beams
4 sliding window in aluminium frame
5 30 mm boarding; 120/120 mm beams with rice-husk insulation between; 12 mm boarding; 39/45 mm wood bearers; ∅ 90 mm wood stilt foundations
6 120/300 mm solid timber beam

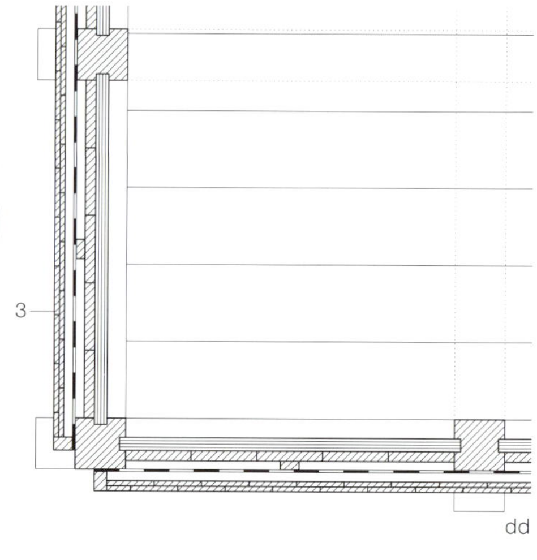

Kapelle in Fischbachau

Chapel in Fischbachau

Architekten / *Architects*:
Michele De Lucchi, Mailand
Tragwerksplaner / *Structural engineers*:
Jens Corsepius, München

Grundriss
Schnitt
Maßstab 1:100

Floor plan
Section
scale 1:100

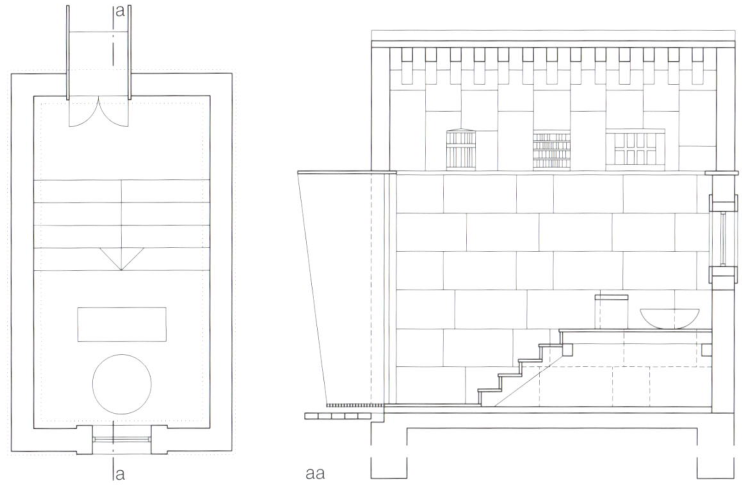

Nach dem Besuch einer Ausstellung des Architekten und Designers Michele De Lucchi war eine Münchner Familie so sehr von seinen Modellen fasziniert, dass sie sich entschloss, eines davon im Maßstab 1:1 umzusetzen. Als Baugrundstück wählten die Bauherren die Wiese vor ihrem Ferienhaus in der malerischen Gemeinde Fischbachau, rund 60 km südlich von München. Gebaut werden sollte eine konfessionslose Kapelle, die die jahrhundertealte Tradition der oberbayrischen Hauskapellen in einer modernen Variante fortführt. Als Material eigneten sich die im Volksmund als »Gottesbeton« bezeichneten Nagelfluh-Blöcke aus dem benachbarten Steinbruch. Das Dach sowie der Eingang sind in brünierter Bronze ausgeführt. Der umlaufende Sims auf Fensterhöhe gliedert den Bau im Verhältnis 1:2. Die 3 × 5 m große Grundfläche entspricht den Maßen der ortstypischen Kapellen. Gleich nach dem Betreten des Baus führen ein paar Stufen die Besucher empor, eine Holzbank auf dem Podest lädt zum Verweilen ein. Die Raumskulptur wird zum Ort der Kontemplation. Blickt man durch das runde Nordfenster, erscheint ein Kreuz in der Ferne, das bewusst nach draußen verlegt wurde. Der venezianische Dachstuhl, die Fensterstöcke und der Innenausbau sind aus Eiche. Die Jakobsmuschel an der Außenwand ist ein Hinweis auf den Namenspatron der Kapelle. DETAIL 12/2014

Impressed by the models shown in an exhibition of the work of architect and designer Michele De Lucchi, a family decided to erect one of them to full size – a chapel with a ground area of 3 × 5 metres – in a field in front of their holiday home roughly 60 km south of Munich. The chapel is a non-confessional place of contemplation, although a cross is visible externally through the round window in the north facade. Blocks of conglomerate stone from a nearby quarry were chosen for the walls, and the root and entrance were executed in bronze. The Venetian roof structure, the window frames and the interior fittings are in oak. A peripheral cornice articulates the height of the building in a proportion of 1:2.

Vertikalschnitte
Maßstab 1:20

Vertical sections
scale 1:20

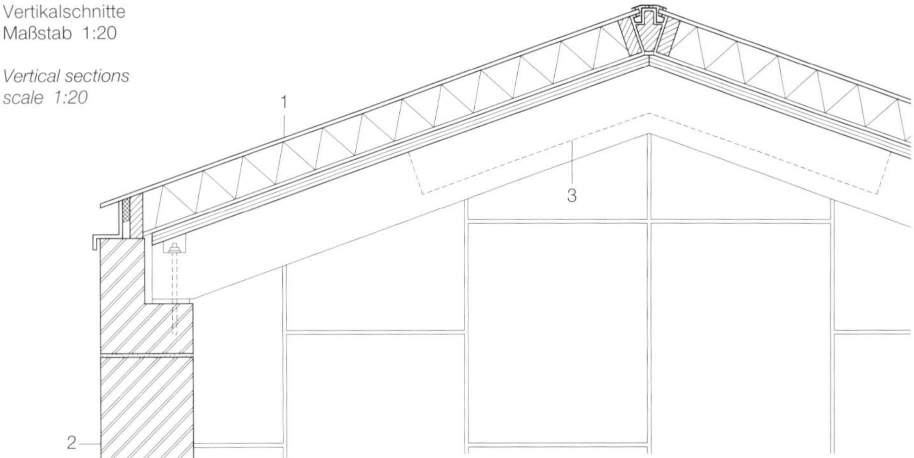
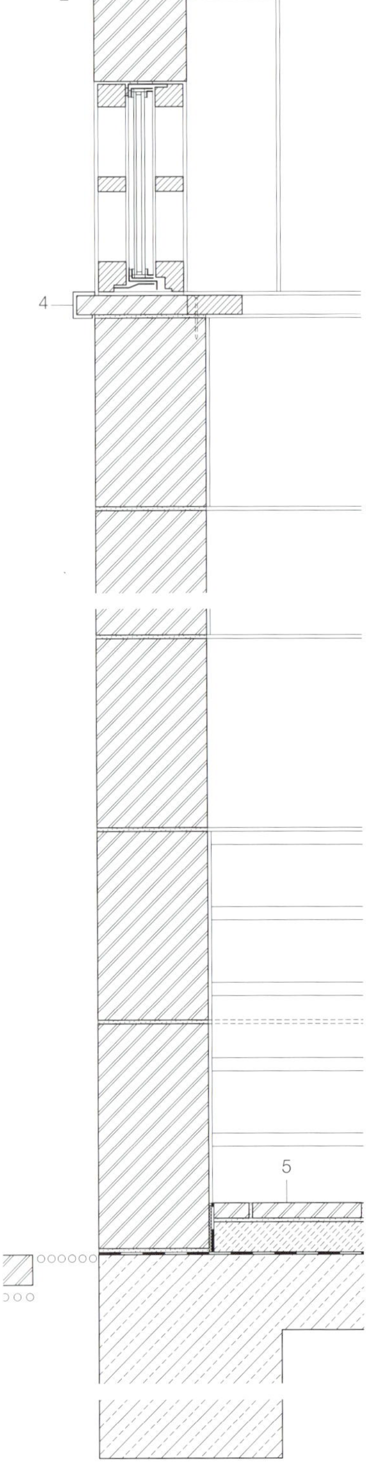

1 Bronzeplatte brüniert 10 mm
Wärmedämmung Mineralwolle 100 mm
Kantholz 30/180 mm
Dachlatte 60/40 mm
Dachsparren 170/150 mm
2 Naturstein Nagelfluh 300 mm
Fugen mit Brechsand 3–5 mm
3 Stahlblech 10 mm
mit Sparren verschraubt
4 Gesims außen: Bronzeblech, Nagelfluh
innen: Eiche, verschraubt
5 Bodenbelag Nagelfluh 40 mm im Mörtelbett
Estrich 80 mm
Trennlage
Stahlbeton 200 mm
6 Vordach Bronzeplatte brüniert 2× 10 mm
7 Eingangstür Eiche geölt
8 Festverglasung in Holzrahmen Eiche
9 Podest Eiche geölt 20 mm
10 Holzbalken 140/160 mm

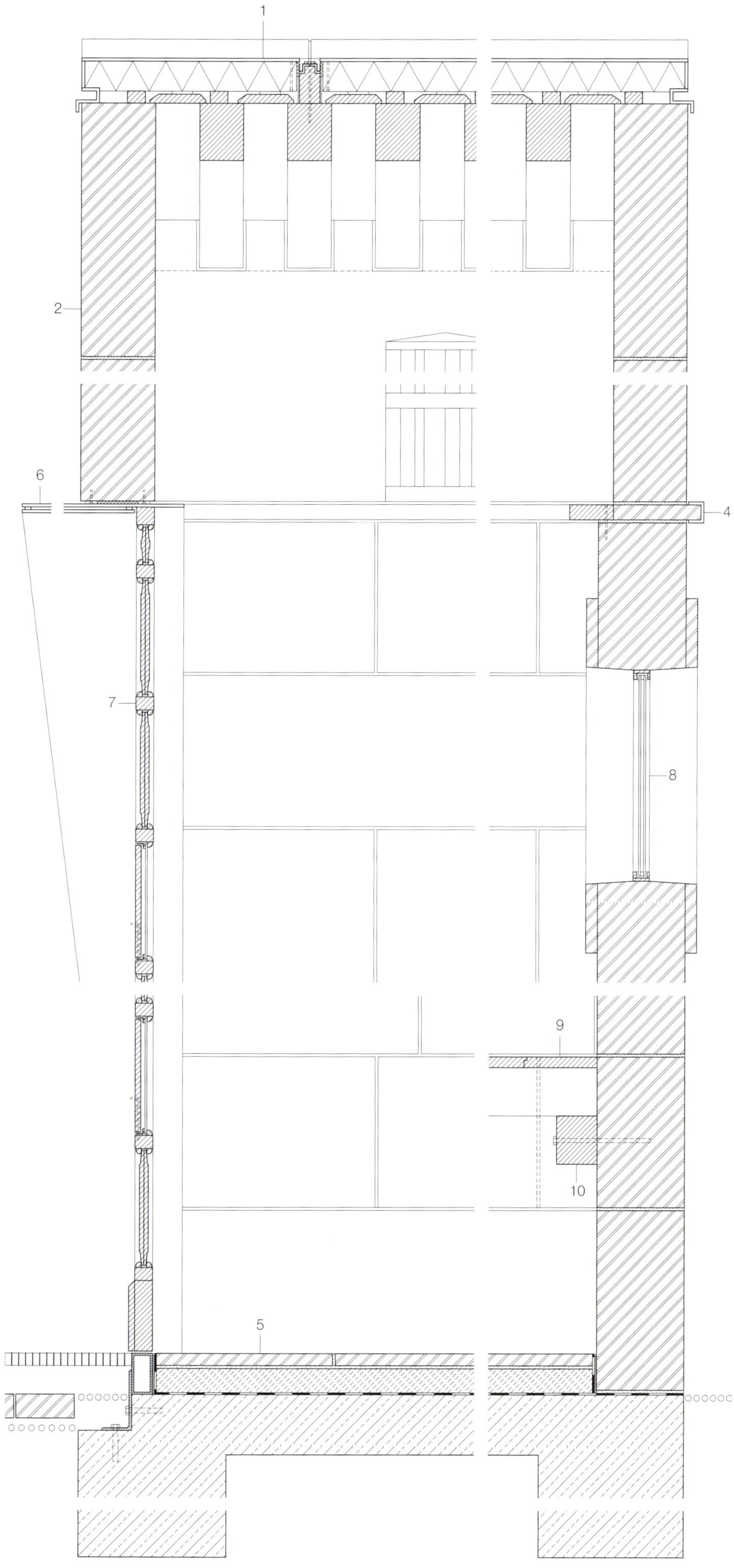

1 10 mm browned sheet bronze
100 mm mineral-wool thermal insulation
180/30 mm timber boards
60/40 mm roof battens
150/170 mm rafters
2 300 mm conglomerate stone with
3–5 mm crushed-stone sand joints
3 10 mm sheet steel bolted to rafters
4 window sill: sheet bronze and
conglomerate stone externally
oak internally, screw fixed
5 40 mm conglomerate stone flooring on
bed of mortar
80 mm screed
separating layer
200 mm reinforced concrete floor slab
6 2× 10 mm browned sheet bronze canopy
7 oak entrance door, oiled
8 fixed glazing in oak frame
9 20 mm raised oak platform, oiled
10 140/160 mm timber beam

Kapelle in Cuddesdon

Chapel in Cuddesdon

Architekten / *Architects*:
Niall McLaughlin Architects, London
Tragwerksplaner / *Structural engineers*:
Price and Myers, London

A Modellstudien auf dem Baugrundstück: Aufzeigen der Ausblicke
B Konstruieren der Ellipsengeometrie auf dem Reißboden

A Studies on site with models: capturing views of the landscape
B Laying out the elliptical geometry on the drawing floor

Aufträge für Sakralbauten sind in England selten geworden. Die Kapelle in der Nähe von Oxford ist deshalb in mehrerlei Hinsicht eine Besonderheit. In dem von alten Bäumen geprägten Park von Ripon College gelegen und an drei Seiten von steinernen Gebäuden aus viktorianischer Zeit gesäumt, bildet sie das neue Zentrum des Campus der theologischen Fakultät. Zu verdanken hat die Institution den Neubau fünf Nonnen zweier anglikanischer Orden. Weil sie ihre Klöster aufgaben und zu den Studenten nach Cuddesdon zogen, wünschten sie sich dort einen besonders geschützten Raum für die Andacht. Wie reizvoll eine solche Bauaufgabe ist, zeigte die beachtliche Zahl von 126 Wettbewerbsteilnehmern. Fünf davon kamen letztendlich zum Zug. Der Siegerentwurf ist annähernd unverändert umgesetzt. Lediglich die im Wettbewerb vorgeschlagene geflochtene Holzfassade musste aus Sorge vor der feuchten Witterung einer Fassade aus Stein weichen. Gemeinsam mit Studenten der Universität Dublin konstruierten die Architekten den Grundriss auf einem Reißboden aus Gips – allerdings nicht, wie bei den großen Kirchenbauten im Mittelalter üblich, in Originalgröße, sondern im Maßstab 1:5. Anhand von Modellen überprüften sie vor Ort die optimale Ausrichtung des Gebäudes, die Lichtwirkungen und die Blickbeziehungen. Den Bau der Kapelle prägten nicht Zeit- und Kostendruck, sondern Qualität und Nachhaltigkeit. Allein für das Versetzen der ersten Mauerwerksschicht benötigten die Maurer eine Woche, weil sie Stein für Stein nach Augenmaß anordneten. Die Mauer umringt ein selbständig stehendes Tragwerk aus vorgefertigten Brettschichtholzstützen. Sie verzweigen sich nach oben und gehen nahtlos in die Rippen eines »Netzgewölbes« über. Gotische Kirchenarchitektur zitiert auch die Lichtführung. Durch den umlaufenden Obergaden fällt Tageslicht in den Zentralraum und bei Sonne wandert das grafische Muster der Schatten über Boden und Wände. Ebenfalls von oben belichtet ist eine kleine Gebetsnische, in die

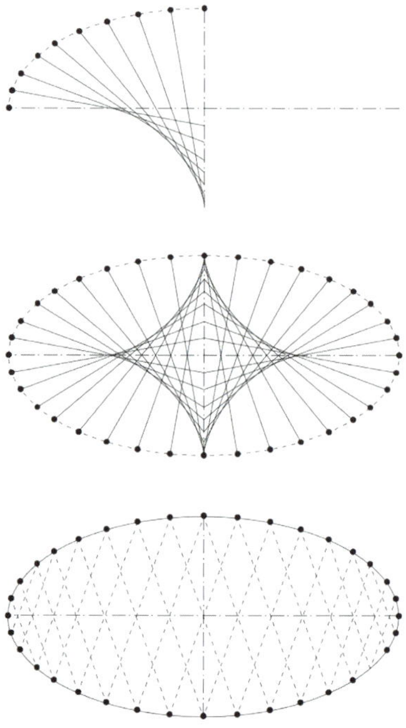

B

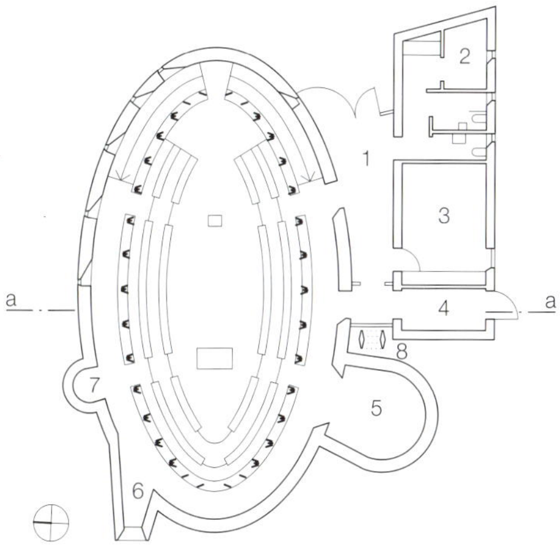

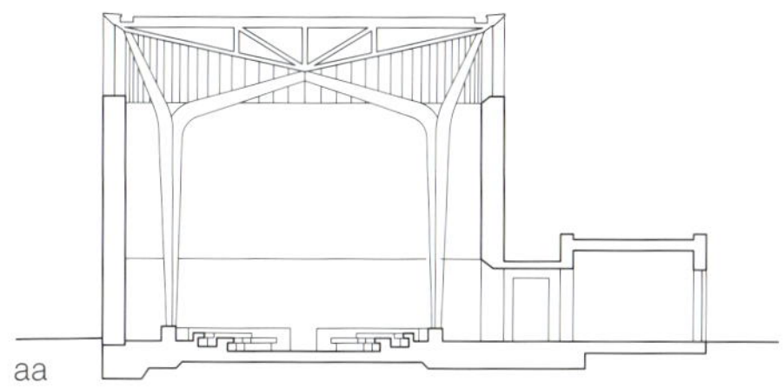

Grundriss
Schnitt
Maßstab 1:400

1 Eingang
2 Abstellraum
3 Sakristei
4 Nebeneingang
5 Gebetsraum Nonnen
6 Gebetsnische
7 Sakramentsnische
8 Glockenturm

Floor plan
Section
scale 1:400

1 Entrance
2 Store
3 Sacristy
4 Side entrance
5 Nuns' prayer space
6 Prayer alcove
7 Tabernacle
8 Bell tower

sich die Nonnen mehrmals am Tag zurückziehen. Dem Bauherrn war es von Anfang an ein großes Anliegen, die Dorfbewohner einzubeziehen. Um darüber aufzuklären, was auf dem Campus gerade vor sich geht, lud er sie in regelmäßigen Abständen auf einen Drink ein. In entspannter Atmosphäre konnten sie den Baufortschritt mitverfolgen und Fragen stellen. Zugleich dienten die Veranstaltungen dazu, über Straßensperrungen oder andere Beeinträchtigungen durch die Baustelle zu informieren.
So wurde es den Dorfbewohnern, die heute gerne zu Gottesdiensten in die Kapelle kommen, leicht gemacht, den Neubau wertzuschätzen. DETAIL 12/2013

Nowadays, commissions for ecclesiastical buildings are rare in Britain. Perhaps that is why no fewer than 126 architects applied to take part in the competition for this chapel. It is situated in the park of the Theological College of Cuddesdon near Oxford and, together with the Victorian stone buildings on both sides, forms the new centre. The need for the chapel arose when five nuns were relocated to the village. The winning scheme was implemented with only one significant change: the proposed woven-wood facade was replaced with a stone wall. Models were made to study the effect of light, viewing lines and orientation, and the floor plan was built to a reduced scale on a gypsum ground.

Quality and sustainability were the dominant factors in the construction, not speed and costs. It took a whole week to lay the first course of stones by eye, for example. The outer wall encloses an independent, load-bearing structure consisting of prefabricated laminated-timber columns. These fork at the top and merge seamlessly with the wooden cross-vaulting. The peripheral clerestory windows allow daylight to enter the central space and create a play of shadows on the floor and walls. A small recess was formed – also lighted from above – in which the nuns pray. Informal meetings and events were held to discuss the scheme and to inform villagers, who can now attend services in the chapel.

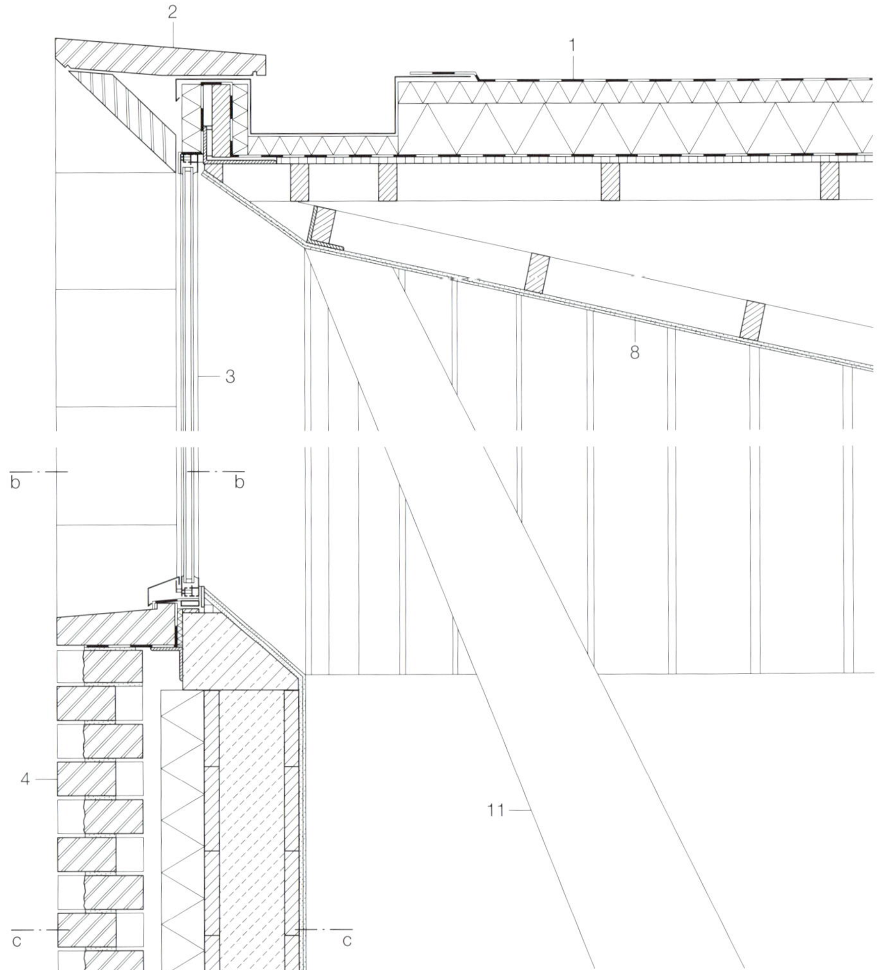

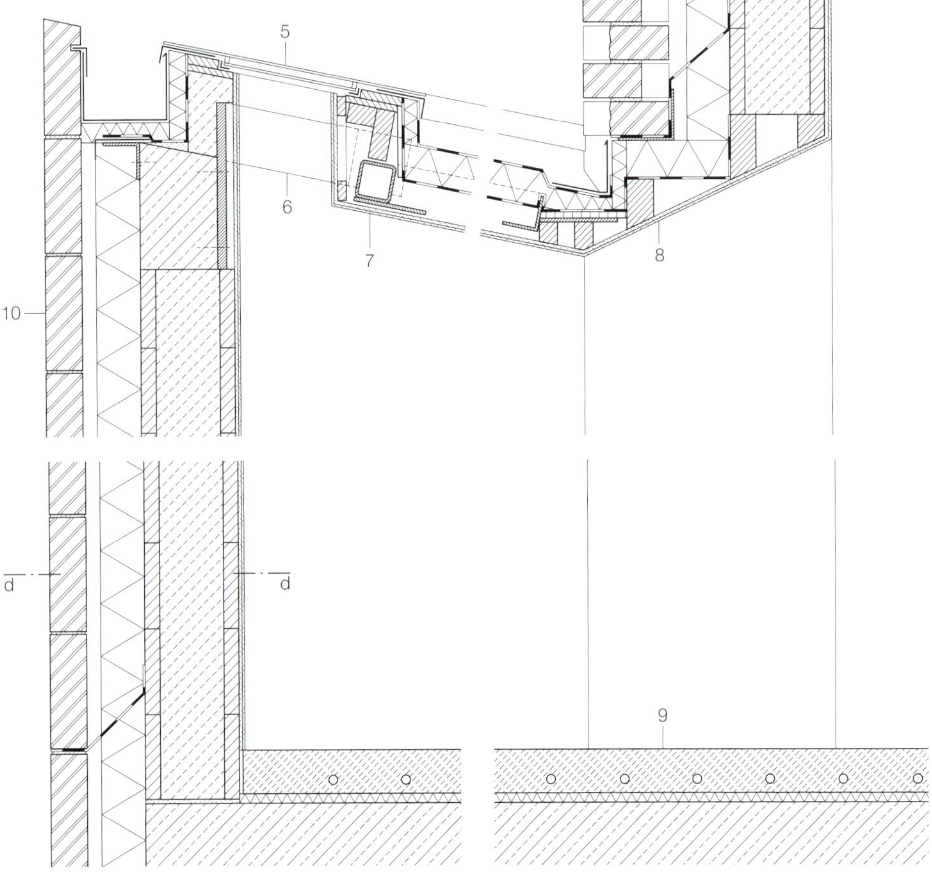

1 Dichtungsbahn EPDM
Hartschaumdämmung im Gefälle min. 150 mm
Dampfsperre, Sperrholzplatte 18 mm
Fachwerkträger Holz
2 Attika Kalkstein geschnitten, Vorderseite gerundet
3 Oberlicht Isolierglas in Rahmen Aluminium
4 Kalksteinmauerwerk verzahnt Stirnseite gebrochen
Hinterlüftung 40 mm, Wärmedämmung 120 mm
Verfüllziegel 256 mm, Kalkputz mehrschichtig
5 Oberlicht Isolierglas, äußere Scheibe gesintert
6 Stahlschwert 150/10 mm an
Einlegplatte 25/450 mm geschweißt
7 Stahlrohr 100/100 mm mit angeschweißter
gebogener Kopfplatte
8 Glattputz Kalk 2–3 mm, Unterputz Kalk 4 mm mit
eingelegtem Gittergewebe, Putzträgerplatte 9 mm
9 Heizestrich flügelgeglättet, Trennlage
Hartschaumdämmung 25 mm, Stahlbeton
10 Kalkstein geschnitten 110 mm
11 Tragwerk vorgefertigt BSH Fichte,
zweifach lasiert

1 EPDM sealing layer
min. 150 mm rigid-foam insulation to falls
vapour barrier; 18 mm plywood sheeting
timber trussed beam
2 sawn limestone coping with rounded edge
3 clerestory window: double glazing in alum. frame
4 toothed limestone walling with broken heads
40 mm rear ventilated cavity; 120 mm thermal insulation; 256 mm filled blockwork; lime plaster
5 top light: double glazing, outer pane sintered
6 150/10 mm steel fin welded to 25/450 mm plate
7 100/100 mm steel SHS with head plate bent to shape and welded on
8 2–3 mm lime plaster, smoothed; 4 mm lime plaster undercoat with mesh; 9 mm baseboard
9 smoothed screed with underfloor heating; separating layer
25 mm rigid foam insulation; reinforced concrete
10 110 mm sawn limestone cladding
11 load-bearing structure: prefabricated laminated softwood; two-coat glazed finish

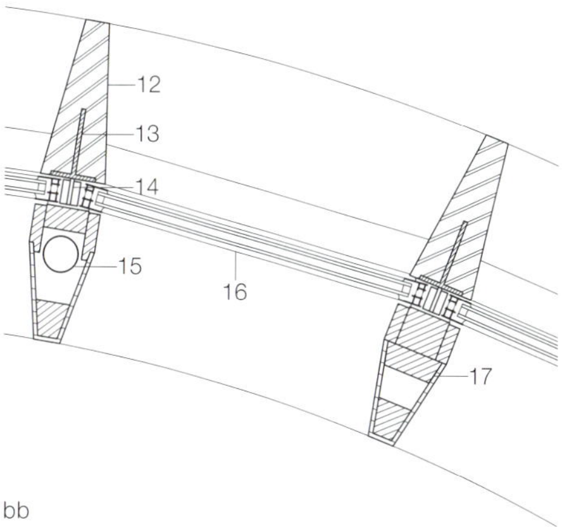

bb

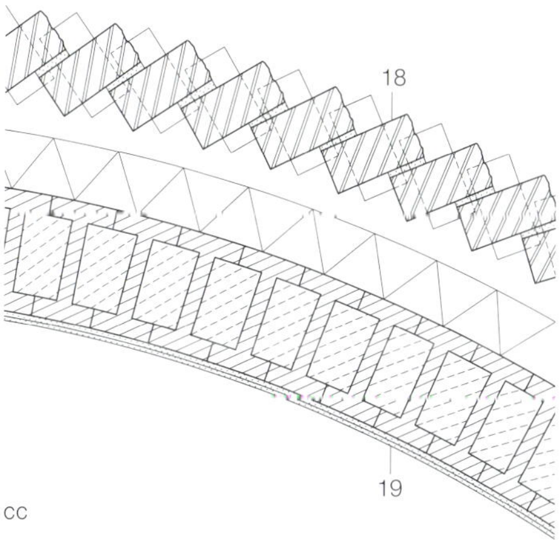

cc

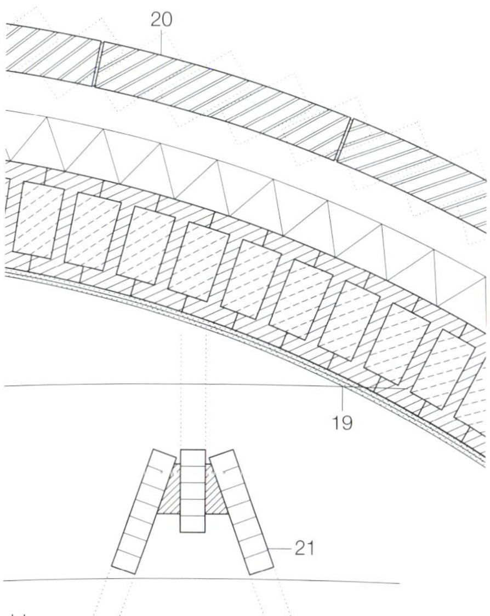

dd

Vertikalschnitt • Horizontalschnitte
Maßstab 1:20

12 Pfosten Kalkstein geschnitten
13 Edelstahlprofil T100/150 mm
14 Lasche Edelstahl 55/100/6 mm
15 Entwässerungsrohr ∅ 75 mm
16 Oberlicht Isolierglas in Rahmen Aluminium
17 Pfosten Fichte demontierbar
Bekleidung MDF zweifach lasiert 10 mm
18 Kalksteinmauerwerk verzahnt Stirnseite gebrochen
Hinterlüftung 40 mm
Wärmedämmung 120 mm
Verfüllziegel 256 mm
19 Glattputz Kalk 2–3 mm
Unterputz Kalk 4 mm mit
eingelegtem Gittergewebe
Putzträgerplatte 9 mm
20 Sockelbekleidung Kalkstein geschnitten 110 mm
21 Stütze vorgefertigt BSH Fichte,
zweifach lasiert

Vertical section • Horizontal sections
scale 1:20

12 sawn limestone mullion
13 100/150 mm stainless-steel T-section
14 50/100/6 mm stainless-steel tie
15 ∅ 75 mm rainwater pipe
16 clerestory window: double glazing in aluminium frame
17 demountable softwood post clad with 10 mm MDF; two-coat glazed finish
18 toothed limestone walling with broken heads
40 mm rear ventilated cavity
120 mm thermal insulation
256 mm blockwork with filling
19 2–3 mm lime plaster with smooth finish
4 mm lime plaster undercoat with mesh inlay
9 mm plaster baseboard
20 110 mm sawn limestone plinth cladding
21 prefabricated laminated softwood column; two-coat glazed finish

Kirche und Gemeindezentrum in Köln

Church and Parish Centre in Cologne

Architekten / *Architects*:
Sauerbruch Hutton, Berlin
Louisa Hutton, Matthias Sauerbruch,
Juan Lucas Young
Tragwerksplaner / *Structural engineers*:
Horz + Ladewig, Köln

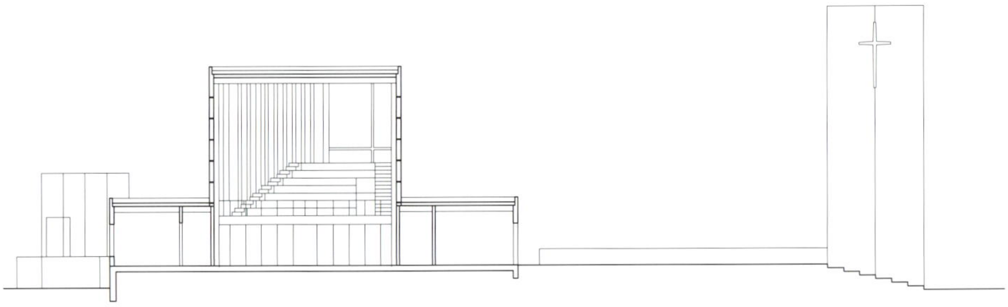

aa

Im nordwestlichen Teil des Grundstücks in Köln-Stammheim, eingerahmt von altem Baumbestand, steht der Neubau der evangelischen Immanuel-Kirche. Der Bau, der nicht wie im Wettbewerb aus Stahlbeton, sondern letztlich aus Kostengründen in Holzbauweise errichtet wurde, erhält durch den Campanile direkt an der Straße einen unübersehbaren Wegweiser. Der Glockenturm ist wie die Kirche und die kleine Gebetskapelle mit einer diagonalen Holzschalung aus sibirischer Lärche verkleidet. Eine Vergrauungslasur vereinheitlicht das Bild der Fassaden.
Man betritt das Kirchengebäude über das niedrige Foyer unter der Empore und erlebt dann die volle Höhe des Kirchenschiffs von elf Metern. Die vorgefertigten Holztafelelemente und Stützen sind unverkleidet, die gebürsteten und weiß gewachsten Oberflächen lassen die Maserung des Holzes sichtbar werden. Als Bodenbelag wurde ein heller Sichtestrich eingesetzt. Die Rippenstruktur mit Stützen von 7,5 × 30,0 cm bildet mit den ausfachenden Platten ein steifes Tragwerk aus Dach und Wandscheiben. Durch einfache, wirtschaftlich optimierte Einfeldträger konnten aufwändige Anschlüsse bei biegesteifen Rahmenecken vermieden werden. Die über dem Foyer ansteigenden Stufenbalken dienen als Sitzbänke der Empore. Die minimalistische Gestaltung durchbrechen die Architekten mit dem raumhohen Screen aus 3800 farbigen Holzlamellen in 27 unterschiedlichen Farben, der sich hinter dem Altar erhebt und wie ein Vorhang vor der Orgel schwebt. Über dem Altar öffnet sich das »Himmelsfenster«. Dieses Oberlicht verstärkt den Effekt der nach oben heller werdenden Farben und erzeugt eine transzendente Aura. Die Räumlichkeiten können von der Gemeinde je nach Veranstaltung flexibel genutzt werden. Eine in den Screen eingebaute Öffnung erleichtert das Wegräumen des liturgischen Mobiliars, der Altarbereich kann so in eine Bühne verwandelt werden. Seitlich des Altars sind weitere Bereiche durch Faltwände hinzuschaltbar und die lose Bestuhlung kann unterschiedlich angeordnet werden. DETAIL 10/2014

Grundrisse • Schnitt Maßstab 1:500	*Section • Layout plans scale 1:500*
1 Glockenturm	*1 Bell tower*
2 Kapelle	*2 Chapel*
3 Windfang	*3 Vestibule*
4 Foyer	*4 Foyer*
5 Hauptschiff	*5 Nave*
6 Altar	*6 Altar*
7 Orgel	*7 Organ*
8 Mehrzweckraum	*8 Multipurpose space*
9 Bandprobenraum	*9 Music rehearsals*
10 Mehrzweckraum der Gemeinde	*10 Multipurpose space for congregation*
11 Küster	*11 Sexton*
12 Sakristei	*12 Sacristy*
13 Küche	*13 Kitchen*
14 Kolumbarium	*14 Columbarium*
15 Empore	*15 Gallery*

The new Protestant Immanuel Church stands in the north-western area of the site in Stammheim, Cologne, surrounded by a stock of old trees. As early as the 1960s, plans had been made to build a church here, but all that was erected was a community centre, which was subsequently demolished.
For cost reasons, the present development was not implemented in reinforced concrete, as envisioned in the competition brief, but in a timber form of construction. The bell tower next to the road forms a conspicuous landmark and is clad, like the church itself and the small prayer chapel, in Siberian larch boarding laid diagonally. A greying glaze finish lends the facades a uniform appearance.
Access to the building is via a low-height foyer beneath a raised gallery. From the foyer, visitors then proceed to the nave, experiencing it in its full height of 11 metres.
The prefabricated timber panels and columns in the interior were left unclad. Their brushed and white-waxed surfaces allow the grain of the wood to remain visible. The flooring consists of an exposed screed with a shiny finish. In conjunction with the infill panels, the rib-like framework, with 75 × 300 mm columns, forms a rigid load-bearing structure for the roof and walls. By using simple, cost-optimised single-span beams, it was possible to avoid elaborate connections at the rigid junctions between members of the framing.
Behind the altar, the architects have departed from the restrained character of their design with a full-height screen, consisting of 3,800 wooden strips in 27 different colours. The screen is like a curtain suspended in front of the organ. Above the altar is a "window to heaven", a top light that intensifies the effect of the colours, which become paler towards the top, creating a transcendental aura.
An opening left in the screen facilitates the removal of the pulpit and font, allowing the altar area to be converted into a stage and the freestanding seating to be flexibly arranged, depending on the nature of the event. Folding partitions permit additional rooms to be added to the main space. The stepped beams that rise over the foyer act as seating benches in the gallery.

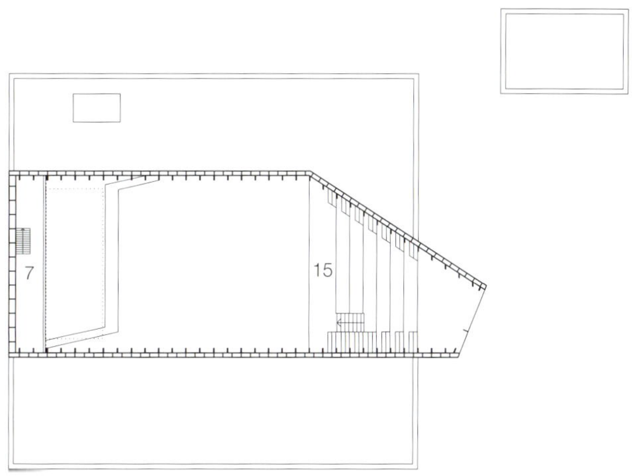

Obergeschoss / *Upper floor*

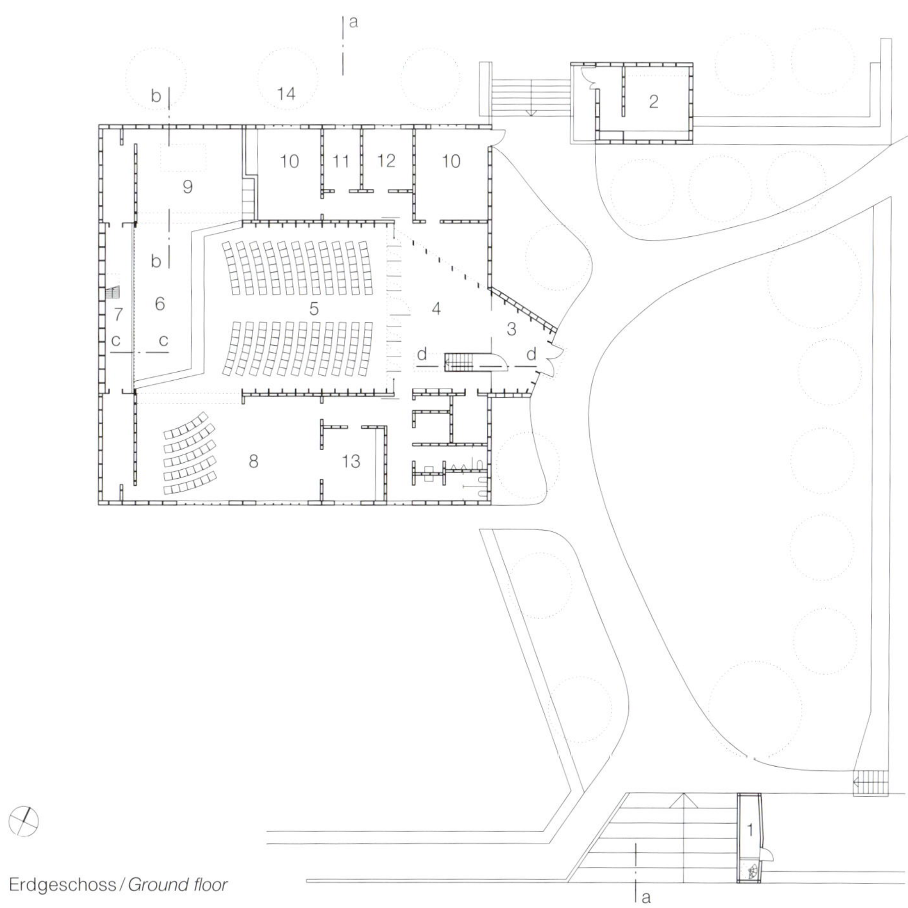

Erdgeschoss / *Ground floor*

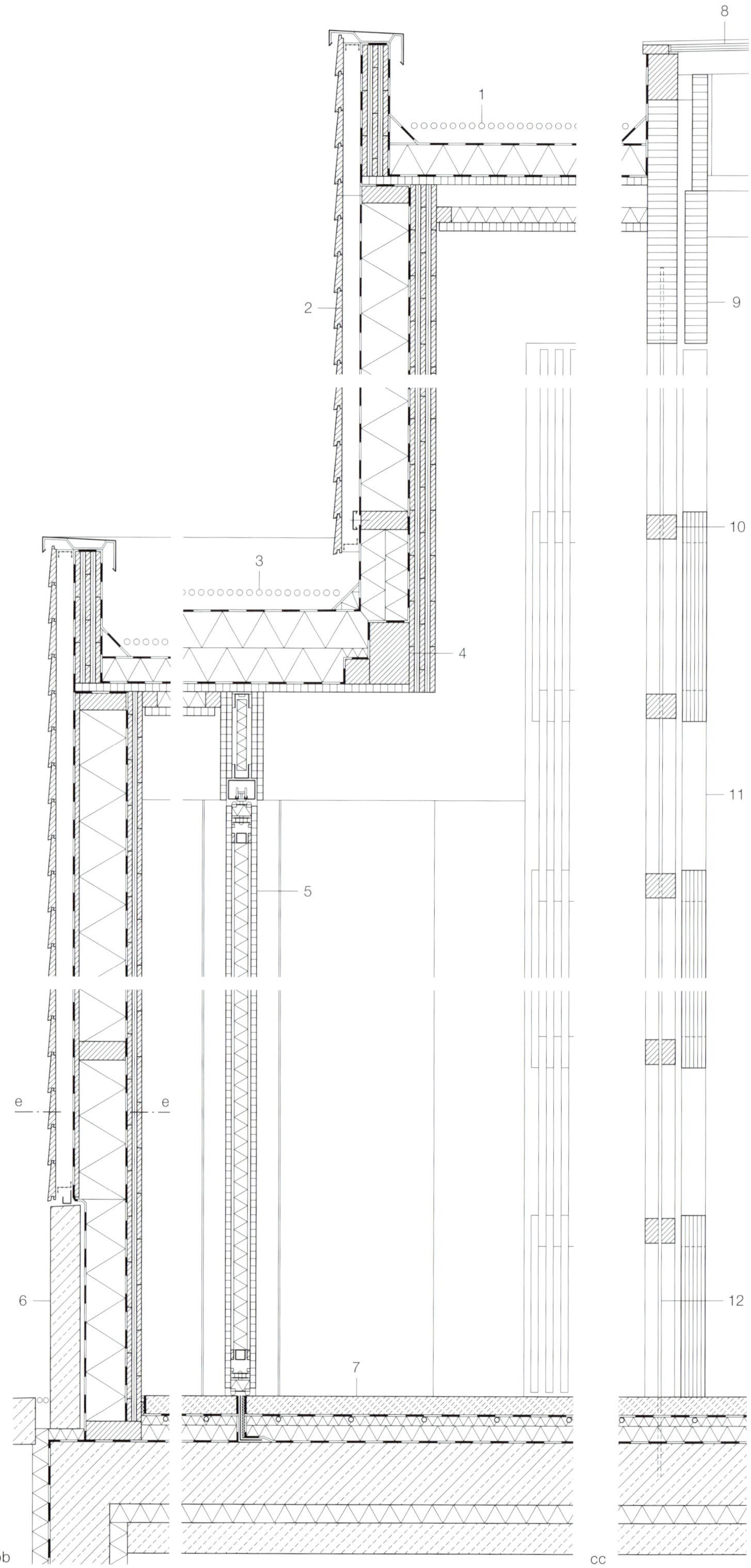

Vertikalschnitte • Maßstab 1:20
Vertical sections • scale 1:20

1 Kies, Dachdichtung Bitumenbahn dreilagig
Gefälledämmung EPS 100–210 mm, Dampfsperre
Furnierschichtholzplatte 27 mm
Funierschichtholzträger 75/500 mm
Dämmung Schallschutzplatte 50 mm
Furnierschichtholzplatte 27 mm
mit Akustikbohrungen
2 Stülpschalung Lärche mit Vergrauungsanstrich
26 mm, Konterlattung 63/50 mm
Fassadenbahn, Konstruktionsvollholz 60/160 mm
dazwischen Mineralwolle 160 mm, Dampfsperre
Brettsperrholz weiß gewachst 85 mm
3 Kies, Dachdichtung Bitumenbahn dreilagig
Dämmung Mineralwolle 2× 100 mm, Dampfsperre
Furnierschichtholzplatte 27 mm
4 Ringanker Konstruktionsvollholz 100/200 mm
Konstruktionsvollholz 80/80 mm
5 Schiebewand
6 Sichtbeton 100 mm, Fassadenbahn, Mineralwolle
130 mm, Dampfsperre, OSB-Platte 45 mm
7 Sichtestrich mit Weißzementzuschlag geschliffen
61 mm, Trennlage, Fussbodenheizung 30 mm
Wärmedämmung Hartschaum 50 mm
Abdichtung, Bodenplatte Stahlbeton 200 mm
Dämmung XPS 60 mm, Sauberkeitsschicht
8 Oberlicht ESG 10 + SZR 16 + VSG 16 mm
in Holzrahmen Eiche
9 Furnierschichtholz 75/500 mm + 100/800 mm
10 Unterkonstruktion Screen Eiche 100/80 mm
11 Kantholz Lärche 680/25/80 mm
12 Gewindestab ∅ 10 mm

*1 bed of gravel; three-layer bituminous roof seal
100–210 mm EPS insulation to falls; vapour barrier
27 mm laminated wood sheeting
75/500 mm laminated timber beam
50 mm sound-insulating sheeting
27 mm laminated wood sheeting with
acoustic borings*
*2 26 mm larch weatherboarding with grey glaze finish
50/63 mm battens; facade membrane
60/160 mm timber posts with
160 mm mineral wool between; vapour barrier
85 mm laminated timber cross-boarding, white
waxed*
*3 bed of gravel; three-layer bituminous roof seal
2× 100 mm mineral-wool insulation; vapour barrier
27 mm laminated wood sheeting*
*4 100/200 mm timber peripheral tie beam
80/80 mm timber bearer*
5 folding partition
*6 100 mm exposed concrete; facade membrane
130 mm mineral-wool; vapour barrier; 45 mm OSB*
*7 61 mm exposed screed with white-cement, ground
smooth; separating layer; 30 mm underfloor heating
50 mm rigid-foam thermal insulation
sealing layer; 200 mm reinf. concrete floor
60 mm extruded polystyrene insulation; blinding*
*8 roof light: 10 mm toughened glass + 16 mm cavity
+ 16 mm lam. safety glass in oak frame*
9 75/500 mm + 100/800 mm lam. timber beam
10 80/100 mm oak supporting structure
11 25/80 mm wood strip 680 mm long
12 ∅ 10 mm threaded rod

Studentenwohnheim in Ulm

Student Hostel in Ulm

Architekten / *Architects*:
bogevischs buero, München
Rainer Hofmann, Ritz Ritzer
Tragwerksplaner / *Structural engineers*:
Mayr Ludescher Partner, München

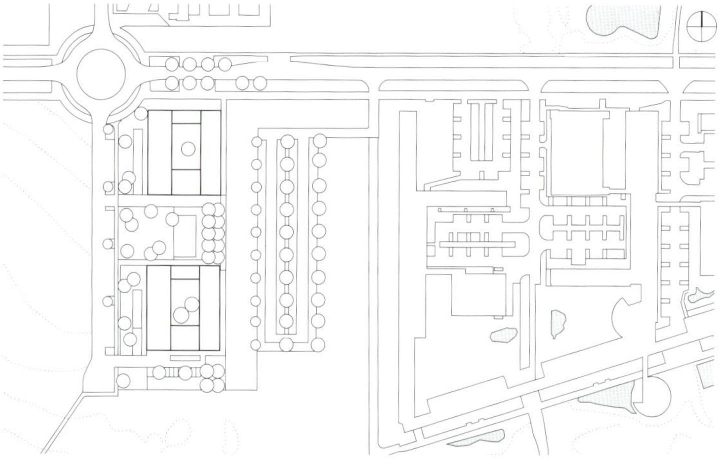

Als scharfgeschnittene liegende Betonkuben schon von Weitem sichtbar, ergänzen seit vergangenem Herbst zwei fast gleiche Wohnblöcke den Campus »Universität West« auf dem Eselsberg im Norden von Ulm. Unter dem Namen »Upper West Side« entstanden hier 300 studentische Wohnplätze, ein drittes Haus ist bereits in Planung. Unterschiedliche Wohnformen gruppieren sich in jedem der beiden Häuser um einen halböffentlichen Innenhof, der als gemeinsame Mitte unterschiedlich bespielt werden kann. In den beiden Westflügeln reihen sich Einzelzimmer zu beiden Seiten eines Mittelgangs. Die gegenüberliegenden schmaleren Gebäuderiegel bieten pro Geschoss Platz für vier Wohngemeinschaften mit jeweils vier Zimmern. In den vom Innenhof betrachtet eingeschossigen Querriegeln sind Appartements mit eigenem Bad untergebracht. Diese sind im nördlichen Haus behindertengerecht, benötigen dadurch mehr Platz und bedingen so die asymmetrische Lage des Hofs. In beiden Häusern sind bei den Treppenhäusern Loggien angeordnet, die seitlich oder zum Himmel offen sind. Vorfertigung und ein strikt durchgängiges Raster sind notwendige Folgen des knappen Kostenrahmens von ca. 17 Mio. Euro für beide Häuser. Im Gegensatz zur Ortbetonstruktur im Inneren der Gebäude bilden vorgefertigte Betonsandwichelemente die tragende Außenhülle. Die glattgeschalte, hydrophobierte Vorsatzschicht zeigt eine changierende, wolkige Oberfläche. Schalungsstöße innerhalb der kammartigen Fassadenelemente sind durch eine Spachtelung der Schalung nicht erkennbar. Anstelle der üblichen Dreiecksleisten wurden die Innenkanten der Schalung mit Silikon ausgespritzt, wodurch sich präzise, nur leicht gerundete Betonkanten ergeben. Die anthrazitfarbenen Faltschiebeläden der Fenster wurden rahmenlos, nur aus gekantetem Blech ausgeführt und konnten in dieser schlanken Bauart vollständig in die Fensterlaibungen integriert werden. Deren gelbgrün eloxierte Verkleidungen beleben die Strenge der repetitiven Lochfassade und werden so zum farbenfrohen Signet studentischen Lebens. DETAIL 06/2014

Lageplan
Maßstab 1:4000
Schnitt • Grundrisse
Maßstab 1:500

1 Eingang
2 Halle
3 Appartement
4 Appartement behindertengerecht
5 Billardraum
6 Einzelzimmer
7 Gemeinschaftsküche
8 Gemeinschaftsraum
9 Loggia
10 WG-Zimmer
11 WG-Wohnküche

Site plan
scale 1:4,000
Section • Floor plans
scale 1:500

1 Entrance
2 Hall
3 Dwelling
4 Dwelling for disabled
5 Billiard room
6 One-room flat
7 Communal kitchen
8 Communal space
9 Loggia
10 Room in shared flat
11 Kitchen-cum-living room in shared flat

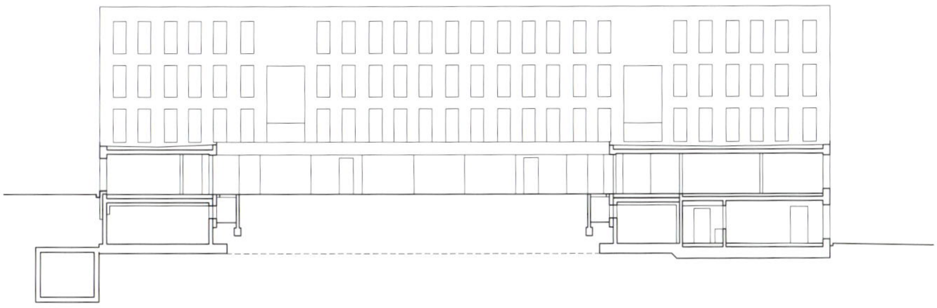

aa

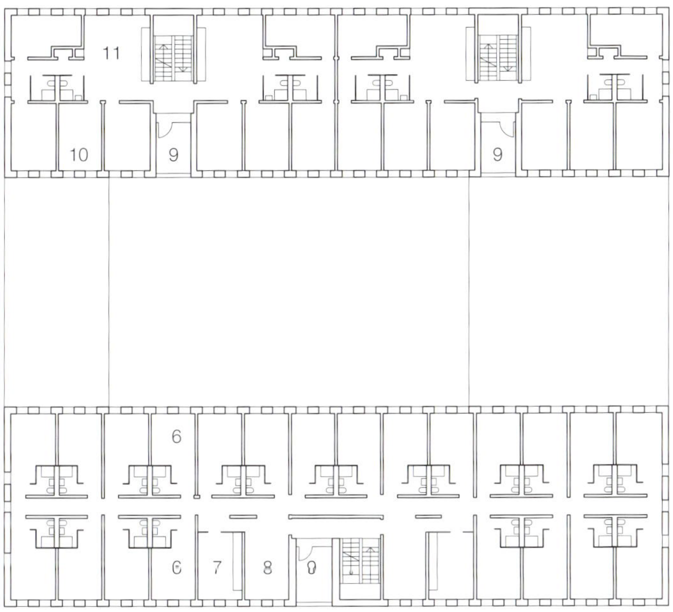

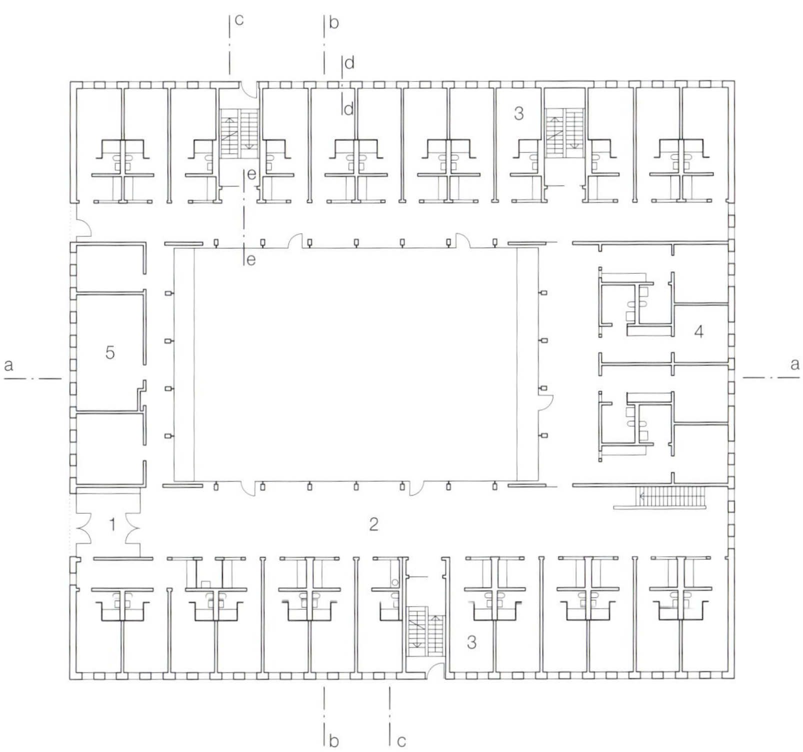

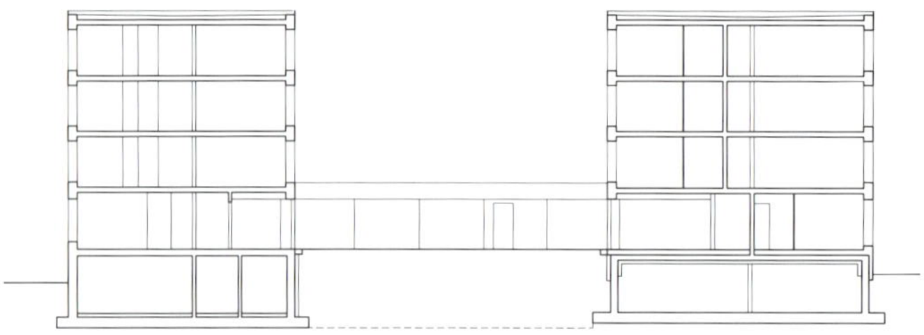

bb

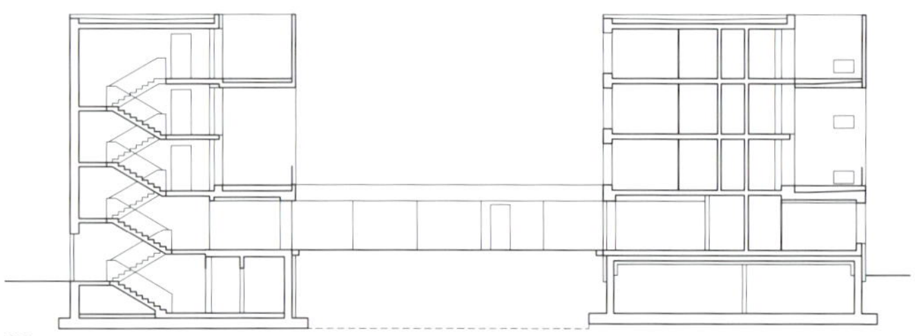

cc

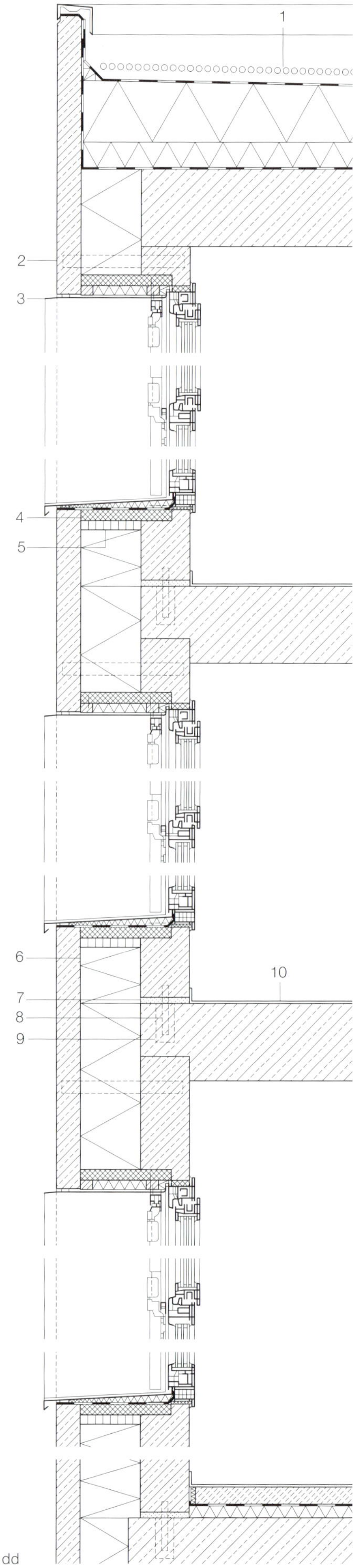

dd

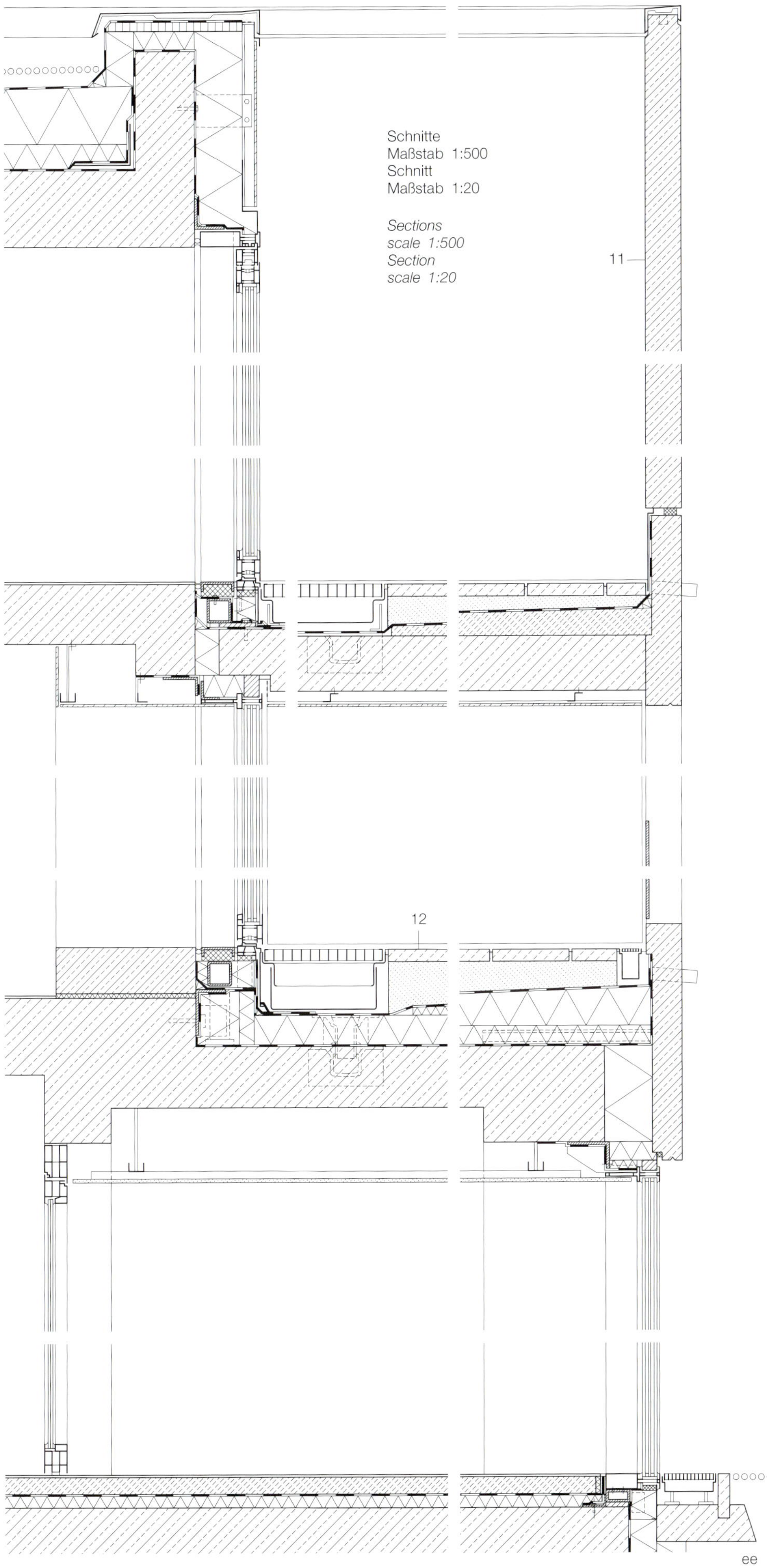

Schnitte
Maßstab 1:500
Schnitt
Maßstab 1:20

Sections
scale 1:500
Section
scale 1:20

1 Kies 50 mm, Schutzvlies
Dachdichtung Bitumenbahn zweilagig, obere Lage beschiefert 10 mm
Wärmedämmung PUR-Hartschaum im Gefälle 270–180 mm, Dampfsperre Bitumenbahn
Stahlbetondecke 250 mm, Anstrich
2 Betonsandwichelement vorgefertigt:
Vorsatzschicht Stahlbeton (Schalung gespachtelt), anthrazit durchgefärbt 80 mm,
Verbundanker Edelstahl in Wärmedämmung EPS 200 mm, Tragschicht Stahlbeton 160 mm
Spachtelung, Anstrich
3 Laibung Aluminiumblech gekantet eloxiert 3 mm
4 Schraubgrund: EPS verdichtet 35 mm
5 Weichfaserplatte (nur im Fensterbereich) 20 mm
6 Brandriegel Wärmedämmung Steinwolle 200 mm
7 Mörtelbett 20 mm
8 Einschlaghülse in Fertigteil mit Stahlstab ∅ 20 mm
9 Hüllwellrohr in Stahlbetondecke ∅ 60 mm mit Mörtelfüllung zur Fixierung Stahlstab/Fertigteil
10 Nadelfilzteppich, Spachtelung, Abdichtung Epoxidharz, Stahlbetondecke 250 mm, Anstrich
11 Stahlbetonfertigteil (Schalung gespachtelt), anthrazit durchgefärbt 120 mm
12 Betonwerksteinplatten 50 mm
Splittbett 140–60 mm
Bautenschutzmatte Gummigranulat 3 mm
Dachdichtung Bitumenbahn zweilagig, obere Lage beschiefert 10 mm
Wärmedämmung PUR-Hartschaum im Gefälle 100–180 mm, Dampfsperre Bitumenbahn
Stahlbetondecke 200 mm
abgehängte Decke Gipskartonplatte 12,5 mm

1 50 mm layer of gravel; protective mat
two-layer bituminous roof seal, upper layer with 10 mm stone chippings
180–270 mm polyurethane rigid-foam thermal insulation to falls; bituminous vapour barrier
250 mm reinforced concrete roof, painted
2 precast concrete sandwich element:
80 mm anthracite-coloured reinforced concrete facing slab; stopping coat to formwork; stainless-steel anchor through 200 mm exp. polystyrene thermal insulation; 160 mm reinf. concrete bearing layer, stopped and painted
3 3 mm anodised alum. surround, bent to shape
4 35 mm compacted exp. polystyrene fixing layer
5 20 mm soft-fibre sheet (only next to window)
6 firebreak: 200 mm rock-wool thermal insulation
7 20 mm bed of mortar
8 sleeve with ∅ 20 mm steel fixing rod
9 ∅ 60 mm corrugated sheath in reinf. conc. floor; mortar filling to fix steel rod/precast element
10 needle-felt carpet; smoothing layer; epoxy-resin seal; 250 mm reinf. conc. floor, painted
11 120 mm anthracite-coloured prec. conc. element; stopping coat to formwork
12 50 mm reconstructed stone paving slabs
60–140 mm bed of stone chippings to falls
3 mm rubber granulate protective mat
two-layer bituminous seal, upper layer with 10 mm stone chippings
100–180 mm polyurethane rigid-foam thermal insulation to falls; bituminous vapour barrier
200 mm reinforced concrete floor
12.5 mm gypsum plasterboard suspended soffit

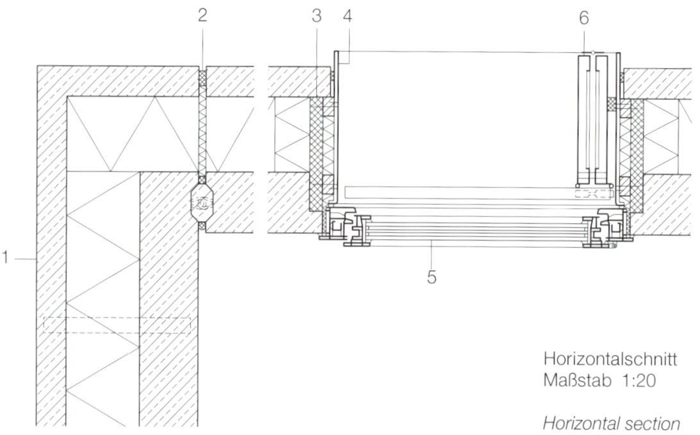

Horizontalschnitt
Maßstab 1:20

Horizontal section
scale 1:20

1 Betonsandwichelement vorgefertigt: Vorsatzschicht Stahlbeton (Schalung gespachtelt) anthrazit durchgefärbt 80 mm
Verbundanker Edelstahl in Wärmedämmung EPS 200 mm
Tragschicht Stahlbeton 160 mm
Spachtelung
Anstrich
2 Abdichtung Kompriband
3 Schraubgrund: EPS verdichtet 35 mm
4 Laibung Aluminiumblech gekantet eloxiert 3 mm
5 Dreifachverglasung ESG 8 + SZR 12 + Float 4 + SZR 12 + ESG 6 mm in Kunststoffrahmen
6 Faltschiebeladen Aluminiumblech gekantet eloxiert 2 mm

1 precast concrete sandwich element: 80 mm anthracite-coloured reinf. conc. facing slab; stopping coat to formwork stainless-steel anchor through 200 mm exp. polystyrene thermal insulation
160 mm reinf. conc. bearing layer, stopped and painted
2 elastic sealing joint
3 35 mm compacted exp. polystyrene fixing layer
4 3 mm anodised aluminium surround, bent to shape
5 triple glazing 8 mm toughened glass + 12 mm cavity + 4 mm float glass + 12 mm cavity + 6 mm toughened glass in plastic frame
6 sliding, folding shutter: 2 mm anodised sheet alum. bent to shape

Visible from afar as an ensemble of clear-cut concrete cubes in the north of Ulm, these two almost identical dwelling blocks complement the other buildings on the University West campus. Bearing the name "Upper West Side", accommodation has been created here for some 300 students, and a third block is already being planned. The present development contains various dwelling forms. These are laid out about semi-public courtyards which can be used in different ways as common central areas. In the two western tracts, single rooms are lined up on both sides of a central corridor. In the narrower strips opposite these, accommodation is provided on every floor for four flat-sharing groups in four-room units. The cross-strips overlooking the courtyards contain one-room apartments with their own bathrooms. In the northern block, these dwellings are designed for disabled persons, which means that they require more space and therefore result in an asymmetrical layout of the courtyard. Incorporated in both blocks near the staircases are loggias that are open either on one side or to the sky. Prefabrication and a strict grid were the outcome of the tight cost programme, amounting to roughly €17 million for both blocks. In contrast to the in-situ concrete structure internally, the load-bearing outer walls consist of precast concrete sandwich elements. The smooth, water-repellent facing layer has a cloudy, mottled surface. Smoothing of the formwork meant that abutments within the comb-like facade units are not evident. The narrow joints were sealed with compressed strips. The inner edges of the shuttering were simply sprayed with silicone, thus allowing the creation of precise, slightly rounded concrete arrises. The anthracite-coloured folding-sliding shutters to the windows consist of bent sheet metal and are without frames. It was possible to house this slender form of construction entirely in the window recesses. The greenish-yellow anodised cladding to these elements enlivens a facade that is punctuated with repetitive openings, thereby turning it into a colourful emblem of student life.

Mikro-Apartment-Haus in Seoul

Micro-Apartment Block in Seoul

Architekten / *Architects*:
SsD, New York/Seoul
Jinhee Park, John Hong
Tragwerksplaner / *Structural engineers*:
Mirae Structural Design Group,
Seoul, Korea

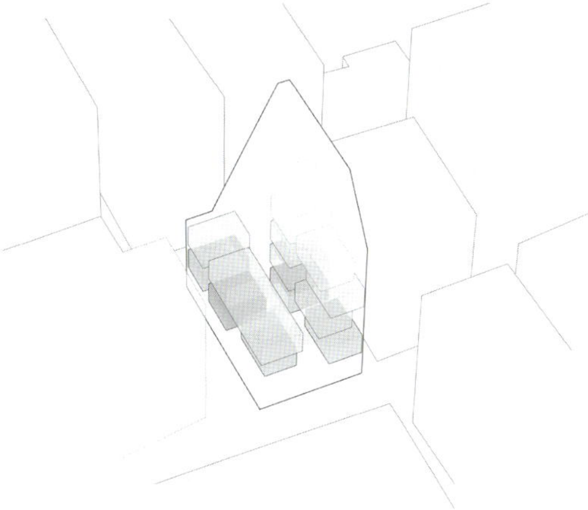

In Südkorea wohnen viele junge Erwachsene bis zur Hochzeit bei ihren Eltern. In den Städten ziehen die neu gegründeten Familien dann meist in Mehr-Zimmer-Apartments. Doch die Gesellschaft wandelt sich und vor allem in Seoul wird auch die Nachfrage nach Mikro-Wohnungen größer. Den Architekten Jinhee Park und John Hong gelang es, ihren Bauherrn von einem besonders flexiblen Konzept für eine kunstaffine Zielgruppe zu überzeugen. Sie schoben Kuben von nur elf Quadratmetern auf fünf Geschossen in ein Stahlskelett mit stark variierenden Querschnitten. Die Wohneinheiten liegen scheinbar willkürlich versetzt im stählernen Regal. Durch die Vorschiebungen ergeben sich vielfältige Zwischenräume, die zusammen mit breiten Fluren Raum für gesellige Treffen bieten. Eine Hülle aus gedrehten Edelstahlbändern kleidet den Baukörper homogen ein und schafft die nötige Privatsphäre. In den Apartments erweitern Oberlichtbänder die räumliche Enge und die Industriedesignerin Jinhee Park entwarf maßgeschneiderte klapp- und schiebbare Einbaumöbel. Im zweiten Stock lockt eine Kunstgalerie Passanten an, die das Gebäude über die »Plaza« betreten. Von dort führt auch eine breite Treppe hinab in Café und Auditorium. DETAIL 10/2015

With changes in South Korean society, the demand for micro-apartments is growing, especially in Seoul. The architects of the present scheme were able to convince their client with a particularly flexible concept. Housing cubes only 11 m² in area were stacked on top of each other up to five storeys high. The units were slid like boxes into a skeleton structure of steel girders of various cross sections. The cubes consist of lightweight concrete, insulation and grey cement cladding, with a homogeneous outer skin of twisted stainless-steel strips. Passers-by are attracted by an art gallery that the enthusiastic client has installed on an upper floor, and a broad staircase leads down from the plaza to a café and auditorium.

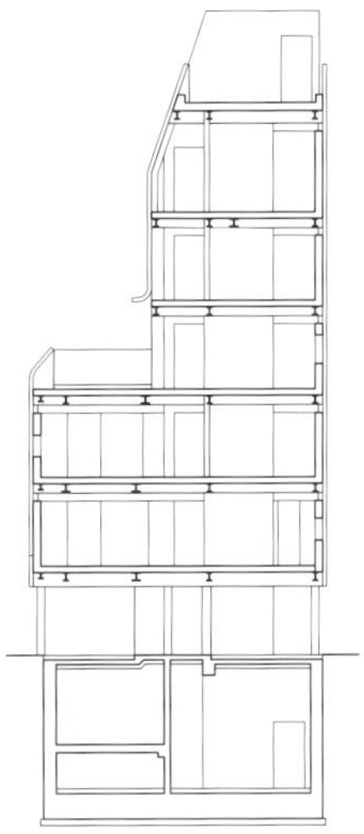
aa

Schnitte • Grundrisse
Maßstab 1:400

1 Parkdeck, Veranstaltungen
2 Tribüne, Treppe zum Café, Auditorium
3 Fahrradständer
4 Oberlicht Café
5 Eingang Galerie, Apartments
6 Apartment
7 Gemeinschaftsbereich, Flur
8 Balkon
9 Brücke
10 Terrasse

Sections • Floor plans
scale 1:400

1 Parking deck, Events
2 Seating tiers, Stairs to café and auditorium
3 Bicycle stands
4 Roof light over café
5 Access to gallery and apartments
6 Apartment
7 Communal area, Corridor
8 Balcony
9 Bridge
10 Terrace

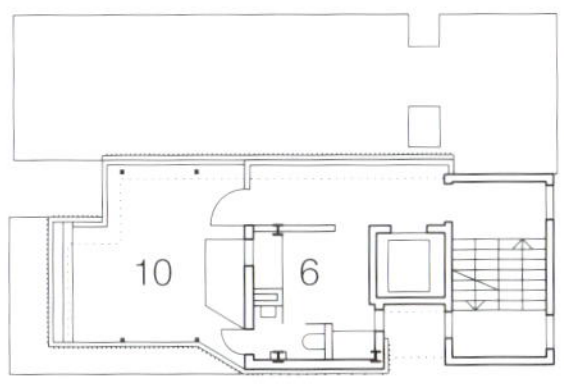

5. Obergeschoss / *Fifth floor*

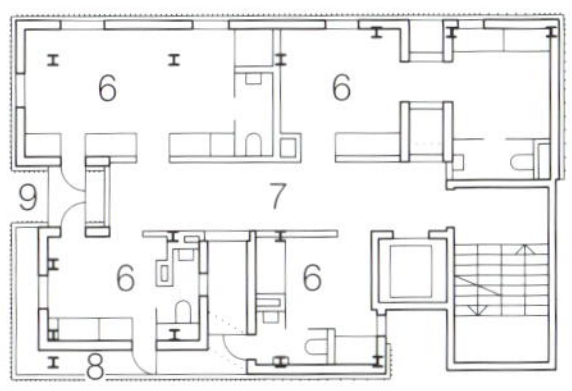

2. Obergeschoss / *Second floor*

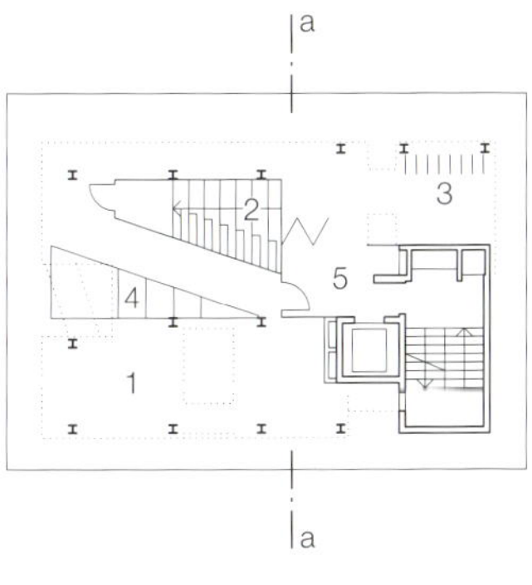

Erdgeschoss / *Ground floor*

Horizontalschnitte
Vertikalschnitt
Maßstab 1:20

Horizontal sections
Vertical section
scale 1:20

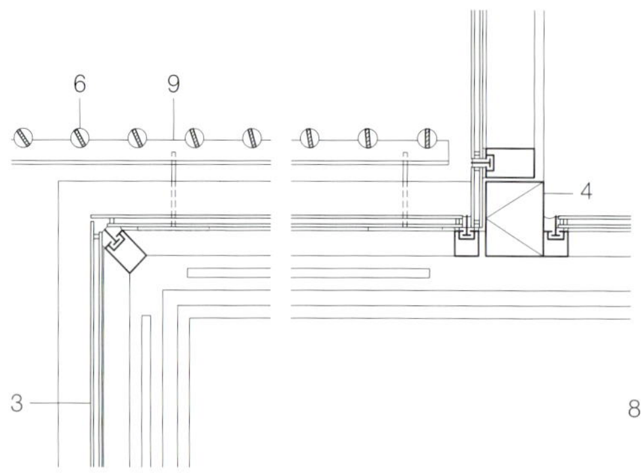

bb

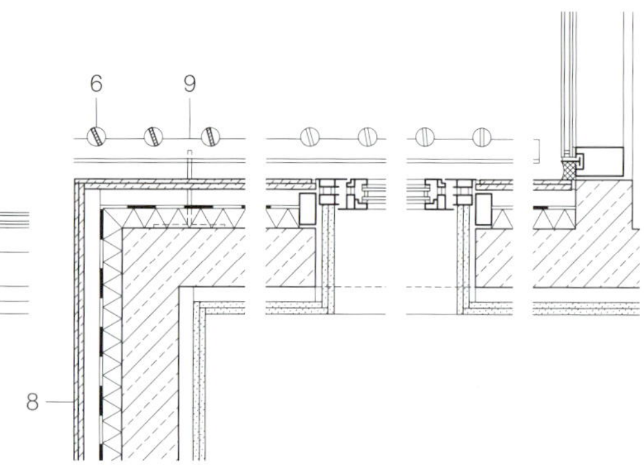

cc

1 Dielen Mahagoni 20 mm, Lattung 20 mm
Dichtungsbahn geklebt
Wärmedämmung 100 mm, Flüssigmembran
Stahlbeton 150 mm
Wärmedämmung offenporig 160 mm
zwischen Stahlprofilen I 120/250 mm
U-Profil Aluminium 80 mm
Gipskarton 2× 12,5 mm
2 Aluminiumblech 3 mm
Aluminiumrohr □ 2× 20/20 + □ 50/50 mm
Dichtungsbahn aufkaschiert
Wärmedämmung 40 mm
3 Isolierverglasung low-e
ESG 6 mm + SZR 12 mm + ESG 6 mm
auf Rahmen Aluminium 50/50 mm
4 Dämmpaneel Aluminium 120/140 mm
5 Parkettboden Hartholz 12 mm
Fußbodenheizungssystem 35 mm
Stahlbetondecke 150 mm
Schalldämmung 30 mm
6 Lamelle Edelstahlblech gedreht 38/5 mm
7 LED Leuchtmittel
8 Faserzementplatte 9 +12 mm
Luftschicht/Lattung 40 mm
Dichtungsbahn aufkaschiert
Dämmung Hartschaumplatte 40 mm
zwischen Stahlrohren ▭ 40/60 mm
Porenbeton 110 mm
Lattung 20 mm, 2× Gipskarton 12,5 mm
9 Unterkonstruktion demontierbar Edelstahl
10 Stahlprofil I 150/150 mm
11 Unterkonstruktion Stahlrohr □ 50/50 mm
12 Stahlprofil I 250/250 mm

1 20 mm mahogany boarding; 20 mm battens
waterproof membrane, adhesive-fixed
100 mm thermal insulation; liquid membrane
150 mm reinforced concrete roof
160 mm permeable thermal insulation
120/250 mm steel I-beams
80 mm aluminium channel sections
2× 12.5 mm gypsum plasterboard
2 3 mm sheet aluminium
2× 20/20 and 50/50 mm aluminium SHSs
sealing layer, adhesive-fixed
40 mm thermal insulation
3 low-E double glazing:
2× 6 mm toughened glass + 12 mm cavity in
50/50 mm aluminium frame
4 120/140 mm aluminium insulating panel
5 12 mm hardwood parquet
35 mm underfloor heating system
150 mm reinforced concrete floor
30 mm impact-sound insulation
6 38/5 mm sheet stainless-steel twisted strips
7 light fitting: LED
8 9 + 12 mm fibre-cement sheeting
40 mm cavity/battens
sealing layer, adhesive-fixed
40 mm rigid-foam insulation between
60/40 mm steel RHSs
110 mm aerated concrete; 20 mm battens
2x 12.5 mm gypsum plasterboard
9 removable stainless-steel supports
10 150/150 mm steel I-beam
11 supporting structure: 50/50 mm steel SHSs
12 250/250 mm steel I-beam

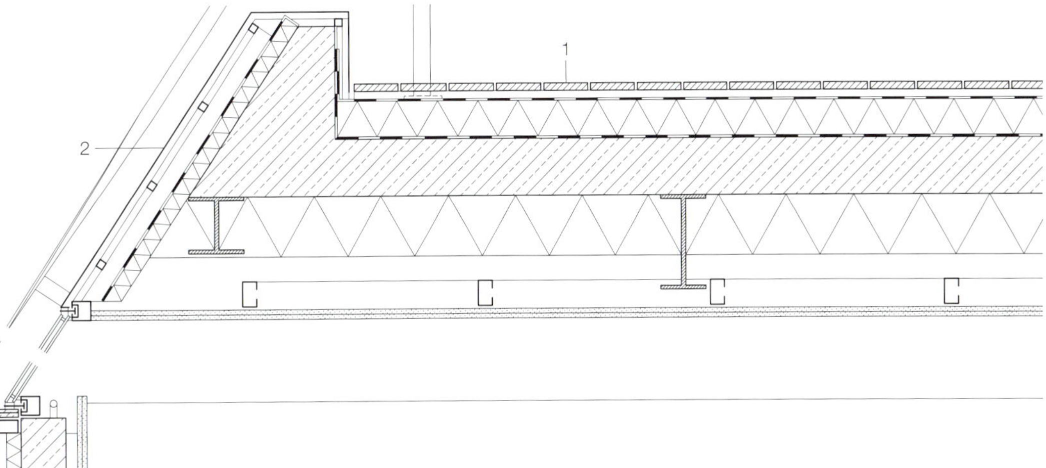
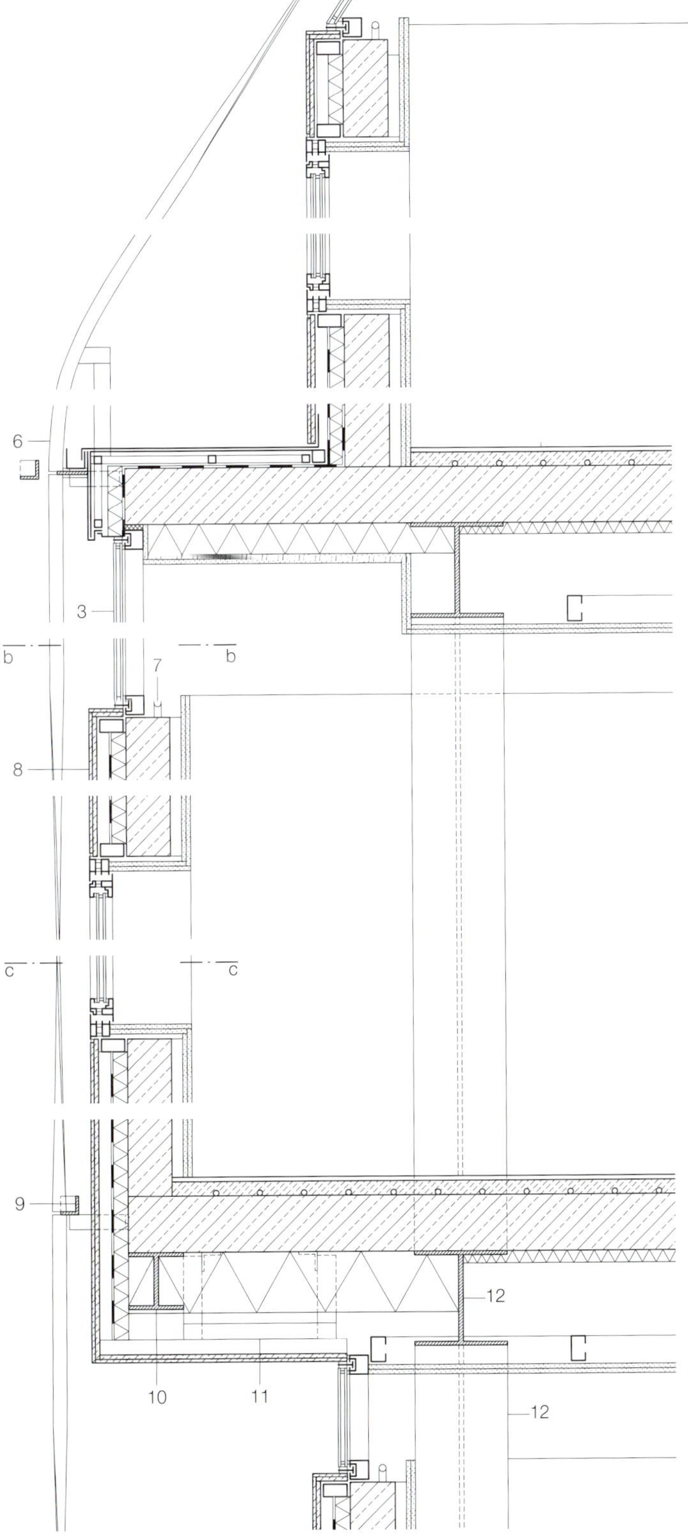
1
2
6
3
b
7
b
8
c
c
9
12
10
11
12

Gartenpavillon in Smetlede

Garden Pavilion in Smetlede

Architekt / *Architects*:
Indra Janda, Smetlede
Tragwerksplaner / *Structural engineers*:
Arthur De Roover, Gent

Lageplan
Maßstab 1:2000

Site plan
Scale 1:2,000

Der belgische Ort Smetlede, südöstlich von Gent, liegt in einer ländlichen Region. Felder, Äcker und Waldstücke werden durch ein loses Netz von Wegen und Straßen parzelliert und lediglich an den größeren Verkehrswegen verdichten sich die Häuser zu Siedlungen oder Dörfern. Sensibel platziert Indra Janda den Solitär zur Erweiterung eines bestehenden Hofs. Der Pavillon bildet ein Ensemble mit Haupthaus und Nebengebäude und grenzt den Garten zwischen den Bestandsgebäuden rückseitig ab. So pragmatisch die Volumensetzung ist, so pragmatisch ist auch die Gebäudeform. Kleiner und kompakter als der Bestand nimmt der Gartenpavillon die Form des Giebeldachs auf und schließt an der rückseitigen Baulinie an, hält aber einen diskreten Abstand zum Wohnhaus. Dieses Selbstverständnis als Solitär setzt sich in der Oberfläche fort: eine weiße Schuppenhaut aus transluzenten Polycarbonatschindeln zieht sich über das gesamte Volumen. Unaufdringlich und doch eigenständig verortet sich der Pavillon, ohne die Bestandsgebäude oder das umgebende Grün übertrumpfen zu wollen. Unterstützt wird dieser Eindruck durch die großzügigen Ausschnitte zum Garten, welche die Leichtbaukonstruktion offenlegen und der Hülle das monolithische Moment nehmen. Auf der Bodenplatte aus Beton steht ein Holzgerüst in Rippenbauweise, dessen diagonale Aussteifungen frei platziert sind. In Absprache mit dem Ingenieur, der in Belgien auch für solch kleine Bauvorhaben vorgeschrieben ist, entstand eine eigenwillige, aber bodenständige Konstruktion, welche durch den Verzicht von Deckenbalken ein Maximum an Raum ermöglicht. Ebenso konsequent werden die Materialwahl umgesetzt und die eigenhändig zugeschnittenen Polycarbonatschindeln anhand der Verlegetechnik eines Baustoffherstellers angebracht.
Was mit Ingenieur und Handwerker vor Ort entschieden wurde, ergibt eine harmonische Einheit und eine feinfühlige, charaktervolle Erweiterung des Ensembles.
DETAIL 05/2015

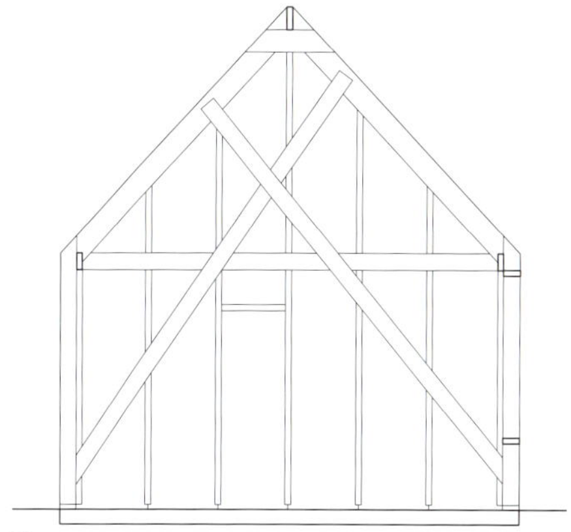

bb

The Belgian town of Smetlede, south-east of Ghent, is located in a rural area composed of fields, meadows and forested areas. These landscape components are apportioned by a loose network of lanes and streets. It is only on the edges of these pathways that one encounters houses grouped in smaller colonies or villages. Indra Janda has carefully inserted this solitaire in an existing farmyard. The pavilion becomes a part of an ensemble made up of the main house and auxiliary buildings. By siting it between two structures the architects created a defining back edge of the garden.
The positioning of the massing is as practical as the building form itself. Smaller and more compact than the neighbouring structures, the new pavilion adopts their gable roof and aligns itself with the main building, but maintains a discrete distance. The matter-of-factness of the solitaire continues over to its surface and the scales of white, translucent polycarbonate shingles sheathe the entire volume.
The pavilion unobtrusively finds its footing without trying to outdo the existing building or the surrounding trees. This impression is underscored by the ample openings toward the garden: these reveal the lightweight construction method and mitigate the skin's otherwise monolithic guise. Atop the concrete slab on grade is a wood frame erected employing the cross beam and rib construction method. The required diagonal bracing is independent of the structure's symmetry.
In consultation with the engineer, who in Belgium must also be involved in such a small project, an idiosyncratic yet down-to-earth structure came about. By eliminating roof beams, the team maximised the spaciousness of the interior.
The material scheme was implemented every bit as thoroughly: the process involved installing bespoke polycarbonate shingles – they were cut to size by hand – with a conventional mounting technique. The decisions made on site with the engineer and the artisans have yielded a sensitive, harmonic new addition to the ensemble.

Schnitte
Grundriss
Maßstab 1:100

Sections
Floor plan
scale 1:100

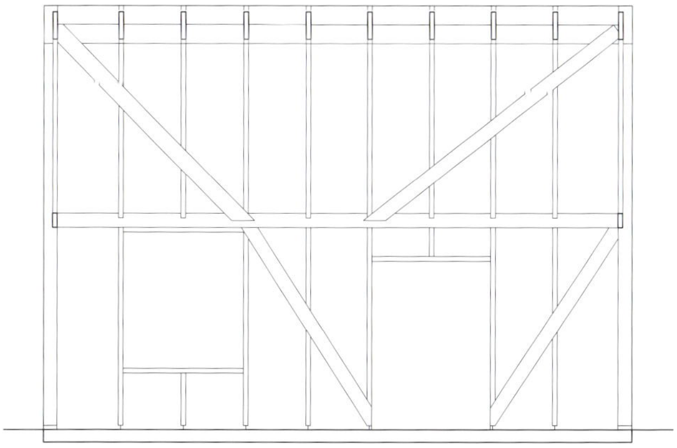

aa

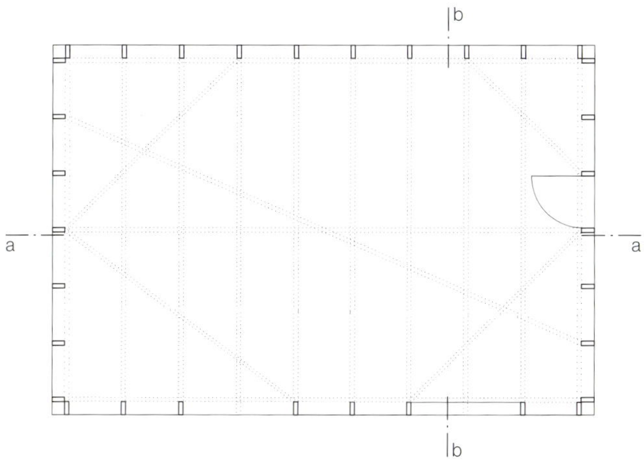

Vertikalschnitt Maßstab 1:20
Ansicht (Abwicklung) Maßstab 1:200

1 Firstpfette Douglasie imprägniert 230/58 mm
2 Schindel Polycarbonat transluzent 400/400/4 mm 50 mm Überlappung
3 Trägerlattung 40/35 mm
4 Vollholzbalken 58/170 mm
5 Balkenanker Stahlprofil I 300 mm (halbiert)
6 Bodenplatte Beton poliert 150 mm Dichtungsbahn PE-Folie 2 mm Sandschüttung 80 mm

Vertical section scale 1:20
Developed elevation scale 1:200

1 230/58 mm Douglas fir ridge purlin, waterproofed
2 400/400/4 mm polycarbonate shingle, translucent, 50 mm overlap
3 40/35 mm laths
4 58/170 mm wood beam
5 steel plate bracket: 300 mm I-beam, bisected
6 150 mm slab polished concrete 2 mm polythene membrane 80 mm stabilised sand

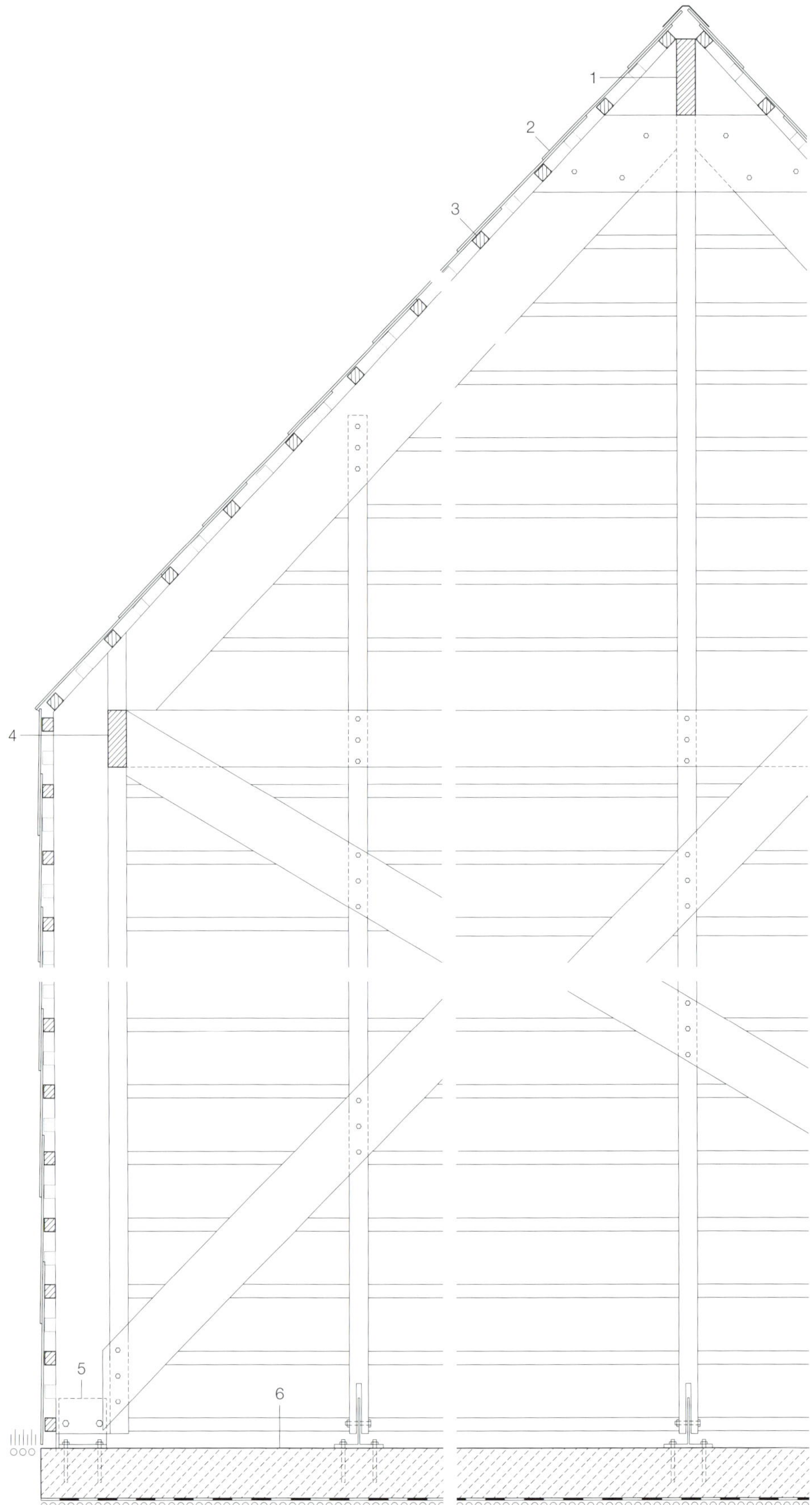

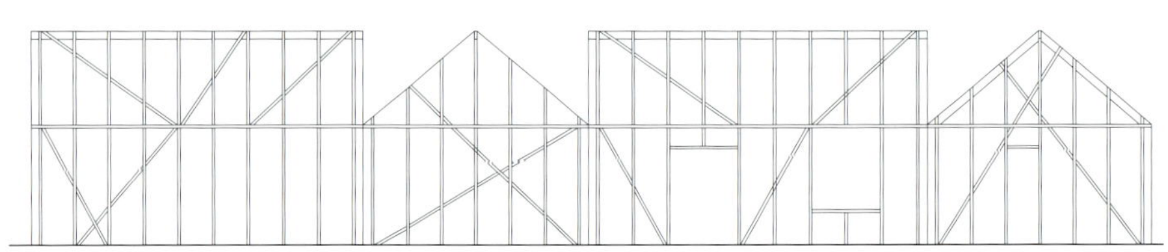

Wohnhaus am Lago Maggiore

House on Lake Maggiore

Architekten / *Architects*:
Wespi de Meuron Romeo, Caviano
Markus Wespi, Jérome de Meuron,
Luca Romeo
Tragwerksplaner / *Structural engineers*:
Pedrazzini Guidotti Sagl, Lugano

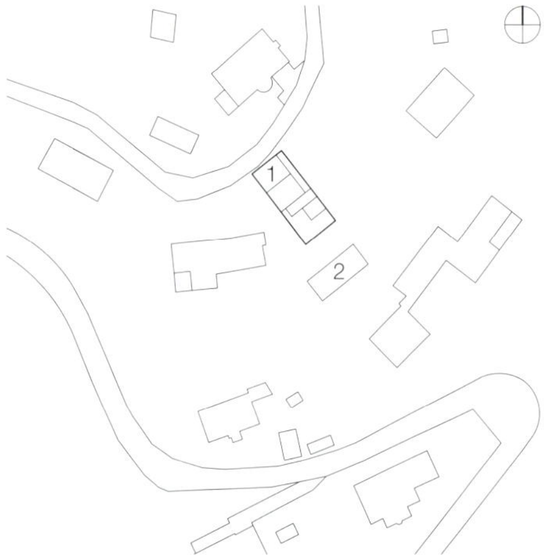

Ein schmales, steiles Hanggrundstück in Brissago am Lago Maggiore bildete den Bauplatz für ein Wohnhaus mit umfangreichem Raumprogramm. Die Architekten nutzten die besondere Topografie, um vier Geschosse turmartig übereinander zu stapeln und den Seeblick durch großformatige Fenster zu inszenieren. Der Clou an dem Haus sind die hangseitigen Außenräume – der Eingangshof mit Zugangstreppe und der Wohnhof eine Ebene tiefer –, die durch die geschickte Anordnung von offenen und geschlossenen Volumen spannungsvolle Raumfolgen bilden, mal eng, mal weit, mal überdeckt, mal nach oben offen. Die einfassenden Wände verleihen ihnen einen schützenden Charakter, Öffnungen auf beiden Seiten erlauben dennoch Durchblicke in die Umgebung. Die Fenstertüren, die die Höfe mit den Wohnräumen verbinden, lassen sich zur Seite schieben und verschwinden komplett in der Wand, sodass Innen und Außen nahtlos ineinander übergehen. Der durchgängig verwendete gewaschene Beton bindet das eigentliche Haus und die Höfe zu einer baulichen Einheit zusammen. Zu seiner rauen, unregelmäßigen Oberfläche kontrastieren der glatte Estrichboden und Möbel aus Holz. Die verputzten Decken- und Wandflächen dagegen nehmen die raue, grobe Struktur des Betons wieder auf – sie kaschieren die Innendämmung.
DETAIL 04/2016

Exploiting the topography of this narrow, steeply sloping site, the architects have created a house with an extensive spatial programme, stacking four storeys on top of each other in a tower-like arrangement, with two living and two sleeping levels. Glimpses of the hillside are afforded by a fascinating sequence of external spaces – an entrance court with access stairs and an outdoor living area one storey lower – while views of the lake and landscape are staged through the large windows and the glazed doors that can be slid aside into the walls. A unifying element of the design is the exposed-aggregate concrete exterior, which stands in contrast to the smooth screeded floors and wooden furniture.

Lageplan Maßstab 1:2000	*Site plan* *scale 1:2,000*
Schnitte • Grundrisse Maßstab 1:250	*Sections • Floor plans* *scale 1:250*
1 Parken	*1 Parking space*
2 Terrasse und Swimmingpool	*2 Terrace and swimming pool*
3 Essen	*3 Dining room*
4 Küche	*4 Kitchen*
5 Abstellraum	*5 Storeroom*
6 Hof	*6 Courtyard*
7 Eingang	*7 Entrance*
8 Keller	*8 Cellar space*
9 Wohnen	*9 Living room*
10 Zimmer	*10 Room*
11 Fitnessraum	*11 Gym*
12 Schlafen	*12 Bedroom*
13 Technik	*13 Building services*
14 Sauna	*14 Sauna*

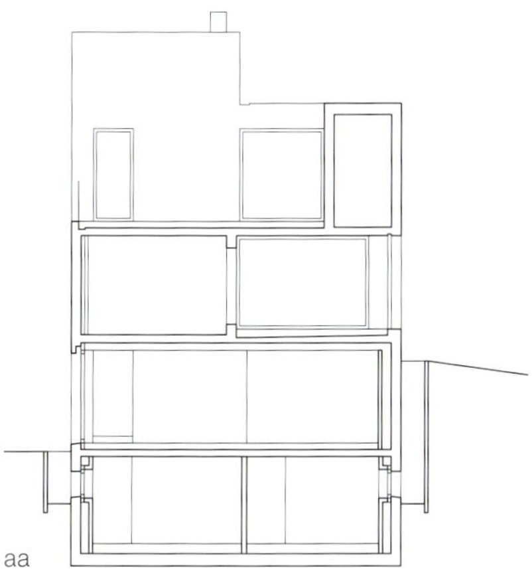

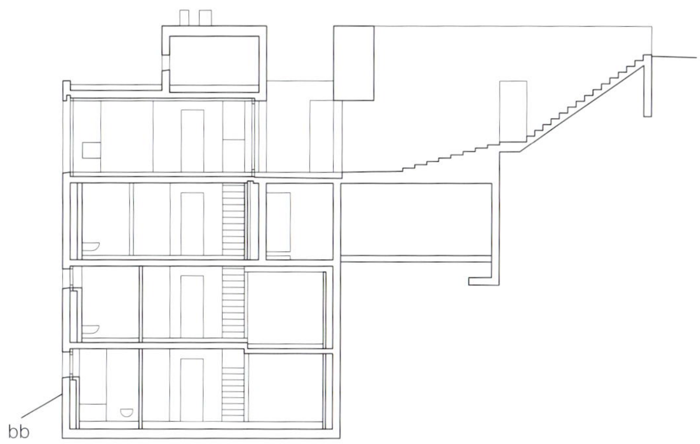

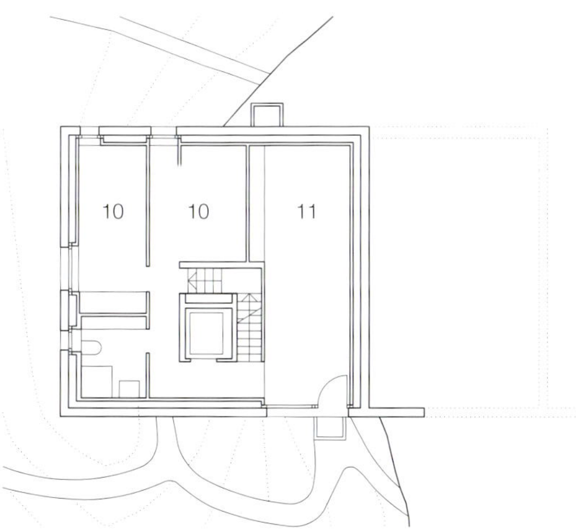

1. Obergeschoss / *First floor*

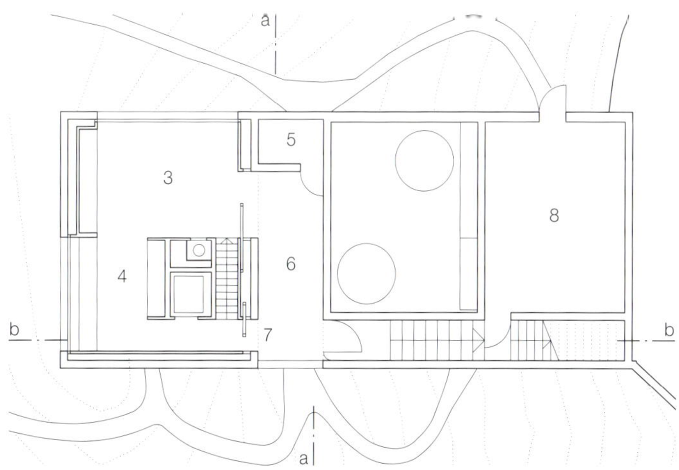

3. Obergeschoss / *Third floor*

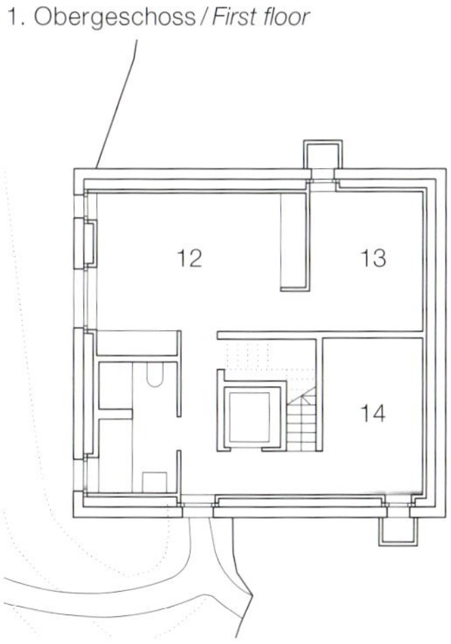

Erdgeschoss / *Ground floor*

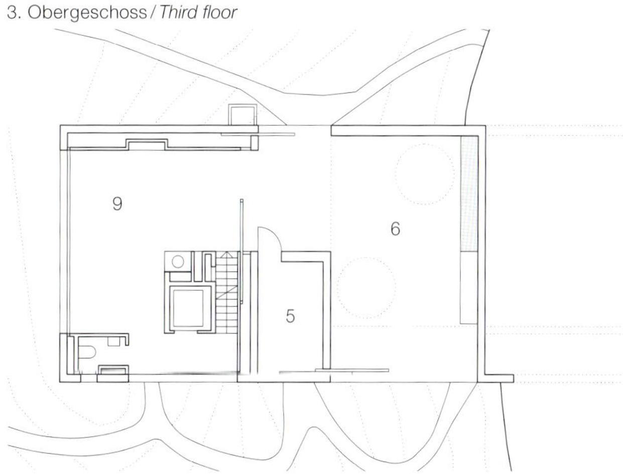

2. Obergeschoss / *Second floor*

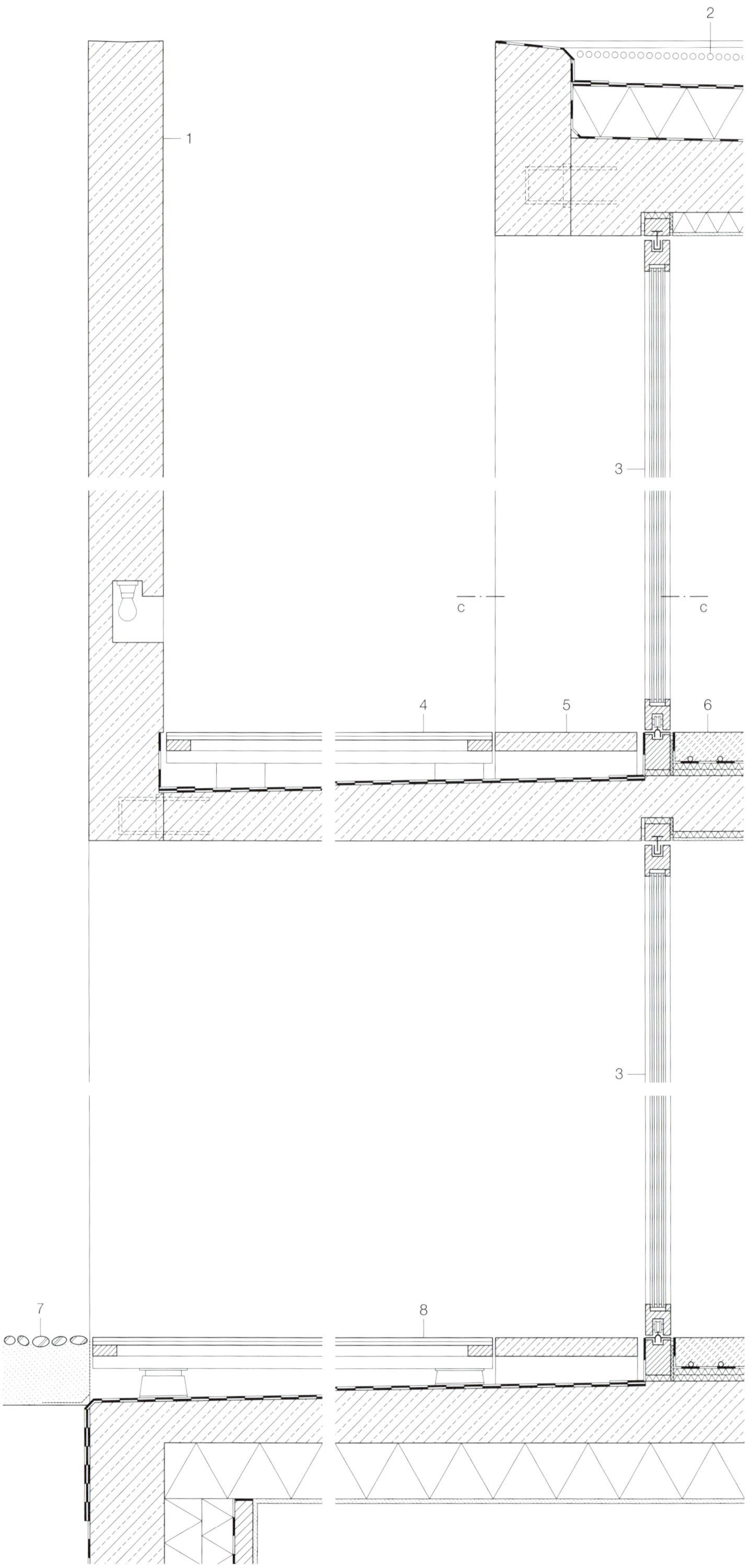

Vertikalschnitt • Horizontalschnitt
Maßstab 1:20

1 Stahlbetonwand, Oberfläche gewaschen 250 mm
2 Dachaufbau:
Kies 100 mm
Schutzschicht Vlies
Abdichtung Bitumen zweilagig
Wärmedämmung PUR-Hartschaum 165 mm
Dampfsperre
Stahlbetondecke 160–240 mm
Innendämmung XPS 65 mm
Innenputz 10 mm
3 Schiebefenster: Dreifachverglasung in Rahmen Eiche
4 Terrassenaufbau:
Holzrost Douglasie 95/25 mm
Lattung 35 mm
Konterlattung 40 mm auf Stelzlager und Schutzvlies
Schutzmatte
Abdichtung Bitumenbahn zweilagig
Stahlbetondecke 155–195 mm, Untersicht gewaschen
5 Stahlbetonfertigteil 60 mm, Oberfläche geglättet
6 Deckenaufbau:
Zementheizestrich, Oberfläche geglättet, imprägniert 100 mm
Trennlage PE-Folie
Trittschalldämmung EPS 2× 20 mm
Stahlbetondecke 200 mm
Wärmedämmung XPS 20 mm
Innenputz 10 mm
7 Natursteinpflaster im Splittbett
8 Terrassenaufbau:
Holzrost Douglasie 95/25 mm
Lattung 35 mm
Konterlattung 40 mm auf Stelzlager und Schutzvlies
Schutzmatte
Abdichtung Bitumenbahn zweilagig
Stahlbetondecke 130–185 mm
Wärmedämmung Schaumglas 180 mm
Innenputz 10 mm
9 Fassadenaufbau:
WU-Beton 250 mm, Oberfläche gewaschen
Wärmedämmung XPS 60 + 100 mm
Dampfsperre
OSB-Platte 24 mm
Hohlraum für Schiebefenster
OSB-Platte 24 mm
Hochlochziegel 60 mm
Innenputz 15 mm

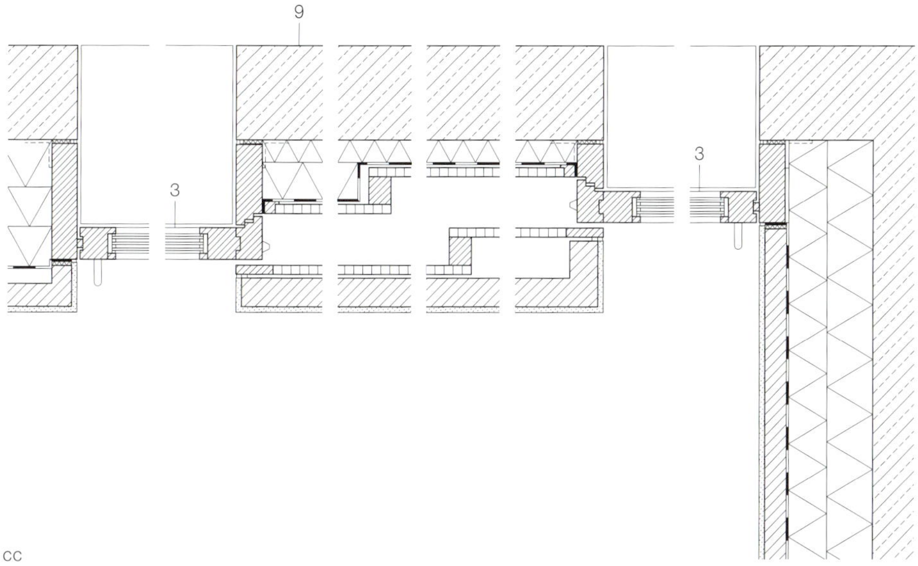

Vertical and horizontal sections
scale 1:20

1 250 mm exposed-aggregate reinforced concrete wall
2 roof construction:
100 mm bed of gravel
protective fibre mat
two-layer bituminous seal
165 mm polyurethane rigid-foam thermal insulation; vapour barrier
160–240 mm reinforced concrete roof
65 mm extruded polystyrene soffit insulation
10 mm plaster
3 sliding window with oak frame and triple glazing
4 95/25 mm Douglas fir boarding to terrace
35 mm battens; 40 mm counterbattens
raised bearers on
protective quilt and fibre matting
two-layer bituminous seal
155–195 mm reinf. concrete terrace to falls with exposed-aggregate soffit
5 60 mm precast concrete slab with smoothed top surface
6 floor construction:
100 mm impregnated cement-and-sand screed with underfloor heating, finished smooth
polythene separating layer
2× 20 mm expanded polystyrene impact-sound insulation
200 mm reinforced concrete floor
20 mm extruded polystyrene thermal insulation
10 mm plaster
7 stone paving in bed of chippings
8 95/25 mm Douglas fir boarding to terrace
35 mm battens
40 mm counterbattens
raised bearers on
protective quilt and fibre matting
two-layer bituminous seal
130–185 mm reinf. conc. terrace to falls
180 mm foam-glass thermal insulation
10 mm plaster
9 250 mm waterproof exposed-aggregate reinforced concrete wall
60 + 100 mm extruded polystyrene thermal insulation
vapour barrier
24 mm oriented-strand board cavity for sliding window
24 mm oriented-strand board
60 mm vertically cored brickwork
15 mm plaster

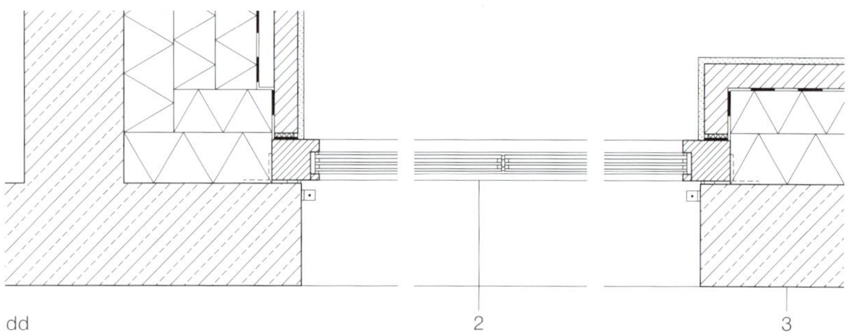

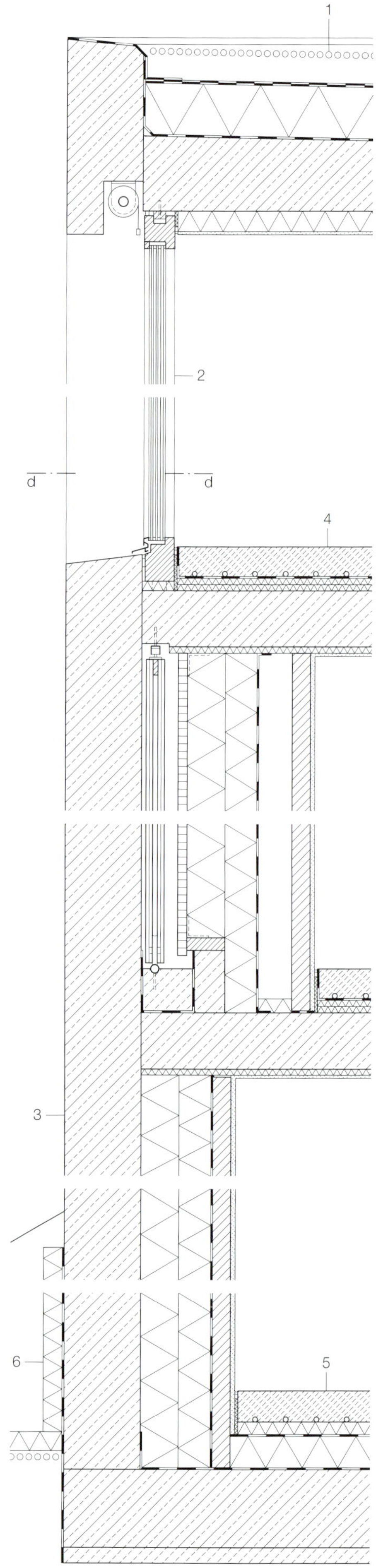

Horizontalschnitt • Vertikalschnitt
Maßstab 1:20

1 Dachaufbau:
Kies 100 mm
Schutzschicht Vlies
Abdichtung Bitumen zweilagig
Wärmedämmung PUR-Hartschaum 165 mm
Dampfsperre
Stahlbetondecke 160–240 mm
Innendämmung XPS 65 mm
Innenputz 10 mm
2 Fenster:
Dreifachverglasung in Rahmen Eiche
3 Fassadenaufbau:
WU-Beton 250 mm, Oberfläche gewaschen
Wärmedämmung XPS 120 + 100 mm
Dampfsperre
Hochlochziegel 60 mm
Innenputz 15 mm
4 Deckenaufbau:
Zementheizestrich, Oberfläche geglättet, imprägniert 100 mm
Trennlage PE-Folie
Trittschalldämmung EPS 2× 20 mm
Stahlbetondecke 200 mm
Wärmedämmung XPS 20 mm
Innenputz 10 mm
5 Bodenaufbau:
Zementheizestrich, Oberfläche geglättet, imprägniert 100 mm
Trittschalldämmung EPS 40 mm
Trennlage PE-Folie
Wärmedämmung Schaumglas 100 mm
Abdichtung Bitumen
Stahlbetonbodenplatte 250 mm
Magerbeton 50 mm
6 Perimeterdämmung EPS 60 mm

Horizontal and vertical sections
scale 1:20

1 roof construction:
100 mm bed of gravel
protective fibre mat
two-layer bituminous seal
165 mm polyurethane rigid-foam thermal insulation; vapour barrier
160–240 mm reinforced concrete roof to falls
65 mm extruded polystyrene soffit insulation
10 mm plaster
2 casement with oak frame and triple glazing
3 250 mm waterproof exposed-aggregate reinforced concrete wall
120 + 100 mm extruded polystyrene thermal insulation; vapour barrier
60 mm vertically cored brickwork
15 mm plaster
4 floor construction:
100 mm impregnated cement-and-sand screed with underfloor heating, finished smooth
polythene separating layer; 2× 20 mm expanded polystyrene impact-sound insulation
200 mm reinforced concrete floor
20 mm extruded polystyrene thermal insulation
10 mm plaster
5 floor construction:
100 mm impregnated cement-and-sand screed with underfloor heating, finished smooth
40 mm expanded polystyrene impact-sound insulation; polythene separating layer
100 mm foam-glass thermal insulation
bituminous sealing layer
250 mm reinforced concrete floor
50 mm lean concrete
6 60 mm expanded polystyrene perimeter insulation

Wohnhaus in Schweden

House in Sweden

Architekten / *Architects*:
Tham & Videgård Arkitekter, Stockholm
Bolle Tham, Martin Videgård
Tragwerksplaner / *Structural engineers*:
KE Gruppen, Olle Claesson, Stockholm

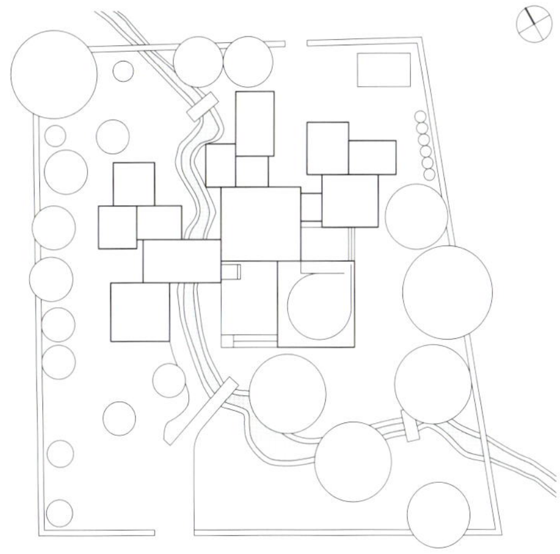

Lageplan Maßstab 1:800 *Site plan scale 1:800*

Der Baumbestand, blühende Büsche und ein kleiner mäandernder Bach, der dem »Creek House« seinen Namen verleiht, machen das Grundstück an der Südküste Schwedens zu einem botanischen Garten inmitten der landwirtschaftlich genutzten Umgebung. Die Architekten begriffen es als ihre Aufgabe, das Wohngebäude möglichst unauffällig in das idyllische Umfeld zu integrieren und verteilten das große Volumen auf räumlich verbundene eingeschossige Kuben mit jeweils unterschiedlichen Nutzungen. Der Eingangsbau bildet eine Brücke über den Bach, der das Grundstück diagonal durchschneidet, und verbindet so die beiden Grundstückshälften. Mithilfe von Mock-ups entwickelten die Architekten die zweischalige Fassade aus tragenden Blähtonsteinen und einer äußeren Hülle aus Ziegeln. Den hartgebrannten Stein setzten sie mit der Rückseite nach außen ein, um die rauere Oberfläche sichtbar zu machen. Den lebhaften Eindruck des farbig variierenden Tons unterstützt der üppig aufgetragene naturgraue Mörtel, der über die 30 mm breiten Fugen hinaus die Ziegel teilweise bedeckt. Im Inneren taucht der tiefrote Stein auf Böden und an Fenster- und Türöffnungen wieder auf. Durch die komplexen Durch- und Ausblicke verweben sich Innen- und Außenraum ganz im Sinne des landschaftlichen Konzepts eng miteinander. DETAIL 07–08/2015

This site on Sweden's southern coast possesses a meandering stream flanked by a variety of plants: a veritable botanical garden in an otherwise agrarian landscape. Mock-ups were made to study the residence's outer envelope, which consists of load-bearing LECA blocks and a veneer of solid brick. Because the back of the brick has a more pronounced texture, the architects decided to use it as the front. The bricks possess a rich range of colours; these are underscored by the lavishly applied grey mortar partially covering them. Inside the house, the flooring and the frames around the windows and doors are also in brick. Vistas from room to room or out into the landscape interweave interior and exterior.

Schnitte • Grundriss
Maßstab 1:250

Sections • Layout plan
scale 1:250

1	Eingang	*1*	*Entrance*
2	Küche, Esszimmer	*2*	*Kitchen, Dining*
3	Wohnraum	*3*	*Living*
4	Wohnraum, Studio	*4*	*Living, Studio*
5	Diele	*5*	*Hall*
6	Schlafzimmer	*6*	*Bedroom*
7	Bad	*7*	*Bathroom*
8	Sauna	*8*	*Sauna*
9	Ankleide	*9*	*Dressing*
10	Lager	*10*	*Storage*
11	Feuerstelle	*11*	*Fireplace*

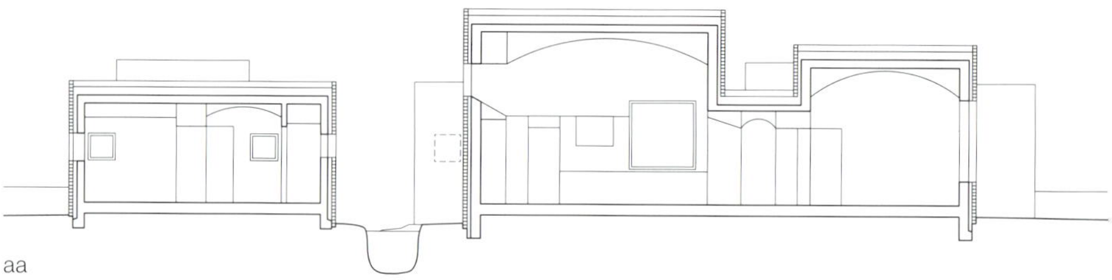

aa

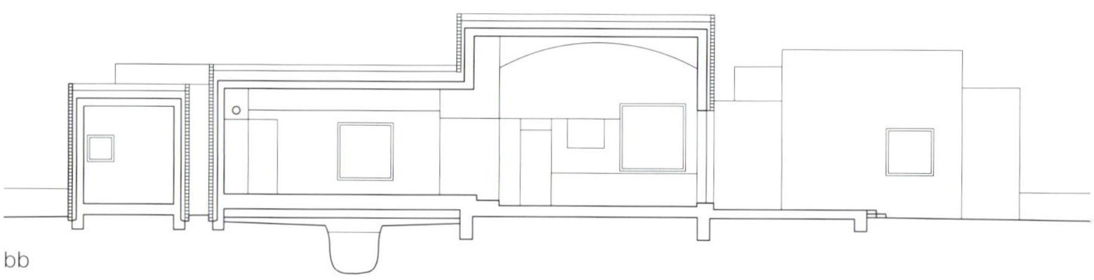

bb

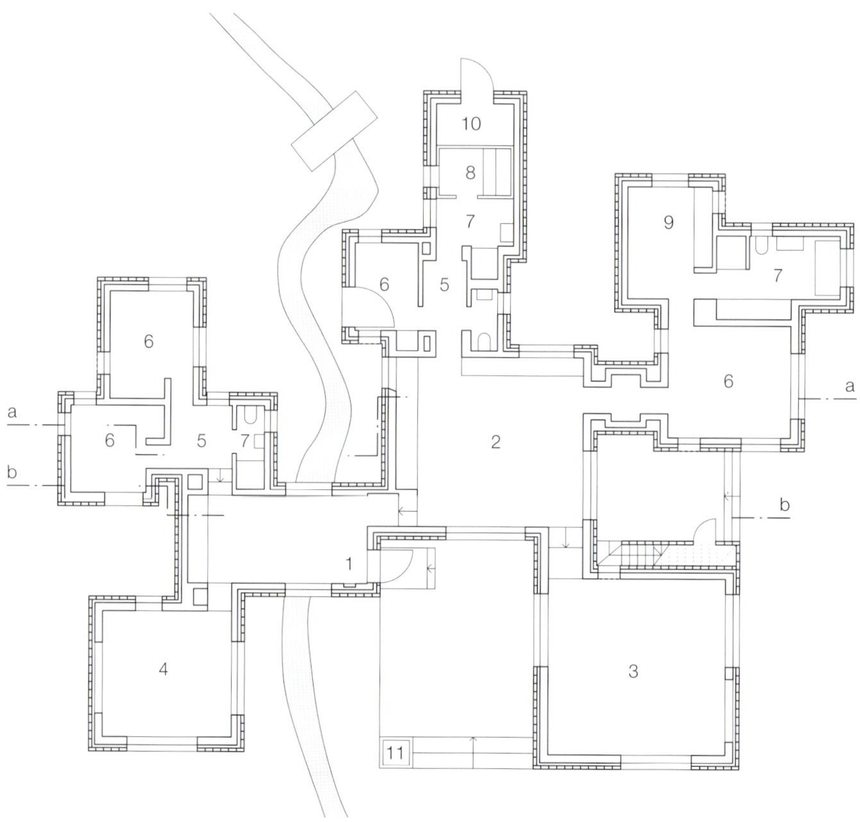

Vertikalschnitte
Horizontalschnitt
Maßstab 1:20
A Fensternische mit Einbaumöbel
B Lüftungsflügel
C Fenster mit Öffnungsflügel

1 Fassade Vollklinker »Elbmarsch« 240/115/65 mm, Fuge 30 mm
Luftschicht 20 mm
Wärmedämmung Mineralwolle 100 mm
Mauerwerk Blähton 250 mm
2 Gipskartonplatte 2× 12,5 mm
Unterkonstruktion Stahlprofil 150/450 mm
3 Einbaumöbel
Furniersperrholz 20 mm
4 Rahmen Hartholz Lärche
5 Lüftungsflügel
Lärchenholzplatte 12 mm
Wärmedämmung 40 mm
Sperrholzplatte 12 mm
6 offene Fuge
7 Stahlprofil L 50/300 mm
8 Insektenschutznetz
9 Abtropfblech gekantet
10 Dichtung, Trennfolie

Vertical sections
Horizontal section
scale 1:20
A Window recess with cabinetry
B Ventilation sash
C Opening window

1 240/115/65 mm "Elbmarsch" brick
30 mm joint; 20 mm air layer
100 mm mineral wool thermal insulation
250 mm LECA load-bearing masonry
2 2× 12.5 mm plasterboard
150/450 mm steel profile supporting structure
3 cabinetry
20 mm veneer plywood
4 hardwood frame: larch
5 12 mm solid larch ventilation sash
40 mm thermal insulation
12 mm plywood
6 open joint
7 50/300 mm steel angle
8 insect screen
9 weather drip, bent to shape
10 seal; separating membrane

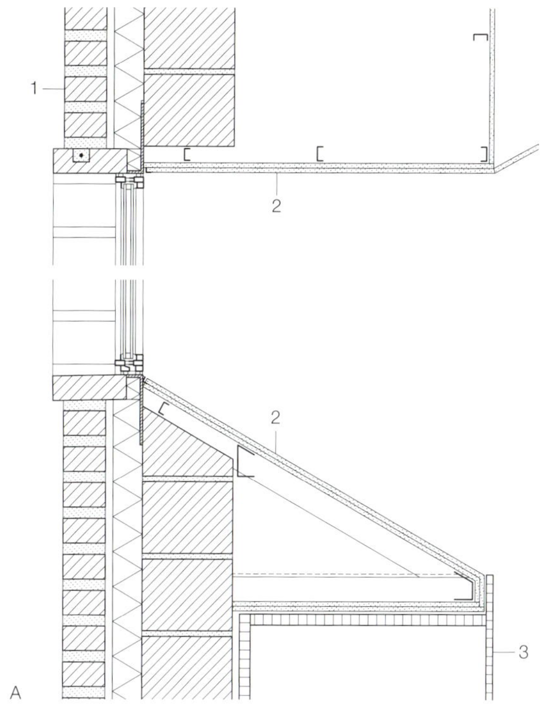

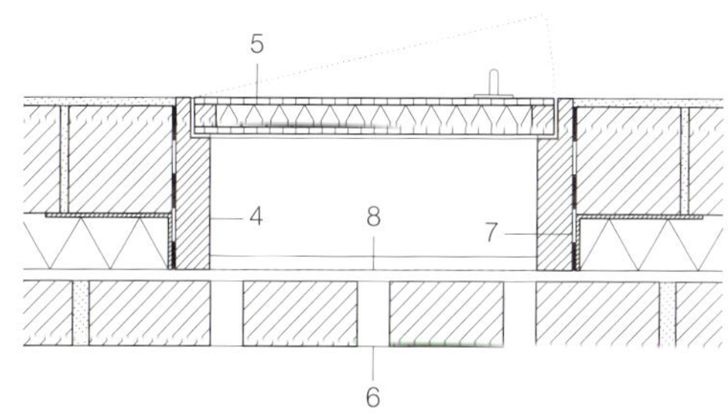

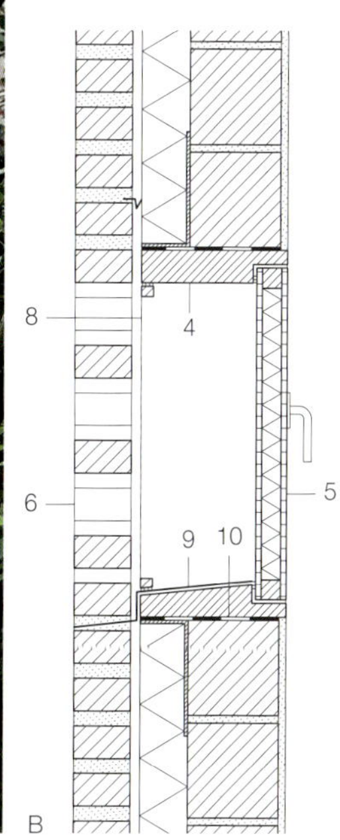

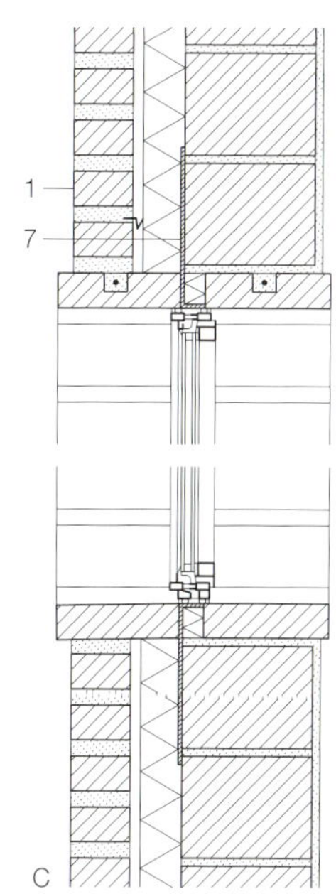

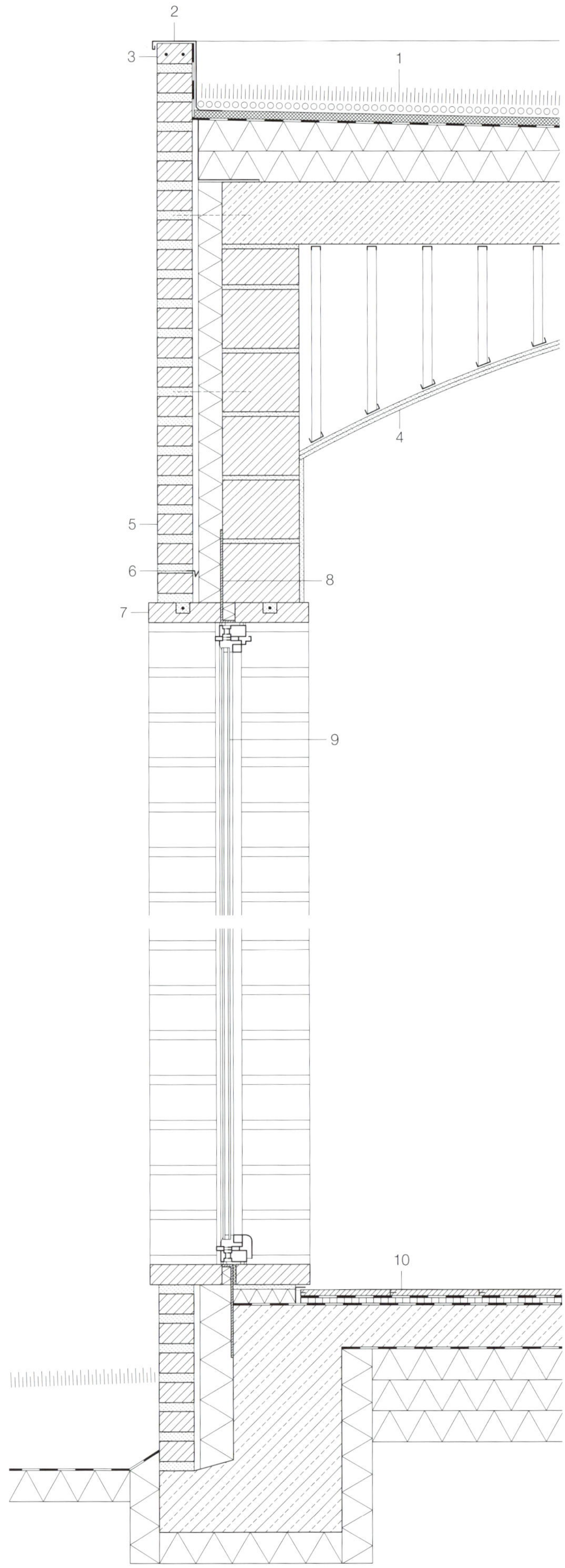

Vertikalschnitt
Maßstab 1:20

1 Dachaufbau:
Bepflanzung 30 mm
Drainagematte 25 mm
Wurzelschutz
Wärmedämmung im Gefälle
Schaumglas 2× 100 mm
Stahlbetonfertigteil 200 mm
2 Abdeckung
Stahlblech lackiert 3 mm
3 Vollklinker »Elbmarsch«
bewehrt 240/115/65 mm
4 Abhängdecke
Gipskartonplatte 2× 12,5 mm
Unterkonstruktion Stahlprofil
150/450 mm
5 Fassadenaufbau:
Vollklinker »Elbmarsch«
240/115/65 mm, Fuge 30 mm
Luftschicht 20 mm
Wärmedämmung
Mineralwolle 100 mm
Mauerwerk Blähton 250 mm
Putz 15 mm
6 Edelstahlblech
wasserführend
7 Fenstersturz
Vollklinker »Elbmarsch«
bewehrt 240/230/65 mm
8 Stahlprofil L 50/270 mm
9 Isolierverglasung ESG 6 mm +
SZR 12 mm + ESG 6 mm
in Aluminiumrahmen
10 Fußbodenaufbau:
Esche massiv 20 mm
Trennlage
Sperrholzplatte 18 mm
Dampfbremse
Stahlbeton 135 mm
Kunststoffdichtung
Wärmedämmung
EPS 3× 100 mm

Vertical section
scale 1:20

1 roof construction:
30 mm vegetation
25 mm drainage mat
root-inhibitor membrane
2× 100 mm foam glass
thermal insulation to falls
200 mm precast reinforced
concrete unit
2 coping
3 mm sheet steel, lacquered
3 240/115/65 mm
"Elbmarsch" brick, prestressed
4 suspended ceiling
2× 12.5 mm plasterboard
150/450 steel-profile supporting
structure
5 facade construction:
240/115/65 mm
"Elbmarsch" brick; 30 mm joint
20 mm air layer
100 mm mineral wool therm. ins.
250 mm LECA
load-bearing masonry
15 mm plaster
6 stainless-steel sheet,
carries water
7 240/230/65 mm window lintel
"Elbmarsch" brick, prestressed
8 50/270 mm steel angle
9 double glazing: 6 mm toughened
glass + 12 mm cavity +
6 mm toughened glass
in aluminium frame
10 floor construction:
20 mm solid ash
separating layer
18 mm plywood
vapour retarder
135 mm reinforced concrete
plastic sealing layer
3× 100 mm EPS thermal ins.

Zentrum für Alterspsychiatrie in Pfäfers

Centre for Geriatric Psychiatry in Pfäfers

Architekten / *Architects*:
huggenbergerfries Architekten, Zürich
Tragwerksplaner / *Structural engineers*:
Gruner + Wepf Ingenieure, St. Gallen

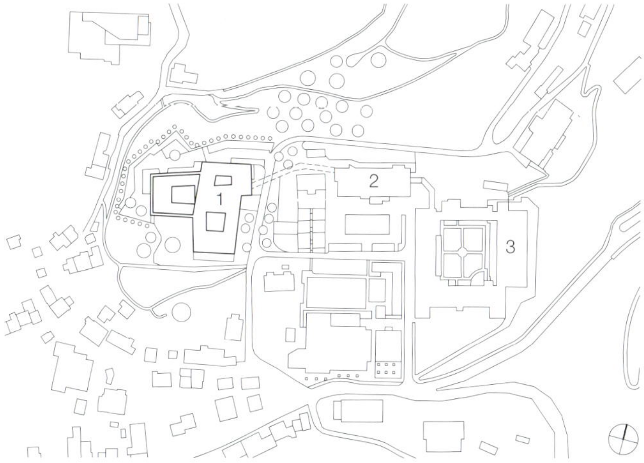

Lageplan
Maßstab 1:5000

1 Neubau Alterspsychiatrie
2 Hauptgebäude Klinik
3 ehemaliges Kloster

Site plan
scale 1:5,000

1 New structure for geriatric psychiatry
2 Main clinic
3 Former monastery

Markant thront die ehemalige Benediktinerabtei St. Pirminsberg oberhalb des Schweizer Rheintals, schon 1845 entstand hier die gleichnamige psychiatrische Klinik. Der Neubau der Alterspsychiatrie schließt das Ensemble aus barockem Kloster und Klinikgebäuden nun ab. Vor- und Rücksprünge gliedern den Baukörper, brechen die Länge der Fassaden und schaffen so einen Übergang vom großmaßstäblichen Klinikareal zur kleinteiligen Dorfbebauung. Zwischen den massiven Klostermauern und den teils mit Holzschindeln verkleideten traditionellen Häusern vermittelt auch die reliefartige Klinkerhülle. Sie entspringt jedoch vor allem den Anforderungen der Alterspsychiatrie: Für sämtliche Öffnungsflügel, Loggien und die Dachterrasse waren raumhohe Absturzsicherungen vorgeschrieben, die Architekten wollten aber Lösungen vermeiden, die an beklemmende Gitterstäbe erinnern. Sie orientierten sich bei der Gestaltung vielmehr an der anonymen Architektur von Scheunen und Ställen mit auf Abstand gemauerten, luftdurchlässigen Backsteinfassaden. Entsprechend legt sich eine an ein Flechtwerk erinnernde Klinkerstruktur um das ganze Gebäude, die von horizontalen Betonfriesen eingefassten perforierten Bereiche werden wie selbstverständlich integriert. Je nach Perspektive oder Lichteinfall treten offene und geschlossene Bereiche deutlich zutage oder die Fassaden erscheinen homogen. Um eine gleichmäßige, präzise und dennoch unkomplizierte Vorfertigung des Reliefs zu ermöglichen, wurde ein System aus zwei gleich hohen, unterschiedlich langen und nur an der sichtbaren Außenseite angeschrägten Klinkern entwickelt, die nebeneinander paarweise bzw. übereinander, versetzt gegen eine gerade Rückwand gemauert wurden. Bei den perforierten Fassadenelementen wurde der jeweils kürzere Stein ausgelassen. Neben dem Backstein erzeugen weitere »vertraute« Materialien, wie etwa Holzverkleidungen in den Aufenthaltsbereichen oder »Bündnerputz« in den Zimmern, beim Berühren, Riechen und Betrachten ein Gefühl der Behaglichkeit bei den Patienten. DETAIL 06/2012

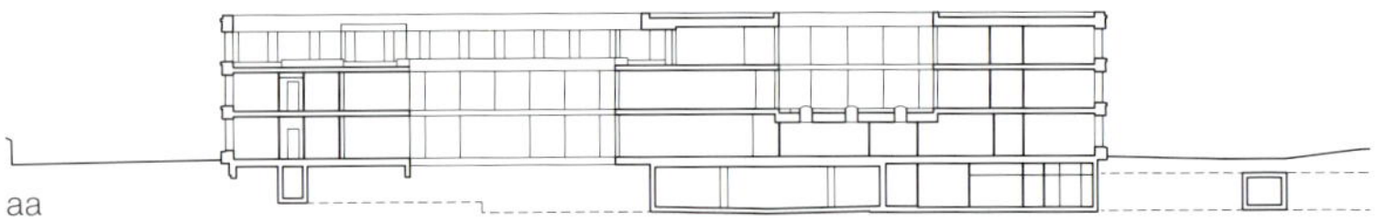

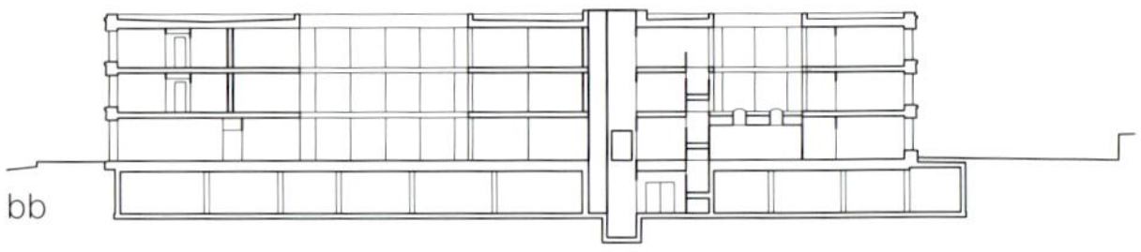

Schnitte
Grundrisse
Maßstab 1:1000

1 Haupteingang
2 öffentlicher Bereich
3 Büro
4 Bibliothek
5 Saal
6 Cafeteria
7 Stationsflur, Wandelgang
8 Arztzimmer
9 Therapie
10 Stationsbüro
11 Stationsküche
12 Essraum
13 Patientenzimmer
14 Aufenthaltsraum
15 Freisitz, Loggia
16 Therapiebereich
17 Gymnastikraum
18 Dachterrasse
19 Innenhof

Sections
Floor plans
scale 1:1,000

1 Main entrance
2 Public area
3 Office
4 Library
5 Hall
6 Cafeteria
7 Walkway
8 Doctors' room
9 Therapy
10 Ward office
11 Kitchen
12 Dining room
13 Patients' room
14 Lounge
15 Outdoor seating, Loggia
16 Therapy tract
17 Gymnastics
18 Roof terrace
19 Courtyard

Boldly enthroned above the Rhine Valley in Switzerland stands the former Benedictine abbey of St Pirminsberg. As early as 1845, a psychiatric clinic was erected here. The new structure for geriatric psychiatry completes the existing ensemble of baroque monastery and clinic buildings. The projections and set-back sections of the present complex serve to articulate the overall volume and reduce the length of the facades, so that the structure forms a transition from the large scale of the clinic area to the smaller-scale village developments. In addition, the relief-like nature of the brick outer skin mediates between the solid monastery walls and the traditional houses, which are clad partly with wooden shingles. Above all, though, the construction meets the constraints of geriatric psychiatry.
Room-height elements to prevent inmates falling out were specified over all opening lights and loggias and for the roof terrace. The architects wished to avoid solutions that might recall oppressive prison bars, however. Instead, they oriented their design to the anonymous architecture of the barns and stables in the area, creating brick facades laid in a special form – with openings that allow air to pass through. The entire building is enclosed in a skin of engineering bricks reminiscent of wattle. Perforated panels, bounded at top and bottom by horizontal concrete string courses, are integrated quite naturally into the design. Depending on the perspective and the incidence of light, open and closed areas manifest themselves, or the facades have a homogeneous appearance. To allow a precise yet uncomplicated prefabrication of the relief panels, a system was developed based on pairs of bricks of equal height but of different lengths. These were angled on the visible outer face and laid next to each other or above each other offset against a plain rear wall. In the perforated sections of the construction, the shorter brick is omitted in each case.
In addition to brickwork, other familiar materials serve to evoke a sense of security among patients on touching or smelling them or simply on looking at them – materials like the wood cladding in the lounge areas and the local Bündner plaster in the rooms.

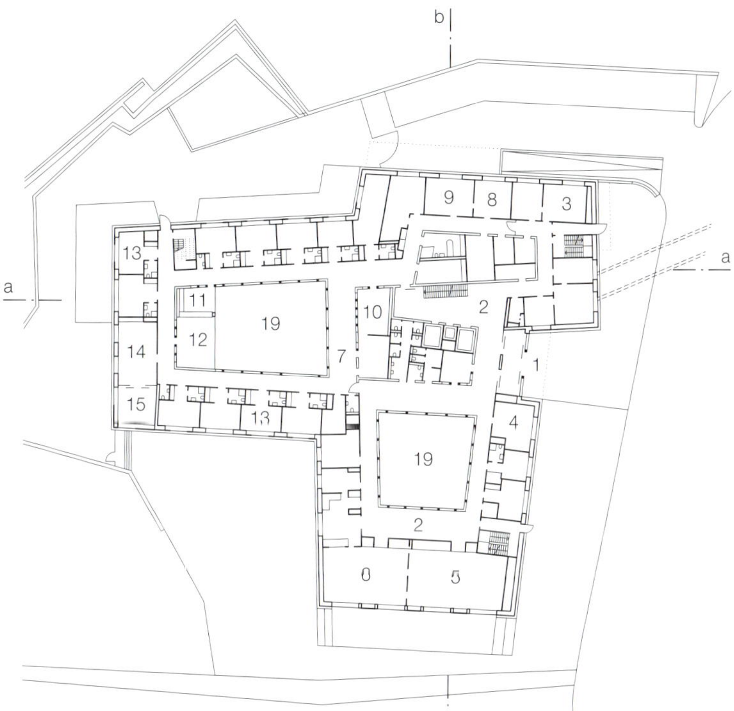

Erdgeschoss / *Ground floor*

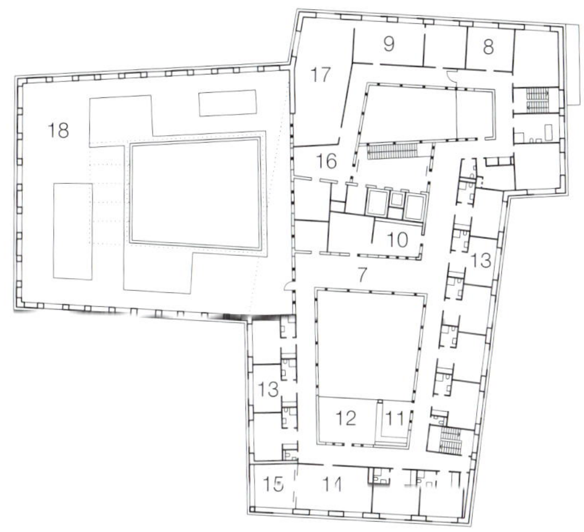

2. Obergeschoss / *Second floor*

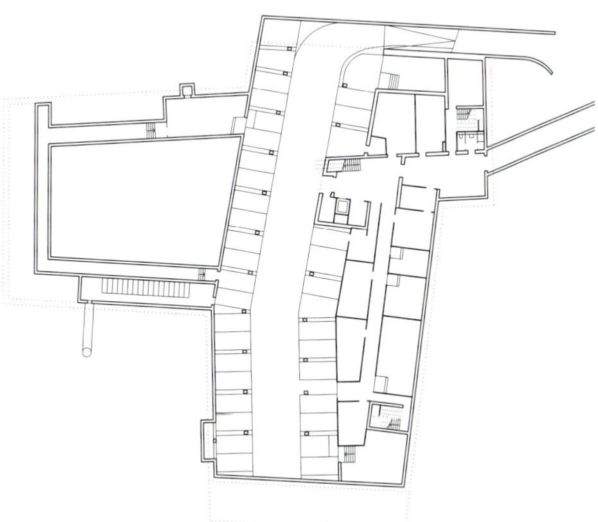
Untergeschoss / *Basement*

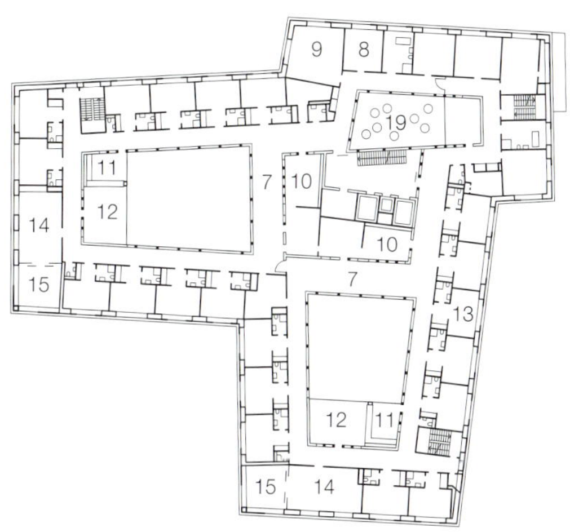

1. Obergeschoss / *First floor*

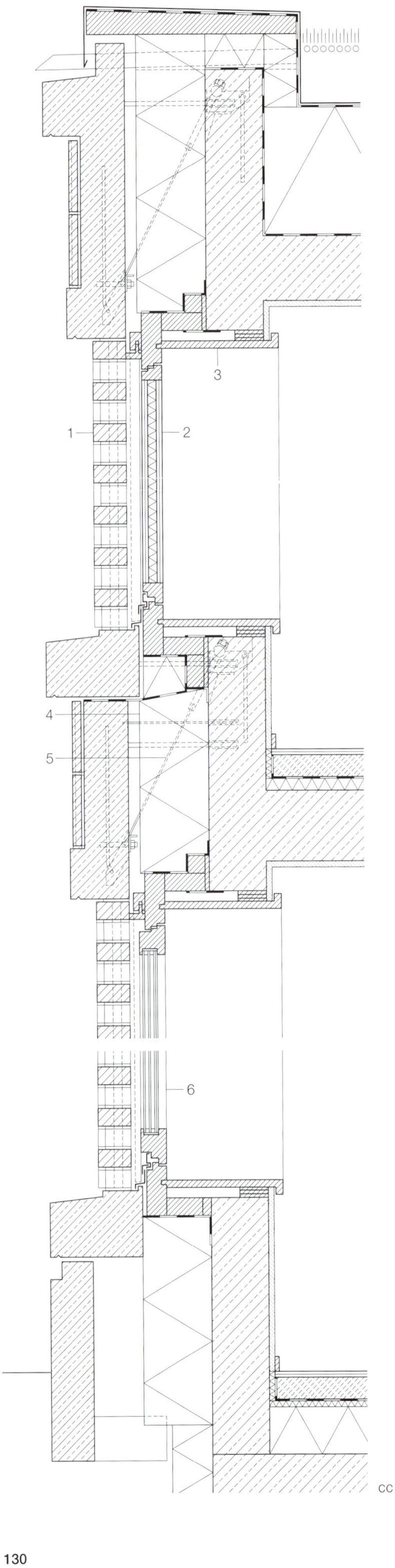
3
1
2
4
5
6
cc

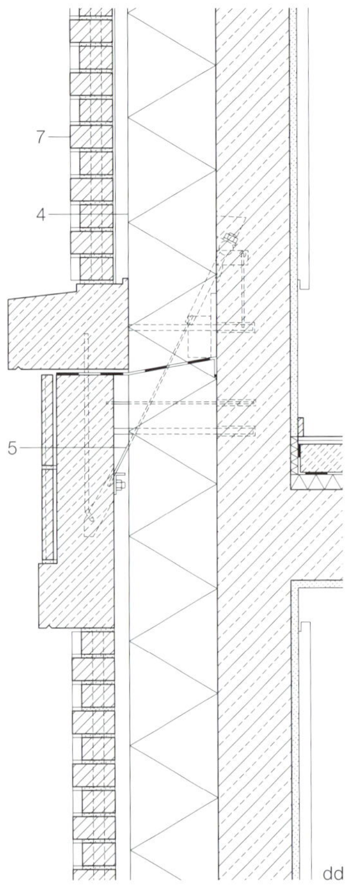
7
4
5
dd

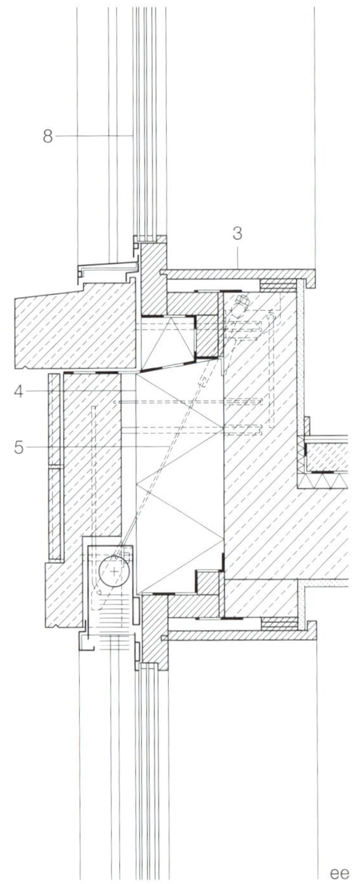
8
3
4
5
ee

Schnitte Maßstab 1:20 *Sections scale 1:20*

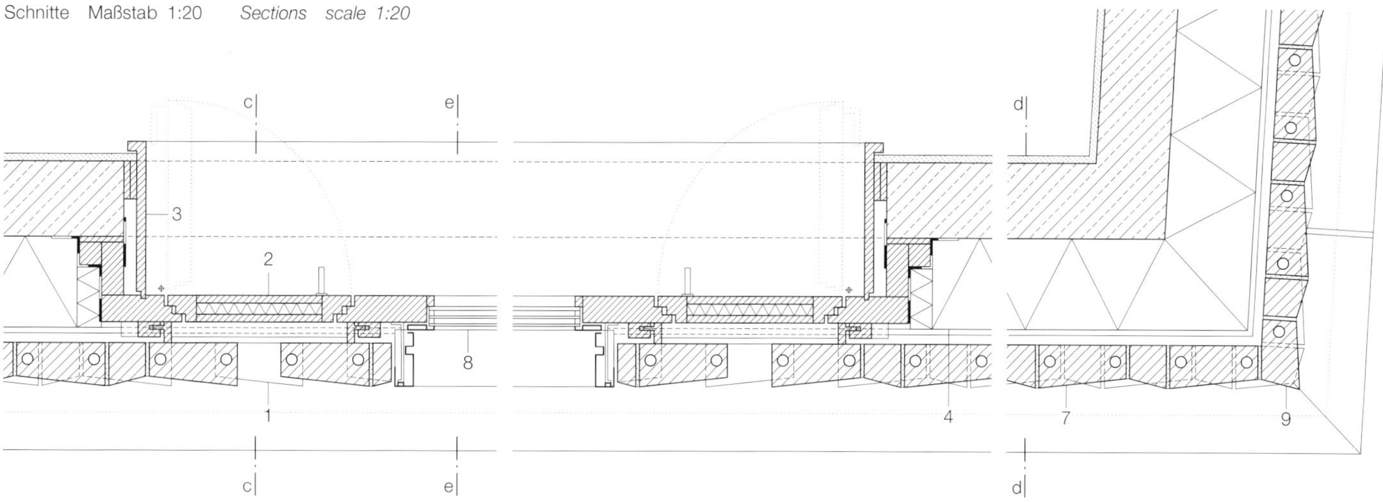

Zur Vorfertigung der Fassadenelemente
Die eigentliche Herausforderung war die Herstellung des eigens für dieses Gebäude entwickelten Steins, dessen schräge Kanten auf der Vorderseite aus dem Mauerwerksverband vorstehen. Beim Pressen durch das Mundstück des Extruders muss die Materialverdichtung gleichmäßig erfolgen, sonst krümmen sich die Klinkersteine im Brand. Um die Wandstärken gleichmäßig zu halten, wurde daher auf beiden Seiten ein Loch in den Vollstein integriert.
Der Spezialstein wurde im Werk zu Elementen vermauert. Da der trapezförmige Stein das Muster des Mauerwerks generiert und die Rückseite der Elemente kein Relief aufweist, war die manuelle Fertigung mithilfe einer Matrize (Abb. unten links) effizienter und kostengünstiger als die Roboterfertigung, die sich nach wie vor hauptsächlich für Prototypen eignet. Auf diese Weise wurden aus mehr als 100000 Steinen 171 Elemente gefertigt (Abb. unten rechts), zur Baustelle transportiert und vorgehängt. Die umlaufenden Betonfriese stabilisieren als Ober- und Untergurt die vorgespannten Klinkerelemente. Ebenso kaschieren sie die Elementfuge. Spezielle Ecksteine ermöglichen den ununterbrochenen Verlauf des Reliefs auch um die Gebäudeecken.
Jeweils zwei bzw. drei Stahlkabel, die nach dem Vermauern durch die Löcher im Klinker geführt wurden, spannen die Elemente vor und fungieren gleichzeitig als Aufhängung. Die Vorspannung dient einerseits der Stabilität beim Transport, andererseits kann so die nötige Querkraftstabilität erreicht werden, damit das Mauerwerk auch unter großer Krafteinwirkung seinem Zweck als raumhohe Absturzsicherung gerecht wird.
Die Vorfertigung garantiert höchste Präzision und Qualität des Mauerwerks. Zudem wird so witterungsbedingten Verzögerungen vorgebeugt und damit den ausführenden Unternehmen eine höhere Planungssicherheit gegeben. Lukas Huggenberger

For the facade elements, a special brick was created with a splayed front face that forms a brickwork bond with regular projections. To ensure an even thickness to the walls, holes were made in the bricks so that the material would be uniformly compacted when pressed through the extruding plant. The pattern of the walling is generated by the trapezoidal form of the bricks, which were laid by hand with the help of a matrix (ill. bottom left). More than 171 larger prefabricated elements were produced (bottom right). These are stabilised by the concrete string courses. Steel cables threaded through the holes tension the elements and serve to hang them in position.

1 Fassadenelement vorgefertigt perforiert: Ober-/Untergurt Betonfertigteil, dazwischen vorgespannte Mauerwerkselemente mit Lochanteil
2 Lüftungsflügel Patientenzimmer: Holz-Sandwichelement gedämmt gestrichen 70 mm
3 Fensterzarge innen Holz massiv gestrichen
4 Wärmedämmung Schaumglas 240 mm Stahlbeton 200 mm, Innenputz
5 Befestigungsanker Fassadenelemente
6 Lüftungsflügel Büro: Dreifach-Isolierverglasung in Holzrahmen
7 Fassadenelement vorgefertigt geschlossen: Ober-/Untergurt Betonfertigteil (Obergurt mit vorgeblendeten Klinkern), dazwischen vorgespannte Mauerwerkselemente aus eigens entwickelten Klinkersteinen 240/100/90–115/60 mm
8 Festverglasung Aussichtsfenster Patientenzimmer: Dreifach-Isolierverglasung in Holz-/Metallrahmen, Deckleisten/Fensterzargen, außen Baubronze
9 Eckstein (Sonderelement)

1 prefabricated facade element: precast concrete upper and lower chords with prestressed brickwork elements between, with openings
2 ventilation flap in patient's room: 70 mm wood sandwich element insulated and painted
3 solid wood internal window lining, painted
4 240 mm foamed-glass thermal insulation 200 mm reinforced concrete wall; plaster
5 anchor for fixing facade elements
6 glazed door for ventilation in office: triple glazing in wood frame
7 prefabricated facade element without openings: precast concrete upper and lower chords (upper chord with facing brickwork) with prestressed brickwork elements between, using specially developed bricks 240/100/90–115/60 mm
8 window with fixed glazing (view from patient's room): triple glazing in wood/metal frame; cover strips/external window lining in architectural bronze
9 corner brick (special element)

Wohnhaus in Tokio

Dwelling House in Tokyo

Architekten / *Architects*:
Satoko Shinohara / Spatial Design Studio + Ayano Uchimura / A studio, Tokio
Tragwerksplaner / *Structural engineers*:
Hiroshi Ohno, Tokio

Lageplan
Maßstab 1:2000
Schnitte • Grundrisse
Maßstab 1:200

Site plan
scale 1:2,000
Sections • Floor plans
scale 1:200

»Share House« nennen die Architektinnen Satoko Shinohara und Ayano Uchimura ihr experimentelles Wohnprojekt in Tokio. Die ursprüngliche Idee stammt von Kengo Kuma, der sich seit Langem mit gesellschaftlichen Entwicklungen in Japan auseinandersetzt und das Projekt in Auftrag gab. In Tokio leben mehr als 50 Prozent der Einwohner in Single-Haushalten und das zu horrenden Mieten in winzigen Apartments. Als Alternative bietet Kuma ein Gemeinschaftshaus zum Wohnen und Arbeiten an – eine exotisch anmutende, ungewöhnliche Wohnform in Japan. Sieben »Einzelzimmer« bieten eine gewisse Privatsphäre für die Mieter, die sich allerdings zwei Nassräume teilen müssen. Die übrigen Gemeinschaftsbereiche, wie die Werkstatt im Erdgeschoss, Küche und Wohnraum im zweiten Geschoss und die Terrasse mit Kräutergarten auf dem Dach, fallen verhältnismäßig großzügig aus. Innerhalb des rund 10 m hohen, quaderförmigen Baukörpers stapeln sich die Individualräume zu Einheiten gebündelt versetzt auf drei Ebenen. Dazwischen entstehen abwechslungsreiche Aufenthaltsbereiche mit unterschiedlichen Raumhöhen und Blickbeziehungen. Decke, Wand und Boden sind einheitlich mit Lärchensperrholz verkleidet und jede Nische wird für Regale und Einbauten genutzt. Die Werkstatt spielt eine zentrale Rolle im Haus. Hier wurden die Möbel von den Bewohnern selbst entworfen und gebaut. Sie verbindet gleichzeitig die Straße des ruhigen Wohnviertels mit dem Innenraum, getrennt nur durch eine Polyestermembran als transluzente äußere Hülle. Wie bei einem Zelt betreten die Bewohner das Haus, indem sie einen Reißverschluss in der Membran öffnen und direkt hinein gelangen. Die Werkstatt erstreckt sich bis unters Dach und eine zweite, innere Fassade aus Polycarbonatplatten bildet die Begrenzung zu den anliegenden Bereichen, sodass eine lichte Atmosphäre entsteht. Bei offenem Reißverschluss erhalten die Nachbarn Einblicke in das Leben der Gemeinschaft, was den experimentellen Charakter unterstreicht und gleichzeitig zur Akzeptanz beiträgt.
DETAIL 12/2014

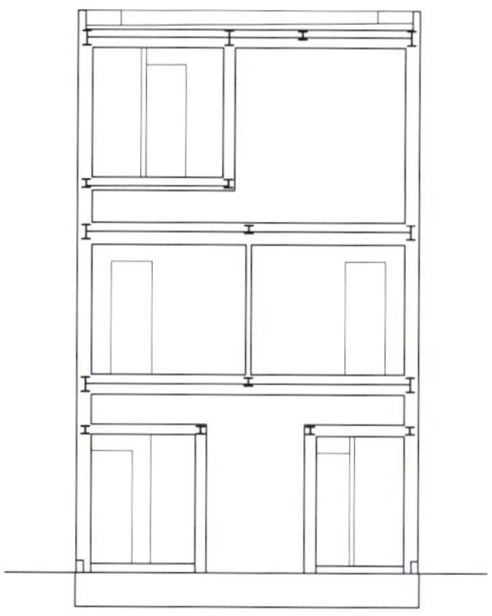

aa

1 Eingang, Werkstatt
2 Zimmer
3 Bar
4 Luftraum
5 Terrasse
6 Küche
7 Wohnraum
8 Dachterrasse
9 Kräutergarten

1 Entrance, Workshop
2 Room
3 Bar
4 Void
5 Terrace
6 Kitchen
7 Living room
8 Roof terrace
9 Herb garden

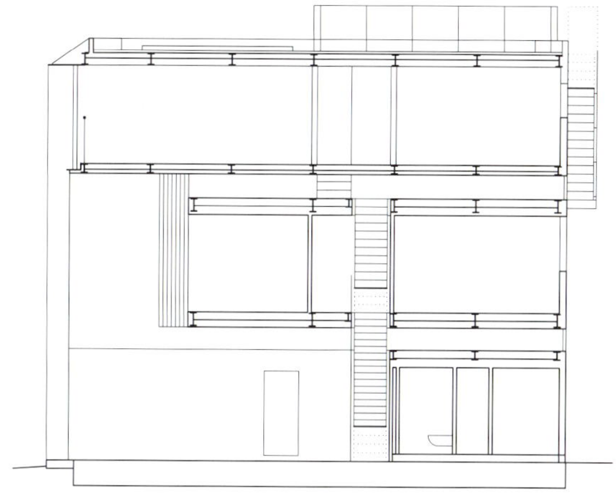

bb

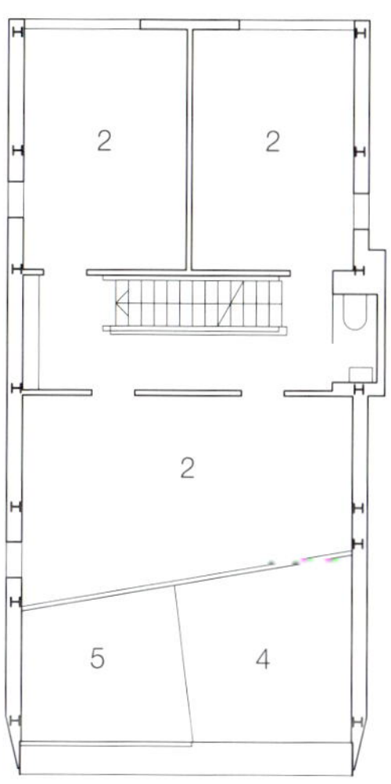

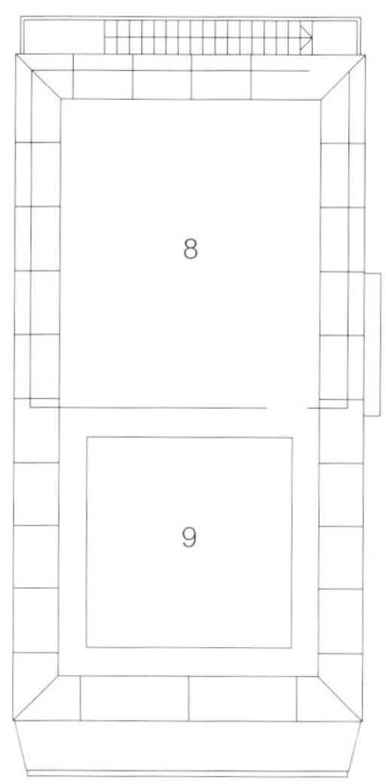

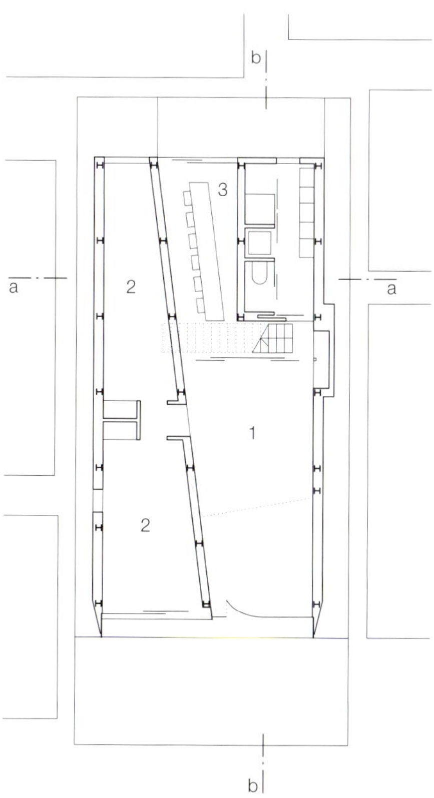

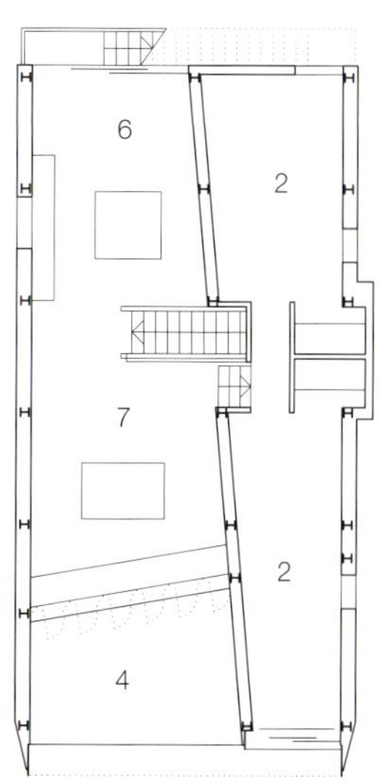

1 Dachdichtung
Calciumsilikat-Platte 20 mm
Leichtbeton im Gefälle
Verbundplatte Stahlbeton auf
Trapezblech 50 + 80 mm
Dämmung Glaswolle 50 mm
Stahlträger aus
IPE 100/150 und 150/300 mm
Gipskartonplatte 9,5 mm
Sperrholzplatte Lärche 9 mm
2 Stahlblech verzinkt 0,4 mm
3 Polyestermembran mit Seil
in Flachstahl 4,5/65 mm
eingehängt
4 Fliese auf Mörtel 5 mm
Verbundplatte Stahlbeton auf
Trapezblech 50 + 80 mm
Gipskartonplatte 9,5 mm
Sperrholzplatte Lärche 9 mm
5 Sperrholzplatte Lärche 12 + 9 mm
Heizplatte 12 mm, Schüttung 47 mm
Dämmung Polystyrol 50 mm
Stahlbeton 600 mm
6 Keramikpaneel 12 mm, Windpapier
Stahlprofil [100/50/20 mm mit
Dämmung Glaswolle 100 mm
7 Stahlprofil I 150/150 mm
8 Sperrholzplatte Lärche 9 mm
Gipskartonplatte 12,5 mm
Aluminiumständersystem 65/45 mm
9 Stahlseil Ø 8 mm mit Spannschloss
10 Randverspannung Polyesterseil
11 Flachstahl verzinkt 12 mm
12 Gipskartonplatte lackiert 12,5 mm

*1 20 mm calcium silicate sheeting
as roof sealing layer
lightweight concrete to falls
composite roof slab: reinf. conc. on
trapez. metal sheeting (50 + 80 mm)
50 mm glass wool insulation
steel beams consisting of
100/150 + 150/300 mm I-sections
9.5 mm gypsum plasterboard
9 mm larch plywood
2 0.4 mm galvanised sheet steel
3 polyester membrane with cable
between 65/4.5 mm steel flats
4 tiling on 5 mm bed of mortar
composite floor slab: reinf. conc. on
trapez. metal sheeting (50 + 80 mm)
9.5 mm gypsum plasterboard
9 mm larch plywood
5 12 + 9 mm larch plywood
12 mm heating panel; 47 mm filling
50 mm polystyrene insulation
600 mm reinforced concrete floor
6 12 mm ceramic panel;
windproof paper;
100/50/20 mm steel sections
100 mm glass wool insulation
7 150/150 mm steel I-sections
8 9 mm larch plywood
12.5 mm gypsum plasterboard
65/45 mm alum. posts and rails
9 Ø 8 mm steel cable with turnbuckle
10 polyester edge tensioning cable
11 12 mm galvanised sheet steel
12 12.5 mm plasterboard, painted*

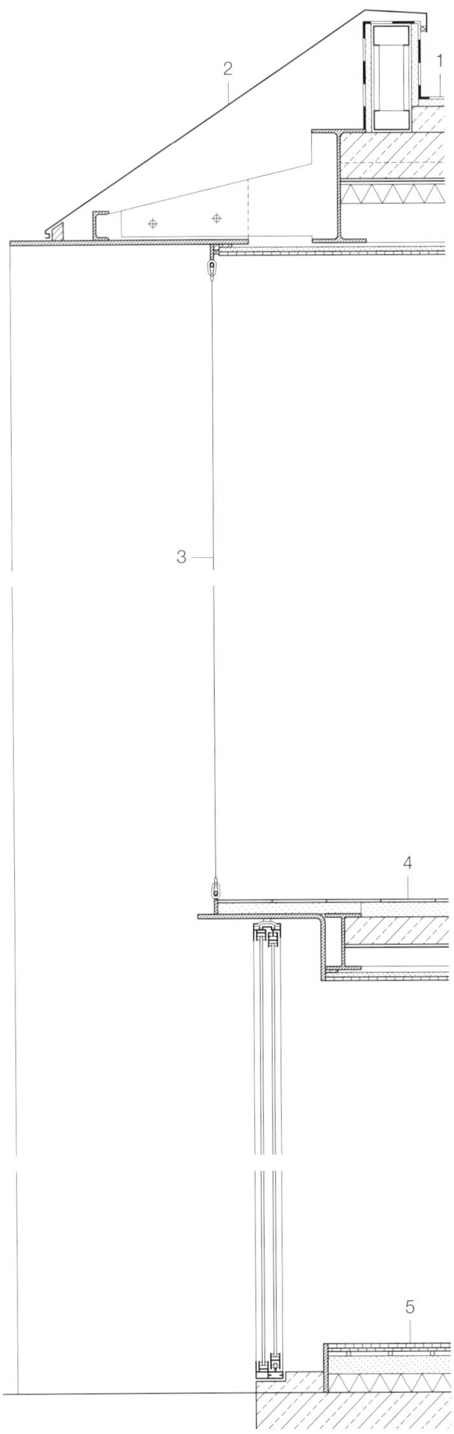

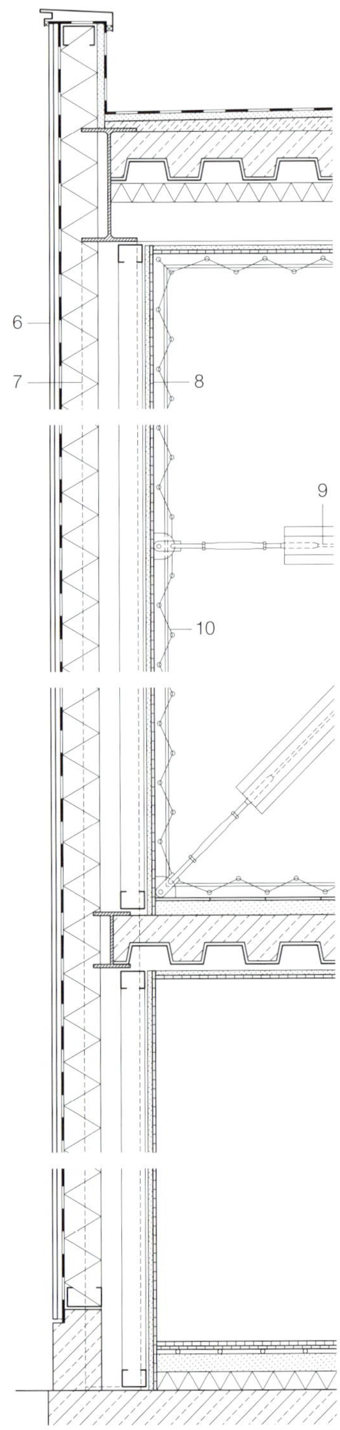

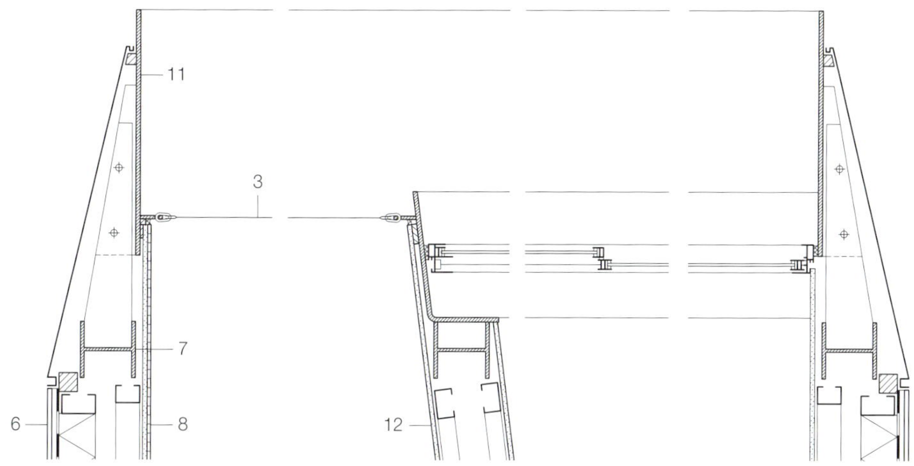

Vertikalschnitte
Horizontalschntt
Maßstab 1:20

Vertical sections
Horizontal section
scale 1:20

"Share House" is the name the architects Satoko Shinohara and Ayano Uchimura have given their experimental housing project in Tokyo, a scheme they not only designed and implemented, but which they also administer. The original idea came from Kengo Kuma, who has long grappled with social developments in Japan and who commissioned the present project. More than 50 per cent of the population in Tokyo live in single-household dwellings – in tiny apartments for which they pay incredibly high rents. As an alternative, Kuma offers a form of housing that is perhaps somewhat exotic and quite unusual for Japan – a house used on a communal basis where people can live and work.
Seven individual rooms provide private realms of a kind for the tenants, who, on the other hand, have to share two sanitary spaces. Other communal areas, like the ground-floor workshop, the kitchen and living room on the second floor and the roof terrace with a herb garden, are spatially relatively generous. Within the roughly 10-metre-high cubic volume of the building, the individual spaces are stacked on three levels and linked to form units. Located between these are varied lounge areas with different room heights and visual relationships. The ceilings, walls and floors are uniformly clad with larch plywood, and every recess is used to accommodate shelving and inbuilt elements.
The workshop plays a central role in the house. Here, the furnishings were designed and constructed by the residents, and the space links the interior with the street in this quiet residential neighbourhood. The two are separated simply by a polyester membrane, which forms a translucent outer skin.
Not unlike entering a tent, residents open the membrane by means of a zip to gain direct access to the house. The workshop extends up to the underside of the roof, and a second, inner facade of polycarbonate slabs forms the boundary to the adjoining areas, at the same time helping to achieve a light atmosphere. When the zip is open, neighbours enjoy a glimpse of life in the community, thereby underlining the experimental character of the project and contributing to its acceptance.

Wohnhaus in Vrhovlje

House in Vrhovlje

Architekten / *Architects*:
dekleva gregorič architects, Ljubljana
Tragwerksplaner / *Structural engineers*:
Luka Pavlovčič, Ljubljana

Die Venezianer nutzten die Baumbestände bei Triest zum Bau ihrer Stadt auf hölzernen Pfählen und hinterließen eine karge Landschaft mit bloßgelegten Kalksteinböden. Die traditionellen Häuser der Karst-Region bestehen hauptsächlich aus diesem Stein, ihre geschlossene Kubatur mit geneigtem Dach und nahezu fensterlosen Fassaden schützt die Bewohner vor Wind und Wetter. Das Einfamilienhaus, das die Architekten »Compact Karst House« nennen, nimmt diese Tradition auf und interpretiert sie neu. Abweichend von der ursprünglich handwerklich sehr aufwändigen Bauweise wählten sie eine hybride Tragstruktur aus Ziegelmauerwerk mit einem geneigten Dach aus Stahlbeton. Um dem Baukörper dennoch einen monolithisch steinernen Charakter zu verleihen, versahen sie die Fassade mit einer äußeren Schicht aus Stein und Beton. Dafür wird in die Gleitschalung vor dem Ziegel zunächst eine Schicht aus Kalkstein eingelegt und diese dann rückseitig mit Mörtel vergossen. Überschüssiger Mörtel, der durch die Fugen an die Oberfläche tritt, wurde nur grob entfernt, sodass eine lebendige Struktur entsteht. Das Dach wirkt wie eine massive Steinplatte. Der Effekt entsteht durch die abgetreppte, farblos imprägnierte Betonstruktur. Die Dichtung liegt darunter, auf der Wärmedämmung und einer weiteren Betonplatte, die innen sichtbar bleibt. Die Wohnräume selbst stecken in zwei hölzernen Kuben, die frei in der äußeren Schale stehen, verbunden durch eine Brücke. Im Erdgeschoss bieten etwas größere Öffnungen Ausblicke in die Landschaft, während Oberlichter in den beiden Schlafräumen den Blick auf den Himmel frei geben. Alle Einbauten und Trennwände bestehen aus Dreischicht-Fichtenholz, tragende Elemente aus CLT-Massivholz. Die boxenförmigen, abgehängten Holzstufen der Treppe können rückseitig als Regalfächer genutzt werden. Das prototypische Gebäude soll zu einem späteren Zeitpunkt bei wachsendem Budget des Bauherrn in ein Ferienhaus verwandelt und um ein größeres Karst House ergänzt werden. DETAIL 07–08/2015

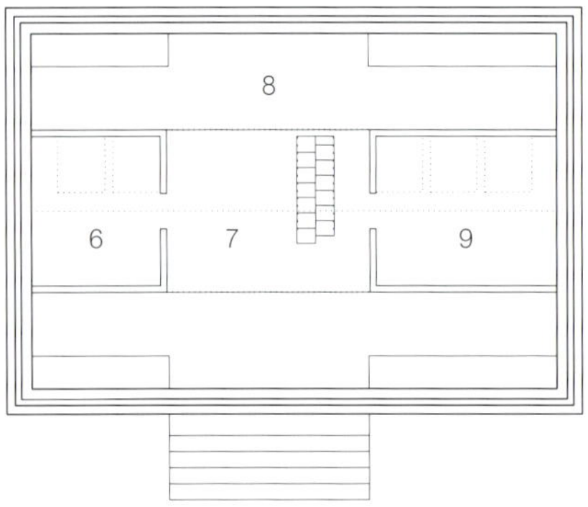

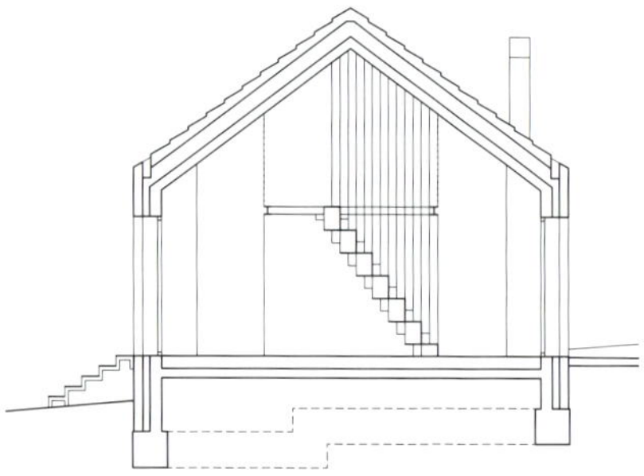

aa

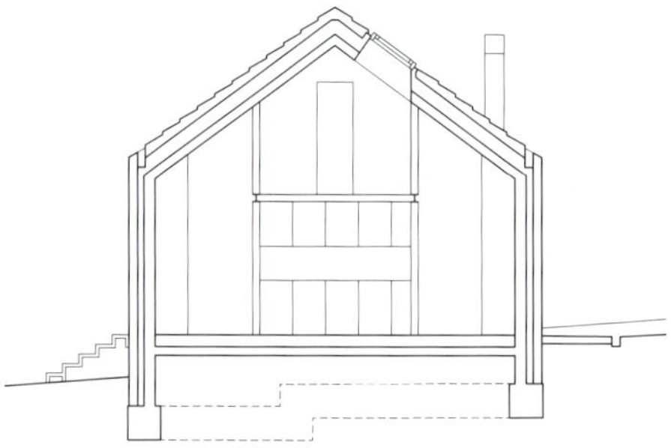

bb

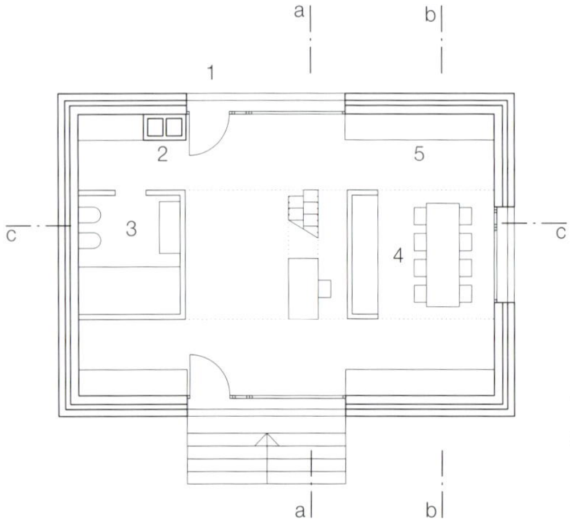

cc

Grundrisse Schnitte Maßstab 1:200	*Layout plans* *Sections* *scale 1:200*
1 Eingang	*1 Entrance*
2 Kamin	*2 Chimney*
3 Bad	*3 Bathroom*
4 Küche, Esszimmer	*4 Kitchen, Dining room*
5 Einbauschrank	*5 Built-in closet*
6 Kinderschlafzimmer	*6 Children's bedroom*
7 Spielbrücke	*7 Bridge as play space*
8 Luftraum	*8 Void*
9 Schlafzimmer	*9 Bedroom*

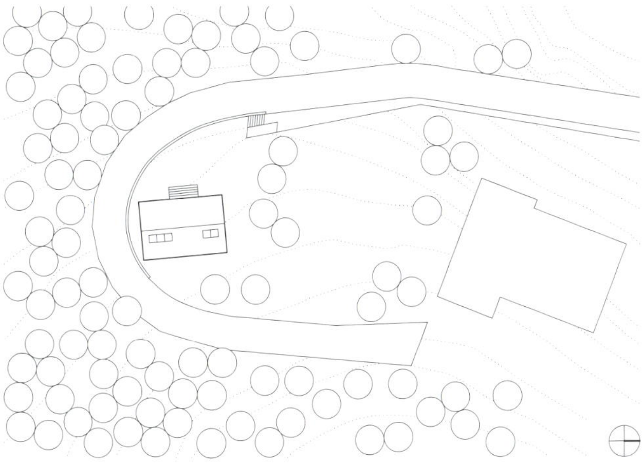

Lageplan
Maßstab 1:1000

Site plan
scale 1:1,000

To get the wood for the pilings required to build their city, Venetians exploited the forests along the eastern coast of the Adriatic Sea, including those near Triest. Here, in the Karst Region, they left behind a denuded landscape whose limestone bedrock had been laid bare. The traditional dwellings were built using that very stone. Their outer shells cloak compact volumes with sloped roofs and nearly windowless facades that protect the inhabitants from wind, rain and snow. The design of this new single-family residence, which the architects call Compact Karst House, picks up on this tradition and reinterprets it. In a departure from the original elaborate handcrafted construction method, they selected a hybrid structural system of brick masonry, with a sloped roof erected in reinforced concrete. But to give the building massing the monolithic impression of stone, they specified that the facade be executed with an outer layer of stone and concrete. Slip-forms were employed to create these outer wythes: stone was placed in the slip-form, and then the mortar was added. The excess mortar that came to the surface through the joints was only partially removed; in this manner the architects achieved an animated surface texture. The roof has the appearance of a solid slab of stone. The effect is produced by stepping the concrete slab. The seal is positioned below it, atop the thermal insulation and another concrete slab; the latter remains visible inside. The living spaces are situated in two two-storey wooden volumes – linked by a bridge – that are independent of the outer shell. On the ground floor, somewhat larger openings furnish views out to the landscape, while skylights in both bedrooms supply views of the sky. All built-ins and partition walls employ softwood plywood; load-bearing components are of cross-laminated timber slabs. The backsides of the suspended stair's box-shaped, wood steps function as bookcases. At a later point in time, when the clients' construction fund has grown, this prototype-like house will become a weekend house, and a larger Karst House will be added nearby.

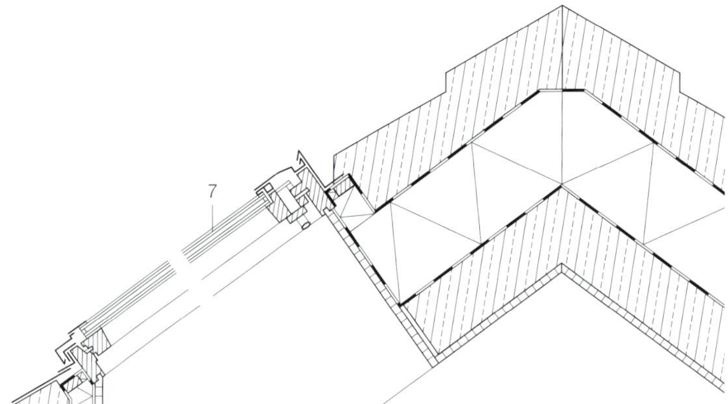

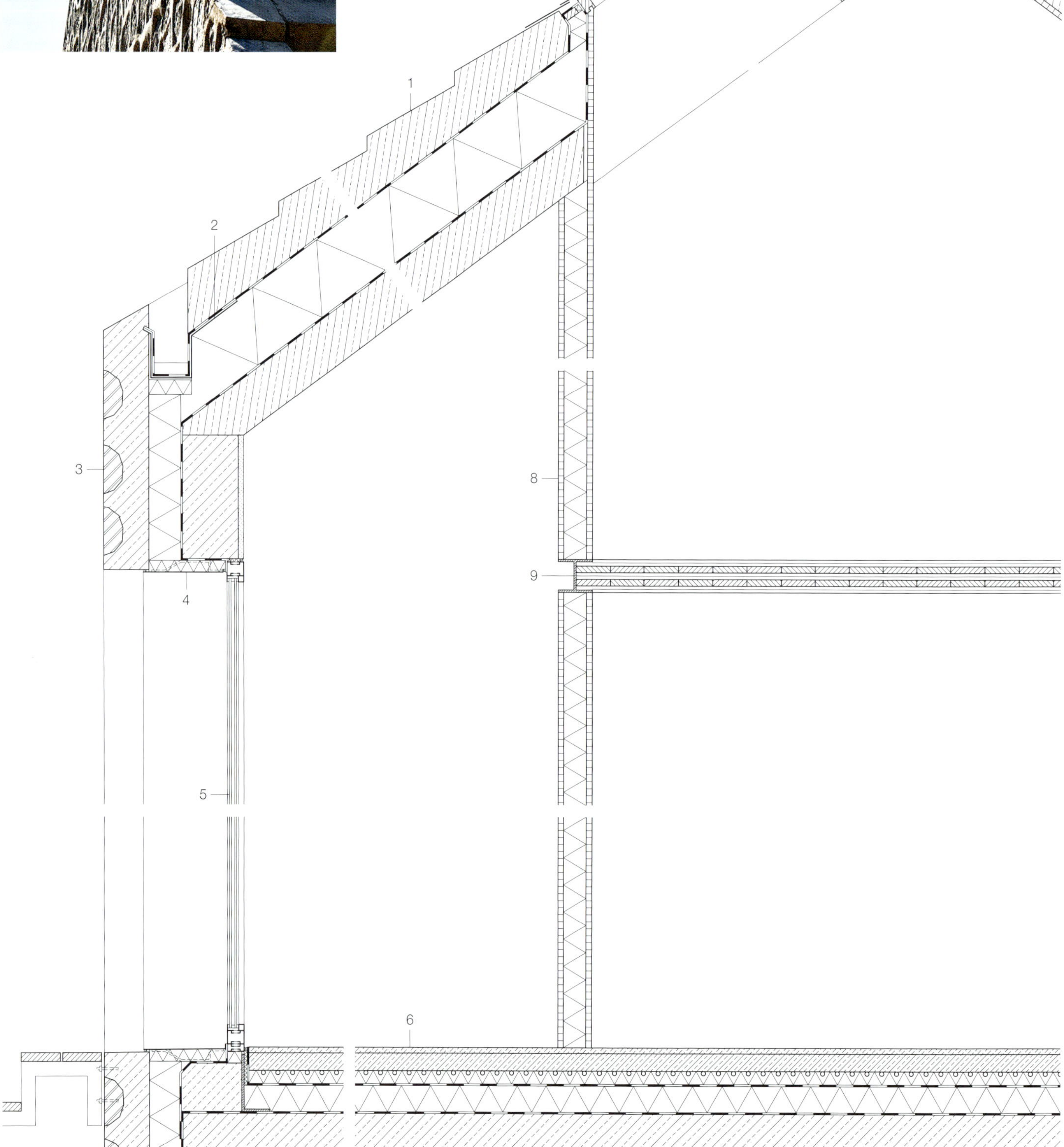

7
1
2
3
8
9
4
5
6

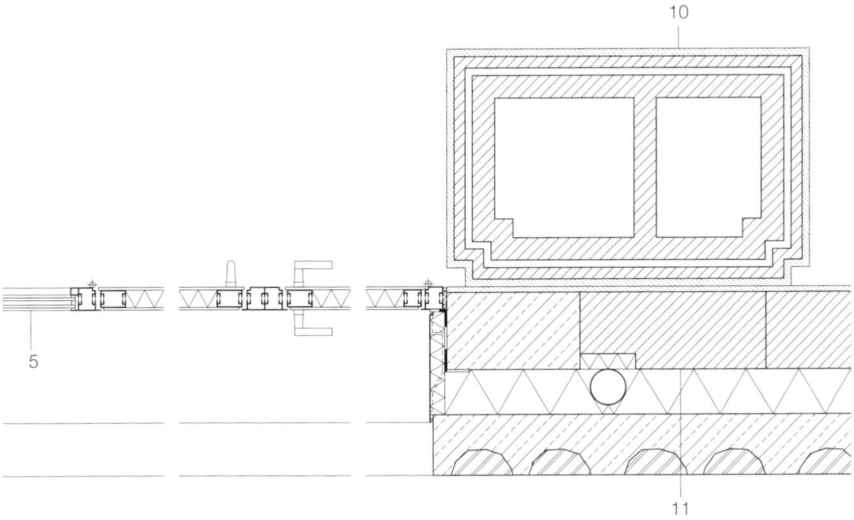

Vertikalschnitt • Horizontalschnitt
Maßstab 1:20

1 Stahlbeton farblos imprägniert 140–180 mm
Dachdichtung
Wärmedämmung XPS 240 mm
Dampfbremse
Stahlbeton 160 mm
2 Kantenverstärkung Weißblech 0,6 mm
3 Bruchstein-/Betonmauerwerk 160 mm
Wärmedämmung XPS 120 mm
Dampfbremse
Stahlbetonsturz 200 mm, Putz 20 mm
4 Fensterlaibung Weißblech 2 mm mit Flachstahlanker
Wärmedämmung Mineralwolle 40 mm
Dichtungsstreifen
5 Float 8 + SZR 16 + VSG 2× 4 mm
U_g = 1,0 W/m²K
in Stahlrahmen schwarz lackiert
6 Estrich geglättet 20 mm
Estrich armiert 60 mm
Fußbodenheizung in Dämmung 30 mm, PE-Folie
Wärmedämmung EPS 70 mm
Polymerbitumendichtung
Stahlbeton 150 mm
7 Schwingfenster ESG 6 + SZR 12 + ESG 6 mm in Kieferrahmen, Deckleiste Aluminium
8 Dreischichtplatte Fichte 2× 19 mm dazwischen Dämmung 80 mm
9 Stahlprofil I 120 mm mit CLT-Massivholz Fichte 120 mm
10 Kaminschacht:
Putz 20 mm
Ziegelmauerwerk 30 mm
Luftschicht 20 mm
Ziegelmauerwerk 60 mm
11 Mauerwerk Ziegel 500/200 mm
Putz 20 mm

Vertical section • Horizontal section
scale 1:20

1 *140–180 mm reinforced concrete, transparent seal; roof seal*
240 mm XPS thermal insulation
vapour retarder; 160 mm reinf. concr.
2 *edge reinforcement: 0.6 mm tin-coated steel*
3 *160 mm quarry stone/concrete masonry; 120 mm XPS thermal ins.*
vapour retarder; 200 mm reinforced concrete lintel; 20 mm plaster
4 *window lintel: 2 mm tin-coated steel with steel flat anchor*
40 mm mineral wool thermal insulation
sealing strips
5 *8 mm float + 16 mm cavity + 2× 4 mm lam. safety glass*
U_g = 1.0 W/m²K in steel frame, black-lacquered
6 *20 mm screed, trowelled*
60 mm screed, reinforced
30 mm underfloor heating in insulation
polythene membrane
70 mm EPS thermal insulation
polymer-modified bituminous sealant
150 mm reinforced concrete
7 *pivot-hung window: 6 mm toughened glass + 12 mm cavity + 6 mm toughened glass in pine frame, aluminium flashing*
8 *30 mm insulation sandwiched betw. 2× 19 mm lumber-core plywood (3-ply)*
9 *120 mm steel I-section with 120 mm softwood cross-laminated timber board*
10 *chimney shaft; 20 mm plaster*
30 mm brick masonry; 20 mm gap
60 mm brick masonry
11 *500/200 mm brick masonry*
20 mm render

Ferienhaus in Druxberge

Holiday Home in Druxberge

Architekten / *Architects*:
Jan Rösler Architekten, Berlin
mit Sven Rickhoff, Berlin
Tragwerksplaner / *Structural engineers*:
Rolf Rauhe, Magdeburg

Behutsame Eingriffe prägen den Umbau der um 1930 errichteten Ziegelscheune zum Ferienhaus. In einem kleinen Dorf in der Nähe von Magdeburg hinter einem alten Wohnhaus gelegen, hatte das Gebäude im Laufe der Jahre verschiedenste Veränderungen erfahren und wurde zuletzt als Stall und Scheune genutzt. Sind die hölzernen Klapp- und Schiebeläden geschlossen, fällt die Verwandlung kaum auf. Erst wenn die Läden offen stehen, zeigen sich die neuen großflächigen Verglasungen, die den Blick auf das Innenleben freigeben. Die reduziert gestalteten Räume erhalten ihren besonderen Charme durch die bestehende Tragstruktur: Eine Kappendecke aus Stahlträgern und Segmenttonnengewölben überspannt das Erdgeschoss, der hölzerne Dachstuhl prägt die oberen Stockwerke. Auch die neue Raumaufteilung orientiert sich an dem vorhandenen Tragwerk. Die große Wohnküche nimmt fast das gesamte Erdgeschoss ein und wird von zwei Seiten über Fenstertore belichtet, die früher als Durchfahrt dienten. Im ersten Stockwerk liegt ein zweiter Wohnraum, der nicht nur die Schlafzimmer auf derselben Etage erschließt, sondern auch zwei über Leitertreppen erreichbare Ebenen unter dem Dach. Um die charakteristische Dachkonstruktion sichtbar zu belassen, wurden die bestehenden Sparren aufgedoppelt. Das Dach ist zwischen den neuen Sparren gedämmt und erfüllt heutige Energiestandards. Die Ziegelfassade, geprägt durch verschieden große Öffnungen und Luken, konnte durch die Verwendung einer Innendämmung erhalten werden. Lediglich ein zugemauertes Tor wurde wieder geöffnet und ein neues Fenster hinzugefügt. Auch in energetischer Hinsicht ist die Innendämmung sinnvoll, weil das Ferienhaus nur temporär genutzt wird und sich dadurch schneller aufheizen lässt. Soweit möglich wurden bei dem Umbau nachhaltige Baustoffe eingesetzt: Holzweichfaserplatten für die Innendämmung, Flachs für die Dachdämmung, Lehmputz für die Oberflächen der Innenwände und Decken. DETAIL 11/2015

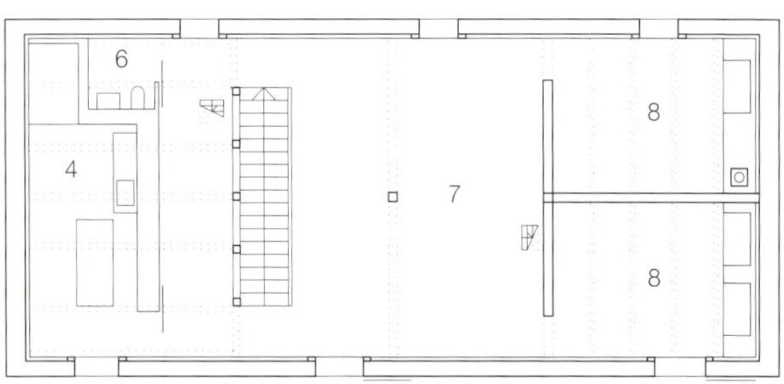

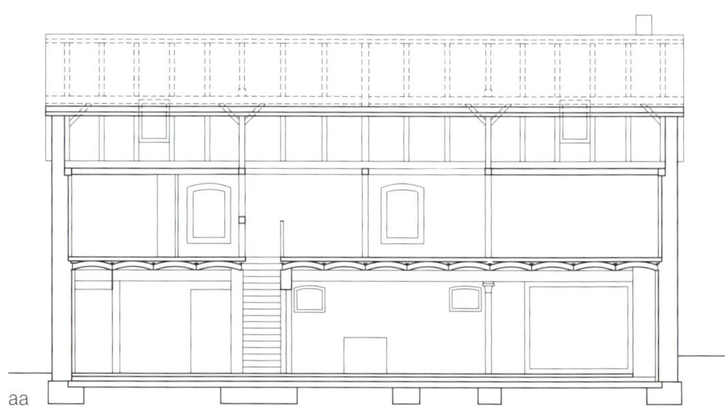

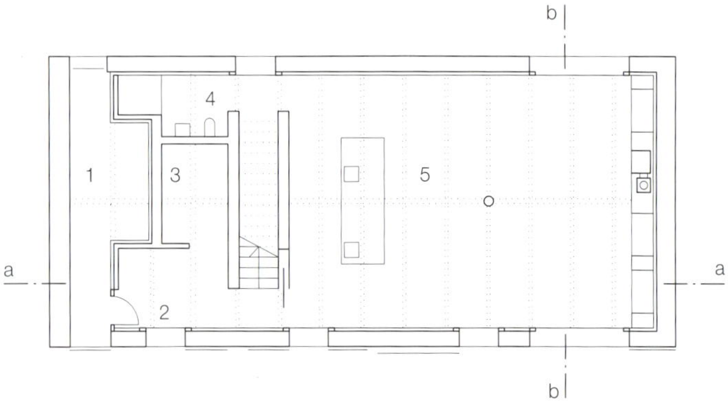

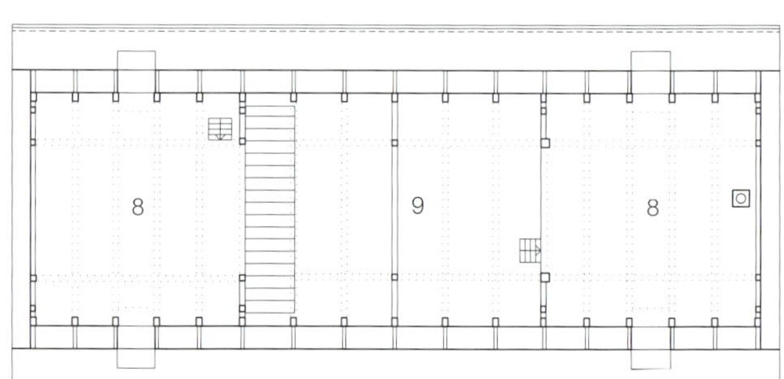

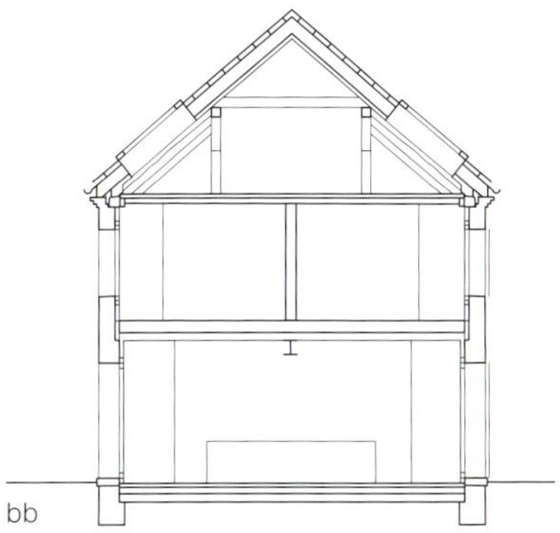

Lageplan
Maßstab 1:4000

Grundrisse • Schnitte
Maßstab 1:200

1 Vorraum
2 Eingang
3 Hausanschlussraum
4 Bad
5 Wohnküche
6 WC
7 Wohnen
8 Schlafen
9 Luftraum

Site plan
scale 1:4,000

Layout plans • Sections
scale 1:200

1 Vestibule
2 Entrance
3 House connections
4 Bathroom
5 Great room
6 WC
7 Living
8 Sleeping
9 Void

Vertikalschnitte • Horizontalschnitt
Maßstab 1:20

Vertical sections • Horizontal section
scale 1:20

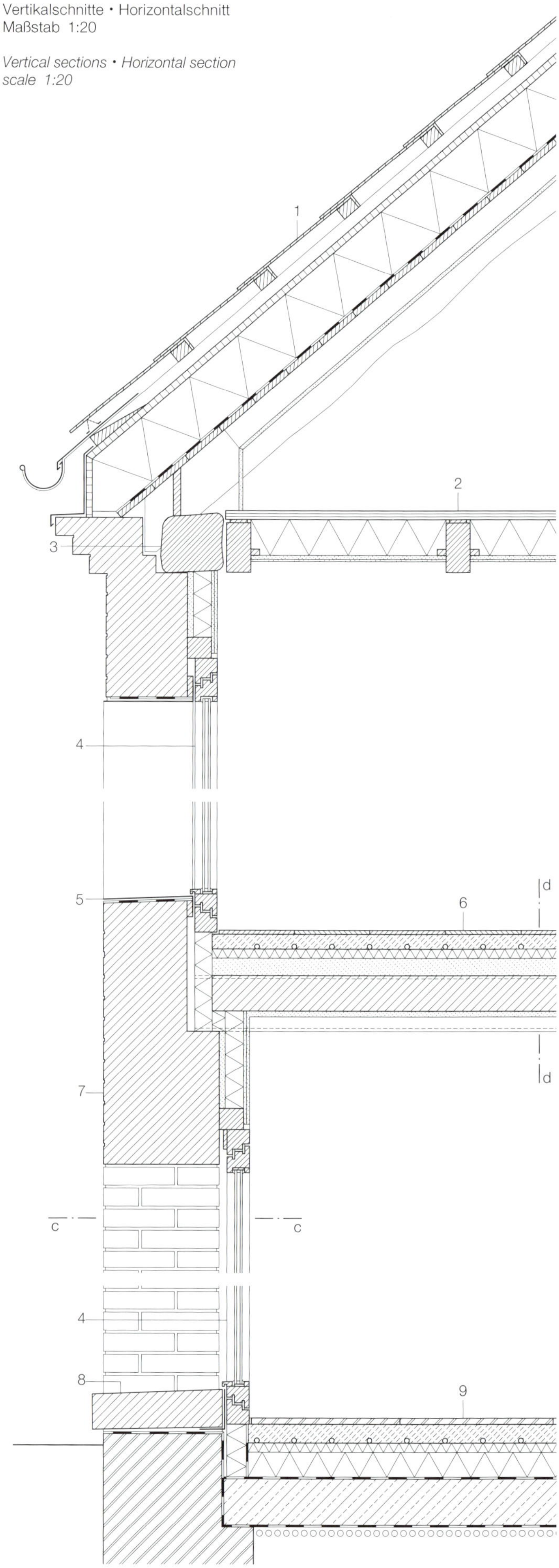

1 Dachdeckung Ziegel (wiederverwendet), Lattung 40/60 mm Konterlattung 24/38 mm Unterdeckung Holzweichfaserplatte imprägniert 22 mm Wärmedämmung Flachs 180 mm zwischen Sparren Fichte 80/180 mm Dampfbremse Rauspundschalung Kiefer 20 mm Sparren Rundholz Kiefer (Bestand) Gipsfaserplatte 12,5 mm
2 Dielenboden Fichte 28 mm Trennstreifen Hanf Deckenbalken Fichte 160/80 mm, dazwischen: Trittschalldämmung Leichtlehm, Stroh 100 mm Lehmbauplatte 12,5 mm Lehmputz 5 mm
3 Fußpfette Kiefer (Bestand)
4 Fenster Eiche mit Isolierverglasung, Öffnungsflügel bis 180° drehbar
5 Laibung Baustahl 4 mm (bei neuer Fensteröffnung im Bad)
6 Parkett Eiche weiß geölt 12,5 mm Zementestrich mit Fußbodenheizung 50 mm Trittschalldämmung 30 mm Ausgleichsschicht Zementestrich bis 100 mm Kappendecke Ziegel (Bestand), Lehmputz 20 mm
7 Ziegelmauerwerk 380 mm (Bestand) Lehmgrundputz 20 mm Wärmedämmung Holzweichfaserplatte 60 mm Lehmoberputz zweilagig 15 mm
8 Fensterschwelle Ziegelmauerwerk als Rollschicht Horizontalsperre PU-Keile Fundament Naturstein (Bestand)
9 Bulgarischer Travertin 20 mm Zementestrich mit Fußbodenheizung 70 mm Trittschalldämmung 30 mm Wärmedämmung XPS 80 mm Trennfolie zweilagig Bodenplatte Stahlbeton 150 mm Trennfolie zweilagig
10 Unterzug Stahlträger (Bestand)
11 Stütze Kiefer 150/150 mm (Bestand)
12 Stütze Gusseisen (Bestand)

1 roof tiles (reclaimed) 40/60 mm battens 24/38 mm counterbattens 22 mm softboard sheathing, waterproofed 180 mm flax insulation between 80/180 mm softwood rafters vapour retarder 20 mm tongued and grooved rough boarding, pine rafters, roundwood, pine (existing) 12.5 mm gypsum fibreboard
2 28 mm softwood floor plank hemp separating strips 100 mm lightweight loam impact-sound ins./straw between 160/80 mm softwood beams 12.5 mm loam board 5 mm loam rendering
3 inferior purlin, pine (existing)
4 oak window with double glazing, operable sash, pivots up to 180°
5 4 mm steel reveal (new window in bathroom)
6 12.5 mm oak parquet, white-oiled 50 mm cement screed with underfloor heating 30 mm impact-sound insulation ≤ 100 mm cement screed levelling course brick masonry segmental vault with steel beams (existing) 20 mm loam rendering
7 380 mm brick masonry (existing) 20 mm loam roughcast plaster 60 mm softboard thermal insulation 15 mm loam final rendering, 2 coats
8 brick masonry window sill of upright course of bricks horizontal barrier: PU-wedge stone foundation (existing)
9 20 mm Bulgarian travertine 70 mm cement screed with underfloor heating 30 mm impact-sound insulation 80 mm XPS thermal insulation separating membrane, 2-ply 150 mm reinforced-concrete slab on grade separating membrane, 2-ply
10 downstand steel beam (existing)
11 column: 150/150 mm pine (existing)
12 column: cast iron (existing)

The conversion of a brick barn dating to 1930 is marked by carefully considered interventions. The building in a small village near Magdeburg had been altered in various ways over the course of time. When the wooden shutters are closed, the transformation is barely noticeable. When they are open, the new generously dimensioned windows offer glimpses of the home's inner workings. The ground floor is spanned by steel beams and segmental barrel vaults; the upper levels are marked by the timber roof framework. The new distribution of spaces is also oriented to the existing load-bearing structure. The great room occupies nearly the entire ground floor. A second living room on the first floor not only provides access to the adjoining bedrooms but also to the spaces below the roof. The original roof construction was retrofitted by doubling up the existing rafters. Insulation was inserted between the new rafters: the roof fulfils current energy standards. By employing interior insulation it was possible to retain the characteristic brick facade.

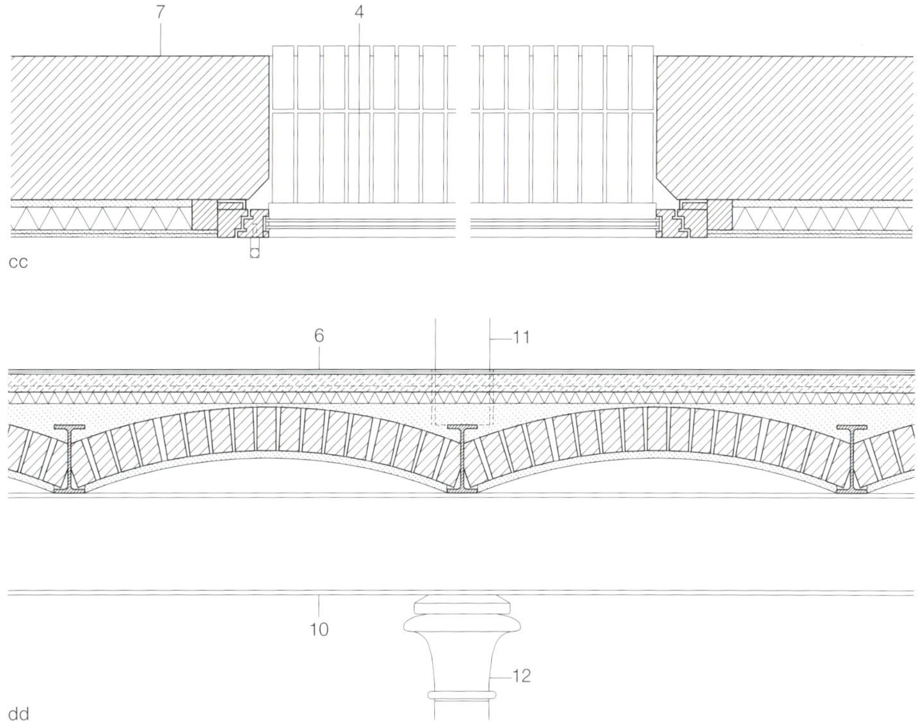

Même-Experimentalhaus in Taiki

Même Experimental House in Taiki

Architekten / *Architects*:
Kengo Kuma & Associates, Tokio
Kengo Kuma, Takumi Saikawa
Tragwerksplaner / *Structural engineers*:
Yashushi Moribe, Tokio
(Showa Women's University)

In Zusammenarbeit mit dem nationalen japanischen Institut für Umwelttechnologie entwickelten die Architekten ein prototypisches Experimentalhaus als Studie für umweltverträgliche, zukunftsfähige Architektur. Das »Même« genannte Haus mit einer Grundfläche von fast 80 m^2 liegt in unmittelbarer Nähe des neuen Forschungszentrums für umweltgerechte Architektur kalter Klimaregionen, im Süden von Hokkaido, Japans nördlicher Hauptinsel, wo es unter den teils extremen Wetterbedingungen vor Ort getestet wird. Bei der Planung bezogen sich die Architekten auf die »Chise« genannten Wohnhäuser der Ainu, der Ureinwohner Nordjapans. Ihre traditionellen Wohnhäuser waren, im Gegensatz zu den auf der südlichen japanischen Hauptinsel üblichen, meist aufgeständerten Holzkonstruktionen, als erdverbundene »Grashäuser« an Dach und Wand mit einer Schicht aus Riedgras oder Bambusgräsern bekleidet, die auch als Wärmedämmung diente. Die Chise wurden direkt auf dem Erdboden platziert, mit einer Feuerstelle im Zentrum, die permanent in Betrieb gehalten wurde, um die Strahlungswärme des so erwärmten Bodens zu nutzen. Die tragende Struktur des Experimentalhauses besteht aus einem Holzskelett aus japanischer Lärche. Dieses ist außen mit einer diffusionsoffenen Kunststoffmembran umhüllt und innen vollständig mit einem abnehmbaren Glasfasergewebe bekleidet. Im Zwischenraum befindet sich eine aus PET-Flaschen recycelte transparente Polyesterfaserdämmung. Der Aufbau beruht auf der Idee, dass die Konvektion der Luft im Membranzwischenraum zu einem angenehmen Klima im Innenraum beiträgt. Ziel ist, über die bisher übliche stationäre Betrachtungsweise von Wärmedämmschichten hinausgehend, auch dynamische Vorgänge innerhalb der Gebäudehülle zu erfassen und zu berücksichtigen. Ein weiterer Grund für die Wahl der Membranhülle war die Vorstellung eines von möglichst viel natürlichem Licht umgebenen Lebens innerhalb der Weidelandschaft. Im Inneren erwacht man mit Ta-

Lageplan
Maßstab 1:10 000
Schnitte • Grundriss
Maßstab 1:200

1 Eingang
2 Wohn- und Speiseraum
3 Küche
4 Bad
5 Ankleideraum
6 Waschmaschinenplatz
7 Toilette
8 Schlafzimmer
9 Studierzimmer

Site plan
scale 1:10 000
Sections • Floor plan
scale 1:200

1 Entrance
2 Living / Dining room
3 Kitchen
4 Bathroom
5 Dressing
6 Washing machine
7 Toilet
8 Bedroom
9 Study

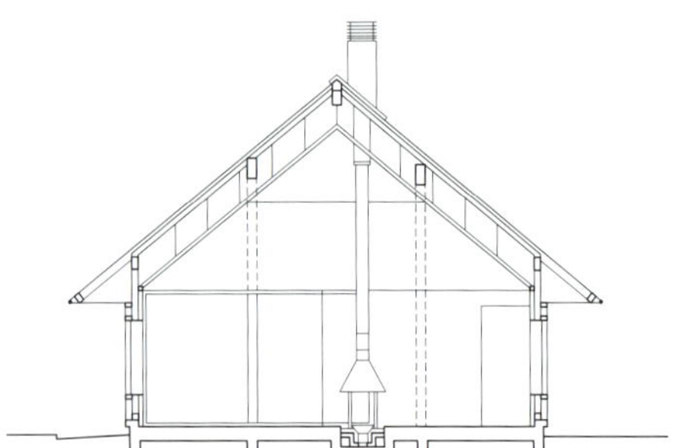

aa

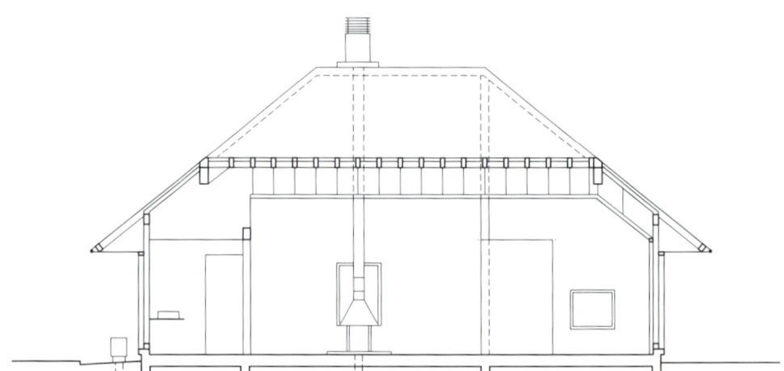

bb

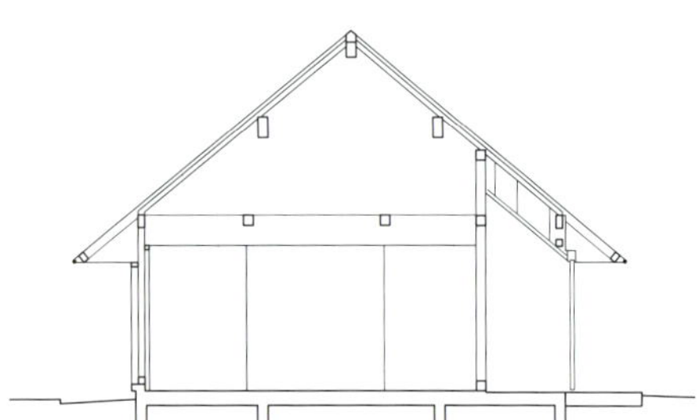

cc

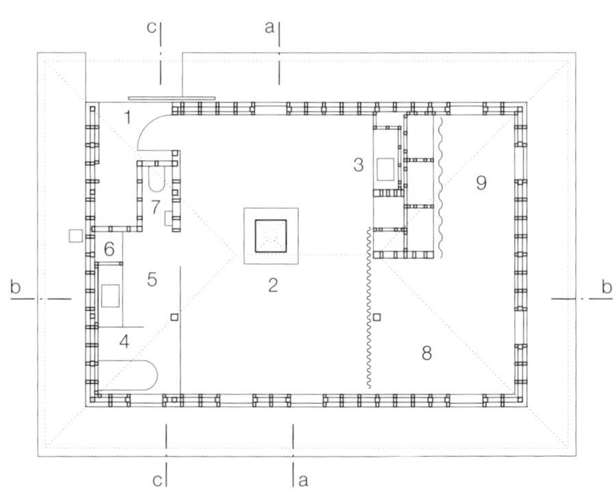

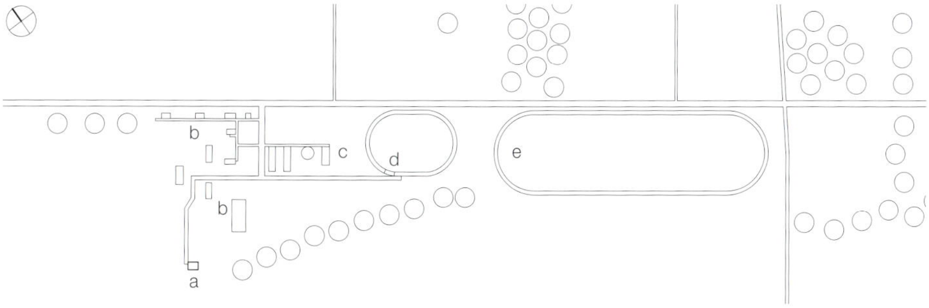

a Experimentalhaus »Même«
b Wohn-, Büro- und Lagergebäude (Bestand)
c Unterkunft / Labor Forschungszentrum (renoviertes Stallgebäude)
d Restaurant (Teil der renovierten Reitbahn)
e Reitbahn (Bestand)

a Même Experimental House
b Flats, offices and storage (existing)
c Lodging / Laboratory research centre (renovated barn)
d Restaurant (part of renovated hippodrome)
e Hippodrome (existing)

gesanbruch und kommt mit der Dämmerung zur Ruhe – so begünstigt die Membranhülle ein Leben im natürlichen Rhythmus. Den Eingangsbereich schützt ein wärmegedämmter Schiebeflügel, der vor die Wand geschoben die Untersuchung von Aufbauvarianten ermöglicht. Zur Veränderung der Aufbauten können zudem alle Teile der inneren Membran abgenommen werden. In Wände, Dach und Böden integrierte Sensoren sammeln Informationen über die seismische Belastung und den Wärmedurchgang der Bauteile und Materialien. Die Konstruktionsweise erlaubt auch eine einfache Montage und Demontage des ganzen Gebäudes.
DETAIL 01 02/2013

Même, a prototype with a surface area of about 80 m², is located on the grounds of a research institute in Hokkaido focusing on environmental design for colder climates. The architects' concept was informed by their studies of the "chise" huts of the Ainu, a people that has traditionally inhabited northern Japan, Sakhalin and the Kuril Islands. Their traditional dwelling was a "grass house", its roof and walls cloaked in an insulating layer of sedge or bamboo. The chise were placed directly on the ground, and each had a fire pit in the centre that was kept burning continuously to take advantage of the radiant heat. Même's load-bearing structure is a timber frame. A moisture-diffusing synthetic membrane covers it; the interior is clad entirely in removable glass-fibre fabric. Between the two layers there is transparent polyester-fibre insulation made of recycled PET bottles. This assembly is based on the principle that the air convection in the space between the membranes benefits the indoor climate. The goal is to go beyond the conventional static layers of thermal insulation and take into consideration the dynamic processes within the building envelope. To facilitate making changes to the assembly, all parts of the inner membrane can be taken down. Sensors integrated in the walls, roof and floors collect information on the seismic loads and the heat transmission of the materials and the building components.

Schnitt • Grundriss Maßstab 1:20

Section • Floor plan scale 1:20

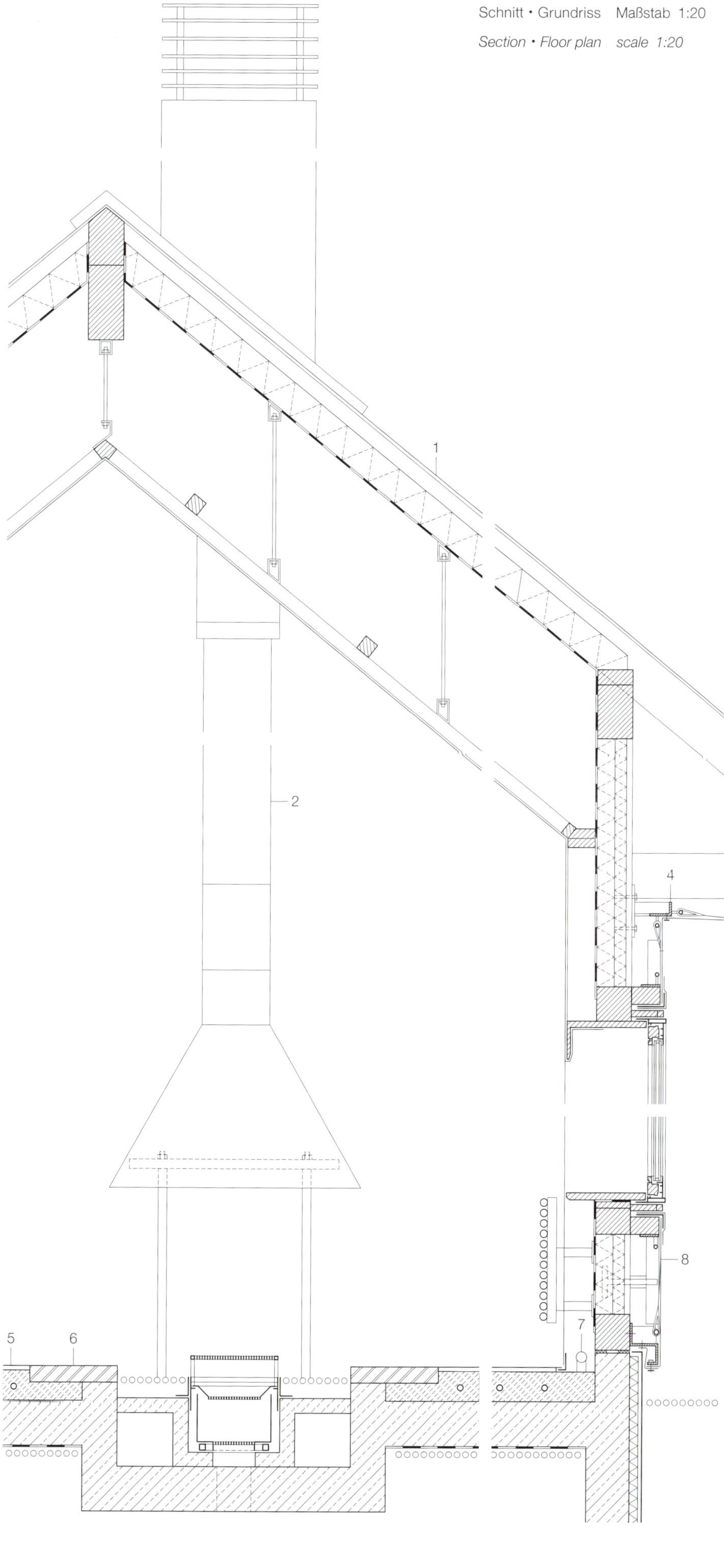

1 Membran Polyestergewebe fluorcarbonbeschichtet, Sparren Lärche 150/60 mm dazwischen Dämmung Polyesterfaser 100 mm Dampfbremse, Lattung abgehängt ◻ 30/30 mm Glasfasergewebe mit Klettbandbefestigung
2 Kamin Stahlblech beschichtet 1,2 mm
3 Randprofil aus Stahlrohr ▭ 125/75/4,5 mm, Stahlrohr ∅ 40/3,5 mm und Stahlblech 6 mm
4 Abstandshalter aus Stahlprofil ⌐ 50/50/4 mm
5 Reisstrohmatte 15 mm, Heizestrich 100 mm Stahlbeton 150 mm, Trennlage, Sauberkeitsschicht Beton 50 mm, Kiesbett 300 mm
6 Natursteinplatte »Sapporro-Stein« 50 mm
7 Leuchtstoffröhre
8 Membran wie bei 1, Luftzwischenraum 100 mm Pfosten Lärche 120/120 mm, dazwischen Dämmung Polyesterfaser transluzent 100 mm Dampfbremse PE-Folie, Lattung 100/30 mm Glasfasergewebe mit Klettbandbefestigung

1 polyester fabric membrane, fluorocarbon-coated 100 mm polyester-fibre thermal insulation between 150/60 mm larch rafters vapour retarder; 30/30 mm battens, suspended glass-fibre fabric with Velcro connection
2 chimney: 1.2 mm steel sheet, coated
3 edge profile: 125/75/4.5 mm steel RHS, ∅ 40/3.5 mm steel CHS and 6 mm sheet steel
4 50/50/4 mm steel-angle spacer
5 15 mm rice straw mat; 100 mm heating screed 150 mm reinforced concrete; separating layer 50 mm concrete subbase; 300 mm gravel bed
6 50 mm Sapporo stone
7 fluorescent tubes
8 polyester fabric membrane, fluorocarbon-coated 100 mm air space 100 mm translucent polyester-fibre ins. between 120/120 mm larch posts polythene vapour membrane; 100/30 mm battens glass-fibre fabric with Velcro connection

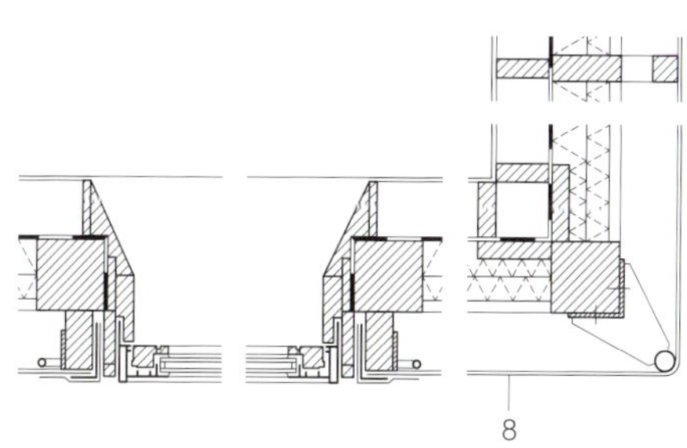

Hochschule für Gestaltung und Kunst in Basel

Basel Academy of Art and Design

Architekten / *Architects*:
Morger + Dettli Architekten, Basel
Meinrad Morger, Fortunat Dettli,
Martin Klein, Henning König
Tragwerksplaner / *Structural engineers*:
Conzett Bronzini Gartmann, Chur

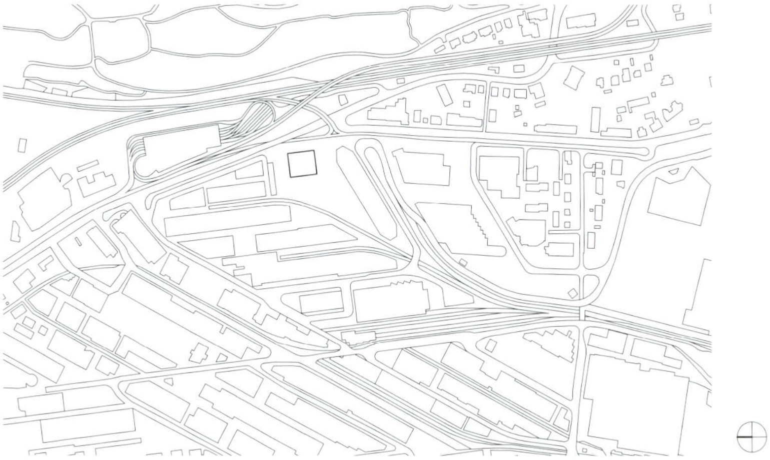

Ein homogenes Konglomerat aus Lager- und Hallenbauten charakterisiert das Dreispitzareal am Basler Stadtrand, das derzeit in ein neues Stadtquartier umgewandelt wird. Während viele der Bestandsgebäude neuen Zwecken gewidmet werden, ergänzen nur wenige Neubauten den ehemaligen Umschlagplatz. So setzt der 47 m hohe Baukörper der Hochschule einen neuen städtebaulichen Akzent. Die kühle Fassade aus geschliffenen Chromstahlpaneelen soll auch gestalterisch den Bezug zum Industriegebiet herstellen. Aus der Nähe betrachtet bekommt die feingliedrige Gebäudehülle eine textile Anmutung: Durch die Fügung der 30 cm hohen und 300 cm langen Paneele entstehen Wölbungen, die das Licht in verschiedenen Nuancen reflektieren. Das Fassadenkonzept mit unterschiedlich hohen Brüstungs- und Fensterbändern macht die inneren, differenten Funktionen nach außen hin sichtbar. Die ersten drei Geschosse dienen öffentlichen Nutzungen wie Ausstellungen und Cafeteria. In den darüber liegenden Stockwerken sind die einzelnen Institute jeweils auf einer Ebene organisiert, was die Kommunikation zwischen Studierenden und Lehrenden fördert. Den Abschluss bildet im 8. Obergeschoss die Bibliothek. Ein System aus selbsttragenden Wandelementen verbunden mit Pendelstützen an der Fassade und einer 70 cm hohen Rippendecken-Konstruktion aus Beton bildet die Struktur des Neubaus. Um den rohen Charakter zu unterstreichen, ist die Technik an den Decken offen geführt. Der asymmetrisch im Geschoss liegende Kern nimmt die gesamte Infrastruktur auf und erlaubt eine hohe Nutzungsflexibilität bei der Flächenaufteilung. Textile Vorhänge trennen die Räume bei Bedarf visuell ab und kontrastieren mit den nüchternen Betonoberflächen der Böden und Wände. Reduzierte Materialien und die einheitliche Farbgebung in Weiß oder Schwarz, je nach Nutzungsanforderung des Geschosses, bilden eine neutrale Kulisse für die Kunst, die hier gelehrt, gelernt, erforscht und praktiziert wird. DETAIL 05/2015

Lageplan
Maßstab 1:10 000
Site plan
scale 1:10 000

Grundrisse • Schnitte
Maßstab 1:750
1 Eingang
2 Empfang
3 Cafeteria
4 Technik
5 Lager
6 Schleuse
7 Ausstellung
8 Studiokino
9 Multifunktionsraum
10 Atelier
11 Werkstatt
12 Seminar
13 Lesesaal
14 Leselounge
15 Infoterminal
16 Büro

Layout plans • Sections
scale 1:750
1 Entrance
2 Reception
3 Cafeteria
4 Building services
5 Storage
6 Lobby
7 Exhibition
8 Studio cinema
9 Multifunctional
10 Atelier
11 Workshop
12 Seminar
13 Reading room
14 Reading lounge
15 Information terminal
16 Office

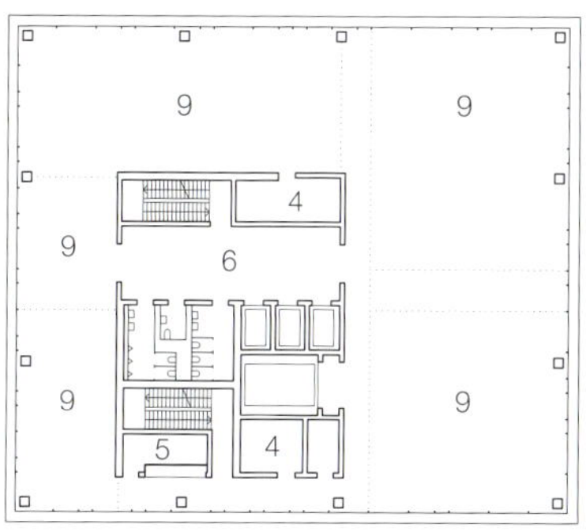

2. Obergeschoss / *Second floor*

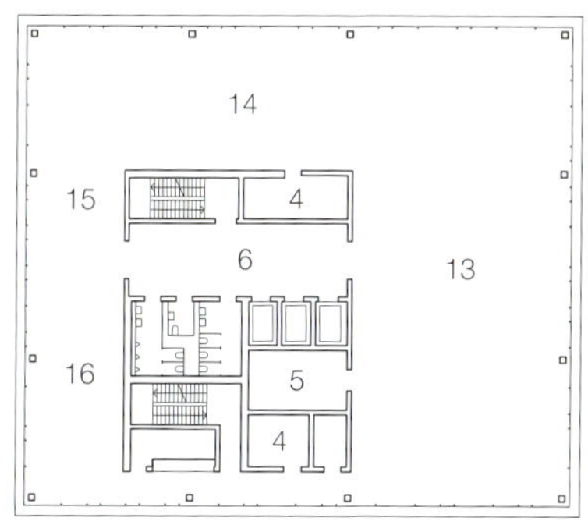

8. Obergeschoss / *Eighth floor*

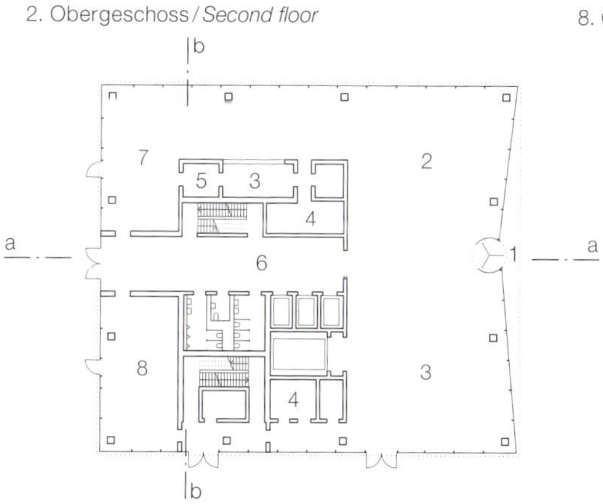

Erdgeschoss / *Ground floor*

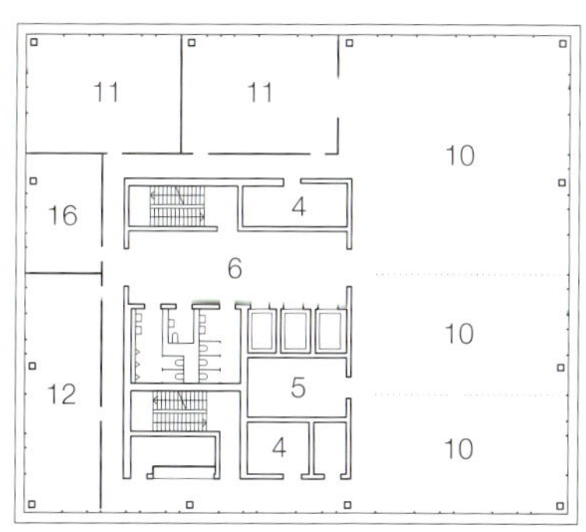

6. Obergeschoss / *Sixth floor*

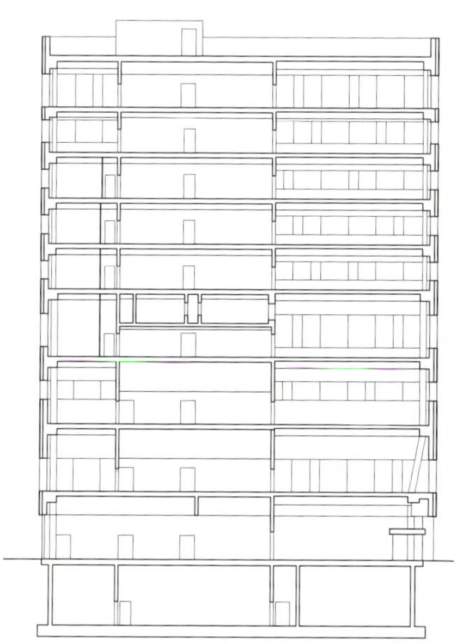

aa

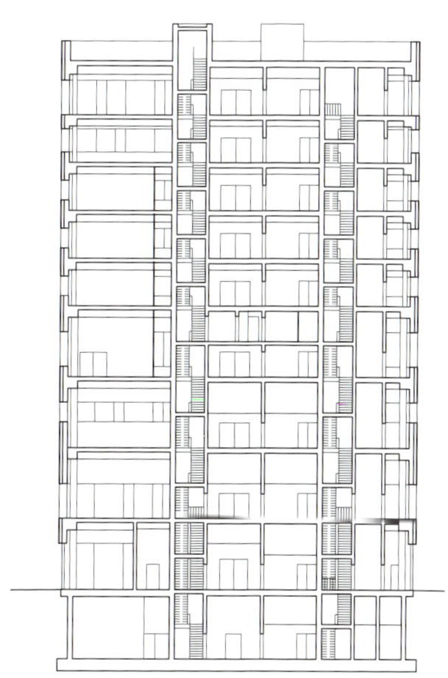

bb

The area on Basel's periphery known as the Dreispitzareal is characterised by a homogeneous conglomerate of warehouses and industrial halls. While many of the existing buildings will be adapted to serve new purposes, a small number of new buildings are being erected on the grounds of a former transhipment centre. In this setting, it is a 47-metre-high structure that draws attention from afar to the Academy of Art and Design Basel. The cool facade of polished stainless-steel panels is also intended to create a link to the industrial zone. When viewed from a short distance, the slender components of the building envelope make a supple impression, reminiscent of fabric: the choice of material thickness and installation method of the 30/300 cm sheets create a rippling effect that breaks and reflects the light. The facade concept, with alternating parapet and window strips of varying heights, provides information about the different functions within the building. The first three storeys hold spaces for exhibitions and a cafeteria; these are open to the public. On the floors above, the individual academic departments are organised one per level, an arrangement that fosters communication between students and the teaching staff. On the eighth storey the building culminates in a library. A system of self-supporting wall elements, in combination with hinged columns in the facade and a ribbed concrete floor with a depth of 70 cm, constitutes the load-bearing structure of this new building. To underscore the casual, workshop-like character, the architects decided not to conceal the building services equipment and ductwork: it is suspended from the ceiling. The floor plan's asymmetrically positioned core contains all of the infrastructure and furnishes a high degree of flexibility in the subdivision of the space. Floor-to-ceiling curtains function as visual partitions. At the same time, they contrast starkly with the sober concrete surfaces of the floors and walls. The limited palette of materials and the unified colour concept in white or black – determined based on the functional requirements of the department – form a neutral backdrop for teaching, learning, researching and practicing art.

1 Chromstahlblech kaltgewalzt 300/3000/0,5 mm
Strangpressprofil 80 mm
Unterkonstruktion mit Hinterlüftung 290 mm
Wärmedämmung Glaswolle 80 + 160 mm
Stahlbeton 200 mm
2 Stahlkonsole farblos anodisiert 4 mm
3 Vorhänge zur Verdunklung zweilagig, außen: Blackout-Gewebe, innen: Polyestergewebe
4 Pfosten-Riegel-Fassade
Stahlrohr ▱ 60/180 mm
Dreifach-Wärmeschutzverglasung U_g = 0,5 W/m^2K
Vertikalmarkise außenliegend
5 Asphalt 30–50 mm, Tragschicht 2× 80 mm
Kies 500 mm
6 Stahlbetonstütze 600/600 mm
7 Zementestrich 160 mm
Stahlbetondecke 380 mm
Mehrschicht-Dämmplatte Steinwolle 75 mm
8 Staubanstrich, Stahlbeton weiße Wanne 400 mm
Abdichtung, Wärmedämmung XPS 120 mm
Noppenbahn

1 300/3000/0.5 mm stainless steel, chrome finish, cold-rolled
80 mm extruded section
290 mm supporting structure with ventilated cavity
80 + 160 mm glass wool thermal insulation
200 mm reinforced concrete
2 4 mm steel bracket, clear anodised
3 room-darkening curtains, two layers: blackout fabric (outer); polyester fabric (inner)
4 post-and-rail facade
60/180 mm steel RHS
triple thermal glazing, U_g = 0.5 W/m^2K
vertical awning
5 30–50 mm asphalt; 2× 80 mm bearing layer
500 mm gravel
6 600/600 mm reinforced concrete column
7 160 mm cement screed
380 mm reinforced concrete deck
75 mm multilayer mineral wool insulation board
8 concrete sealer; 400 mm watertight reinf. concrete sealing layer; 120 mm XPS thermal insulation dimpled membrane

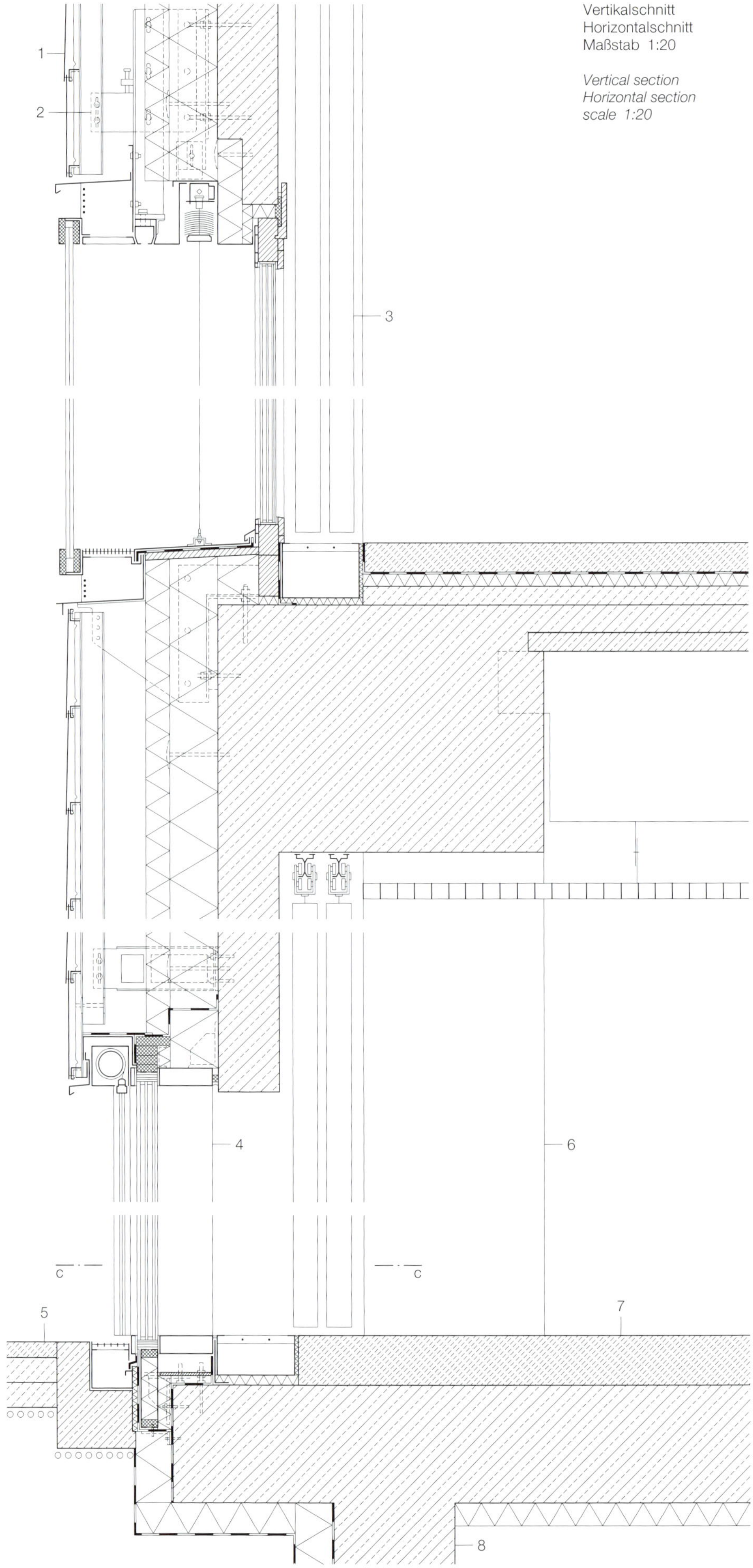

Vertikalschnitt
Horizontalschnitt
Maßstab 1:20

Vertical section
Horizontal section
scale 1:20

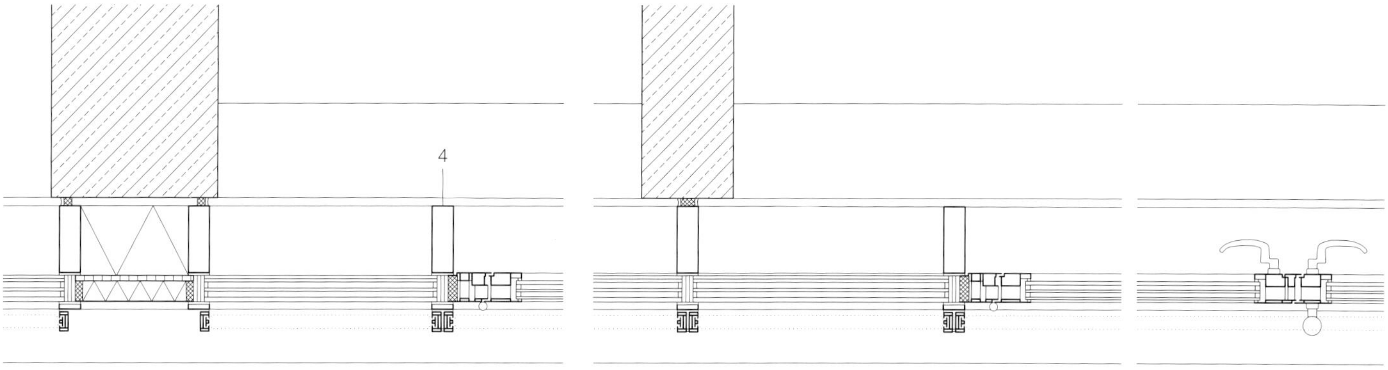

CC

1 Extensivsubstrat Basler Mischung 100 mm Dränschicht 25 mm, Abdichtung, PIR-Hartschaum 160 mm, Dampfsperre, Bitumen Voranstrich Überbeton 90 mm, Betonfertigteil Rippendecke 610 mm, Metallzellenrasterdecke 50 mm
2 Schienentrasse für die Fassadenbefahranlage
3 Abdeckblech Aluminium 2 mm
4 Chromstahlblech kaltgewalzt 300/3000/0,5 mm Strangpressprofil 80 mm, Unterkonstruktion mit Hinterlüftung 290 mm, Wärmedämmung Glaswolle 80+160 mm, Stahlbeton 200 mm
5 Prallscheibe zu OG 1, 3, 8: TVG 2× 12 mm Vierfach-PVB-Folie, Ecken SGP-Folie
6 Dreifach-Wärmeschutzverglasung U_g = 0,5 W/m^2K
7 Stahlbetonstütze 400/400 mm
8 Zementestrich 100 mm, Trennlage PE-Folie Trittschalldämmung 40 mm, Beton 60 mm Überbeton 90 mm, Betonfertigteil Rippendecke 610 mm, Metallzellenrasterdecke 50 mm
9 Prallscheibe zu OG 2, 4–7: TVG 2× 8 mm Vierfach-PVB-Folie, Ecken SGP-Folie

1 100 mm substrate for extensive planting "Basel mix"; 25 mm drainage layer; sealing layer; 160 mm PIR rigid foam therm. ins.; vapour barrier bitumen primer; 90 mm concr. topping; 610 mm ribbed concr. floor deck; 50 mm metal ceiling grid
2 rail for the facade access system
3 2 mm aluminium coping
4 300/3,000/0.5 mm stainless steel, chrome finish, cold-rolled; 80 mm extruded section; 290 mm supporting structure with ventilated cavity; 80 + 160 mm glass wool therm. ins.; 200 mm reinf. concr.
5 baffle plate on 1st, 3rd, 8th floors: 2× 12 mm heat-strengthened prestressed glass, quadruple PVB interlayer, SGP interlayer at corners
6 triple thermal glazing U_g = 0.5 W/m^2K
7 400/400 mm reinforced concrete column
8 100 mm cement screed; polythene film separating layer; 40 mm impact sound ins.; 60 mm concrete 90 mm concr. topping; 610 mm ribbed concr. floor deck; 50 mm open cell metal ceiling grid
9 baffle pl. on 2nd, 4th–7th fl.: 4× 8 mm heat-strength. prestr. gl., quadr. PVB interl., SGP interl. at corners

Vertikalschnitt
Maßstab 1:20

Vertical section
scale 1:20

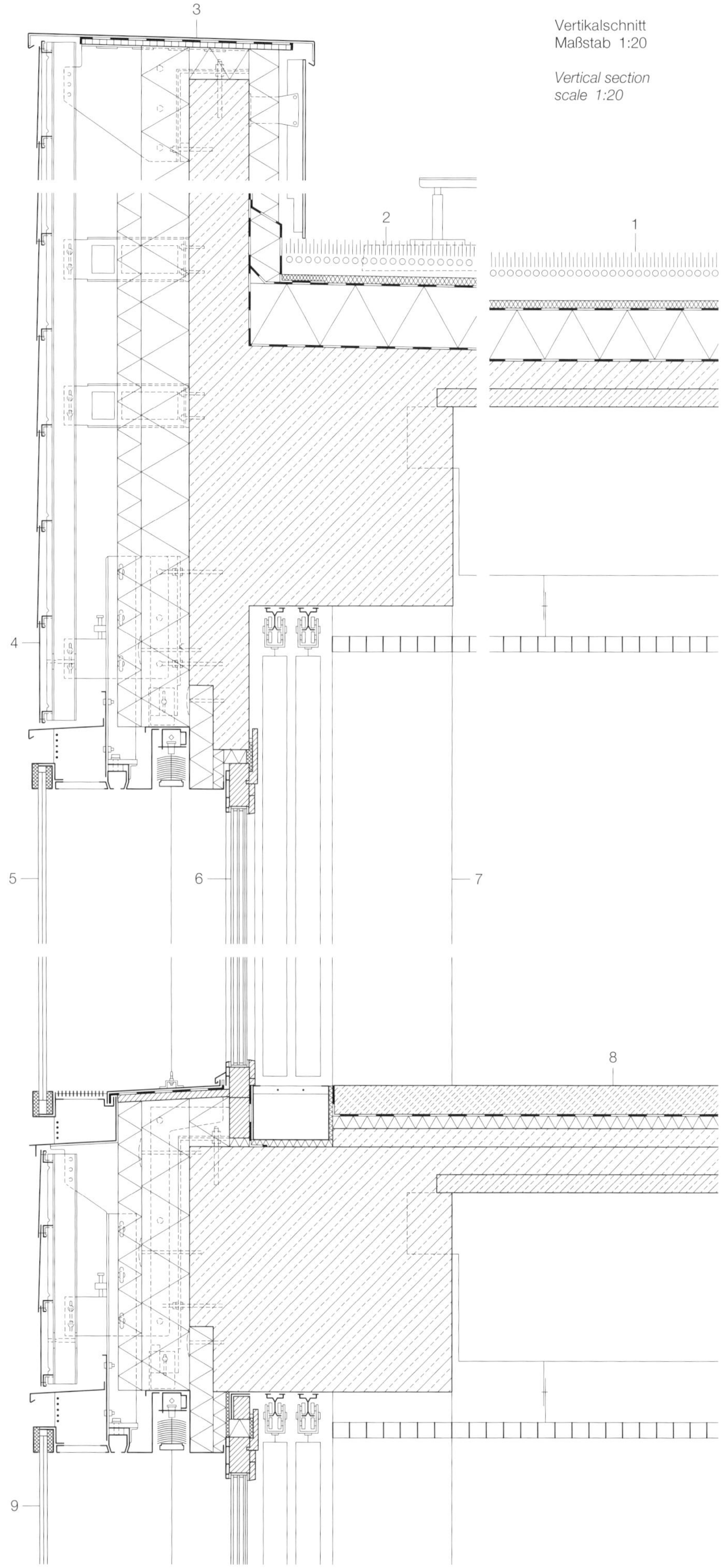

Kongresszentrum in Cartagena

Conference Centre in Cartagena

Architekten / *Architects*:
selgascano, Madrid
José Selgas, Lucía Cano
Tragwerksplaner / *Structural engineers*:
Fhecor, Madrid

»El Batel«, das kleine Boot, heißt das neue Kongresszentrum in Cartagena, benannt nach dem gleichnamigen Strand. Der Standort war wegen der prominenten Lage direkt am Hafen lange umstritten. Doch nach einem Jahrzehnt Planungs- und Bauphase erstreckt sich das 200 Meter lange Gebäude nun direkt am Wasser, begleitet von einer holzbeplankten Uferpromenade. Parallel dazu erschließt ein Foyer mit Rampen, Bänken und Brücken im Inneren zwei große Auditorien und vier koppelbare Kongresssäle. Neben den inszenierten Verkehrszonen prägen transluzente Kunststoffe in starken Farben das Gebäude innen wie außen. Nachts leuchtet der Baukörper wie eine Laterne, da die Fassade über die gesamte Länge mit LEDs bestückt ist. Ein stählernes Fachwerk bildet die konstruktive Struktur, die beidseitig mit Kunststoff verkleidet als doppelte Fassade fungiert. Die wellenförmigen Elemente bestehen außen aus UV-beständigem, witterungsfestem Methacrylat und innen aus feuerbeständigem Polycarbonat. Kunststoffröhren in gelben, orangen und milchweißen Tönen auf lasergeschnittenen gezahnten Schienen ergänzen die Fassadenverkleidung und tauchen auf den Terrassen als schwebende Pergola wieder auf. Im Auditorium erzeugen die Kunststoffprofile in drei leuchtenden Türkistönen eine Atmosphäre wie unter Wasser. DETAIL 07–08/2012

The beach "El Batel" – literally, the little boat – is the inspiration for this new conference centre's name. The foyer of the 200-metre-long structure flanking the coastal boardwalk possesses an array of ramps, benches and bridges. Translucent plastics in bright colours predominate. LED spotlights mounted along the the building's entire length make it glow like a lantern at night. The structural shell is formed by steel trusses, which are clad on both sides with plastic, creating the effect of a double facade. The undulating elements are of weather-resistant methacrylate outside, and of fire-resistant polycarbonate inside. The plastic pipes – in shades of yellow, orange and white – are supported by laser-cut serrated rails.

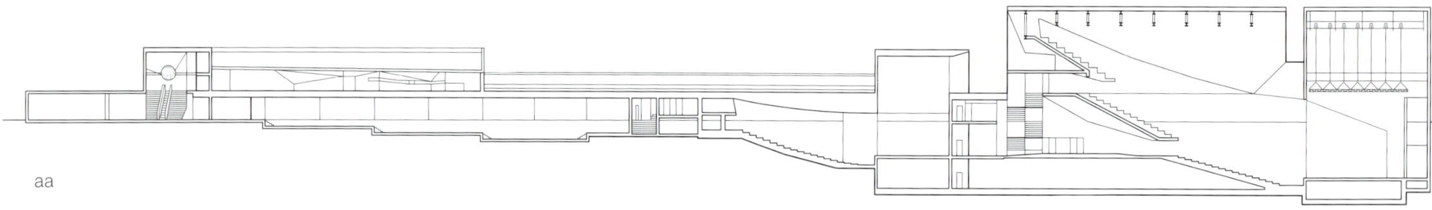

aa

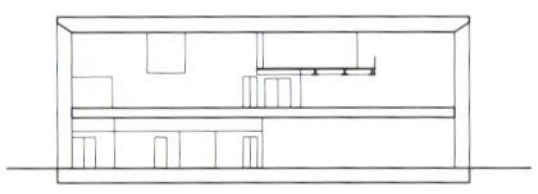

bb

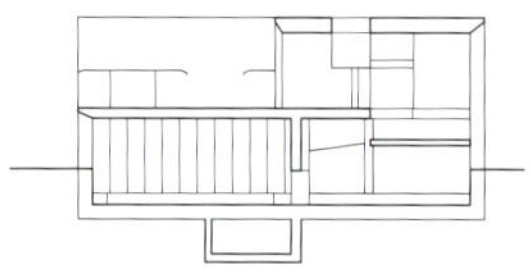

cc

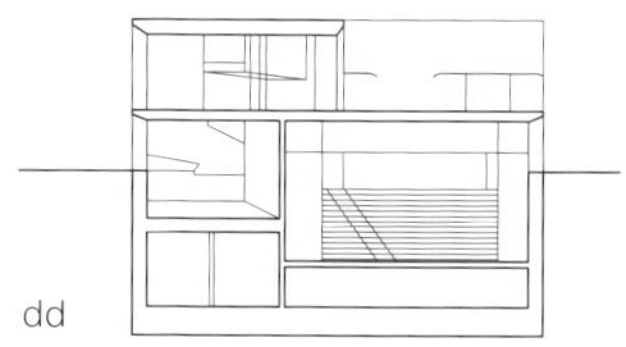

dd

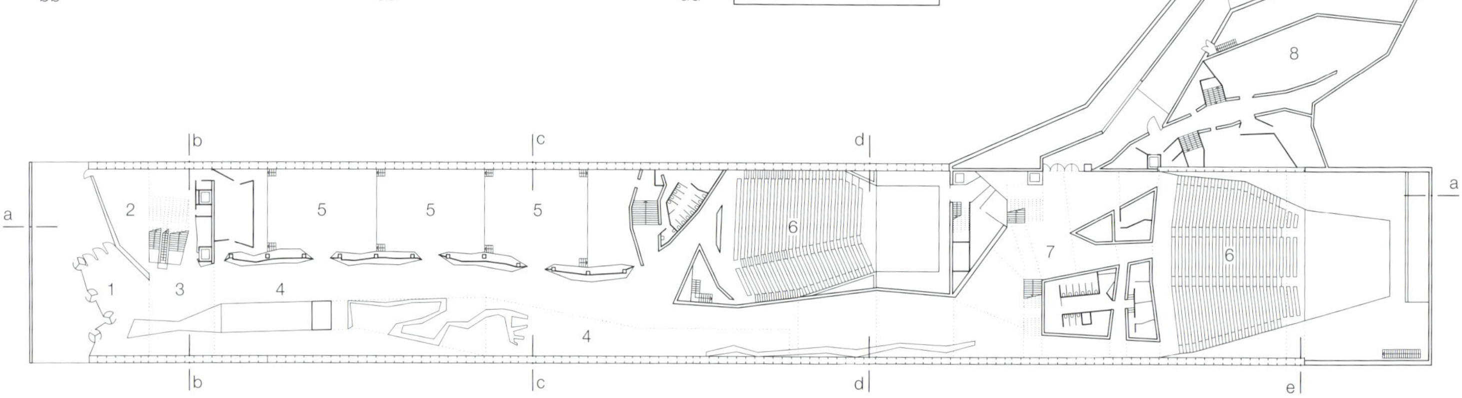

Schnitte
Grundrisse
Maßstab 1:1000

Sections
Layout plans
scale 1:1,000

1 Eingang
2 Garderobe
3 Aufgang Restaurant
4 Lobby
5 Kongresssaal
6 Auditorium
7 Zugang Auditorium
8 Probenraum
9 Terrasse
10 Restaurant
11 Ausstellung
12 Luftraum

1 Entrance
2 Cloakroom
3 Access to restaurant
4 Lobby
5 Conference hall
6 Auditorium
7 Access to Auditorium
8 Rehearsal
9 Terrace
10 Restaurant
11 Exhibition
12 Void

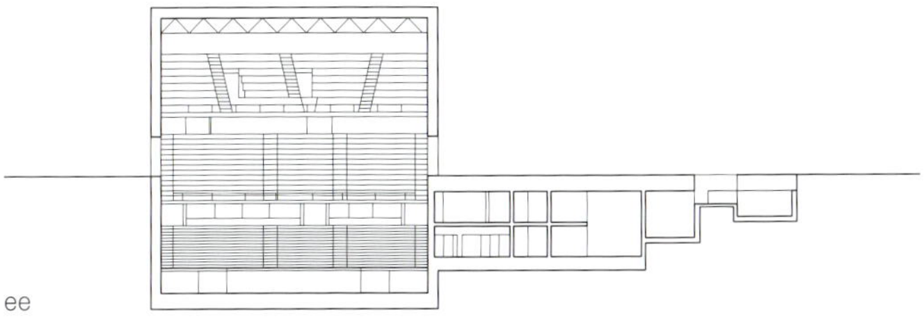

ee

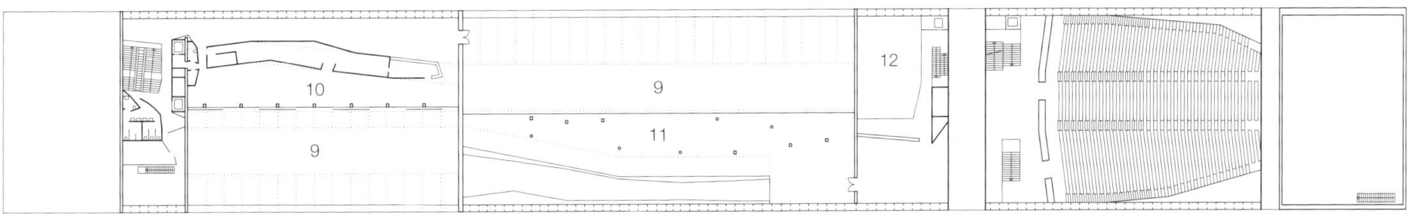

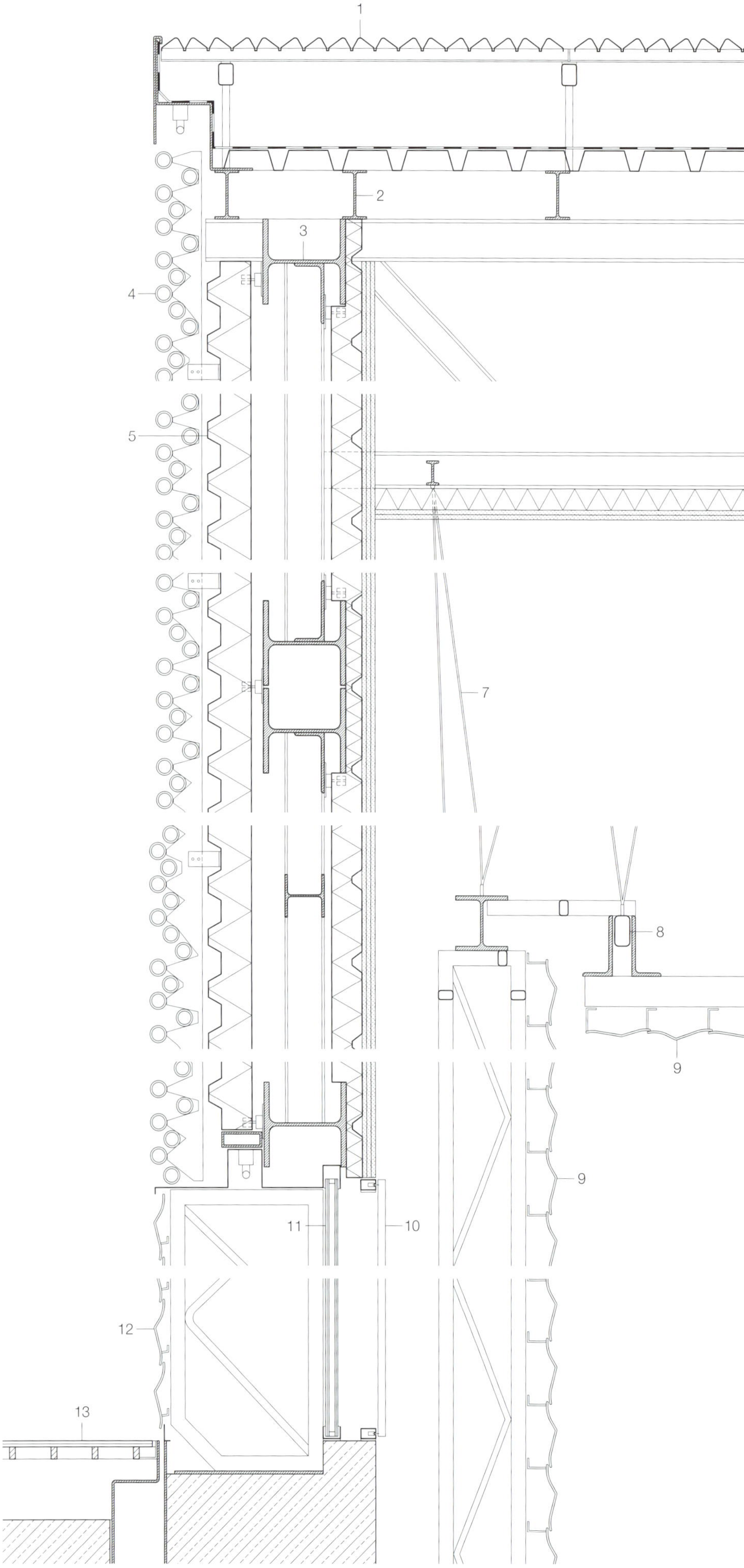
1
2
3
4
5
6
7
8
9
9
10
11
12
13

Auditorium
Vertikalschnitt
Maßstab 1:20

1 Aluminiumstrangpressprofil 45 mm auf Schiene Aluminium 43 mm
Stahlrohr ▭ 50/70 mm
auf Gewindestange Ø 25 mm
Dichtungsbahn Polyurethan
Trapezblech 67 mm
2 Stahlprofil IPN 160 mm
3 Stahlprofil HEB 280 mm
4 Polycarbonatrohr Ø 58 mm
Stahlschwert Flachstahl verzinkt lasergeschnitten 10 mm
5 Paneel Stahlblech gedämmt 150 mm
Stahlprofil IPN 130
Paneel Stahlblech gedämmt 100 mm
Gipskarton 3× 15 mm
6 Stahlprofil IPN 80 mm
Wärmedämmung 70 mm
Gipskarton 2× 15 mm
7 Abhängung Stahlseil
8 Stahlrohr ▭ 100/50 mm zwischen Stahlprofil ∟ 2× 200/100 mm
9 Polycarbonatprofil
Stahlrohr weiß gestrichen
10 Rollo zur Verdunklung
11 Isolierverglasung
12 Methacrylatprofil mit LED hinterleuchtet
Fachwerkträger Stahl
13 Holzbohlen 20 mm
Lattung 20/40 mm

Auditorium
Vertical section
scale 1:20

1 45 mm aluminium extruded profile on 43 mm aluminium rail
50/70 mm steel RHS on Ø 25 mm threaded rod
PUR sheeting
67 mm corrugated metal
2 160 mm steel IPN I-beam
3 280 mm wide-flange steel HEB I-beam
4 Ø 58 mm polycarbonate pipe
10 mm steel flat fin, galvanised, laser-cut
5 150 mm sheet-steel panel, insulated
130 mm steel IPN I-beam
100 mm sheet-steel panel, insulated
3× 15 mm plasterboard
6 80 mm steel IPN I-beam
70 mm thermal insulation
2× 15 mm plasterboard
7 steel-cable suspension
8 100/50 mm steel RHS between 2× 200/100 mm steel angles
9 polycarbonate profile
steel section, painted white
10 blackout blind
11 double glazing
12 methacrylate profile, backlit with LED
steel truss
13 20 mm wood planks
20/40 mm battens

Sportzentrum in Sargans

Sports Centre in Sargans

Architekten / *Architects*:
Blue Architects, Zürich
Ruprecht Architekten, Zürich
Tragwerksplaner / *Structural engineers*:
Walt + Galmarini, Zürich

In der Schweizer Gemeinde Sargans, nahe der Grenze zu Liechtenstein gelegen, sollte anstelle einer in die Jahre gekommenen Dreifachsporthalle ein neues Sportzentrum entstehen. Weil das sumpfige Gelände wenig tragfähig ist und die bestehende Pfahlgründung weitergenutzt werden sollte, bot sich eine Leichtbauweise aus Holz an. Auch die Wünsche des öffentlichen Bauherrn nach einer kurzen Bauzeit und einem nachhaltigen Gebäude mit regionaler Wertschöpfung sprachen für einen Holzbau.
Nicht nur außen, sondern auch innen wird das neue Sportzentrum wesentlich durch das Material Holz geprägt. Herzstück des Gebäudes ist die Vierfachsporthalle mit ihrem imposanten Volumen, das auf den Längsseiten von flacheren Gebäudeteilen flankiert wird: Während auf der Nordostseite die Geräteräume vorgelagert sind, gliedert sich südwestlich ein zweigeschossiger Trakt mit Fitness- und Gymnastikräumen an, der auch das Eingangsfoyer und die Umkleideräume umfasst. Das Haupttragwerk läuft sichtbar durch alle Gebäudeteile hindurch. Die dicht gereihten, teilweise zweigeschossigen Brettschichtholzrahmen besitzen relativ schlanke Querschnitte und werden durch Holzwerkstoffplatten in den Dach- bzw. Wandflächen ausgesteift. Mittels eingeleimter Gewindestangen wurde eine nahezu biegesteife Verbindung in den Rahmenecken erreicht. Der vorgegebene Kostenrahmen, aber auch die gewünschte filigrane Ästhetik führte zu einer im Hinblick auf Materialverbrauch und Montage sorgfältig ausgeklügelten Konstruktion mit hohem Vorfertigungsgrad. Das Brettschichtholz aus Fichte wurde je nach statischer Erfordernis in unterschiedlichen Festigkeitsklassen eingesetzt und in Teilbereichen sogar durch tragfähigeres Eschenholz ergänzt, etwa bei den Unterzügen der Betonhalbfertigteildecke im zweigeschossigen Gebäudetrakt. Aufgrund der hohen Spannweite von über 10 m wurden hier Verbundanker verwendet, die üblicherweise im Brückenbau zum Einsatz kommen. DETAIL 01–02/2014

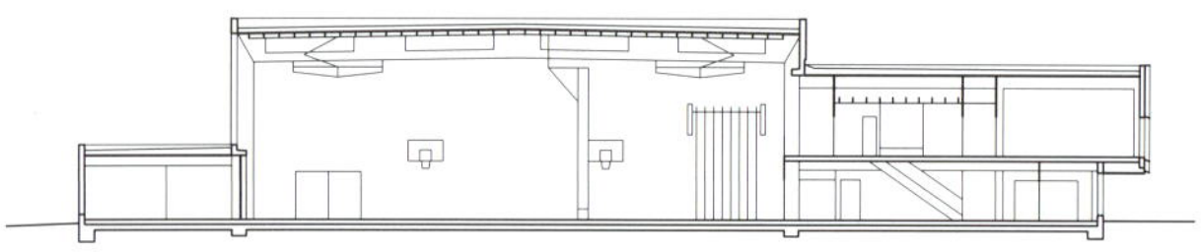

aa

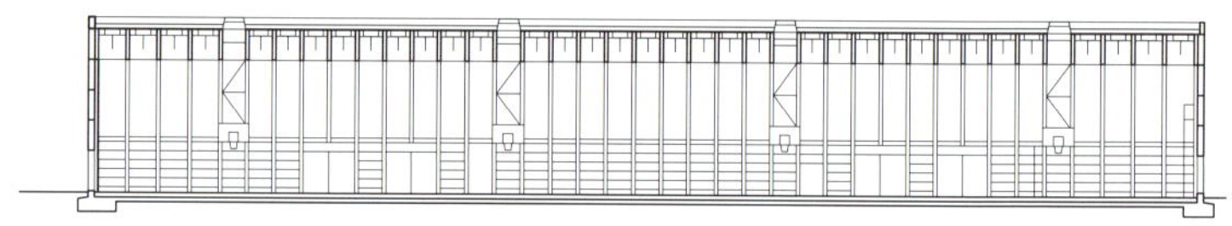

bb

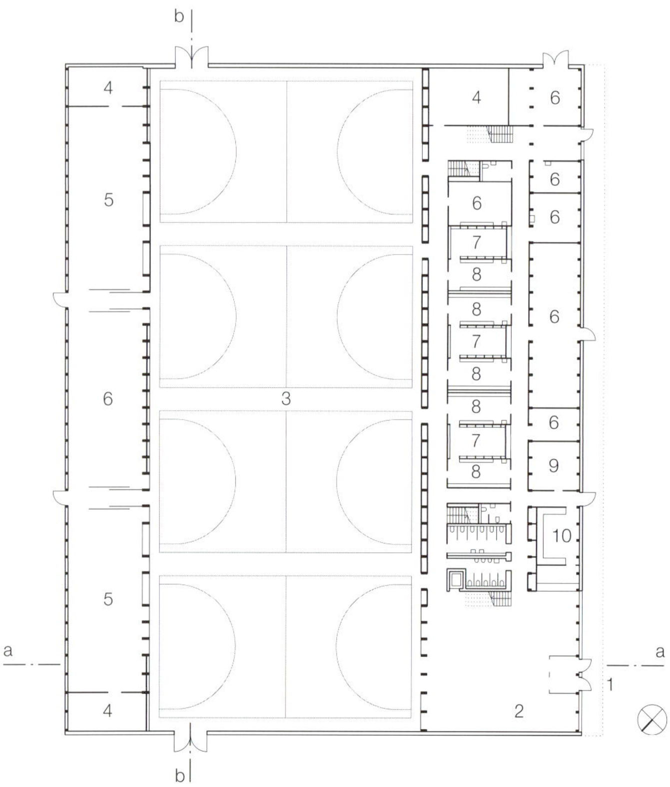

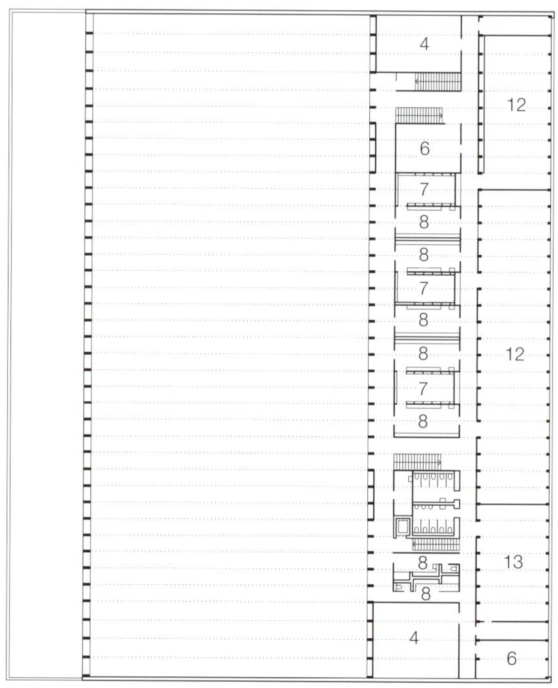

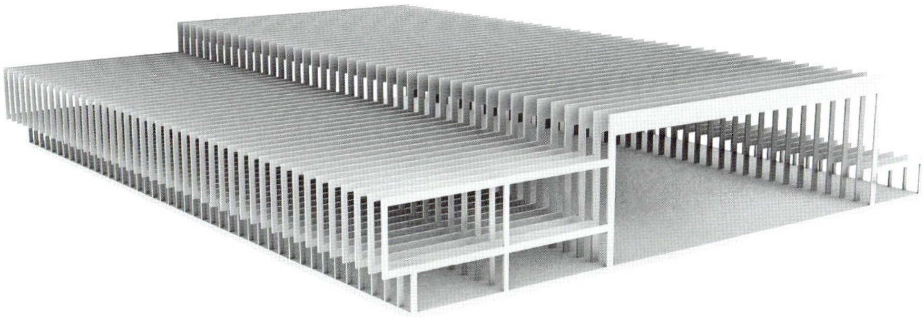

Schnitte • Grundrisse Maßstab 1:750	*Sections • Layout plans scale 1:750*
1 Eingang	*1 Entrance*
2 Cafeteria	*2 Cafeteria*
3 Sporthalle	*3 Sports hall*
4 Haustechnik	*4 Building services*
5 Geräteraum	*5 Equipment room*
6 Lager- und Nebenräume	*6 Storage, Ancillary spaces*
7 Duschen	*7 Showers*
8 Umkleideraum	*8 Changing room*
9 Büro	*9 Office*
10 Küche	*10 Kitchen*
11 Gymnastikraum	*11 Gymnastics room*
12 Fitnessraum	*12 Fitness room*
13 Theorieraum	*13 Classroom*

In Sargans, a Swiss town located near the border to Liechtenstein, a new sports centre replaces a triple gymnasium that was no longer state of the art. Because the marshy site cannot bear large loads and the existing pile foundations were to be reused, a lightweight wood structure was the ideal response to the design problem. The client, the canton of St Gallen, wanted a sustainable building that employs local building materials and would only require a short construction phase; these stipulations only served to underscore the suitability of wood. Not only the building exterior, but also the interior, are characterised to a great extent by the use of this material. The centrepiece of the structure is the quadruple gymnasium, an impressive space whose long sides are flanked by rooms with lower ceiling heights; while the equipment rooms are situated on the north-east side, a two-storey zone on the south-west holds the fitness room and the gymnastics spaces, as well as the foyer and the changing rooms. The primary load-bearing members pass through the different zones and are visible. The glue laminated frames – which are in some cases two storeys high – are placed close together and have relatively slender cross sections; the roof and wall surfaces are reinforced with composite wood boards. Threaded rods are embedded – and secured with adhesives – in the frames; in this manner a connection that is nearly flexurally rigid was attained in the frames' corners. The budget, but also the desired fine-grained aesthetics, led the team to use materials economically, and to develop elements with a high degree of prefabrication that could be assembled quickly on site. In response to structural requirements, different strength classes of softwood were used in the glue laminated timber. In cases in which higher strength was necessary – for example, in the downstand beams in the two-storey zone's semi-prefabricated ceiling deck – ash was also employed. Because the span is greater than 10 m, the structural concept specified connection anchors typical of bridge construction.

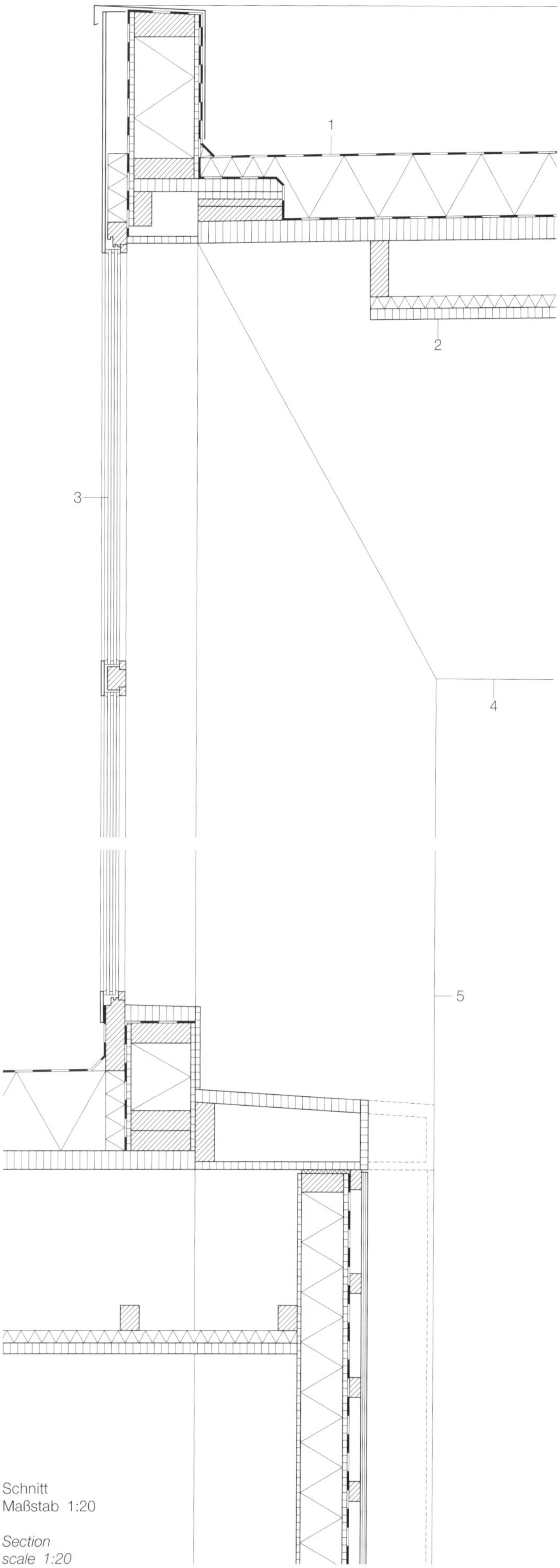

Schnitt
Maßstab 1:20

Section
scale 1:20

1 Dachaufbau:
Abdichtung Bitumenbahn 2-lagig
Dämmung Steinwolle 200–260 mm
Dampfsperre
Dreischichtplatte Fichte / Tanne
68 mm
2 Akustikplatte Holzwolle 35 mm
Dämmung Mineralfaser 40 mm
Unterkonstruktion Kantholz
60/175 mm
3 Isolierverglasung
4 Träger BSH 140/1400 mm
5 Stütze BSH 140/800 mm
6 Attikaaufbau:
Schalung Fichte / Tanne sägerau,
sichtbar geschraubt 120/20 mm
Lattung druckimprägniert
40 + 10 mm,
dazwischen Hinterlüftung
Fassadenbahn diffusionsoffen
MDF-Platte 16 mm
Ständer 60/200 mm,
dazwischen Dämmung Steinwolle
OSB-Platte 15 mm,
Plattenstöße luftdicht verklebt
Lattung 40/60 mm
Schalung Fichte/Tanne gehobelt
20/120 mm
7 Brüstung Flachstahl pulver-
beschichtet 10/20 mm
8 Träger BSH 140/640 mm
9 Deckenaufbau:
Hartbetonüberzug 20 mm
Zementheizestrich 70 mm
PE-Folie
Trittschalldämmung 20 mm
Betonhalbfertigteildecke
70 + 50 mm, im Verbund mit
Träger BSH Fichte/Esche
140/500 mm
Dämmung Mineralwolle 2× 35 mm
Gipsfaserplatte 2× 15 mm

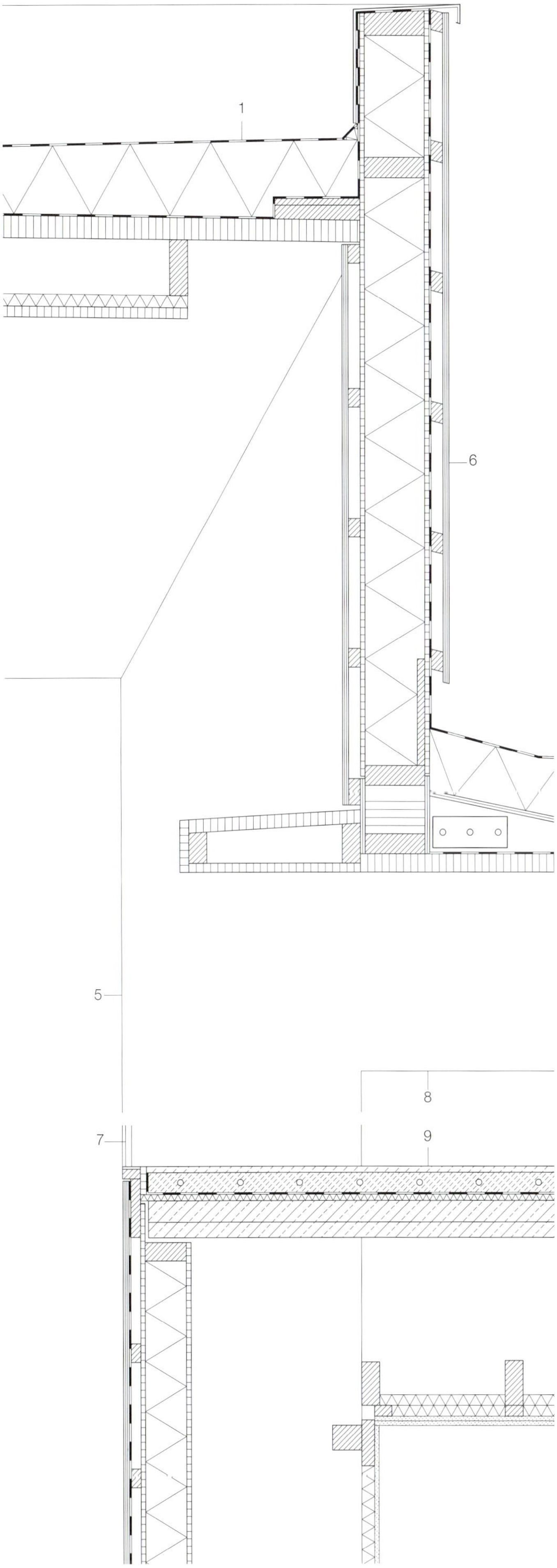

1 roof construction:
two-layer bituminous sheeting
200–260 mm rockwool thermal insulation; vapour barrier
68 mm softwood/fir lumber core plywood, 3-ply
2 35 mm wood-wool acoustic board
40 mm mineral-fibre therm. insulation
60/175 mm squared timber supporting structure
3 double glazing
4 140/1400 mm glue-laminated timber beam
5 140/800 mm glue-laminated timber column
6 parapet construction:
120/20 mm softwood/fir boarding, rough-sawn, screws visible
ventilated cavity between
40 + 10 mm battens, pressure-treated; moisture-diffusing facade membr.
rockwool insulation between
60/200 mm studs
15 mm oriented-strand board, butt joints glued airtight
40/60 mm battens
20/120 mm softwood/fir boarding, planed
7 10/20 mm steel flat, powder-coated
8 140/640 mm glue-laminated timber beam
9 ceiling construction:
20 mm hard concrete
70 mm cement screed
polythene membrane
20 mm impact-sound insulation
70 + 50 mm semi-prefabricated concrete unit as composite syst. with
140/500 mm softwood/ash glue laminated timber beam
2x 35 mm mineral-wood thermal insulation; 2x 15 mm plasterboard

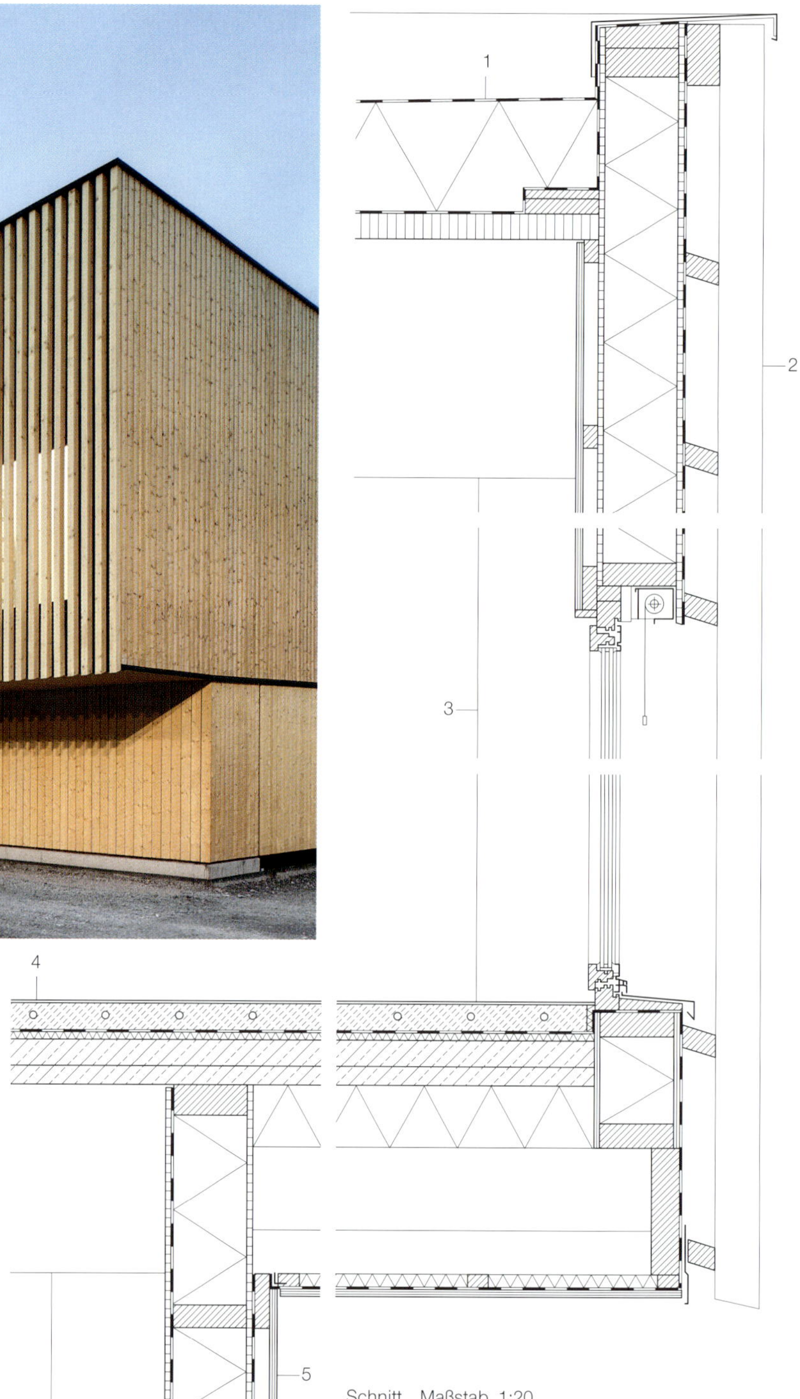

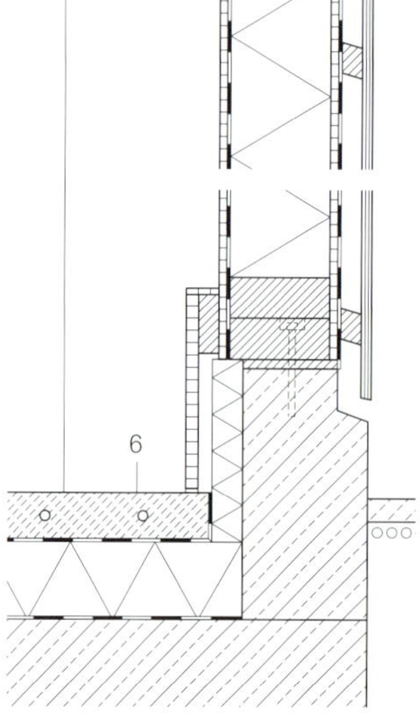

Schnitt Maßstab 1:20
Section scale 1:20

1 Dachaufbau, siehe S. 160/1
2 Schalung vertikal mit Fugen: Fichte, Tanne unbehandelt, sägerau, sichtbar geschraubt 80/100 mm
Lattung 90 + 10 mm, dazwischen Hinterlüftung
Fassadenbahn diffusionsoffen
MDF-Platte 16 mm
Ständer 60/200 mm, dazwischen Dämmung Mineralfaser
OSB-Platte 15 mm
Lattenrost 40/60 mm
Verkleidung Fichte, Tanne unbehandelt, gehobelt 20/120 mm
3 Stütze BSH 140/320 mm
4 Bodenbelag PU 5 mm
Zementheizestrich 70 mm
PE-Folie
Trittschalldämmung 20 mm
Betonhalbfertigteildecke 70 + 50 mm, im Verbund mit Träger BSH Fichte, Esche 140/500mm
5 Schalung vertikal unbehandelt, sägerau 120/20 mm
Lattung 40 + 10 mm, dazwischen Hinterlüftung
Fassadenbahn diffusionsoffen
MDF-Platte 16 mm
Ständer 60/200 mm, dazw. Dämmung Mineralfaser
OSB-Platte 15 mm
6 Heizzementestrich versiegelt 90 mm
Trennlage PE-Folie
Dämmung Schaumglas 150 mm
Sperrschicht Bitumen 2-lagig
Bodenplatte Stahlbeton 280 mm
Magerbeton 50 mm

1 roof construction see p. 161
2 vertical boarding with joints: 80/100 mm softwood / fir, untreated, rough-sawn, screws visible
ventilated cavity between 90 + 10 mm battens
moisture-diffusing fac. membr.
16 mm MDF
mineral-fibre thermal insulation between 60/200 mm studs
15 mm oriented-strand board
40/60 mm lath grating
20/120 mm softwood / fir cladding untreated, planed
3 140/320 mm glue-laminated timber column
4 5 mm polyurethane flooring
70 mm cement heating screed
polythene membrane
20 mm impact-sound insulation
70 + 50 mm semi-prefabricated concr. unit as comp. syst. with 140/500mm glue-laminated timber beam softwood /
5 120/20 mm vertical boarding, untreated, rough-sawn
ventilated cavity between 40 + 10 mm battens
moisture-diffusing fac. membr.
16 mm MDF
mineral-fibre thermal insulation between 60/200 mm studs
15 mm oriented-strand board
6 90 mm cement heating screed, sealed
polythene separating layer
150 mm foam-glass insulation
two-ply bituminous barrier layer
280 mm reinforced-concrete slab; 50 mm lean concrete

Schwimmhalle in Paris

Indoor Pool in Paris

Architekten / *Architects*:
yoonseux architectes, Paris
Philippe Yoonseux, Kyunglan Yoonseux
Tragwerksplaner / *Structural engineers*:
ETHA Paris, David Fèvre

Im Herzen des 19. Pariser Arrondissements verwandeln die Architekten das Innere eines in die Jahre gekommenen städtischen Sportzentrums in einen atmosphärischen Raum, der neue visuelle, sensorische und taktile Qualitäten bietet. Das Raumprogramm umfasst einen Pool, Dusch- und Sanitärbereiche, Umkleiden sowie verschiedene Verbindungs- und Erschließungsräume. Aufgrund der Baufälligkeit vergab die Stadt Paris den Auftrag zur Modernisierung und technischen Aufrüstung der Schwimmhalle aus den 1970er-Jahren. Das Ergebnis ist jedoch mehr als eine simple Sanierung. Als Antwort auf die Enge des ursprünglichen Raums und das Fehlen einer attraktiven Aussicht schaffen die Architekten fließende Räume mit spannenden Oberflächen und einem völlig neuen Farbkonzept. Das Weiß der Decke und Wände, das Spiel mit künstlichem Licht, die Reflexion der Spiegelwände und die Transparenz der Glaswand wirken wie eine räumliche Ausdehnung. Die Konzentration auf ein einziges Material, optisch fugenlos verarbeitet, schafft einen einheitlichen und ruhigen Raumeindruck. Zugleich bietet der dreidimensional thermoplastisch verformbare Mineralwerkstoff die Möglichkeit eines vielseitigen Formenspiels. Für ein haptisches Erlebnis sorgt vor allem die glatte und von einer reliefartigen Blasenstruktur überzogene Wandoberfläche im Farbton Arktisch-Weiß, die teilweise, z. B. im Duschbereich, durch entsprechende Beleuchtung in ein leichtes Rosa getaucht ist. Im Kontrast dazu umrandet ein schwarzer matter Bodenbelag mit Anti-Rutschbeschichtung das Schwimmbecken. Der acrylgebundene Verbundwerkstoff hat außerdem akustische Vorteile. Die organisch anmutenden Reliefwände vermindern Echo und an der Decke über dem Pool maximieren zylinderförmige Zapfen, die zwischen den Sichtbetonrippen angeordnet sind, die Schallabsorption. Aufgrund seiner porenfreien wasserabweisenden Oberfläche ist das Material undurchlässig gegenüber Schmutz, Bakterien und zahlreichen Chemikalien und damit besonders für feuchte Bereiche geeignet.
DETAIL 05/2015

Schnitte • Grundriss
Maßstab 1:400
1 Umkleide
2 Föhnbereich
3 WC
4 Zugang Technikräume 2. UG
5 Duschen
6 Fußbecken
7 Schwimmbecken
8 Bademeister/ Sanitätsraum
9 Lichthof

Section • Layout plan
scale 1:400
1 Changing room
2 Blow-dryer
3 WC
4 Access bldg. services in 2nd basement
5 Shower
6 Footbath
7 Swimming pool
8 Lifeguard / First aid
9 Light well

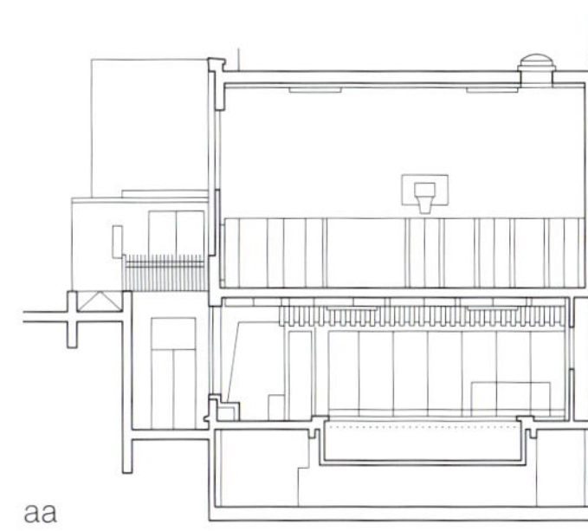
aa

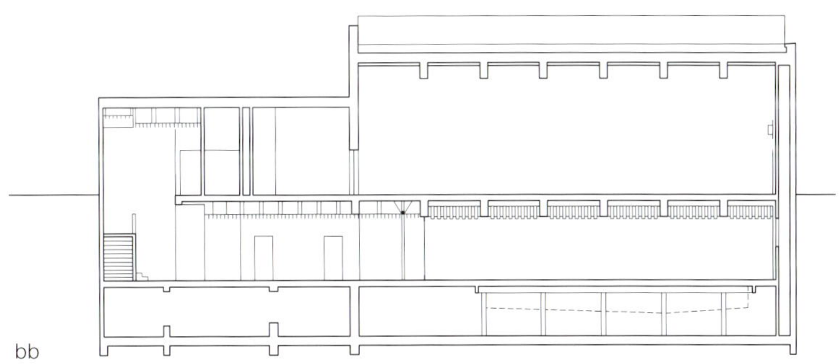
bb

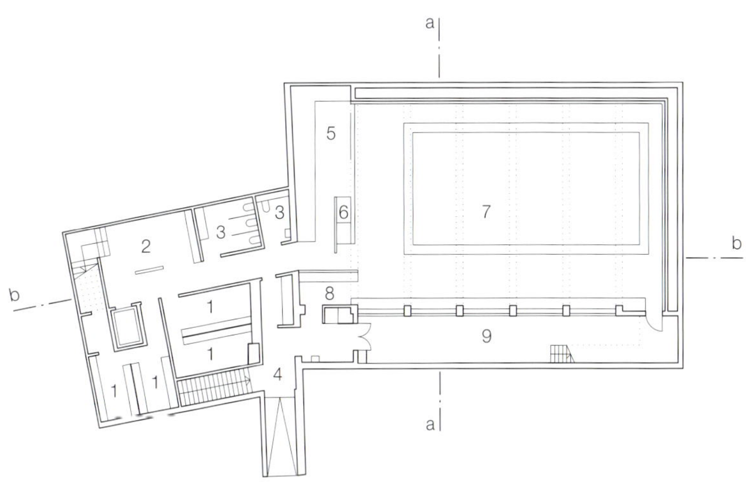

Vertikalschnitte Maßstab 1:20

1 Lufteinströmöffnung
2 abgehängte Decke:
Lamelle Mineralwerkstoff acrylgebunden 160/70/12 mm
3 Unterkonstruktion Rost aus Stahlrohren ⌀ 40/40 mm
4 Deckenleuchte LED mit Farbfilter
5 abgehängte Decke:
Akustikkegel Melaminschaum schalldämmend 150 mm, ⌀ 60 mm, Befestigung mittels Regulationsring auf Unterkonstruktion, Hülle aus Textilmembran, schallabsorbierend, feuchtigkeitsunempfindlich,
Unterseite geschlossen mittels Mineralwerkstoffscheibe
6 indirekte Beleuchtung Stabröhre Polycarbonat zwischen Akustikkegeln
7 Wandöffnung für Luftabsaugung
8 Wandpaneel Schwimmhalle:
Mineralwerkstoff acrylgebunden 12 mm, luftdurchlässig, schallabsorbierend perforiert, Oberfläche reliefartig strukturiert, rückseitig Bohrlöcher für Schraubenbefestigung, Paneelstöße unsichtbar verschweißt
Unterkonstruktion Aluminiumrahmen 25 mm aus vertikalen Pfosten und horizontalen regulierbaren Profilen und Agraffen,
dazwischen Dämmung Silikat-Aerogel 15 mm
9 Stahlbetonwand 100 mm
10 Wandpaneel Duschbereich:
Mineralwerkstoff acrylgebunden 12 mm, rückseitig Bohrlöcher für Schraubenbefestigung, Paneelstöße unsichtbar verschweißt, Unterkonstruktion Aluminiumrahmen 25 mm, dahinter Steigleitung Wasser
11 Bodenbeschichtung Mineralwerkstoff acrylgebunden 12 mm, wasserundurchlässig, Oberfläche rutschhemmend texturiert als Halbkugelrelief, Raster 100 × 100 mm
Beschichtung Epoxidharz 3 mm
Leichtbeton 60 mm im Gefälle
Stahlbeton 250 mm
12 Ablaufrinne bodenbündig

In the heart of the nineteenth arrondissement in Paris the interior of a municipal sports centre that had seen better days has been transformed into an atmospheric space which now offers new visual, sensory and tactile experiences. The facility comprises a pool, shower, sanitary zone, and changing rooms, as well as a variety of circulation spaces. On account of facility's state of disrepair, the City of Paris decided to modernise and technically upgrade the indoor swimming pool, which dated to the 1970s. However, the result is considerably more than a simple refurbishment. In response to the lack of an attractive view to the exterior and the consensus that in the existing design, space felt constricted, the architects have created flowing spaces with stimulating surfaces and a completely new colour concept.
The white of the ceilings and walls, the playful use of artificial light, the reflections in the mirror-clad walls, and the transparency of the glass wall all contribute to a more spacious overall impression. By concentrating on a single material, whose seams are not visible to the eye, the design creates a unified and serene spatial impression. At the same time the mouldable, thermoplastic solid surface material holds great potential for formal variety. But the surface that most strongly stimulates the sense of touch is the smooth wall-covering that bears a bas-relief bubble pattern in an arctic white tone. In some areas – for example, in the showers – lighting bathes the space, so to speak, in a pale shade of pink. In contrast, the floor surface around the swimming pool is edged with a black matt material. The acrylic solid surface material also has acoustic advantages. The organic pattern of the bas-relief walls effectively reduces echo, and the cylindrical cones, which are arranged between the ribbed concrete floor deck of the ceiling above the pool, optimise the sound absorption. Thanks to its non-porous, water-repellent surface, the material is also impervious to grime, bacteria and numerous chemicals and is therefore particularly well suited to use in moist settings.

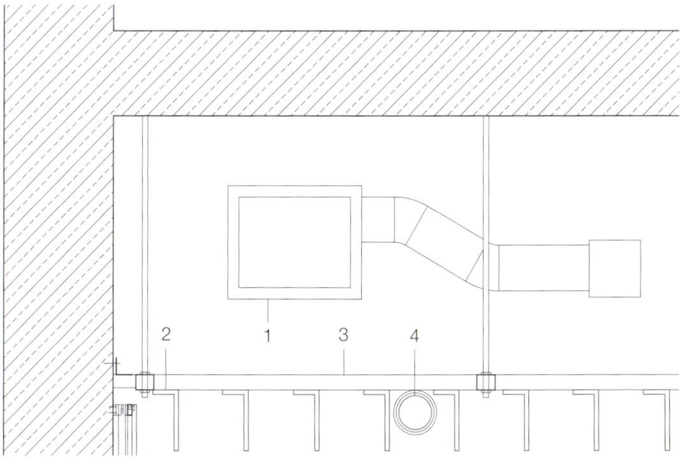

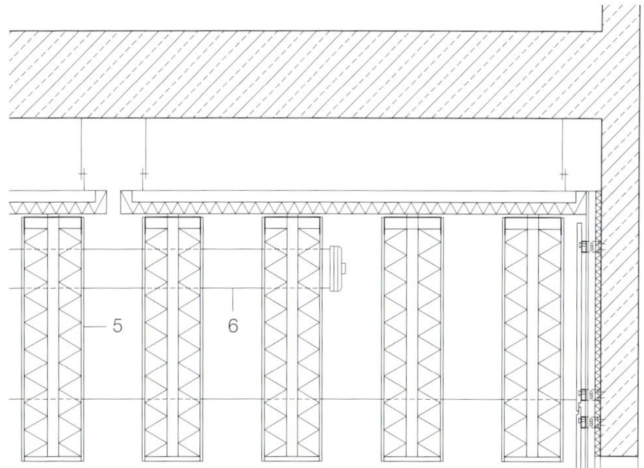

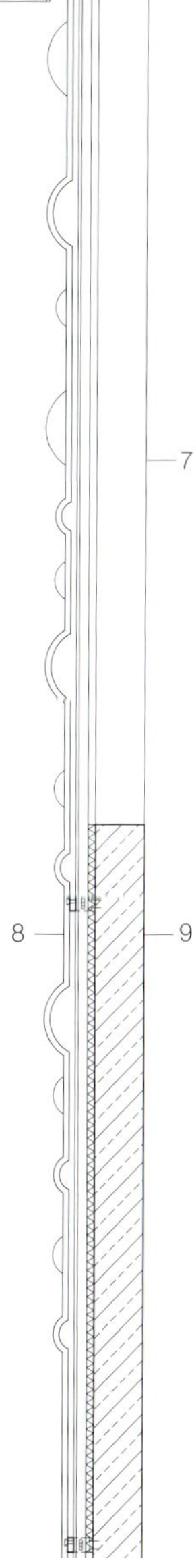

Vertical sections scale 1:20

1 *air supply*
2 *suspended ceiling:*
160/70/12 mm solid surface material louvres
3 *supporting structure:*
40 mm steel SHS grating
4 *ceiling light: LED with colour filter*
5 *suspended ceiling:*
150× ∅ 60 mm melamine-foam acoustic cones, sound-absorptive, affixed to supporting structure by means of regulation ring,
skin of textile membrane, sound-absorbing, insusceptible to moisture,
underside closed with disk of solid surface material
6 *tubular indirect lighting, polycarbonate, between acoustic cones*
7 *vent in wall for exhaust air*
8 *wall panel surrounding swimming pool:*
12 mm acrylic-based solid-surface material, air-permeable,
sound-absorbing perforation, textured surface,
rear surface: drill holes for bolt connection,
weld of panel joints not visible to eye
15 mm silica aerogel insulation between
25 mm aluminium frame supporting structure of vertical posts and horizontally controllable profiles and clasps
9 *100 mm reinforced concrete wall*
10 *wall panel in shower area:*
12 mm acrylic-based solid-surface material,
rear surface drill holes for bolt connection,
weld of panel joints not visible to eye,
25 mm aluminium frame supporting structure behind it, water riser pipe
11 *floor covering:*
12 mm solid surface material,
watertight, surface with slip-resistant texture as hemispherical relief, 100 × 100 mm grid
3 mm epoxy resin coating
60 mm lightweight concrete to falls
250 mm reinforced concrete
12 *water drain, flush with floor*

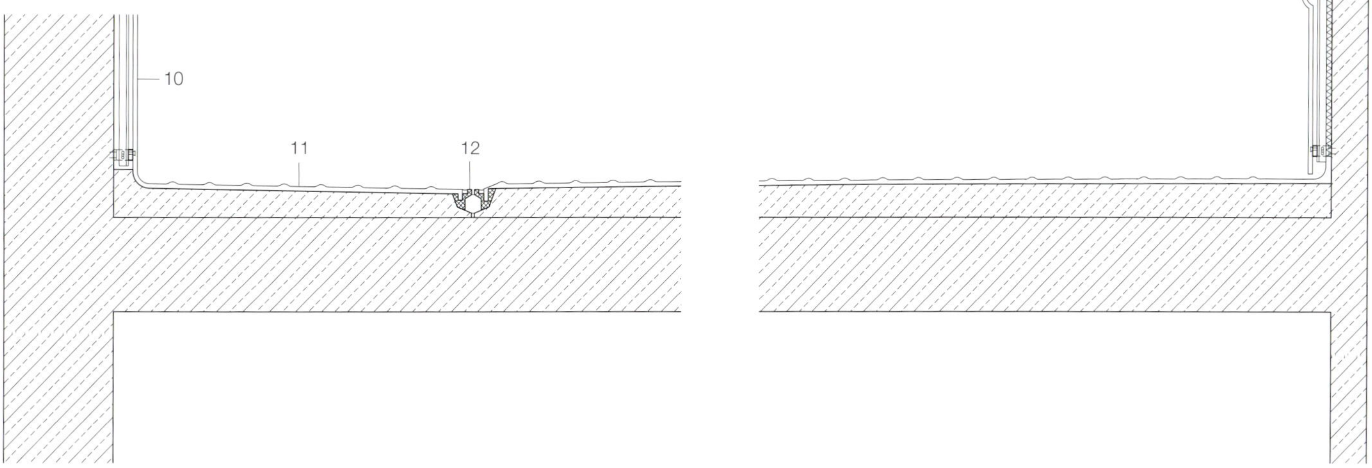

Pumpenhaus in Bochum

Pumping Station in Bochum

Architekt / *Architect*:
Heinrich Böll, Essen
Tragwerksplaner / *Structural engineers*:
Lederhose, Wittler & Partner, Dortmund

Das kleine Pumpenhaus im Zentrum des Bochumer Westparks, eines ehemaligen Stahlwerkgeländes, befindet sich direkt hinter der bereits 2003 sanierten Jahrhunderthalle. Während sich diese vor allem als Veranstaltungsort der Ruhrtriennale erfolgreich etablieren konnte, drohte dem Pumpenhaus nach der Stilllegung vor wenigen Jahren der Abriss.
Der dringende Wunsch, vor Ort eine Cateringküche und Kantine für die Akteure der Jahrhunderthalle einzurichten, weckte schließlich doch Interesse an dem aufgelassenen Gebäude.
Die Architekten entwickelten daraufhin ein Konzept, in dem neben der Gastronomie auch das Besucherzentrum des Westparks Platz fand. Um beide Bereiche unabhängig voneinander betreiben zu können, stellten sie die Sanitärräume als Trennelement mittig in den stützenfreien Raum.
Das aus Stahlfachwerk mit Mauerwerksausfachungen errichtete Pumpenhaus entsprach nicht dem heutigen Anspruch an den Wärmeschutz. Eine Innendämmung hätte vor allem im Bereich der Stahlfachwerkstützen kaum umgesetzt werden können, ohne den industriellen Charme der offenen, durch die filigranen Dachbinder gegliederten Halle mit ihren unbehandelten Oberflächen zu zerstören. Stattdessen hat das Pumpenhaus nun ein radikal verändertes äußeres Erscheinungsbild: Eine neue Gebäudehülle übernimmt die Aufgabe des Wärme- und Wetterschutzes, die alte Bausubstanz bleibt darunter erhalten, teilweise massive Korrosionsschäden wurden aus statischen Gründen behoben.
Anthrazitfarbenes Stahlblech auf einer Winkelunterkonstruktion, thermisch entkoppelt vom Bestand, überzieht das Gebäude. Vor den Fenstern ist das Trapezblech perforiert, nur wenige Fassadenöffnungen sind tatsächlich als solche ausgebildet. Sorgfältig detaillierte und ausgeführte Anschluss- und Eckpunkte lassen einen scharfkantigen, abstrakt wirkenden Baukörper entstehen, der sich in seiner reduzierten Formensprache spannungsvoll von den stählernen Industrieanlagen abhebt. DETAIL 10/2015

aa
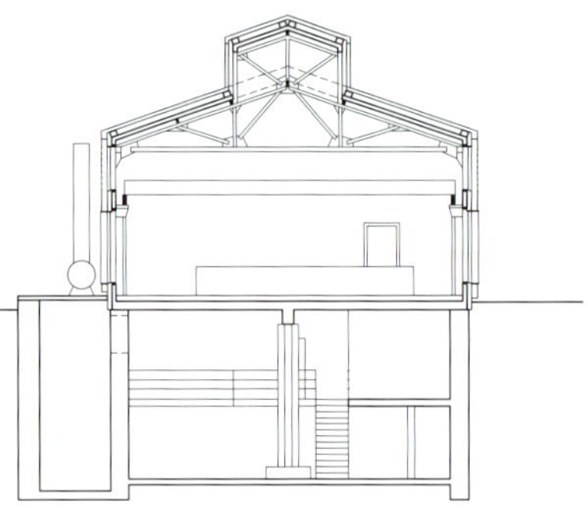

bb
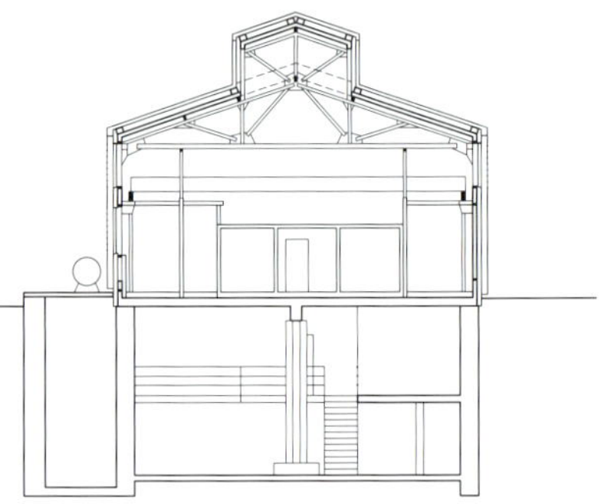

cc
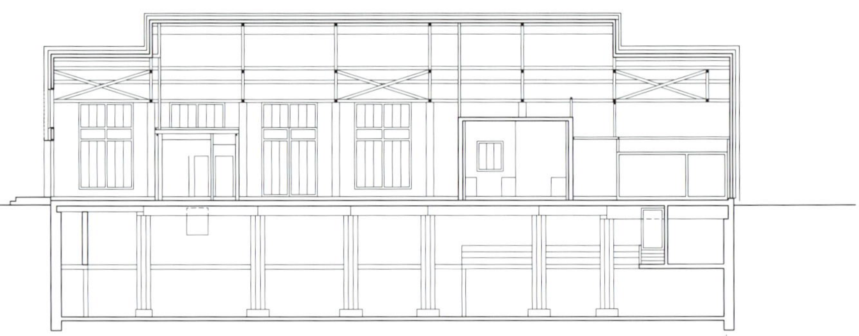

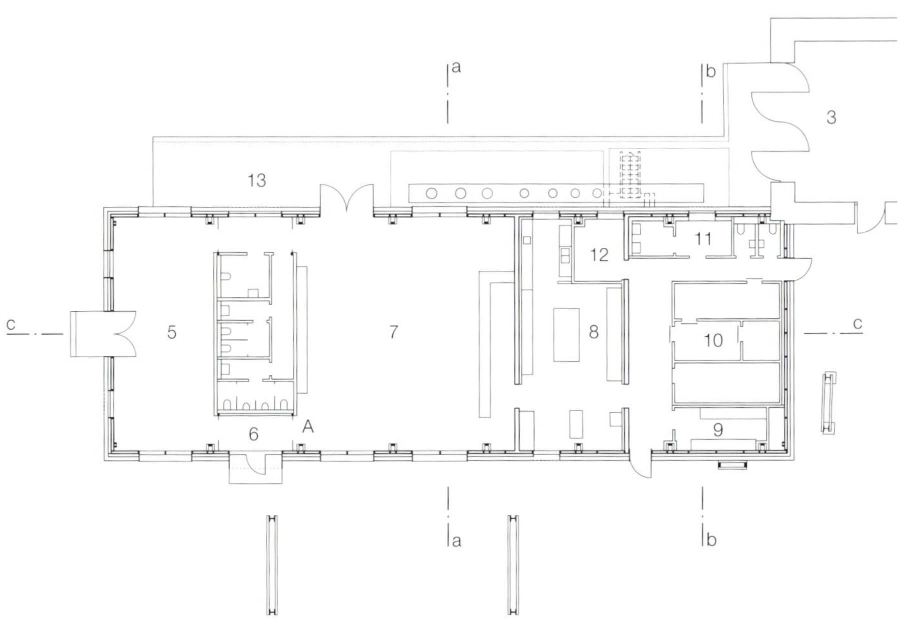

Lageplan
Maßstab 1:5000

1 Pumpenhaus
2 Jahrhunderthalle
3 Dampfgebläsehalle
4 Turbinenhalle

Site plan
scale 1:5,000

1 Pumping station
2 Centenary hall
3 Steam-blower house
4 Turbine hall

Schnitte • Grundriss
Maßstab 1:400

5 Besucherzentrum
6 Haupteingang
7 Gastraum Café
8 Küche
9 Lager
10 Kühlraum
11 Umkleide
12 Personalraum
13 Terrasse

Sections • Floor plan
scale 1:400

5 Visitor centre
6 Main entrance
7 Cafe seating area
8 Kitchen
9 Store
10 Cold store
11 Changing room
12 Staffroom
13 Terrace

This small pumping station at the centre of the West Park in Bochum – formerly the location of a steelworks – is situated immediately behind the Centenary Hall, which was rehabilitated in 2003. Whereas the latter was able to establish itself as a venue for the Ruhr Triennial in addition to other concerts and trade fairs, the pumping station seemed threatened with demolition after its closure a few years ago. The urgent need for a kitchen and canteen to cater for performers in the Centenary Hall, however, finally aroused an interest in the abandoned building.
In response to this, the architects developed a concept in which, in addition to gastronomic facilities, space was provided for a West Park visitor centre. To allow an independent operation of the two areas, the sanitary facilities were set as a dividing element across the width of the column-free internal space.
The construction of the pumping station, consisting of a steel framework with areas of brick infill, did not meet modern requirements in terms of thermal insulation. But particularly at those points where the steel-grid columns occur, an internal layer of insulation would scarcely have been possible without destroying the attractive industrial character of the open hall articulated by its filigree roof trusses with their untreated surfaces. Instead, the external appearance of the structure has been radically changed. A new outer skin assumes the functions of thermal and weather protection, while the existing substance remains intact beneath it. Damage caused by corrosion, which was heavy in some places, was eliminated for structural reasons.
The entire building was covered with a layer of anthracite-coloured trapezoidal-section steel sheeting fixed to steel angle supports. The latter are thermally separated from the existing construction. Over the windows, the steel sheeting is perforated, and only a few of them are evident as actual facade openings. The careful detailing and execution of the junctions and arrises help to define a sharp-edged, angular building of abstract appearance that, with its reduced formal language, creates an exciting contrast to the agglomeration of steel industrial plants in the area.

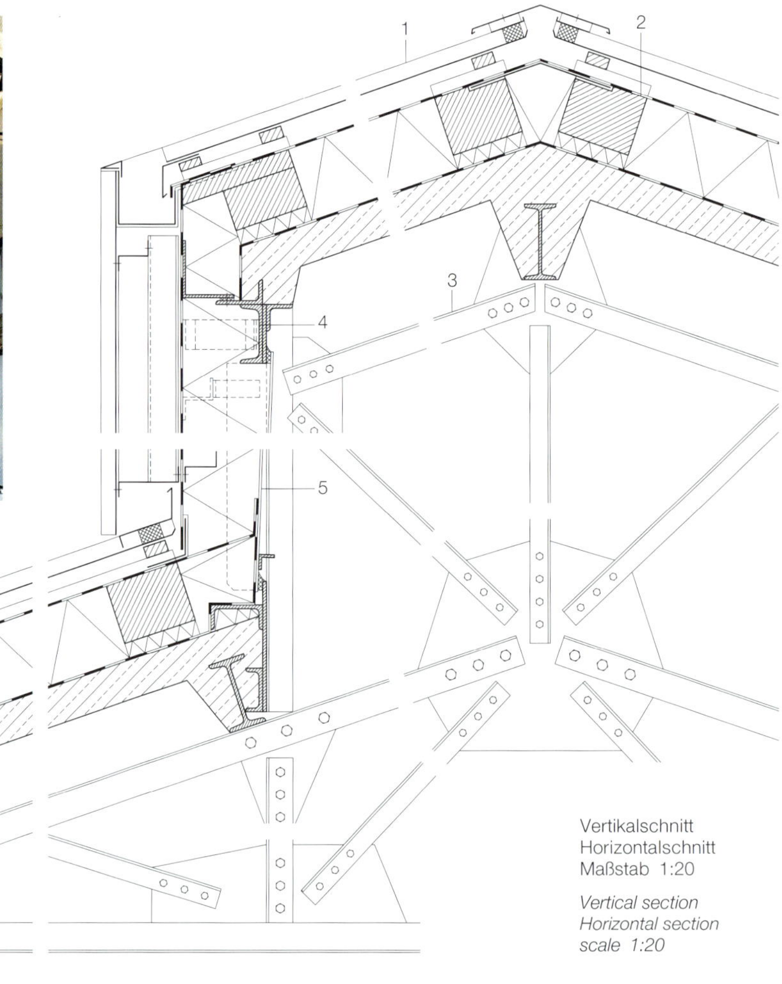

Vertikalschnitt
Horizontalschnitt
Maßstab 1:20

Vertical section
Horizontal section
scale 1:20

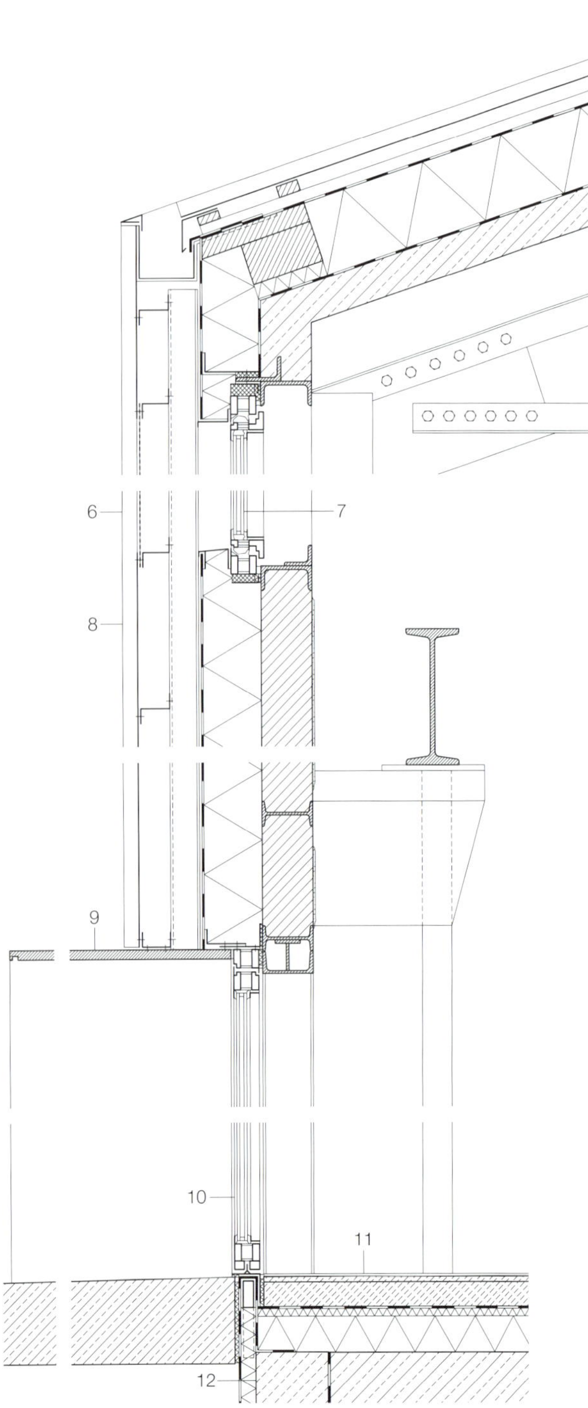

1 Dachaufbau:
Trapezblech Stahl pulverbeschichtet 41/160/0,75 mm
Konterlattung 30/60 mm
Lattung 30/60 mm
Unterspannbahn diffusionsoffen
Wärmedämmung Mineralwolle 200 mm
Dampfsperre
Stahlbetondecke (Bestand) 100 mm
2 Holzpfette 160/200 mm
3 Stahlfachwerk (Bestand)
4 thermische Entkopplung PVC-Profil 5 mm zwischen Stahlkonstruktion Bestand und Fassadenprofilen
5 ehemaliger Lüftungsflügel Stahlblech Bestand mit Kompriband angedichtet
6 Trapezblech Stahl perforiert pulverbeschichtet 41/160/0,75 mm
7 Isolierverglasung in Öffnungsflügel Stahl
8 Wandaufbau:
Trapezblech Stahl pulverbeschichtet 41/160/0,75 mm
Unterkonstruktion Stahl Z-Profile pulverbeschichtet 2 × 80/3 mm
Fassadenmembran diffusionsoffen, UV-beständig
Wärmedämmung Mineralwolle 160 mm
Ausfachung Mauerwerk (Bestand)120 mm
Innenputz (Bestand)
9 Stahlzarge verzinkt, pulverbeschichtet 25 mm
10 Eingangstür Isolierverglasung im Rahmen Stahlprofil
11 Sauberlaufmatte
Magnesiaestrich 15 mm
Zementestrich 65 mm, Trennlage
Trittschalldämmung 20 mm
Wärmedämmung Mineralwolle 100 mm
Bodenplatte Stahlbeton 250 mm
12 Füllung Zwischenraum Magerbeton

1 roof construction:
41/160/0.75 mm trapezoidal-section powder-coated sheet steel
60/30 mm counterbattens
60/30 mm battens
moisture-diffusing underlayer
200 mm mineral-wool thermal insulation
vapour barrier
100 mm existing reinforced concrete roof
2 200/160 mm timber purlins
3 existing steel framing
4 5 mm PVC thermal separation between existing steel structure and facade sections
5 existing sheet-steel flap (formerly for ventilation) sealed with compressed strip
6 41/160/0.75 mm perforated trapezoidal-section, powder-coated sheet steel
7 double glazing in steel opening light
8 wall construction:
41/160/0.75 mm trapezoidal-section powder-coated sheet steel
two-layer 80/3 mm powder-coated Z-section steel supporting structure
moisture-diffusing, UV-resistant facade membrane
160 mm mineral-wool thermal insulation
120 mm brickwork between steel framing (existing construction)
existing plaster
9 25 mm powder-coated galvanised sheet-steel surround to doorway
10 entrance door:
double glazing in steel frame
11 doormat
15 mm magnesia screed
65 mm cement-and-sand screed
separating layer
20 mm impact-sound insulation
100 mm mineral-wool thermal insulation
250 mm reinforced concrete floor slab
12 lean-concrete filling to void

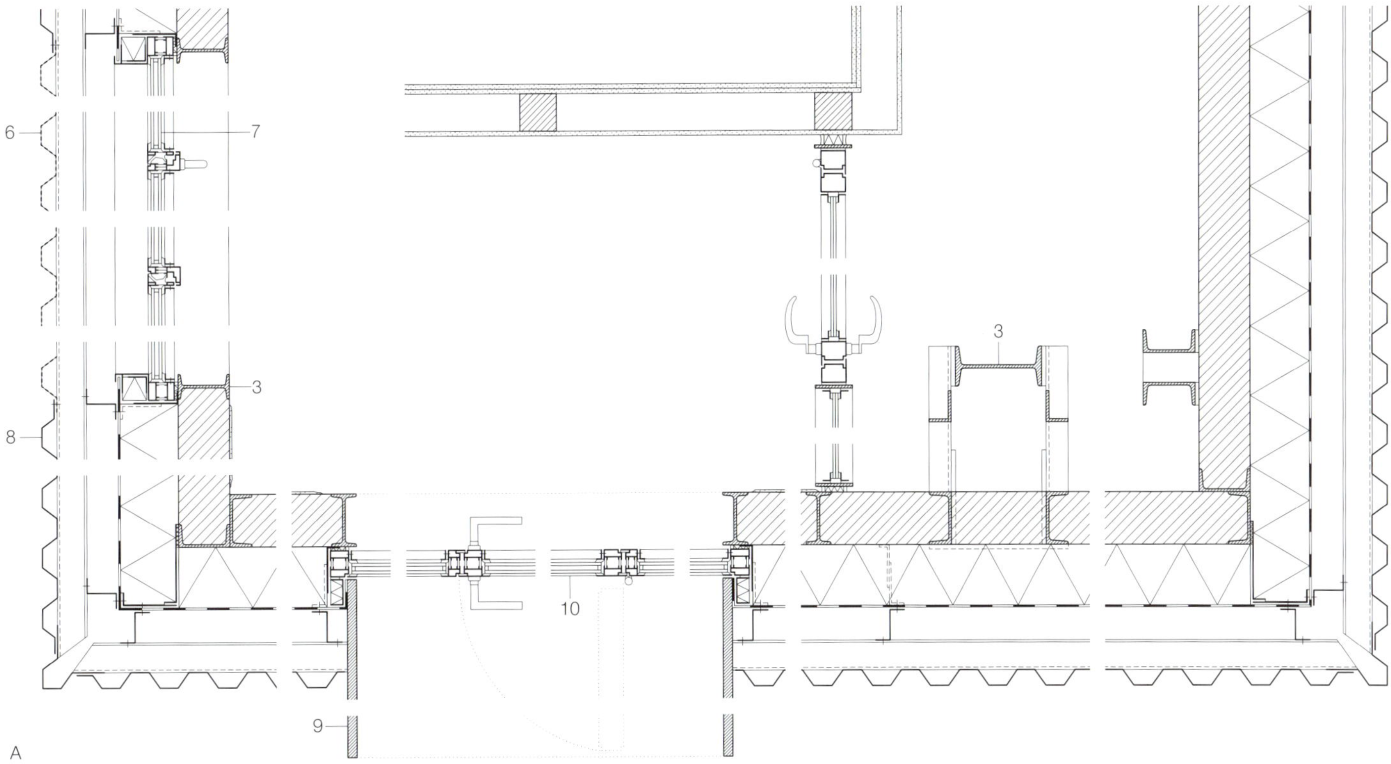

A

Carportüberdachung in München

Canopy Structure in Munich

Architekten / *Architects*:
Ackermann und Partner, München
Tragwerksplaner / *Structural engineers*:
Christoph Ackermann, München
Achim Schütt

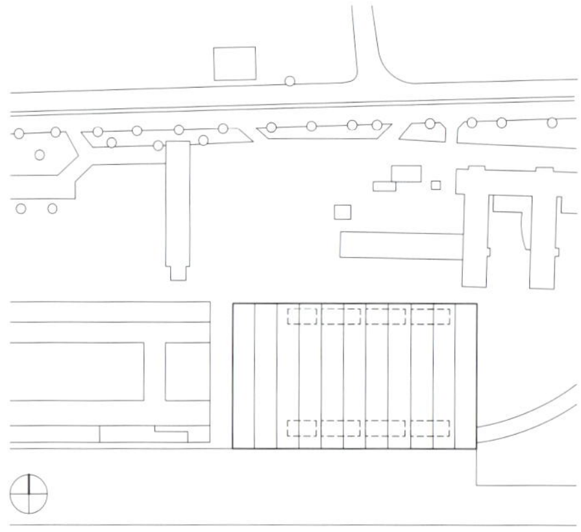

Unter dem Carportdach des Abfallwirtschaftsbetriebs parken Müllfahrzeuge auf zwei Geschossen. Es ruht auf dem bestehenden Stahlbetonsockel einer früheren Membrankonstruktion, die im Winter 2006 wegen Materialverschleiß versagte. Auf dem Bestandsbau stehen nun neue Stahlstützen, auf denen Dreigurt-Fachwerkbinder aufliegen. Darüber spannen mit Zugstäben und Druckstützen unterspannte Stahlbögen. Dreilagige, pneumatisch vorgespannte ETFE-Folienkissen von 11 × 3,3 m dienen als Wetterschutz und Träger für schwimmend verlegte, flexible Dünnschicht-Photovoltaik-Zellen. Sie sind auf die Mittellage aufgelegt, bedecken die Dachfläche zu rund 40 % und schützen somit auch vor Sonneneinstrahlung. Die elektrische Leistung der Anlage beträgt 145 kWp. Rund 95 % der Energie verbraucht der Betrieb selbst. Überschüsse, die vor allem im Sommer und an Wochenenden entstehen, werden in das öffentliche Netz eingespeist. Nur 3 bis 5 % der erzeugten Energie wird für drei redundante Lüftungsgeräte benötigt, die an ein geschlossenes Rohrsystem angebunden sind und die Stützluft für die Kissen erzeugen. Ihr Innendruck beträgt 300 pa, bei hoher Wind- oder Schneelast kann er auf 600 pa angehoben werden. Rohre und Entwässerungsleitungen sind in den Dreigurt-Fachwerkbindern integriert. So entsteht auf Carportebene ein großzügiger Raum. DETAIL 07–08/2013

The canopy of the waste-management vehicle maintenance facility makes use of an existing reinforced-concrete infrastructure that had supported a membrane roof. Steel columns carrying three-chord trussed girders now rest on those concrete bases; above them are transverse steel arches with tension rods and compression columns. Flexible, thin-film solar cells are embedded in the middle layer of the ETFE cushions – each field measures about 11 × 3.30 m – that shelter the space. Part of the energy is fed into the public grid, the rest operates three ventilation units that provide the air pressure required to keep the cushions inflated. The ductwork and drainage pipes are concealed within the trussed girders.

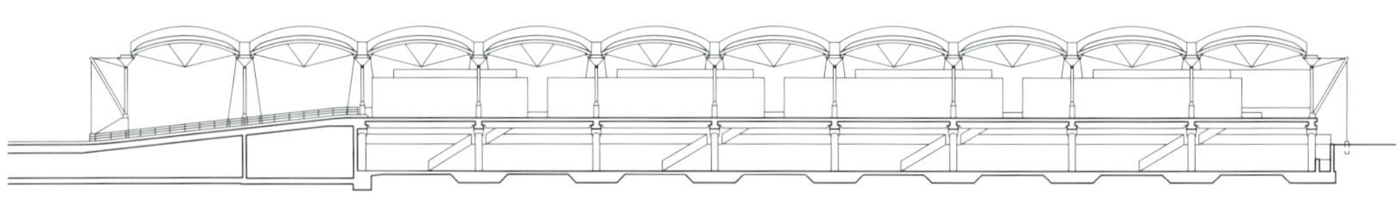

aa

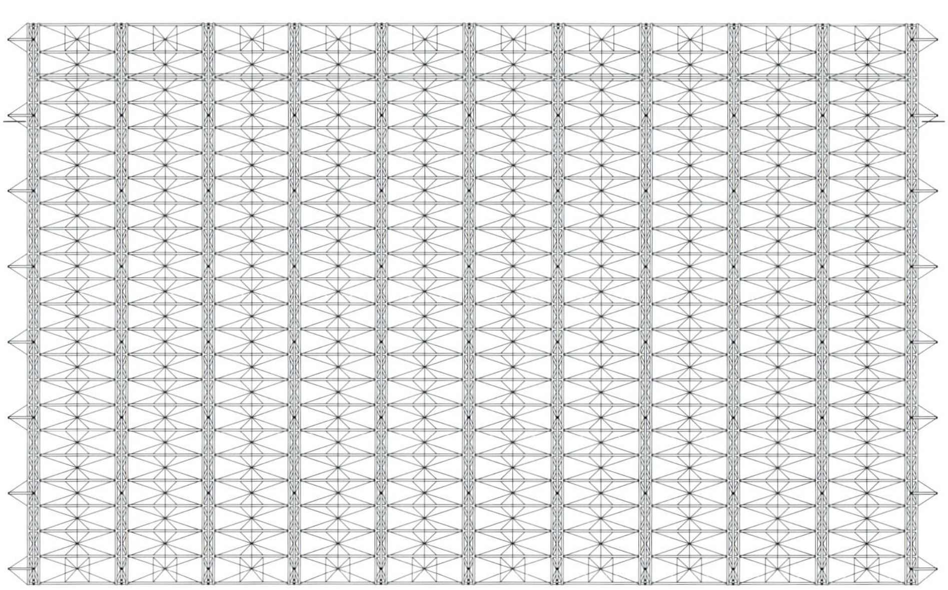

Lageplan
Maßstab 1:10 000

Site plan
scale 1:10,000

Schnitt • Untersicht
Maßstab 1:1000

Section • View from below
scale 1:1,000

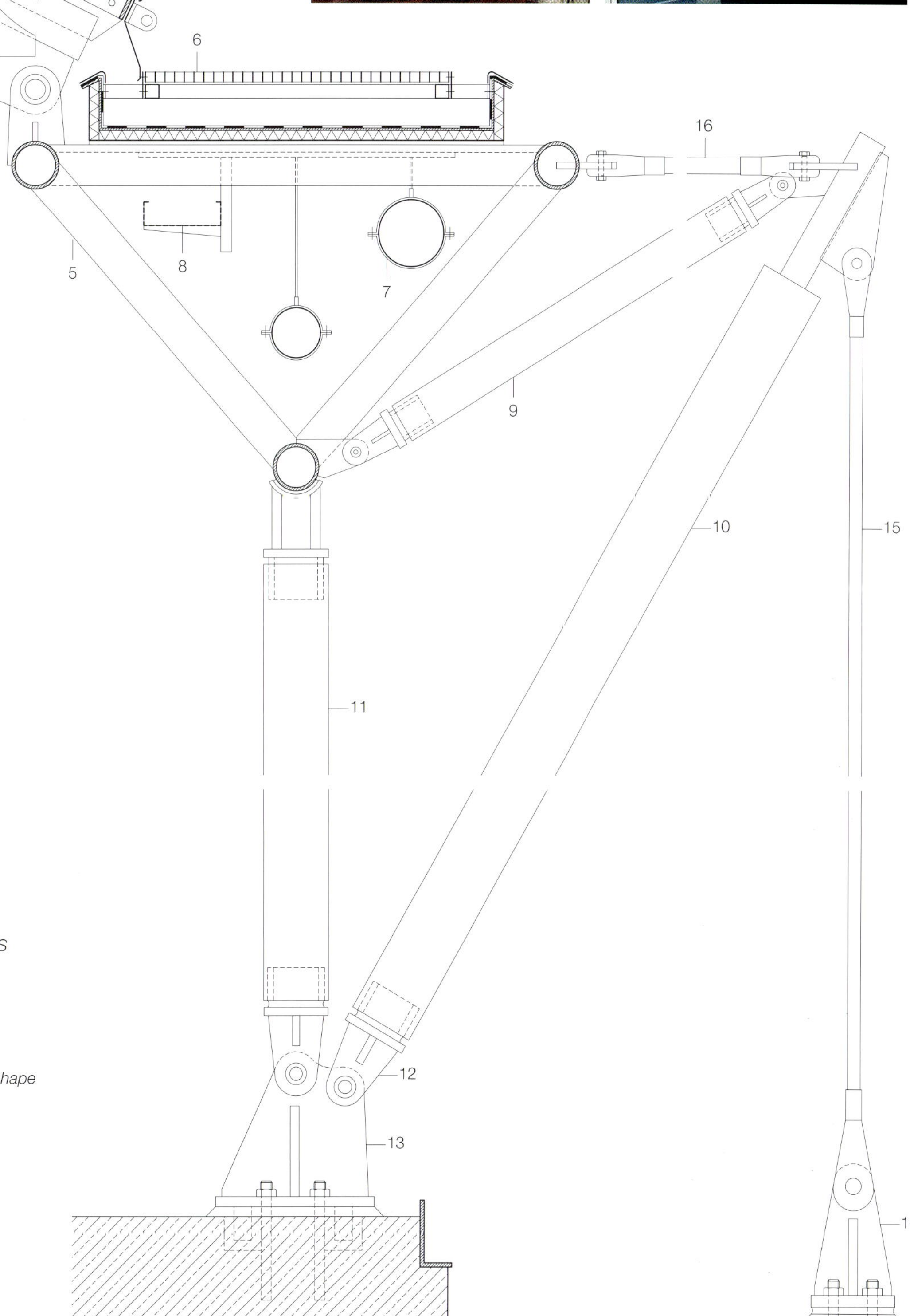

Vertikalschnitt
Maßstab 1:20

1 ETFE-Kissen dreilagig
flexible Dünnschicht-Photovoltaik-
Zelle schwimmend verlegt
auf Mittellage
2 Auflager ETFE-Kissen
Flachstahl 100/170 mm
alle 800–1000 mm
3 Bogengurt Stahlrohr ∅ 139,7 mm
4 Zugstab Stahl ∅ 20 mm
5 Dreigurt-Fachwerkbinder Stahlrohr
Ober-, Untergurt ∅ 139,7 mm
Diagonale ∅ 114,3 mm
6 Gitterrost 30/30 mm
Rahmen Stahlrohr ⌀ 55 mm
Rinne tragend Stahlblech gekantet
7 Stützluftleitung
8 ELT-Trasse
9 Koppelstange Stahlrohr ∅ 114,3 mm
10 schräge Stütze Stahlrohr ∅ 193,7 mm
11 Randstütze Stahlrohr ∅ 193,7 mm
12 Fahnenblech 2× 15 mm
Kopfplatte 25 mm
Einschubrohrstück ∅ 168,3 mm
13 Stützenfuß Stahlblech 30 mm
2× Knagge 80/80 mm
14 Anschlussblech 30 mm
15 Abspannung Stahlstab ∅ 48 mm
16 Abspannung 2× Stahlstab ∅ 42 mm

Vertical section
scale 1:20

1 ETFE cushions, three layers
flexible thin-set photovoltaic
cells, loose laid
on middle layer
2 support for ETFE cushions:
100/170 mm steel plate at
800–1000 mm intervals
3 arched top chord: ∅ 139.7 mm steel CHS
4 20 mm steel tension rod
5 three-chord lattice girder of tubular steel
∅ 139.7 mm upper chord/lower chord
∅ 114.3 mm diagonals
6 30/30 mm grating
55 mm steel SHS frame
gutter: load-bearing sheet steel, bent to shape
7 duct: inflating air
8 cable tray
9 ∅ 114.3 mm steel CHS coupling rod
10 oblique column: ∅ 193.7 mm steel CHS
11 edge column: ∅ 193.7 mm steel CHS
12 2× 15 mm fin plate
25 mm cap plate
∅ 168.3 mm insert tube
13 support foot: 30 mm steel plate
2× 80/80 mm angle clips
14 30 mm joining plate
15 staying: ∅ 48 mm steel rod
16 staying: 2× ∅ 42 mm steel rod

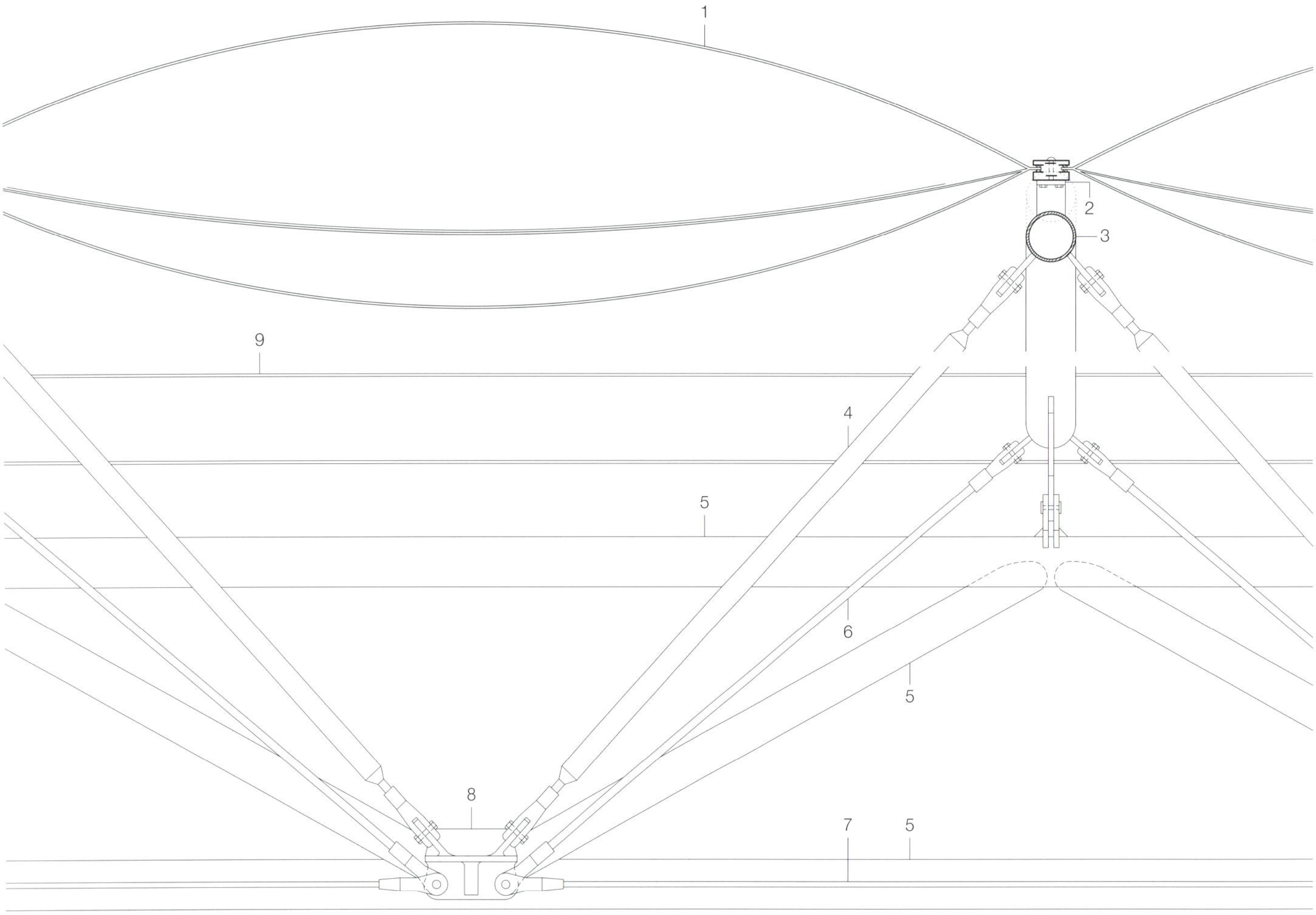
1
2
3
9
4
5
6
5
8
7
5

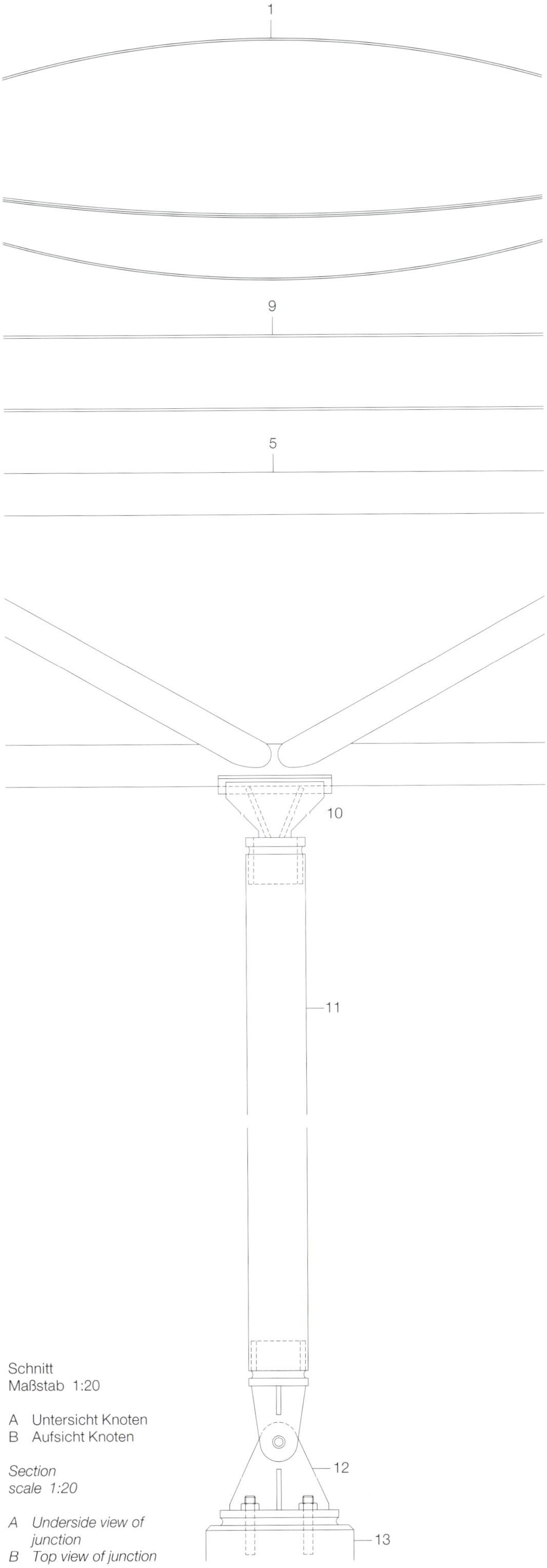

Schnitt
Maßstab 1:20

A Untersicht Knoten
B Aufsicht Knoten

Section
scale 1:20

A Underside view of junction
B Top view of junction

1 ETFE-Kissen dreilagig
flexible Dünnschicht-Photovoltaik-Zelle schwimmend verlegt auf Mittellage
2 Auflager ETFE-Kissen
Flachstahl 100/170 mm
alle 800–1000 mm
3 Bogengurt
Stahlrohr ∅ 139,7/10 mm
4 Druckstab Stahl ∅ 60,3 mm
5 Dreigurt-Fachwerkbinder Stahlrohr
Ober-, Untergurt ∅ 139,7 mm
Diagonalen ∅ 114,3 mm
6 Unterspannung Zugstab ∅ 20 mm
7 Zugstab horizontal Stahl ∅ 12 mm
8 Knoten Gussstahl
9 Auflager ETFE-Kissen
Stahlprofil
10 Stützenkopf geschweißt
11 Stütze Stahlrohr ∅ 193,7 mm
12 Stützenfuß geschweißt
Stahlblech 25 mm
13 Sockel Stahlbeton (Bestand)

1 ETFE cushions, three layers
flexible thin-set photovoltaic cells, loose laid on middle layer
2 support for ETFE cushion
100/170 mm steel flat
at 800–1,000 mm intervals
3 arched top chord:
∅ 139.7/10 mm steel CHS
4 ∅ 60.3 mm steel compression rod
5 three-chord lattice girder of tubular steel
∅ 139.7 mm upper chord/lower chord
∅ 114.3 mm diagonals
6 trussed sag rod: ∅ 20 mm steel rod
7 ∅ 12 mm steel horizontal tension rod
8 cast-steel junction
9 steel edge profile: support for ETFE cushions
10 column cap, welded
11 column: ∅ 193.7 mm steel CHS
12 25 mm sheet steel support foot, welded
13 reinforced-concrete base (existing)

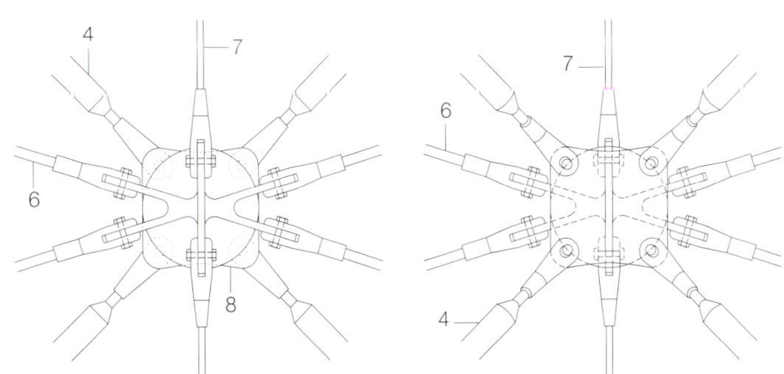

A B

Fondazione Prada in Mailand

Prada Foundation in Milan

Architekten / *Architects*:
OMA, Rotterdam
Rem Koolhaas, Chris van Duijn, Federico Pompignoli (Projektleiter / *Project Managers*)
Alvisi Kirimoto & Partners, Rom
Atelier Verticale, Mailand
Tragwerksplaner / *Structural engineers*:
Favero & Milan ingegneria, Mailand
SCE Project, Mailand

Auch wenn man es angesichts der vor Reichtum strotzenden Schaufenster in der lombardischen Hauptstadt kaum glauben kann: Mailand hat kein Geld, um die vielen brachliegenden Areale zu entwickeln oder Ausstellungsräume für zeitgenössische Kunst neu zu errichten. Umso bedeutender für das kulturelle Leben ist die Eröffnung des komplett privat finanzierten, 19000 m² großen Kunstareals der Prada Foundation in einer ehemaligen Gin-Brennerei aus dem Jahr 1910 südlich des Stadtzentrums. Seit dem Grundstückskauf im Jahr 2000 hatte das Modelabel das heruntergekommene Gelände für die Lagerung von Kleidern und Requisiten vergangener Catwalks und für temporäre Ausstellungen der immer größer werdenden Kunstsammlung seiner Stiftung genutzt. In der siebenjährigen Planungs- und Bauzeit haben die Architekten das Areal in eine Choreografie aus charaktervollen Volumen und Freiräumen verwandelt – mit Nutzungen, die weit über den Ausbau der stiftungseigenen Ausstellung hinausgehen: für öffentliche Filmfestivals, Konferenzen und Wechselausstellungen mit global agierenden Partnern.
Das Ergebnis scheint klar und einfach: Die graubraun verputzten Altbauten mit ziegelgedeckten Satteldächern und Stützenrastern von 10 m wurden weitgehend im Originalzustand erhalten, um nichts von ihrer spröden, aber eindrucksvollen Aura einzubüßen. Sie beherbergen Ausstellungsstücke und Nutzungen, denen ein klimatisch einfacherer Standard nichts anhaben kann. Die drei implantierten Neubauten erfüllen dagegen höchste technische Standards, ermöglichen große stützenfreie Flächen und zeigen sich architektonisch als kubisch abstrakte Artefakte. Die Ausstellungshalle scheint, als wäre sie aus einem massiven Aluminiumschaumblock herausgeschnitten. Bei dem Riegel für das Kino sind die Stirnseiten den vorhandenen Putzfassaden nachempfunden, während die Längsseiten durch hochglanzpoliertes Aluminium die Umgebung spiegeln. Der achtgeschossige Turm wirkt als Schaufenster und ist das einzige neue Gebäude, das von außen in seiner vollen

Grundrisse Maßstab 1:1500
Schnitte Maßstab 1:750
Axonometrie ertüchtigte Altbauten und neue Gebäude (gelb)

Layout plans scale 1:1500
Sections scale 1:750
Axonometric drawing of renovated existing buildings and new buildings (yellow)

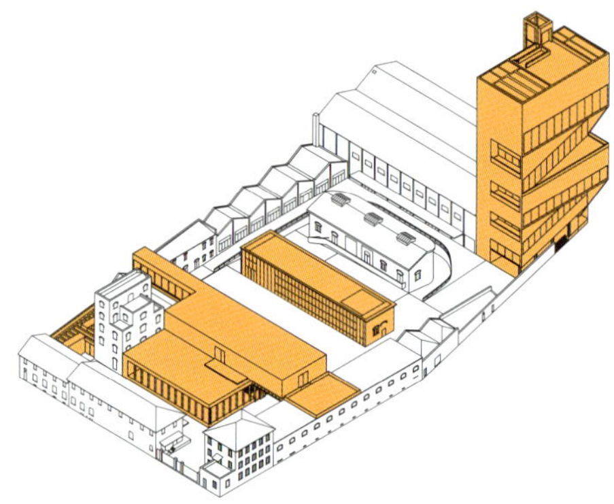

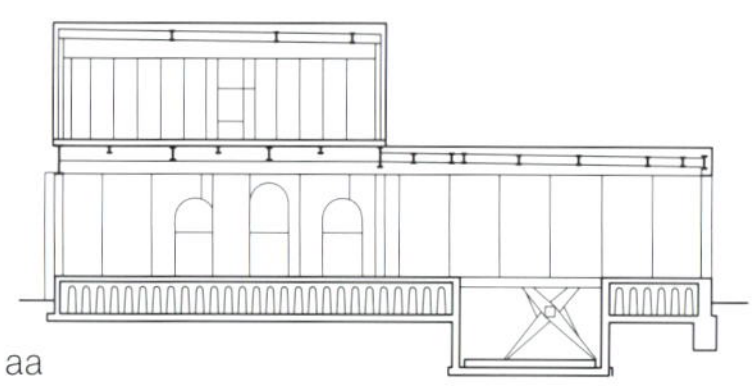

aa

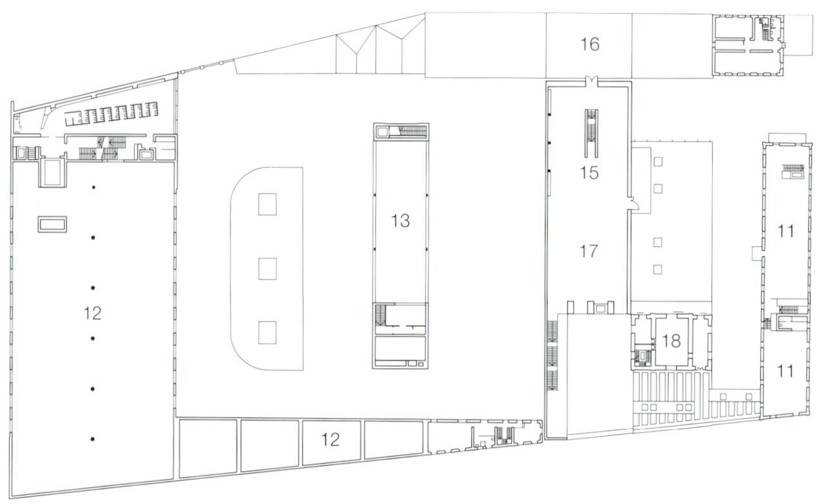

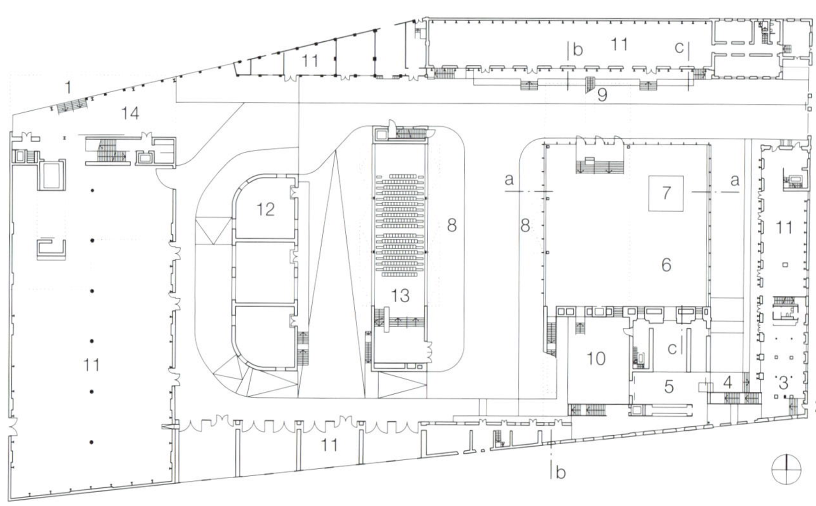

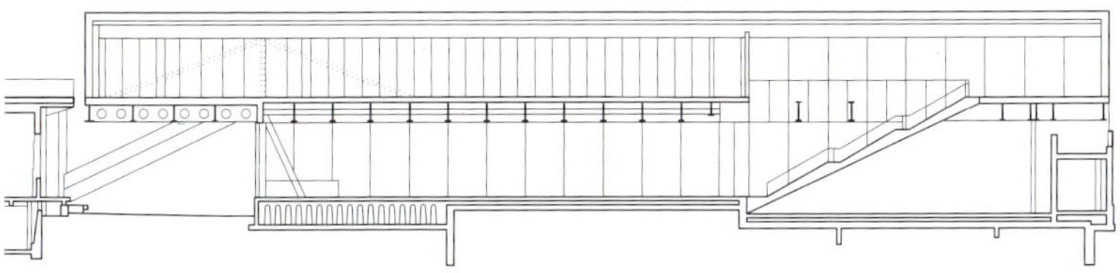

bb

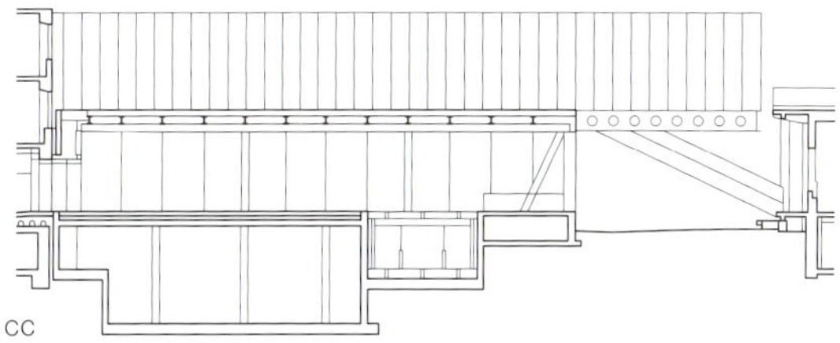

cc

1 Zugang Areal
2 externer Eingang Bar
3 Bar, Interior von Wes Anderson
4 Eingang Ausstellung
5 Kasse
6 Wechselausstellung Tageslicht
7 Bodenpodest absenkbar
8 aufklappbare Fassadenelemente
9 VIP-Eingang
10 Hof überdacht
11 Ausstellung
12 Luftraum Ausstellung
13 Kino, Veranstaltungssaal
14 Ausstellung im neuen Turm
15 Aufgang Dachterrasse
16 Dachterrasse
17 Wechselausstellung Kunstlicht
18 Ausstellung im »Haunted House«

1 Access to compound
2 Direct entrance to bar
3 Bar, interior by Wes Anderson
4 Entrance to exhibition
5 Tickets
6 Temporary exhibition, daylight
7 Floor lowerable
8 Hinged facade elements
9 VIP entrance
10 Covered courtyard
11 Exhibition space
12 Void (exhibition)
13 Cinema, Event space
14 Exhibition space in new tower
15 Access to roof terrace
16 Roof terrace
17 Temporary exhibition, artificial light
18 Exhibition in the "Haunted House"

Größe sichtbar ist. Die weiße, ungedämmte Sichtbetonkonstruktion kragt in den Obergeschossen über die Straße aus und ist mit einem diagonalen außenliegenden Betonpfeiler rückverankert. Die Raumhöhen nehmen nach oben zu, wobei sich Kunstlicht- und Tageslichtbereiche abwechseln. Über durchgehende Blickachsen werden Alt- und Neubauten verbunden. Durch aufklappbare Fassadenbereiche und höhenverstellbare Bodenelemente lassen sich Kino und Ausstellungshalle über einen Catwalk im Freien zusammenschalten. Die originalgetreue Erhaltung der Bausubstanz erwies sich als äußerst schwierig und musste an einigen Stellen sogar aufgegeben werden. Auch der erhaltenswerte Westflügel der zentralen Bestandshalle, in der das Kino unterzubringen war, musste abgerissen werden. Was heute wie die originale Bausubstanz mit ihrer ursprünglichen Patina erscheint, ist nur gereinigt, in weiten Bereichen aber statisch und bauphysikalisch ertüchtigt, aus architektonischen Gründen modifiziert oder sogar, wie bei den Stirnseiten des Kinos, gänzlich rekonstruiert. Diese aus Pragmatismus entstandene Unschärfe machen sich die Architekten zur Tugend. Nur an wenigen Stellen inszenieren sie die klare Trennung zwischen Alt und Neu als physische Fuge. Das Konzept des Amalgamierens von Alt und Neu kulminiert in dem mit fünf Geschossen höchsten Bestandsgebäude, dem »Haunted House«. Um die charakteristische Textur der Gebäudehülle als Altbau erhalten zu können, verzichteten die Architekten auf eine Außendämmung mit hinterlüfteter Fassadenbekleidung. Stattdessen versahen sie die Außenflächen mit Blattgold auf einer roten Grundierung und verlegten die Dämmung auf die Raumseite. Die künstlerisch verfremdende Haut wird zum Mittler zwischen Alt und Neu, Architektur und Kunst. Bei Sonnenschein überlagern die Reflexionen die Bestands- und Neubauoberflächen gleichermaßen mit ihrem magischen Licht und schaffen so eine zusätzliche verbindende Qualität. DETAIL 11/2015

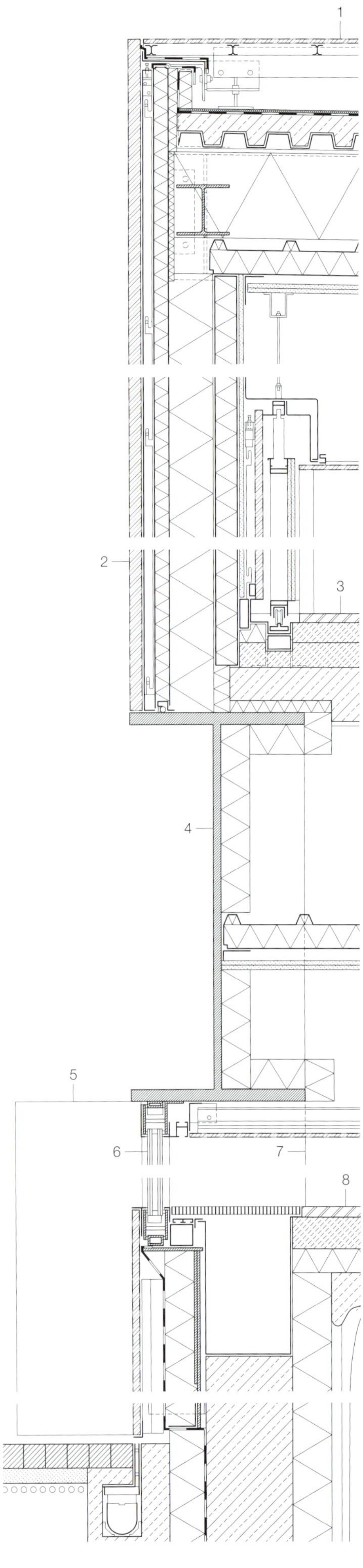

1 Aluminiumschaumplatte 13 mm
Unterkonstruktion 100 mm, Abstandshalter 160 mm, Schutzmatte, Abdichtung 3 mm, Stahlbeton-Verbunddecke 120 mm, Stahlprofil HE 500 im Gefälle, dazwischen Dämmung XPS 300 mm, Leichtbaudecke Sandwichelement 120 mm, Gipskartonplatte 2× 15 mm
Installationsraum, Aluminiumschaumplatte 13 mm
2 Aluminiumschaumplatte 45 mm
Unterkonstruktion 40 mm
Leichtbauwand Sandwichelement 50 mm
Mineralwolle 160 mm, Leichtbauwand Sandwichelement 80 mm, Gipskartonplatte 15 mm
Aluminiumschaumplatte 25 mm, Schiebewand
3 Travertin geklebt 30 mm, Estrich 70 mm
Estrich 80 mm, Stahlbeton-Verbunddecke 180 mm, Stahlprofil HE 800 bzw. IPE 600
4 Stahlträger aus Flachstahl geschweißt 1300 mm
5 West- und Nordfassade: Fassadenpfosten nichttragend Aluminium eloxiert 118/450/5 mm
6 Sonnen-/Wärmeschutzverglasung VSG 20,76 mm + SZR 20 mm + VSG 20,76 mm
7 Verbundstütze 400/400 mm
8 grauer Travertin verklebt 30 mm, Estrich 100 mm XPS 75 mm, Stahlbeton 50 mm, Hohlraum-Schalungskörper 1500 mm, Stahlbeton 300 mm
9 Blattgold, Marmorino-Putz rot 20 mm, Putz bewehrt 40 mm, Mauerwerk (Bestand)
10 Ostfassade: Pfosten tragend 90/295 mm aus 3× Stahlprofil ◫ 90/90 mm mit Aluminiumbekleidung
11 Klappe Beleuchtungskanal
Aluminiumschaum 13 mm

1 13 mm alum. foam panel; 100 mm supp. structure 160 mm spacer; 3 mm sealing layer; 120 mm profiled steel composite floor deck; 300 mm XPS therm. ins. betw. 500 mm steel section HE 500 inclined; 120 mm sandwich elem. (lightweight construction); 2× 15 mm plasterboard building services layer; 13 mm alum. foam panel
2 45 mm aluminium foam panel 40 mm supporting structure; wall: 50 mm sandw.

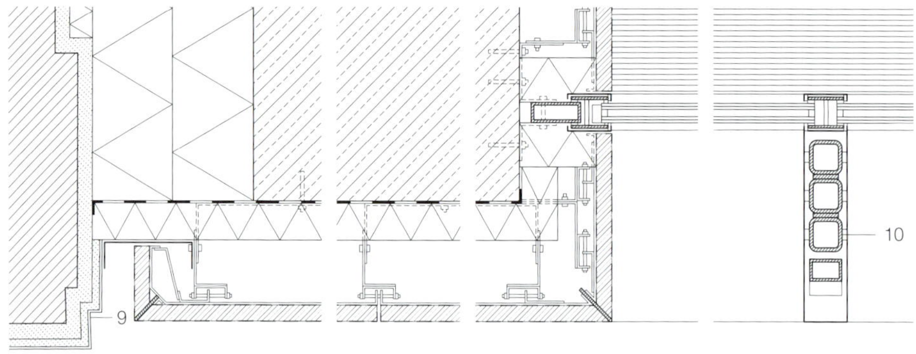

element (lightweight constr.); 160 mm mineral wool wall (lightweight constr.); 80 mm sandw. element 15 mm plasterboard; 25 mm alum. foam panel sliding wall partition in exhibition space

3 30 mm travertine, glued; 70 mm screed; 80 mm screed; 180 mm concr. comp. fl. syst.; 790 mm steel I-section/600 mm steel I-section
4 1300 mm steel beam of welded steel flats
5 west and north facade: 118/450/5 mm facade post, non-loadbearing, aluminium, anodised
6 solar/thermal glazing: 20.76 mm lam. safety glass + 20 mm cavity + 20.76 mm laminated safety glass
7 composite column: 400/400 mm
8 30 mm grey travertine, glued; 100 mm screed 75 mm XPS; 50 mm reinforced concrete; 1500 mm air space / hollow supports; 300 mm reinf. concr.
9 gold leaf; 20 mm marmorino plaster, red 40 mm reinforced stucco; masonry (existing)
10 east facade: 90/295 mm load-bearing facade post of 3× 90/90 mm steel section, with alum. cladding
11 lighting duct hatch: 13 mm aluminium foam

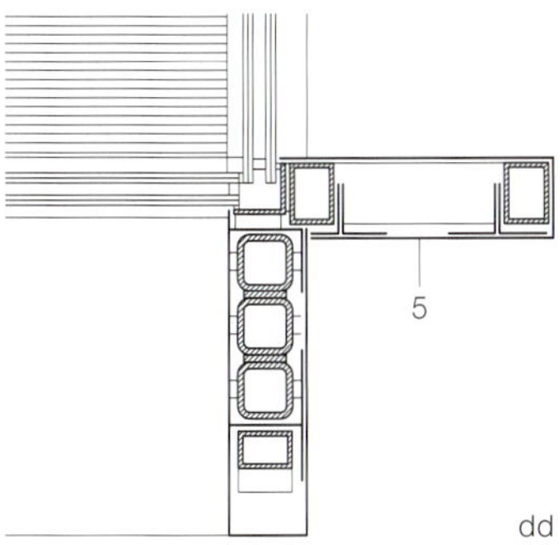

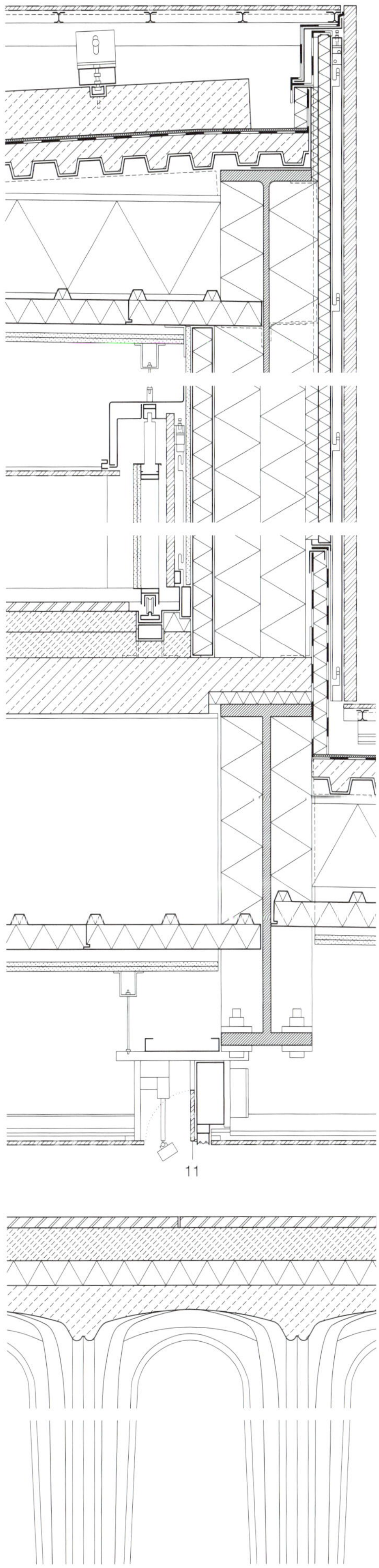

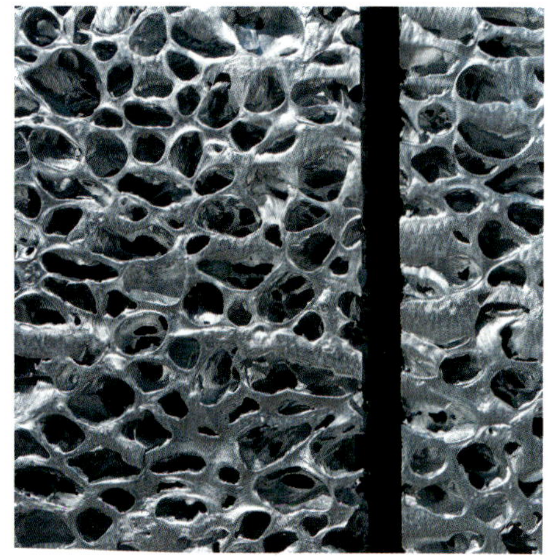

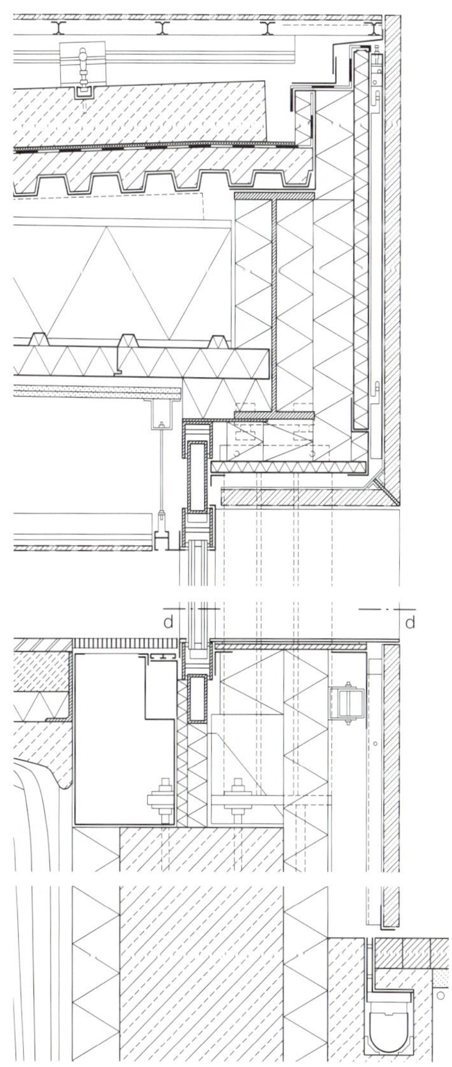

Vertikalschnitt • Horizontalschnitt
Maßstab 1:20

Vertical section • Horizontal section
scale 1:20

Ausstellungsraum im Bestandsgebäude »Haunted House«: Putz auf Innendämmung
Foyer mit Glasdach zwischen Bestandswand und Kassenbereich aus Polycarbonat

Exhibition space in the "Haunted House" (renovation of existing building): plaster on interior insulation; foyer with glazed roof between existing wall and ticketing area of polycarbonate panels

Despite appearances to the contrary, Milan doesn't have the funds to convert the city's derelict industrial compounds into new venues for contemporary art – a situation that makes the completion of the Prada Foundation on the sprawling 19,000 m² site of a former distillery (erected in 1910) south of the city centre all the more significant. Since the purchase of the property 15 years ago, the fashion label had used the rundown compound for its catwalks, to store props, and for temporary exhibitions of its expanding art collection. Over the course of the seven-year planning and construction phase the architects transformed the nondescript grounds into a distinctive choreography whose players are building massing and open space. The ensemble is now fit for uses that go far beyond exhibiting the foundation's collection: it can host film festivals, conferences, and various temporary exhibitions.
The result appears clear and simple: the existing buildings, with their tiled, pitched roofs and 10 m structural grids, were, to as great an extent possible, kept in their original states. Their exteriors are unified in grey stucco. They house the works of art that can take a simpler standard of climate control. The 3 new buildings inserted in the compound, in contrast, meet the highest technological standards and contain large spaces that are completely free of columns. Architecturally these give the impression of being abstract cuboid artefacts. A new exhibition hall seems to have been cut out of a solid block of aluminium foam. A bar-shaped structure serves as cinema: its short fronts make reference to the existing stucco facades; the long fronts are cloaked in high-gloss stainless steel. And an 8-storey tower is constructed of white, uninsulated exposed concrete; its upper levels cantilever above the street. The ceiling heights increase on the way up, and the levels alternate between artificial and natural daylight. The tower, which opens in 2016, is the only new structure completely visible from outside the complex. It could be considered the institution's showcase. Standing inside it one can see the Milan cathedral. Visual axes are employed to link old and new. The hinged elements in the facades, coupled with lowerable floor surfaces, make it possible to connect the cinema and an exhibition hall as needed. During the implementation phase, the preservation of the existing buildings proved difficult: on account of the present-day earthquake safety codes it was necessary to strengthen the walls with steel columns or reinforced stucco; in the most severe instances exterior walls were reconstructed. Meeting insulation and ground-contamination standards was also a complex process. The architects have managed to use the accompanying "blurring of the edges" to their advantage. Only in a few cases do they dramatise a clear contrast – a joint – between old and new.
The bar-like exhibition hall, e.g., extends the entire width of the courtyard; its ends serve as canopies. The perfect fit where it intersects with the structures on the southern edge of the property makes it akin to a "keystone". In the north, in contrast, it cantilevers beyond the ground floor, stopping just short of the courtyard frontage opposite it.
The architectural concept in which old and new are amalgamated culminates in the tallest of the existing structures: the Haunted House. To preserve its distinctive qualities the architects decided to insulate the building on the inner surface of the exterior walls and to apply gold leaf to a surface bearing a red primer. This alienation of the surface makes it a mediator between past and present.

Besucherzentrum Heidelberger Schloss

Heidelberg Castle Visitor Centre

Architekt / *Architect*:
Max Dudler, Berlin
Tragwerksplaner / *Structural engineers*:
Ingenieurbüro Schenck,
Neustadt / Weinstraße

Das Schloss Heidelberg zählt zu den bedeutendsten Bauwerken der Renaissance nördlich der Alpen, seine Wurzeln gehen bis ins 14. Jahrhundert zurück. Im Dreißigjährigen Krieg teilweise zerstört, wurde es im 18. Jahrhundert aufgegeben. Heute dient die Ruine als Museum und ist beliebtes touristisches Ziel. Im Besucherzentrum, dem ersten Neubau des Areals seit vierhundert Jahren, werden die Gäste auf die Besichtigung der Anlage eingestimmt. Am Eingang zu Schloss und Garten gelegen, bildet es gemeinsam mit dem kleinen Gartenhaus im Westen und der unter Friedrich V. errichteten Sattelkammer im Osten den baulichen Abschluss des Stückgartens. Die Architektur fügt sich zurückhaltend in das historische Ensemble ein, indem sie die Höhen und Fluchten aufnimmt, vorhandene Gestaltungselemente aufgreift und neu interpretiert. Die über zwei Meter tiefen Laibungen der Fenster zitieren die Formen der angrenzenden Sattelkammer. Die Öffnungen sind so angeordnet, dass sie gezielt den Garten und das Elisabethentor in Szene setzen. Zudem haben die breiten Außenwände eine ganz praktische Funktion: Sie bergen die Nebenräume und Treppen, die Nischen bieten Platz für Vitrinen, Regale und Sitzgelegenheiten. Die Fassade besteht aus dem ortstypischen Neckartaler Sandstein, der maschinell gespalten zu einer fast monolithisch wirkenden Mauer gefügt wurde. Im Gegensatz zur lebhaften Struktur außen zeigen sich die Oberflächen im Innern einfach und glatt. Die Glasflächen sind ebenso bündig in die weiß verputzten, tragenden Stahlbetonwände eingelassen wie die flächigen Lichtfelder in die Decke. Alle festen Einbauten sowie die Türen sind aus Kirschholz gefertigt. Der hohe Publikumsverkehr wird mittels eines Leitsystems gelenkt: vom Eingangsbereich hinauf zum museumsdidaktischem Raum, auf die Dachterrasse mit Blick zum Schloss und über die Außentreppe in die rückwärtige Gasse. Somit ist trotz bescheidener Fläche ein Höchstmaß an Bespielbarkeit und Taktfrequenz der Besuchergruppen verwirklicht. DETAIL 06/2013

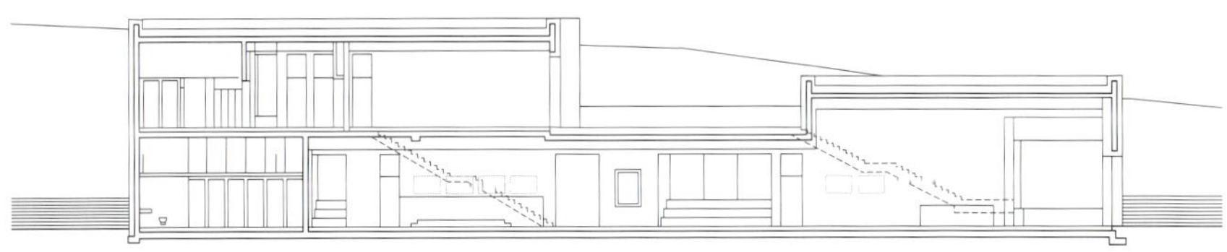

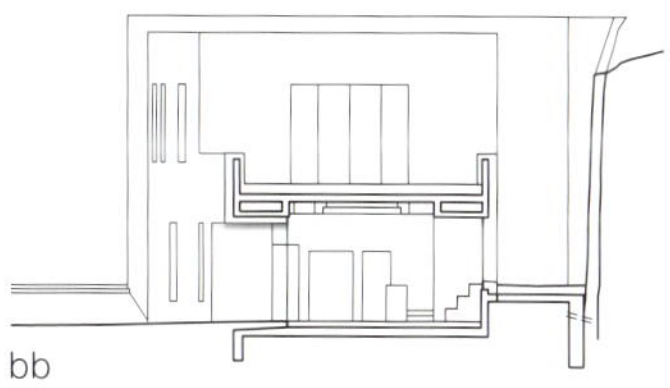

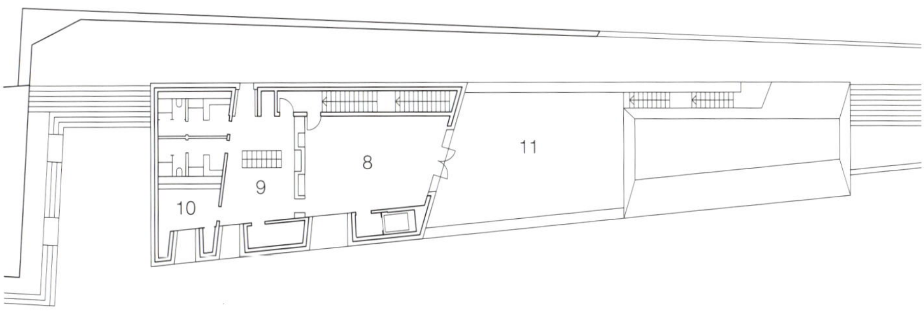

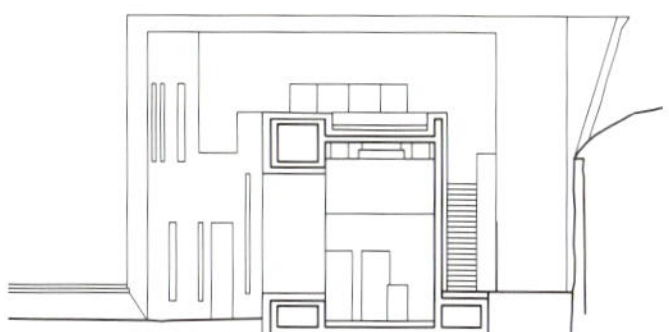

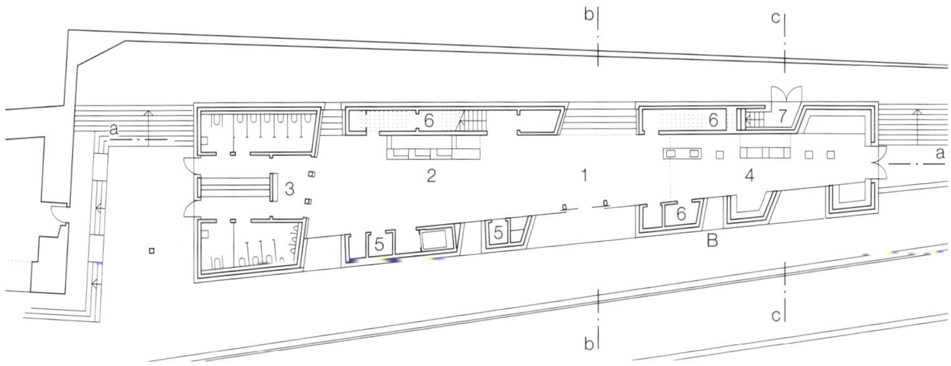

Schnitte • Grundrisse
Maßstab 1:500

1 Eingangsbereich
2 Kasse
3 Garderobe
4 Museumsladen
5 Technik
6 Lager
7 Außentreppe
8 Vortragsraum
9 Aufenthaltsraum Personal
10 Büro
11 Dachterrasse

Sections • Floor plans
scale 1:500

1 Entrance area
2 Ticket counter
3 Cloakroom
4 Museum shop
5 Building services
6 Store
7 External staircase
8 Lecture hall
9 Staffroom
10 Office
11 Roof terrace

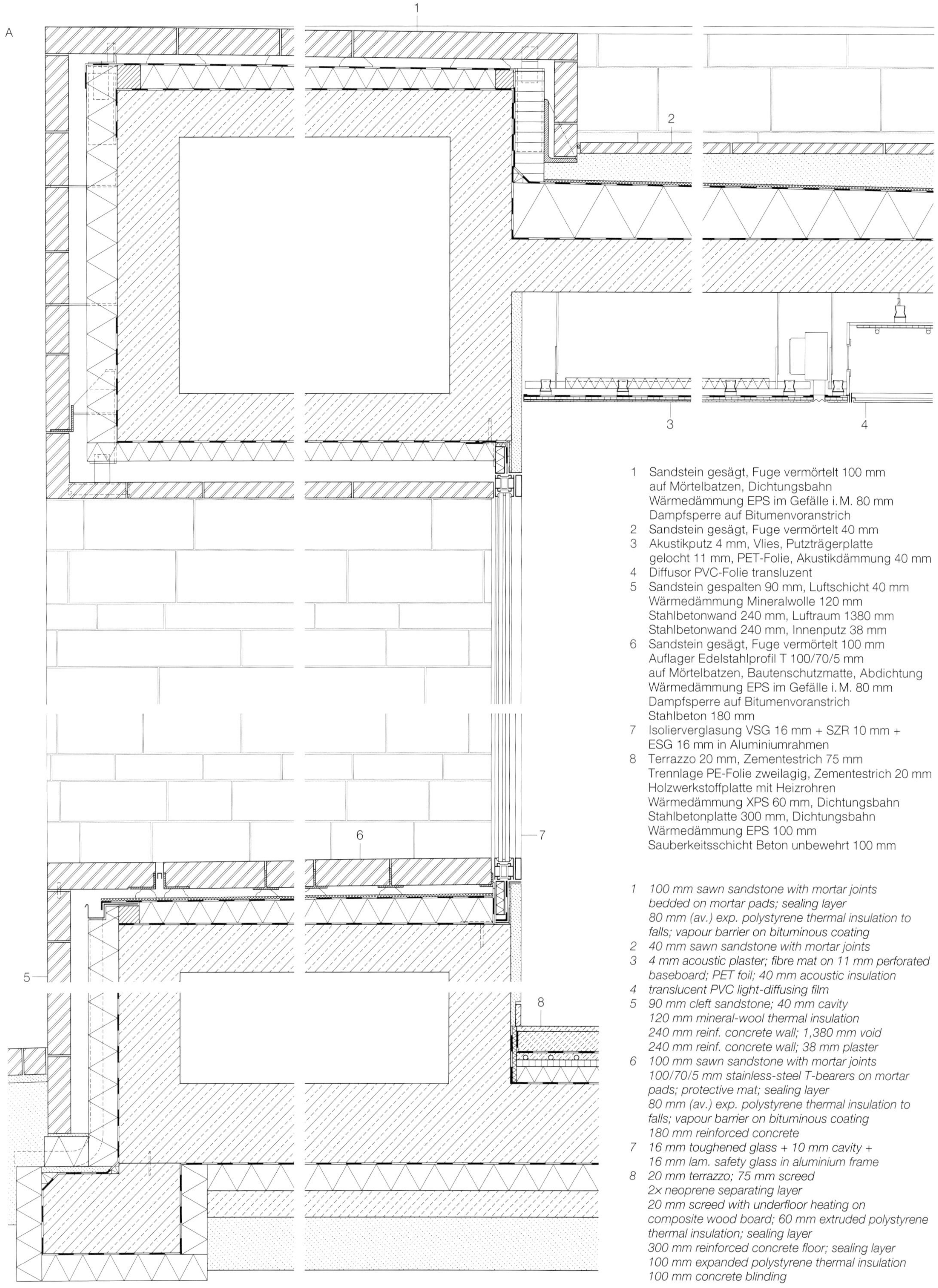

1 Sandstein gesägt, Fuge vermörtelt 100 mm
auf Mörtelbatzen, Dichtungsbahn
Wärmedämmung EPS im Gefälle i.M. 80 mm
Dampfsperre auf Bitumenvoranstrich
2 Sandstein gesägt, Fuge vermörtelt 40 mm
3 Akustikputz 4 mm, Vlies, Putzträgerplatte
gelocht 11 mm, PET-Folie, Akustikdämmung 40 mm
4 Diffusor PVC-Folie transluzent
5 Sandstein gespalten 90 mm, Luftschicht 40 mm
Wärmedämmung Mineralwolle 120 mm
Stahlbetonwand 240 mm, Luftraum 1380 mm
Stahlbetonwand 240 mm, Innenputz 38 mm
6 Sandstein gesägt, Fuge vermörtelt 100 mm
Auflager Edelstahlprofil T 100/70/5 mm
auf Mörtelbatzen, Bautenschutzmatte, Abdichtung
Wärmedämmung EPS im Gefälle i.M. 80 mm
Dampfsperre auf Bitumenvoranstrich
Stahlbeton 180 mm
7 Isolierverglasung VSG 16 mm + SZR 10 mm +
ESG 16 mm in Aluminiumrahmen
8 Terrazzo 20 mm, Zementestrich 75 mm
Trennlage PE-Folie zweilagig, Zementestrich 20 mm
Holzwerkstoffplatte mit Heizrohren
Wärmedämmung XPS 60 mm, Dichtungsbahn
Stahlbetonplatte 300 mm, Dichtungsbahn
Wärmedämmung EPS 100 mm
Sauberkeitsschicht Beton unbewehrt 100 mm

*1 100 mm sawn sandstone with mortar joints
bedded on mortar pads; sealing layer
80 mm (av.) exp. polystyrene thermal insulation to
falls; vapour barrier on bituminous coating*
2 40 mm sawn sandstone with mortar joints
*3 4 mm acoustic plaster; fibre mat on 11 mm perforated
baseboard; PET foil; 40 mm acoustic insulation*
4 translucent PVC light-diffusing film
*5 90 mm cleft sandstone; 40 mm cavity
120 mm mineral-wool thermal insulation
240 mm reinf. concrete wall; 1,380 mm void
240 mm reinf. concrete wall; 38 mm plaster*
*6 100 mm sawn sandstone with mortar joints
100/70/5 mm stainless-steel T-bearers on mortar
pads; protective mat; sealing layer
80 mm (av.) exp. polystyrene thermal insulation to
falls; vapour barrier on bituminous coating
180 mm reinforced concrete*
*7 16 mm toughened glass + 10 mm cavity +
16 mm lam. safety glass in aluminium frame*
*8 20 mm terrazzo; 75 mm screed
2× neoprene separating layer
20 mm screed with underfloor heating on
composite wood board; 60 mm extruded polystyrene
thermal insulation; sealing layer
300 mm reinforced concrete floor; sealing layer
100 mm expanded polystyrene thermal insulation
100 mm concrete blinding*

Vertikalschnitt • Horizontalschnitt
Maßstab 1:20

Vertical and horizontal sections
scale 1:20

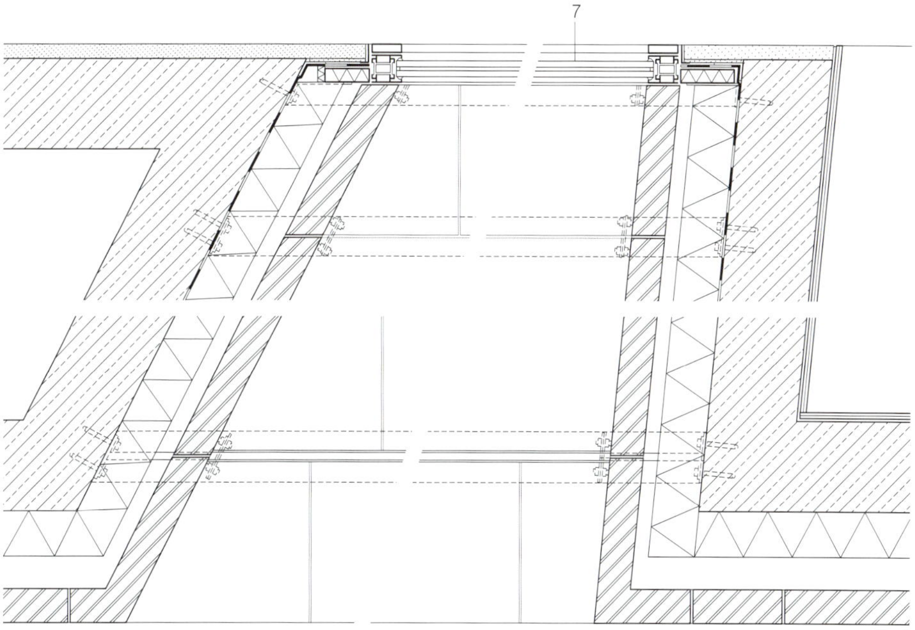

Heidelberg Palace is one of the most important Renaissance buildings north of the Alps. Its origins go back to the 14th century. After partial destruction in the Thirty Years War, it was finally abandoned in the 18th century. Today, the ruins have been turned into a museum, attracting more than a million visitors a year. The palace is thus one of the most popular tourist destinations in Germany. The visitor centre, situated at the entrance to the palace and gardens, is the first structure to be built on the site for 400 years. The architecture is restrained and has been integrated into the historical ensemble by adopting existing heights and alignments and by taking up and reinterpreting existing design elements. The window recesses, more than two metres deep, reflect the forms of the adjoining tack space, and the openings were laid out in such a way that they capture views of the gardens and the Elisabeth Gate. The thick outer walls also accommodate ancillary spaces and staircases, while niches provide room for display cabinets, shelves and seating. The facades are in Neckar Valley sandstone, which is typical of the region. Mechanically cleft, it has been laid to form walls that seem almost monolithic in appearance. In contrast to the lively external texture of the building, the internal surfaces are smooth and simple. The windows are set flush with the white-plastered load-bearing reinforced concrete, as are the large roof lights in the ceilings. All doors and inbuilt elements are in cherrywood.
The great volume of visitors is managed by a directional control system with a route that leads from the entrance area up to the museum's didactic space and on to the roof terrace – from where there is a view of the palace – then down again via an external staircase to a rear lane. Despite its modest area, the centre offers scope for many different activities and a high frequency of visitor groups.

Besucherzentrum Schweizerische Vogelwarte in Sempach

Visitor Centre of the Swiss Ornithological Institute in Sempach

Architekten / *Architects*:
:mlzd, Biel
Tragwerksplaner / *Structural engineers*:
WAM Planer und Ingenieure, Solothurn
(Massivbau / *Solid construction*),
Pirmin Jung Ingenieure, Rain
(Holzbau / *Wooden construction*)

Lageplan
Maßstab 1:10 000
Schnitte • Grundrisse
Maßstab 1:750

Site plan
scale 1:10 000
Sectons • Floor plans
scale 1:750

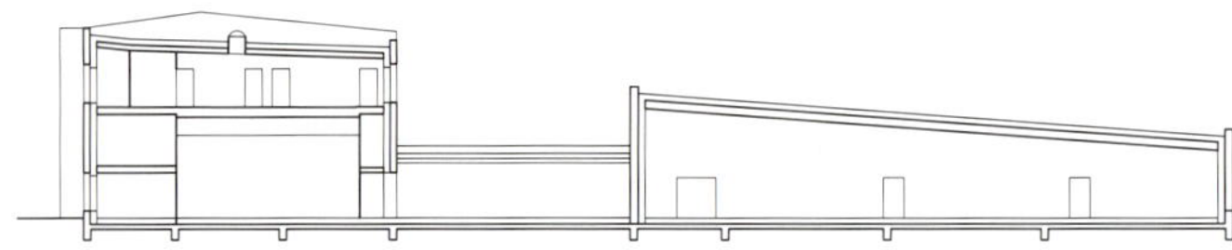
aa

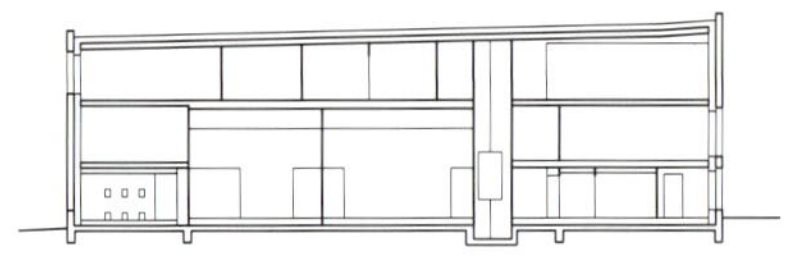
bb

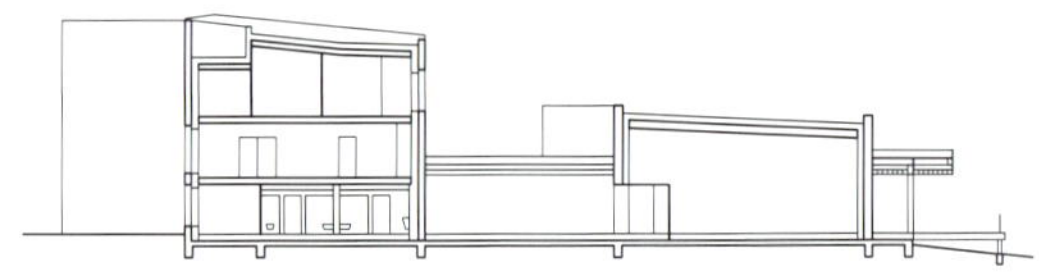
cc

1	Eingang, Windfang	*1*	*Entrance, Vestibule*
2	Foyer	*2*	*Foyer*
3	Shop	*3*	*Shop*
4	Erlebnisausstellung	*4*	*Interactive exhibition*
5	Büro	*5*	*Office*
6	Garderobe	*6*	*Cloakroom*
7	Vogelschau, Kino	*7*	*Bird world, Cinema*
8	»Singfonie«	*8*	*"Singphony"*
9	Vogelpflege	*9*	*Bird care*
10	Voliere	*10*	*Aviary*
11	Lager, Werkstatt	*11*	*Store, Workshop*
12	Luftraum	*12*	*Void*
13	Kursraum	*13*	*Course room*
14	Technik	*14*	*Building services*
15	Serverraum	*15*	*Server space*
16	Mehrzweckraum	*16*	*Multipurpose space*
17	Küche	*17*	*Kitchen*
18	Gemeinschaftsraum	*18*	*Lounge*
19	Gästezimmer	*19*	*Guest room*

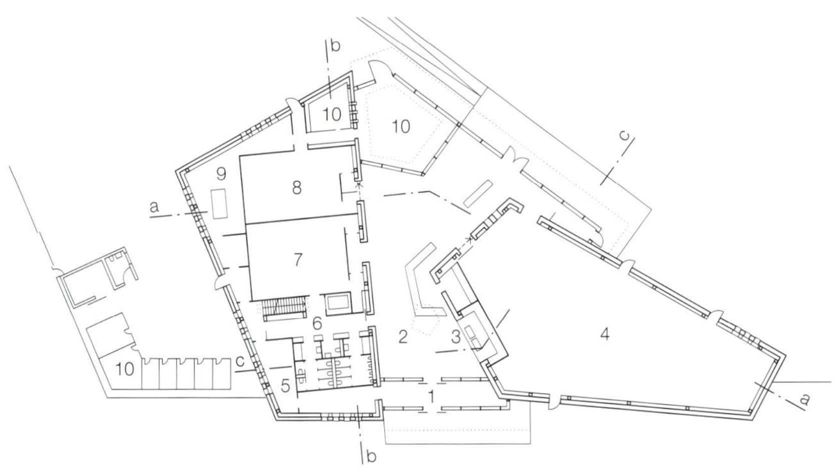

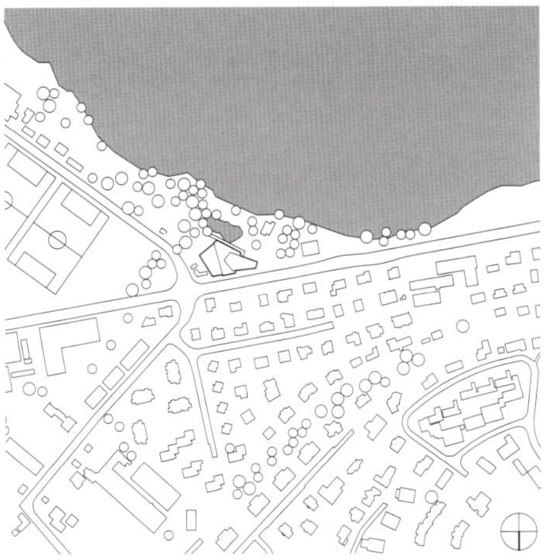

Die Besucher der Vogelwarte Sempach erhalten vor dem Rundgang einen Ring, der nur auf den ersten Blick an den Markierungsring von Vögeln erinnert: Er interagiert mit den Exponaten, erfasst Verweildauer, Interessen und Aktivitäten. Beim Verlassen erfahren die Besucher, mit welcher Vogelart sie die meisten Gemeinsamkeiten aufweisen. Die interaktive, multimediale Ausstellung rund um das Vogelleben nimmt auch die größte Fläche ein, in der »Singfonie« stehen die Klangwelten der Vögel im Mittelpunkt und im »Kino« dokumentiert ein Film des Naturfilmers Marc Tschudin die Schweizer Vogelwelt. Interne Bereiche dienen der Vogelpflege und die Forschungsmitarbeiter kommen in den neuen Gästezimmern unter. Ein großzügiges Foyer mit Shop, Café und Schauvoliere setzt sich als Holzterrasse zum Sempachersee fort, wo die Gäste die Vögel im Garten am renaturierten Seeufer beobachten können. Die Mitarbeiter der Stiftung wollen nicht nur informieren, sondern die Besucher für die Wahrnehmung ihrer natürlichen Umgebung sensibilisieren. Daher gaben sie ein Gebäude in Auftrag, das vor allen Dingen ihren Idealen entsprechen sollte. Die von den Architekten :mlzd im Wettbewerb vorgeschlagene Lehmbauweise in Kombination mit Lärchenholz überzeugte die Bauherren, da der Baustoff sowohl ein Sinnbild für Nachhaltigkeit und ökologisches Bewusstsein darstellt, als auch sinnliche Haptik und gutes Raumklima verspricht. Tatsächlich war die Einhaltung des Minergie-P-Eco-Standards von Anfang an Voraussetzung für den Auftrag. Das Bauen mit Lehm stellt jedoch hohe Anforderungen an die Planer, da es wenig Erfahrungswerte und Standards gibt, auf die sie zurückgreifen können. Die Architekten nahmen daher den Lehmspezialist Martin Rauch mit ins Boot, der zudem zeitgleich eine Produktionsstätte in Laufen für die neue Kräuterhalle von Ricola (siehe DETAIL 03/2015) betrieb. Das Herstellungswerk konnte für die 35 bis 45 cm dicken Stampflehm-Fertigteile der Vogelwarte mit genutzt werden, die dort gepresst und getrocknet und dann mit dem Lastwagen angeliefert wurden. Die nachträglich versäuberten vertikalen Elementstöße bleiben unsichtbar, während die Trasskalkfugen, die ein zu starkes Auswaschen der Wände verhindern, den Lehmfassaden eine horizontale Struktur verleihen. Für das Energie-Label mussten die Betondecken auf ein innenliegendes Tragsystem aus Betonstützen in der Dämmebene aufliegen, um Wärmebrücken an den Lehmwänden zu vermeiden. Die Betonstützen dienen zudem als Rückverankerung der Wände, die auf Ortbetonsockeln platziert wurden. Die beiden Lehmkuben verbindet die Lärchenholzkonstruktion des Foyers, dort verwandeln sich die Fassaden in Innenwände und kommen so spürbar Raumklima und Ästhetik zugute. DETAIL 12/2015

Presenting a hands-on, multimedia exhibition about the life of birds, the centre contains a spacious foyer – with a shop, a cafe and display aviaries – that extends out in the form of a timber terrace to Lake Sempach. The institute wanted to sensitise visitors to the natural environment. In the competition, the architects proposed an earth form of construction in combination with larch elements. For the clients, this use of materials – with their haptic qualities and the good indoor climate they promised – was a symbol of sustainability and environmental awareness.
One condition for the award of the contract was compliance with the "Minergie-P" low-energy standard. The use of earth for the construction, however, imposed great demands on the planners, since experience and norms in this field are limited. For that reason, the collaboration of the specialist Martin Rauch was sought. Prefabricated compacted earth elements 35–45 cm thick were used for the walls. The vertical joints were cleaned and are not discernible, whereas the trass-lime joints, which prevent the surface from being washed out, lend the facade a horizontal texture.
To comply with the intended energy standard and avoid thermal bridges in the walls, the concrete floors are supported by internal concrete columns in the insulating layer. These columns also serve to anchor the walls, which stand on in-situ concrete plinths. The two earth structures are linked by the larch foyer.

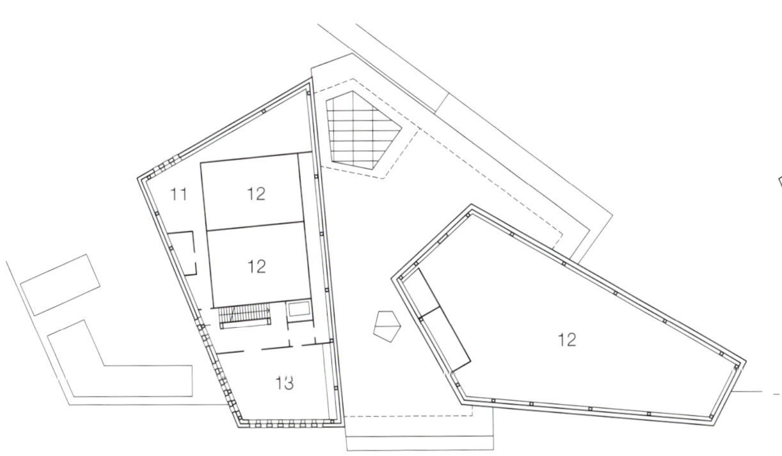

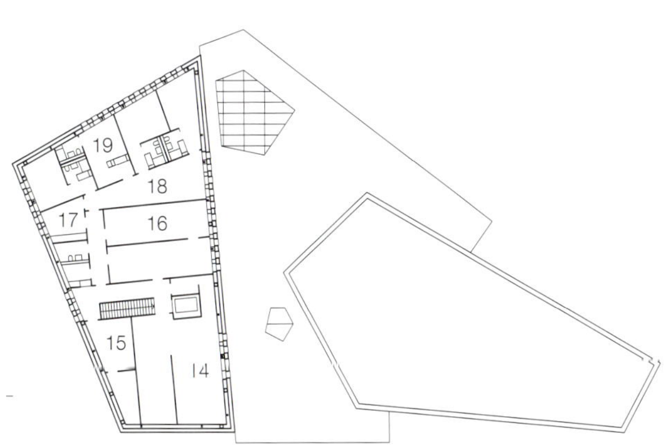

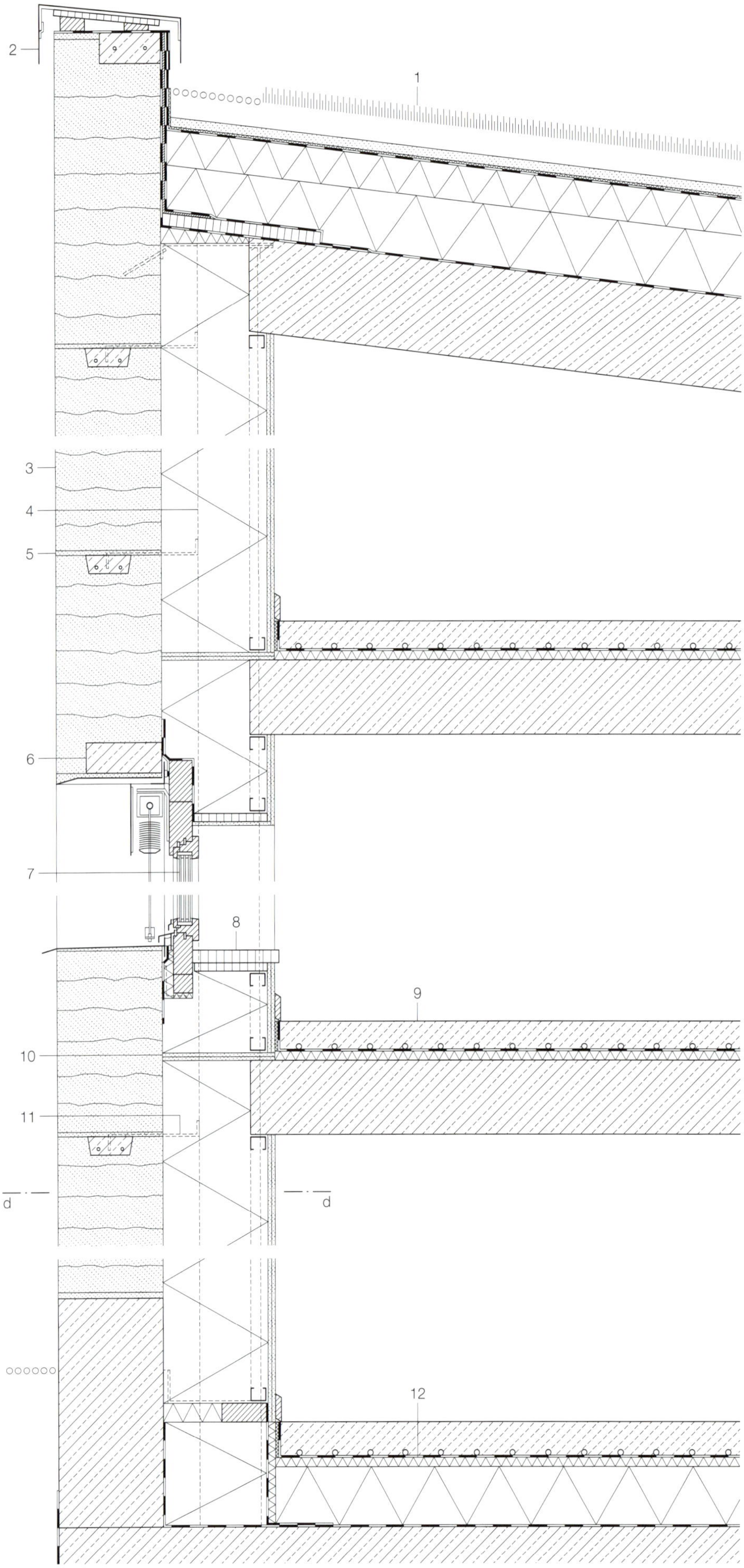

1 Vegetationsschicht, Extensivsubstrat 100 mm
Dränage/Wasserspeicherplatte 8 mm
Wurzelschutzlage
Abdichtung Polymerbitumen zweilagig
Wärmedämmung PIR 320 mm
Dampfsperre Polymerbitumen, Voranstrich
Stahlbeton 300 mm
2 Abdeckblech Cortenstahl
3 Stampflehmelement 350 mm
Wärmedämmung Zellulose 350 mm
Ständerwerk 50 mm, Gipskartonplatte 2× 12,5 mm
Lehm-Feinputz durchgefärbt 5 mm
4 Stütze Stahlbeton 200/200 mm
5 Elementfuge Lehmsetzmörtel 20 mm
mit Ringanker Trasskalkmörtel
umlaufend, bewehrt 150/60 mm
6 Betonsturz im Lehmelement 250/100 mm
7 Dreifach-Isolierverglasung in Lärchenrahmen
Float 6 mm + SZR 14 mm + TVG 4 mm +
SZR 14 mm + VSG 8/2 mm, $U_g = \leq 0{,}5$ W/m²K
8 Fensterbrett OSB-Platte gestrichen 40 mm
9 Hartbeton geschliffen,
imprägniert 90 mm mit Fußbodenheizung
Trennlage Polyethylenfolie
Trittschalldämmung 30 mm
Stahlbeton 240 mm
10 Brandabschnitt: Gipsfaserplatte 2× 12,5 mm
11 Rückverankerung punktuell Z-Profil
12 Trennlage, Trittschalldämmung 30 mm
Wärmedämmung EPS 200 mm
Feuchtigkeitssperre bituminös
Stahlbeton 250 mm, Magerbeton 50 mm
13 Holzpfosten 120/80 mm

*1 planted layer; 100 mm extensive substrate layer
8 mm drainage layer/water storage layer
root-proof layer; two-layer polymer-bitumen seal
320 mm polyisocyanurate (PIR) thermal insulation
polymerbitumen vapour barrier; undercoat
300 mm reinforced concrete roof*
2 Corten steel sheet covering
*3 350 mm tamped-earth element
350 mm cellulose thermal insulation
50 mm studding; 2× 12.5 mm plasterboard
5 mm earth skim coat, pigmented*
4 200/200 mm reinforced concrete column
5 20 mm earth-mortar joint between elements with 150/60 mm reinforced trass-lime-mortar peripheral tie strip
6 250/100 mm concrete lintel in earth element
7 triple glazing in larch frame: 6 mm float glass + 14 mm cavity + 4 mm partially toughened glass + 14 mm cavity + 8/2 mm lam. safety glass ($U_g = \leq 0.5$ W/m²K)
8 40 mm oriented-strand board sill, painted
*9 90 mm impregnated granolithic paving, smoothed and with underfloor heating
polythene film separating layer
30 mm impact-sound insulation
240 mm reinforced concrete floor*
10 2× 12.5 mm gypsum fibreboard fire division
11 point fixing at rear with Z-sections
*12 separating layer; 30 mm impact-sound insulation
200 mm exp. polystyrene thermal insulation
bitumen damp-proof layer; 250 mm reinf. concrete floor; 50 mm lean concrete*
13 80/120 mm timber post

Bereich Vogelpflege
Vertikalschnitt
Horizontalschnitt
Maßstab 1:20

Bird-care area
Vertical section
Horizontal section
scale 1:20

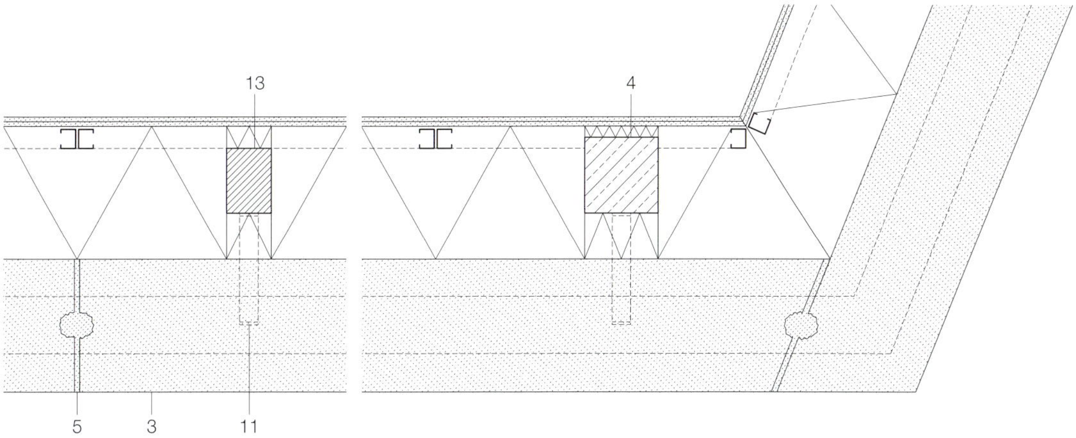

dd

Vertikalschnitt
Maßstab 1:20

Vertical section
scale 1:20

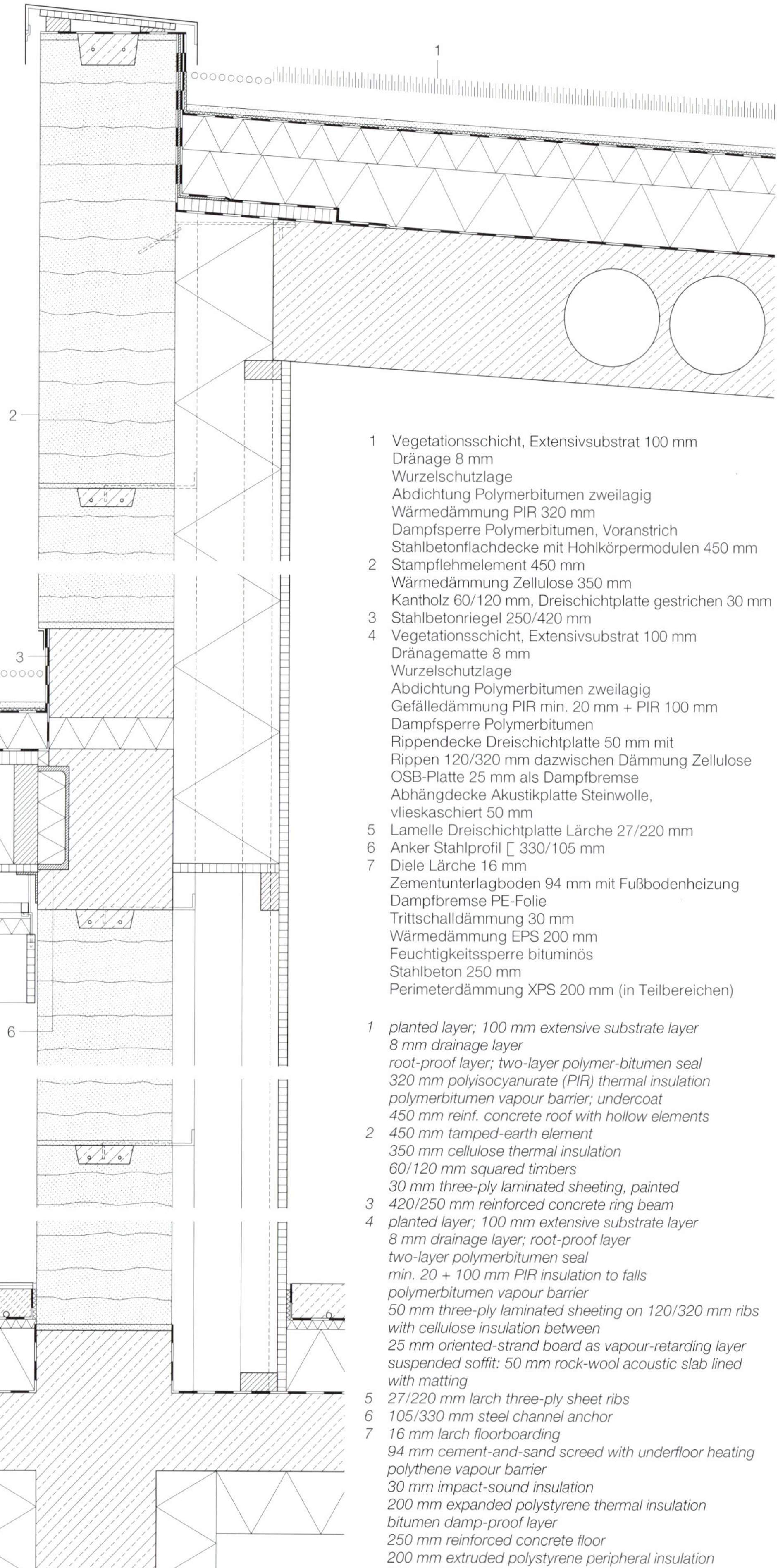

1 Vegetationsschicht, Extensivsubstrat 100 mm
Dränage 8 mm
Wurzelschutzlage
Abdichtung Polymerbitumen zweilagig
Wärmedämmung PIR 320 mm
Dampfsperre Polymerbitumen, Voranstrich
Stahlbetonflachdecke mit Hohlkörpermodulen 450 mm
2 Stampflehmelement 450 mm
Wärmedämmung Zellulose 350 mm
Kantholz 60/120 mm, Dreischichtplatte gestrichen 30 mm
3 Stahlbetonriegel 250/420 mm
4 Vegetationsschicht, Extensivsubstrat 100 mm
Dränagematte 8 mm
Wurzelschutzlage
Abdichtung Polymerbitumen zweilagig
Gefälledämmung PIR min. 20 mm + PIR 100 mm
Dampfsperre Polymerbitumen
Rippendecke Dreischichtplatte 50 mm mit
Rippen 120/320 mm dazwischen Dämmung Zellulose
OSB-Platte 25 mm als Dampfbremse
Abhängdecke Akustikplatte Steinwolle,
vlieskaschiert 50 mm
5 Lamelle Dreischichtplatte Lärche 27/220 mm
6 Anker Stahlprofil [330/105 mm
7 Diele Lärche 16 mm
Zementunterlagboden 94 mm mit Fußbodenheizung
Dampfbremse PE-Folie
Trittschalldämmung 30 mm
Wärmedämmung EPS 200 mm
Feuchtigkeitssperre bituminös
Stahlbeton 250 mm
Perimeterdämmung XPS 200 mm (in Teilbereichen)

1 planted layer; 100 mm extensive substrate layer
8 mm drainage layer
root-proof layer; two-layer polymer-bitumen seal
320 mm polyisocyanurate (PIR) thermal insulation
polymerbitumen vapour barrier; undercoat
450 mm reinf. concrete roof with hollow elements
2 450 mm tamped-earth element
350 mm cellulose thermal insulation
60/120 mm squared timbers
30 mm three-ply laminated sheeting, painted
3 420/250 mm reinforced concrete ring beam
4 planted layer; 100 mm extensive substrate layer
8 mm drainage layer; root-proof layer
two-layer polymerbitumen seal
min. 20 + 100 mm PIR insulation to falls
polymerbitumen vapour barrier
50 mm three-ply laminated sheeting on 120/320 mm ribs with cellulose insulation between
25 mm oriented-strand board as vapour-retarding layer
suspended soffit: 50 mm rock-wool acoustic slab lined with matting
5 27/220 mm larch three-ply sheet ribs
6 105/330 mm steel channel anchor
7 16 mm larch floorboarding
94 mm cement-and-sand screed with underfloor heating
polythene vapour barrier
30 mm impact-sound insulation
200 mm expanded polystyrene thermal insulation
bitumen damp-proof layer
250 mm reinforced concrete floor
200 mm extruded polystyrene peripheral insulation
(in certain areas)

Bibliothek in Liyuan

Library in Liyuan

Architekten / *Architects*:
Li Xiaodong Atelier, Peking
Tragwerksplaner / *Structural engineers*:
Li Xiaodong Atelier, Peking

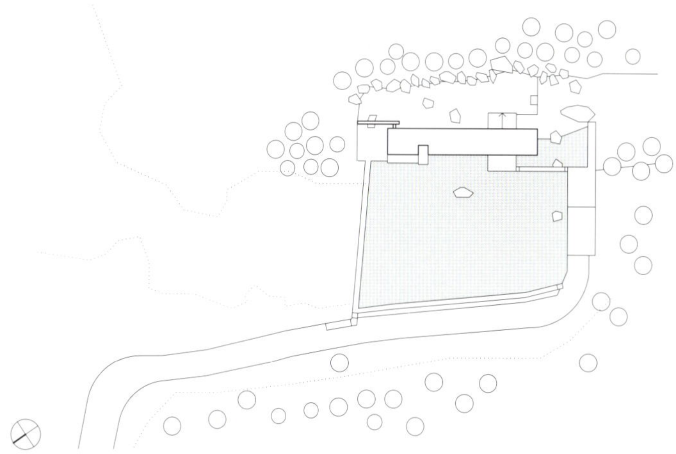

Das kleine, ruhige Dorf Liyuan liegt im Bezirk Huairou, ungefähr zwei Autostunden vom pulsierenden Leben Pekings entfernt. Die Schönheit des Orts mit seinen umliegenden Bergen, dem See und der reichhaltigen Vegetation wollten die Architekten hervorheben, indem sie ihr Gebäude nicht mitten in den Ortskern setzten, sondern in die Natur. Ein Spaziergang von fünf Minuten führt nun zu dem Gebäude, dessen Volumen großteils hinter einer Hangkante verschwindet. Der Bau sollte sich der schönen Landschaft unterordnen, seine Fassade mit den umgebenden Bäumen zu einer Einheit verschmelzen. Äste, die die Dorfbewohner als Brennholz sammeln, bilden daher die äußere Schicht des Fassade. Dieses gewöhnliche Material wird durch den ungewöhnlichen Einsatz veredelt, die scharfen Kanten der sonst verwendeten Materialien Stahl und Sichtbeton verstärken den Effekt zusätzlich. Der Innenraum der Bibliothek ist expressiv. Das rigide Raster der holzverkleideten Stahlkonstruktion wird durch die dahinter sichtbaren Äste aufgebrochen. Räumliche Diversität entsteht durch Stufen, Versprünge, Podeste mit Leseplätzen und abgesenkte Bereiche für Gesprächsrunden. Gezielt platzierte Fensteröffnungen rahmen Ausblicke in die Landschaft, ansonsten filtern die Äste der Fassade das starke Sonnenlicht und schaffen eine ideale Umgebung zum Lesen. DETAIL 05/2013

This small, serene village in Huairou District is two hours by car from Beijing. By locating the building in a natural setting instead of in the village centre the architects have enhanced the beauty of the site. A five-minute walk leads to the building, whose stacks are hidden in the site's topography. The design gives centre stage to the landscape, in part by merging the building's facade with surrounding trees. Twigs form the facade's outermost layer. This unusual use of a commonplace material ennobles it; the sharp edges of the steel and reinforced concrete enhance the effect. The twigs function as a foil to the regular timber-clad grid and filter the strong sunlight, creating an ideal environment for reading.

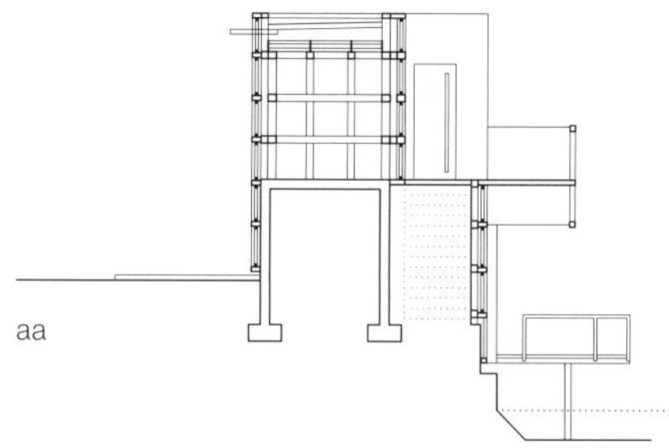
aa

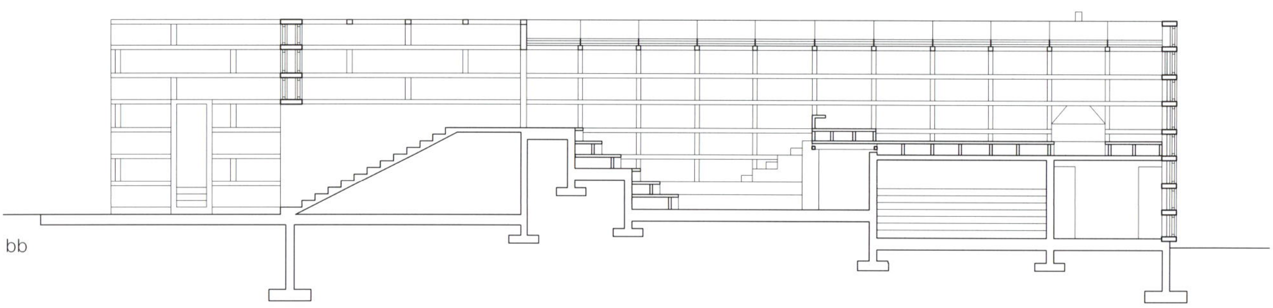
bb

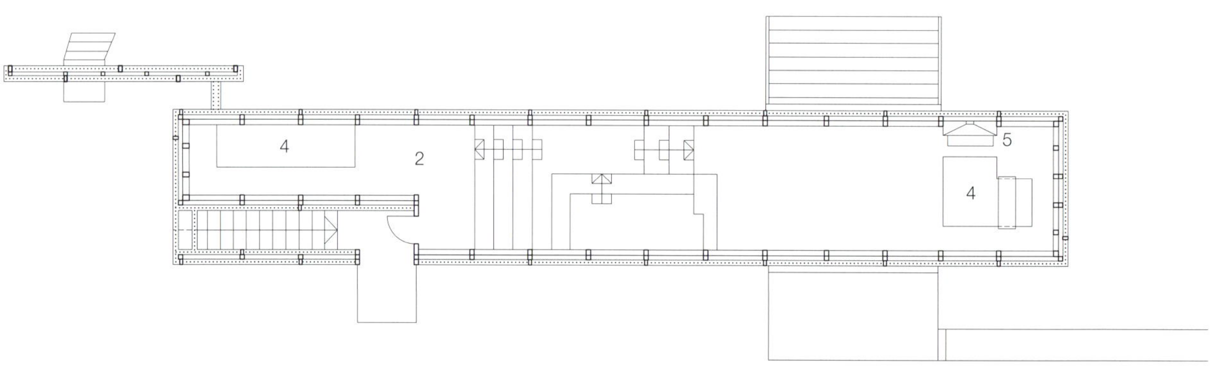
4
2
5
4

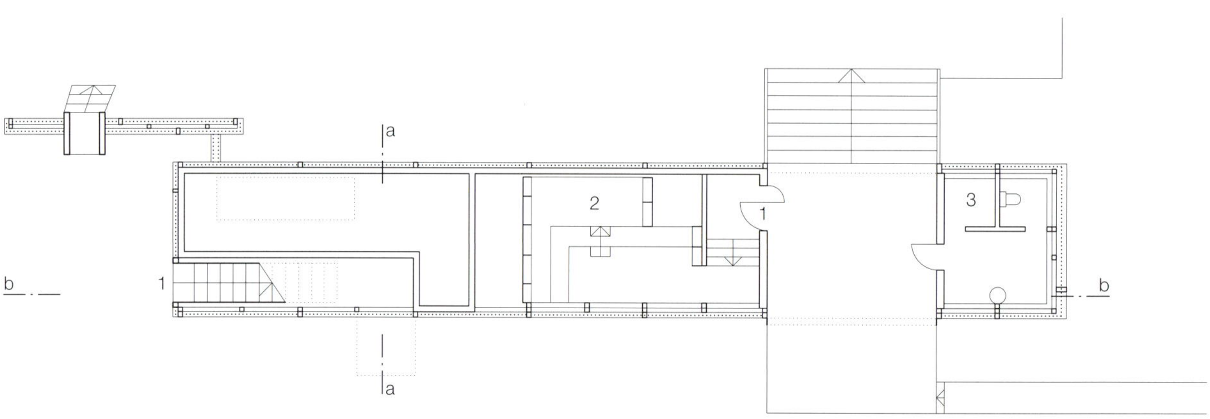
a
2
1
3
b
1
b
a

Schnitte • Grundrisse Maßstab 1:250 Vertikalschnitt Maßstab 1:10	*Sections • Layout plans* *scale 1:250* *Vertical section* *scale 1:10*
1 Eingang 2 Lesebereich 3 Lager 4 Diskussionsbereich abgesenkt 5 Feuerstelle	*1 Entrance* *2 Reading area* *3 Storage* *4 Recessed discussion area* *5 Fireplace*
6 Rahmenkonstruktion aus Stahlrohr ▭ 150/75 mm und Stahlrohr ▭ 75/75 mm verschweißt, klarlackiert 7 Entwässerung Stahlrohr 8 Zweige gesteckt, genagelt 9 Dachaufbau: Glasscheibe ESG 8 mm Sparren Stahlrohr ▭ 40/20 mm Stahlträger Stahlrohr ▭ 75/75 mm 10 Werkstoffplatte wasserfest 11 Glasscheibe VSG 8 mm 12 Verkleidung Fichte stabverleimt 17 mm 13 Festverglasung Floatglas 8 mm 14 Kippflügel in Rahmen Stahl 15 Bodenaufbau: Fichte stabverleimt 30 mm Kantholz 100/50 mm Estrich 50 mm Mutterboden verdichtet	*6 frame structure: 150/75 mm steel RHS and 75/75 mm steel SHS, welded, lacquered (clear)* *7 water drainage* *8 twigs inserted, nailed* *9 roof construction: 8 mm toughened glass 40/20 mm steel RHS rafters 75/75 mm steel SHS beams* *10 waterproof board* *11 8 mm laminated safety glass* *12 cladding: 17 mm edge-glued spruce panel* *13 fixed glazing: 8 mm float glass* *14 awning window in steel frame* *15 floor construction: 30 mm edge-glued spruce panel 100/50 mm squared timber 50 mm screed compacted topsoil*

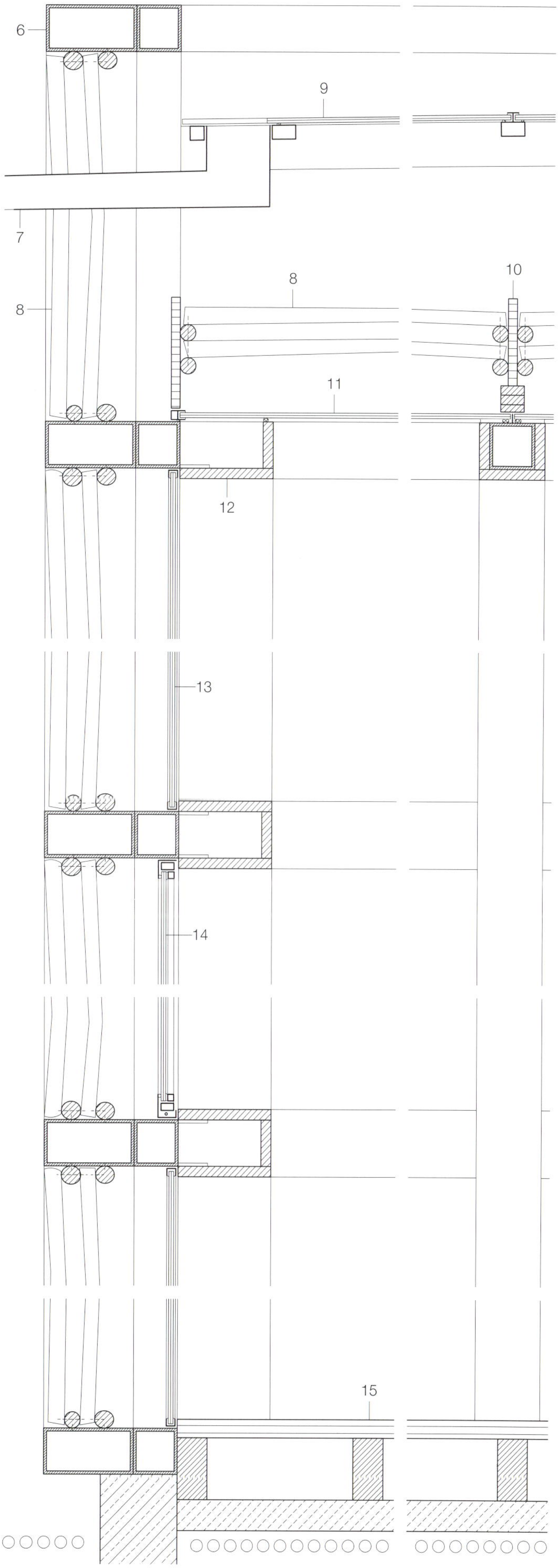

Mehrzweckgebäude der Escola Gavina in Valencia

Multipurpose Pavilion of the Escola Gavina in Valencia

Architekten / *Architects*:
Carmel Gradolí, Arturo Sanz, Carmen Martínez arquitectos, Valencia
Tragwerksplaner / *Structural engineers*:
Valter, Valenciana de Estructuras, Valencia

Die Escola Gavina, eine Schule am südwestlichen Stadtrand von Valencia, erweiterte die Anlage für ihr umfangreiches Angebot um ein Mehrzweckgebäude. Der markante Baukörper stellt eine formale Verbindung zu dem quaderförmigen, benachbarten Schulgebäude aus den 1980er-Jahren her. Neben der Hauptnutzung als Sporthalle soll der Neubau auch Musikveranstaltungen, Theatervorstellungen oder Versammlungen Raum bieten. Ein Musiksaal und ein Raum für Psychomotorik stehen den Schülern als permanente Einrichtungen zur Verfügung. Das gestaltgebende, stählerne Raumfachwerk des Dachs kragt geschosshoch mehr als drei Meter aus und überdeckt wie ein schwebender Baldachin den ebenerdigen Vorbereich. Vor dem Fachwerk der Auskragung ergänzt eine weitere Ebene aus recycelten, grün schimmernden Kunststofflamellen die Fassade. So entsteht trotz der großen Glasflächen im Oberschoss eine blendfreie Halle. Um den tiefen Raum bis hin zur Zuschauergalerie gleichmäßig mit Tageslicht zu versorgen, sind Oberlichter in die dreieckigen Felder des Fachwerks eingepasst. Senkrecht in den Raum ragendende, reflektierende Platten streuen und lenken das einfallende Licht. Im Erdgeschoss verbinden Schiebewände mit Keramikelementen die Halle mit dem Sportplatz im Freien. Die perforierten, mit farbigem Glas ausgefachten Steine filtern zudem das Licht und verleihen dem Innenraum eine heitere Atmosphäre. Die vielen unterschiedlichen Materialien, wie der weiß lackierte Stahl und das Trapezblech des Dachs oder das Glas, die Ziegelwände und der Sichtbeton der Fassaden, fügen sich zu einer überraschend harmonischen Einheit. Diese Wirkung gelingt den Architekten nicht zuletzt durch die gleichmäßigen, filigranen Strukturen von Tragwerk und Oberflächen. Auch die feinen Stahlstäbe der Geländer und die hölzernen Einbauten im Innenraum folgen dem Prinzip der jeweils sinnvollsten Baustoffwahl und einer möglichst einfachen Konstruktionsweise. DETAIL 12/2015

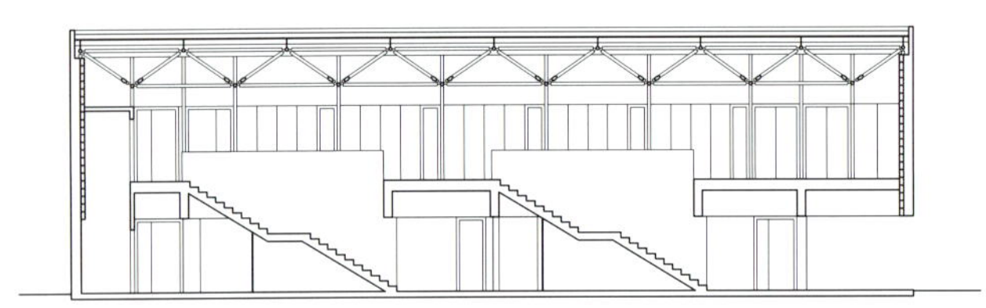

aa

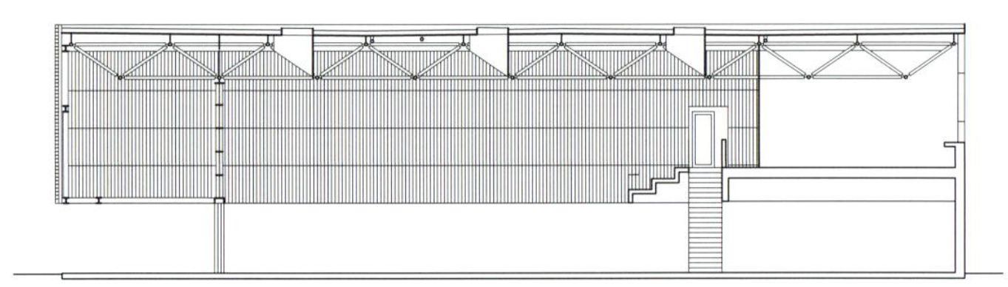

bb

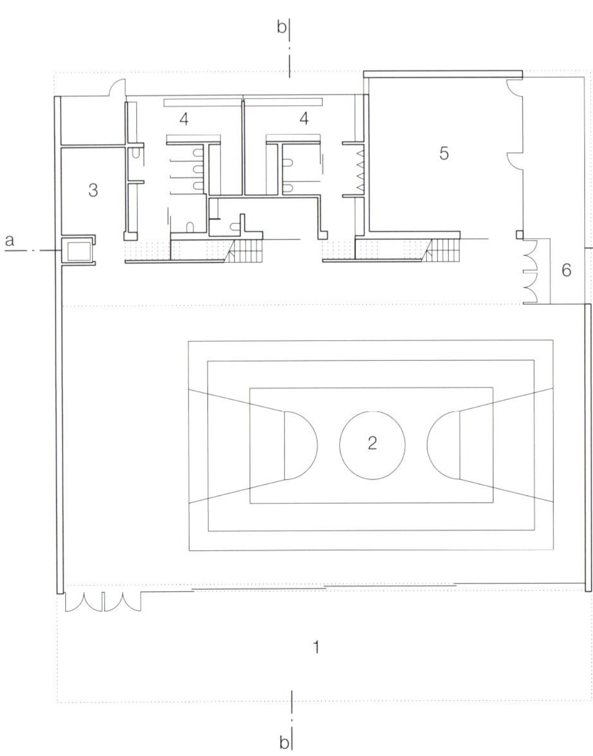

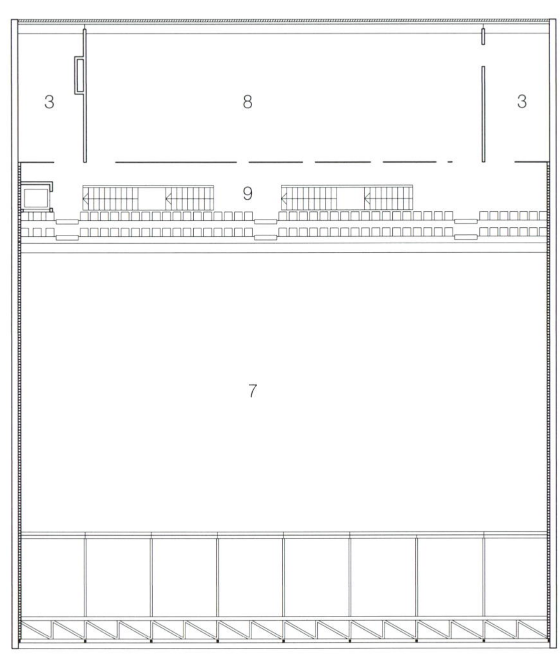

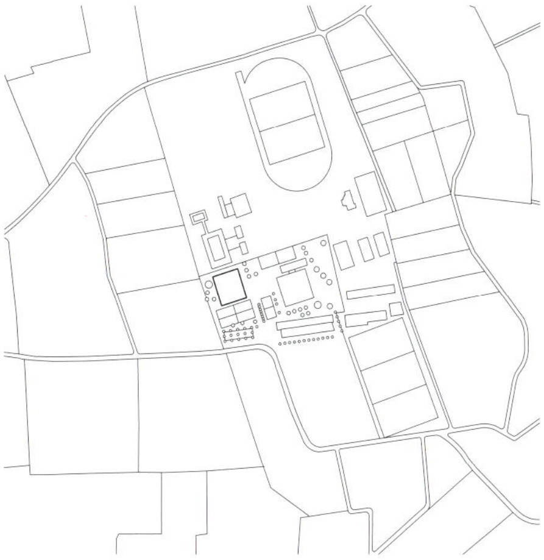

Lageplan
Maßstab 1:10000

Schnitte • Grundrisse
Maßstab 1:400

1 überdachter Vorplatz
2 Sporthalle
3 Lager
4 Umkleide
5 Musiksaal
6 Haupteingang
7 Luftraum
8 Psychomotorik
9 Zuschauergalerie

Site plan
scale 1:10000

Sections • Floor plans
scale 1:400

1 Covered forecourt
2 Sports hall
3 Store
4 Changing rooms
5 Concert hall
6 Main entrance
7 Void
8 Psychomotor space
9 Spectators' gallery

The Escola Gavina, a school on the periphery of Valencia in the south-west of the city, provides its pupils with an extremely varied programme and has now extended its facilities with a multipurpose hall. This striking volume establishes a formal link with the rectangular-shaped neighbouring school structure dating from the 1980s. In addition to its main function as a sports hall, the new building was also designed to house musical events and theatrical performances as well as providing space for meetings, conferences, etc. A music hall and a room for psychomotor studies are available to pupils as permanent facilities.
The storey-height form-giving steel space frame of the roof cantilevers out by more than three metres, covering the approach area like a floating canopy. On the outside of the cantilevered roof grid, the facade consists of a layer of recycled, shiny green plastic louvres. As a result, a hall has been created that is free of glare, despite the large areas of glazing on the upper level. In order to provide this deep space with even daylighting – as far back as the spectators' gallery – roof lights were incorporated in the triangular bays of the lattice structure, and reflecting metal sheets extending vertically into the hall diffuse the incoming light. On the ground floor, sliding walls with ceramic elements link the hall with the outdoor sports area. The light is further filtered by the perforated units filled with coloured glass, which lends the internal space a bright, pleasant atmosphere.
The many different materials used – for example, the white-painted steel, the trapezoidal-section metal sheeting of the roof, the glass, the brick walls and the exposed concrete of the facades – are integrated to create a surprisingly harmonious form. The architects achieved this effect not least through the regular filigree nature of the structure and the surfaces. In a similar way, the slender steel rods of the balustrades and the wooden internal fittings follow the principle of using the most appropriate material for a particular situation and a form of construction that is as simple as possible.

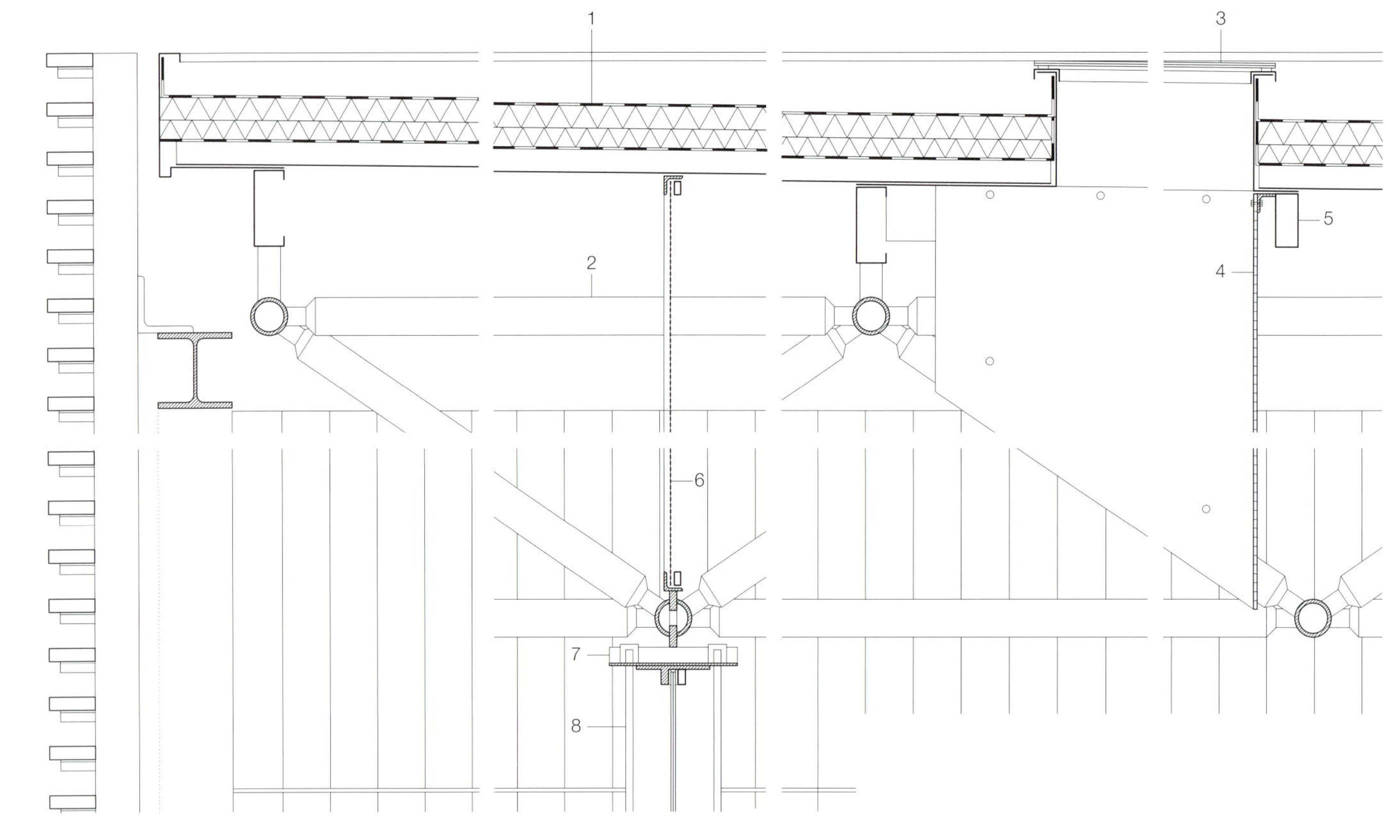

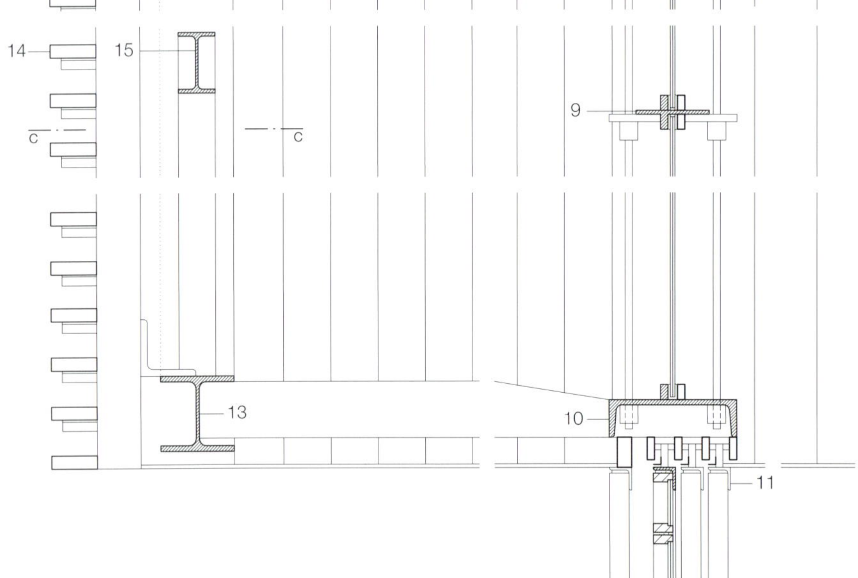

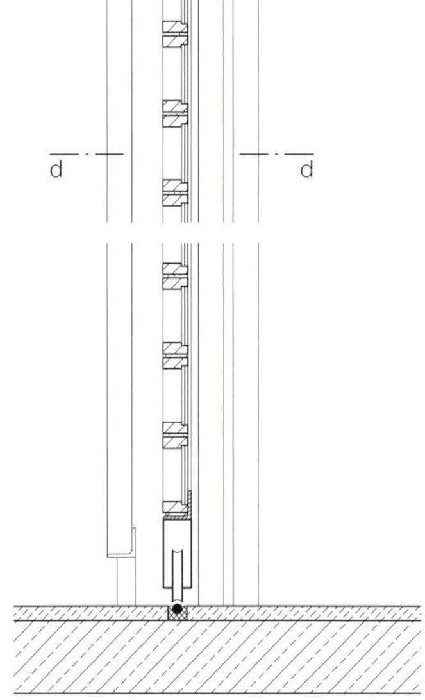

Vertikalschnitt • Horizontalschnitte
Maßstab 1:20

Vertical and horizontal sections
scale 1:20

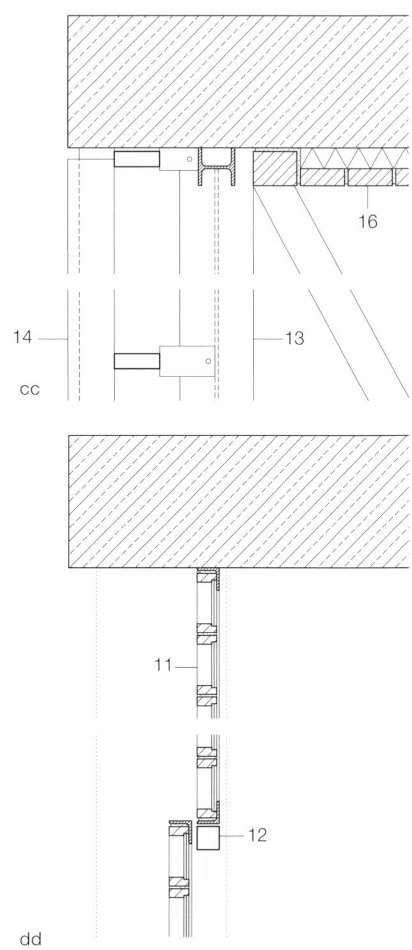

1 Dichtungsbahn zweilagig
Asphalt bewehrt
Wärmedämmung
Steinwolle 110 mm, Geotextil
Trapezblech Stahl lackiert,
perforiert 67 mm
Stahlprofil [200 mm,
Gefälle durch Auflager
2 Fachwerkträger Stahlrohre lackiert
Ø 75–219 mm,
Kugelknoten Ø 80 mm
3 Oberlicht VSG 2× 6 mm auf
Rahmen Edelstahlblech,
gekantet 1 mm
4 Sonnenreflektor HPL-Platte weiß
10 mm
5 Verstärkung Oberlicht Stahlrohr
▭ 140/60 mm
6 Lüftungsgitter in Rahmen aus
Stahlprofil L 50/50 mm und
▭ 20/40 mm
7 Stahlprofil UPN 100/50 mm zur
Aufhängung Zugstab
8 Zugstab Stahl Ø 20 mm mit
Gewinde in Hülse
9 Stahlprofil T 200/40 mm
mit VSG 2× 6 mm und
Stahlrohr ▭ 40/20 mm
10 Stahlprofil UPN 350 abgehängt
an Zugstab
11 Schiebeelement: Stahlrohr
▭ 60/20 mm als Führungsschiene
Rahmen Stahlprofil L 60/60 mm
Keramikelement 158/158/55 mm
mit VSG 2× 3 mm
12 Pfosten Stahlrohr ☐ 60/60 mm
13 horizontales Fachwerk aus
Stahlprofil HEB 200
Stahlrohr ▭ 150/100 mm
14 Kunststoff recycelt 125/35 mm
Konsole Stahlprofil T 30/30 mm
Stahlrohr ▭ 120/40 mm
15 Fachwerk aus HEB 200, HEB 160
16 Langlochziegel (halbiert)
90/120 mm, Auflager Stahlprofil
L 100/100 mm
Dämmung Steinwolle 55 mm
Stahlbeton 350 mm

1 two-layer roof seal
asphalt reinforced
110 mm rock-wool thermal insulation
geotextile layer; 67 mm perforated
trapezoidal-section sheet steel,
painted
200 mm steel channels
falls formed by bearers
2 Ø 75–219 mm tubular steel truss,
painted; Ø 80 mm spherical nodes
3 2× 6 mm lam. safety glass roof light
on 1 mm stainless-steel frame bent
to shape
4 10 mm white high-pressure laminate
sun reflector
5 60/140 mm steel RHS reinforcement
to roof light
6 ventilation grating in frame, consisting
of 50/50 mm steel angles and
20/40 mm steel RHSs
7 100/50 mm steel channel (UPN) for
fixing steel suspension rod
8 Ø 20 mm steel suspension rod with
screw thread in sleeve
9 200/40 mm steel T-section with
2× 6 mm lam. safety glass and
20/40 mm steel RHSs
10 350 mm steel channel (UPN)
suspended on tension rod
11 sliding element:
60/20 mm steel RHS guide track
60/60 mm steel angle frame
158/158/55 mm ceramic element
with 2× 3 mm lam. safety glass
12 60/60 mm steel SHS post
13 horizontal truss, consisting of
200 mm steel I-beams and
150/100 mm steel RHSs
14 125/35 mm recycled-plastic
louvres; 30/30 mm steel T-section
brackets; 120/40 mm steel RHS
15 steel truss, consisting of I-girders
200 mm and 160 mm deep
16 90/120 mm horizontally cored
(halved) bricks bearers
100/100 mm steel angle
55 mm rock-wool insulation
350 mm reinforced concrete

Projektbeteiligte und Hersteller • *Design and Construction Teams*

Seite 76 / *page 76*
Kunstmuseum der Stadt Luxemburg
Luxembourg City Art Museum

Avenue Emile Reuter 18
L–2420 Luxemburg

- Bauherr / *Client*:
  Stadt Luxemburg / *City or Luxembourg*
- Architekten / *Architects*:
  Diane Heirend & Philippe Schmit architectes, Luxemburg
  www.philippeschmit.com
- Projektleiter / *Project architect*:
  Philippe Schmit
- Mitarbeiter / *Assistants*:
  Jessica Fischer, Peter Merten, Jeannette Witrahm
- Tragwerksplaner / *Structural engineers*:
  Ney & Partners, Brüssel / Luxemburg
  www.ney.be
- Bauleitung / *Construction management*:
  Aloyse Achten, Martine Vermast
- Haustechnik, Elektroplanung / *Mechanical services, Electrical planning*:
  Goblet Lavandier & Ass. S.A., Luxemburg; www.golav.lu
- Lichtplanung / *Lighting design*:
  Licht Kunst Licht, Bonn
  www.lichtkunstlicht.de
- Fassadenberater / *Facade consultants*:
  Rache Engineering, Aachen
  www.rache-engineering.com
- Sichtbetonberater / *Exposed concrete consultant*:
  RW-Consult, Luxemburg
  www.rwconsult.lu
- Denkmalpflegeberater / *Historical monument consultant*:
  Thomas Lutgen, Trier

Die Nennung der Projektbeteiligten und Hersteller erfolgt nach Angabe der jeweiligen Architekten.

Details of Design and Construction Teams are based on information provided by the respective architects.

Seite 80 / *page 80*
Kunstmuseum Ravensburg
Museum of Art in Ravensburg

Burgstraße 9
D–88212 Ravensburg

- Bauherr / *Client*:
  Georg Reisch GmbH & Co. KG, Bad Saulgau
  www.reisch-bau.de
- Architekten / *Architects*:
  LRO Lederer Ragnarsdóttir Oei Architekten, Stuttgart
  www.archlro.de
- Projektleiter / *Project architect*:
  Arno Lederer, Jórunn Ragnarsdóttir, Marc Oei, Katja Pütter
- Tragwerksplaner / *Structural engineers*:
  Ingenieurbüro Schneider & Partner Planungsgesellschaft, Ravensburg
  www.schneider-u-partner-rv.de
- Prüfstatik / *Structural analysis*:
  Peter Bock, Reichenau
  www.peterbock-online.de
- Bauleitung / *Construction management*:
  Schenk Architektur, Wangen
  www.schenk-architektur.de
- Passivhausplanung / *Passive house planning*:
  Herz und Lang, Schongau
  www.herz-lang.de
- Haustechnik / *Mechanical services*:
  Planungsbüro Vogt und Feist, Ravensburg
  www.vogtundfeist.de
- Elektroplaner / *Electrical planning*:
  Ingenieurbüro Sulzer, Vogt
  www.ibsulzer.eu
- Landschaftsplaner / *Landscape planning*:
  Bruno Groß-Aurbacher, Herbertingen-Marbach
- Strömungssimulation / *Airflow simulation*:
  Ingenieurbüro Mayer, Ottobeuren
  www.ib-mayer.com
- Brandschutz / *Fire protection*:
  M. Oelmaier, Ingenieurbüro für Brandschutz, Biberach
- Vermessung / *Site survey*:
  Collings + Knieps Vermessungs-ingenieure, Amtzell
  www.ck-vermessung.de
- Zertifizierung / *Certification*:
  Deutsche Gesellschaft für Nachhaltiges Bauen e. V. (DGNB), Stuttgart
  www.dgnb.de
- Beratung, Engineering, Forschung / *Consulting, Engineering, Research*:
  IWTI – Institut für wirtschaftliches & technisches Immobilienmanagement, Stuttgart
  www.iwti.de
- Schadstoffberatung / *Emission consulting:*
  Corpus Cognito, Bad Boll
  www.corpus-cognito.de

Seite 86 / *page 86*
Restaurant in Kayl-Tétange
Restaurant in Kayl-Tétange

30 Rue du Moulin
L–3660 Kayl-Tétange

- Bauherr / *Client*:
  Gemeinde / *Municipality of* Kayl-Tétange
  www.kayl.lu
- Architekten / *Architects*:
  WW+, Esch-sur-Alzette, Trier
  Jörg Weber, Luc Wagner
  www.wwplus.eu
- Projektleiter / *Project architect*:
  Michael Diederich
- Mitarbeiter / *Team*:
  Irena Boskovic, Andreas Kardelky, Belkis Memis-Haack
- Tragwerksplaner / *Structural engineers*:
  Schroeder & Associés, Luxemburg
  www.schroeder.lu
- Landschaftsplaner (Außenanlagen Pavillon, Park Ouerbett) / *Landscape planning (Outdoor facilities pavilion, Park Ouerbett)*:
  Wich Architekten, München
  www.wich-architekten.de
- TGA-, Elektroplanung / *Technical building equipment, Electrical planning*:
  Betic, Dippach
  www.betic.lu

Seite 90 / *page 90*
Faltbarer Teepavillon
Umbrella Tea House

J–Kyoto

- Bauherr / *Client*:
  World O-CHA (Tea) Festival 2010 Shizuoka
- Architekten / *Architects*:
  Kazuhiro Yajima Architect, Yoshikawa
  www.kyarchitect.info
- Betreuung Gestaltung, Leitung Teezeremonie / *Creative supervisor, Tea ceremony direction*:
  Soshin Kimura
- Technische Planung, Konstruktion / *Technical planning, construction*:
  Hiyoshiya, Kyoto
  www.wagasa.com

Seite 92 / *page 92*
Notunterkünfte in Iwaki
Emergency Housing in Iwaki

162 Häuser / *Houses*, Iwaki
36 Häuser / *Houses*, Aizuwakamatsu
J–Fukushima Prefecture

- Bauherr / *Client*:
  Fukushima Prefecture Emergency Temporary Housing, Fukushima
- Architekten / *Architects*:
  Kunihiro Ando + Satoyama Architecture Laboratory, Tsukuba
  satoyama-archi.co.jp
- Bauträger / *Developer*:
  Fukushima Construction Association, Fukushima
- Holzbau / *Timber construction*:
  Sakuma construction
- Aufbauunterstützung / *Construction support*:
  Okuaizu IORI Club
- Holzlieferant / *Wood supply*:
  Nakagawa Cedar Sales Association

Seite 95 / *page 95*
Kapelle in Fischbachau
Chapel in Fischbachau

Auerberg 1
D–83730 Fischbachau

- Bauherr / *Client*:
  Privat / *Private*
- Architekten / *Architects*:
  Michele De Lucchi, Mailand
  www.amdl.it
- Projektarchitekt / *Project architect*:
  Benno Bauer, München
- Mitarbeiter / *Team*:
  Marcello Biffi, Francesco Faccin, Giuseppe Filippini
- Tragwerksplaner / *Structural engineers*:
  Jens Corsepius, München
  www.corsepius.com

Seite 98 / *page 98*
Kapelle in Cuddesdon
Chapel in Cuddesdon

Wheatley Road
GB–OX44 9EX Oxford

- Bauherr / *Client*:
  Ripon College, Oxford
- Architekten / *Architects*:
  Niall McLaughlin Architects, London
  www.niallmclaughlin.com
- Projektleitung / *Project management*:
  Maria Fulford
- Tragwerksplaner / *Structural engineers*:
  Price and Myers, London
  www.pricemyers.com
- Bauleitung / *Construction management*:
  Richard Bayfield, Oxford
  www.richardbayfield.com
- Elektroplanung / *Electrical planning*:
  GA electrical, Crowmarsh Gifford
  www.gaelectrical.co.uk

Seite 102 / *page 102*
Kirche und Gemeindezentrum in Köln
Church and Community Centre in Cologne

Bonhoefferstraße 8
D–51061 Köln

- Bauherr / *Client*:
  Evangelische Brückenschlag-Gemeinde, Köln-Flittard, Stammheim
- Architekten / *Architects*:
  Sauerbruch Hutton, Berlin
  Louisa Hutton, Matthias Sauerbruch, Juan Lucas Young
  www.sauerbruchhutton.com
- Projektleiter / *Project architects*:
  Jürgen Bartenschlag, Vera Hartmann
- Mitarbeiter / *Team*:
  Matthias Cremer, Anja Frenkel, Tom Geister, Stephanie Heese, Falko Herrmann, Wilhelm Jouaux, Nina Sleska, Karolina Sznajder, Wolfgang Thiessen, Anja Vogl, Alexander Athanas, Markus Czech, Tarek Ibrahim
- Tragwerksplaner / *Structural engineers*:
  Horz + Ladewig, Ingenieurgesellschaft für Baukonstruktionen, Köln
  www.horz-ladewig.de
- Projektsteuerung / *Project management*:
  Volker Langenbach, Architektur + Projektsteuerung (lb)², Köln
  www.architektur-lb.de
- Lichtplanung / *Lighting design*:
  Studio Dinnebier, Berlin
  www.lichtlicht.de
- Technische Gebäudeausrüstung / *Building services engineering*:
  HDH, Ingenieurgesellschaft für technische Gebäudeausrüstung, Waren an der Müritz
  www.hdh-ingenieure.de
- Landschaftsarchitektur / *Landscape architecture*:
  Hager Partner, Zürich
  www.hager-ag.ch

Seite 106 / *page 106*
Studentenwohnheim in Ulm
Student Hostel in Ulm

Manfred-Börner-Weg,
D–89081 Ulm

- Bauherr / *Client*:
  Studentenwerk Ulm, Ulm
- Architekten / *Architects*:
  bogevischs buero, München
  www.bogevisch.de
- Projektleitung / *Project architects*:
  Martin Wißmann
- Mitarbeiter Wettbewerb / *Team Competition*:
  Mathilde Hug, Carlos Cabrera
- Mitarbeiter Ausführung / *Team Construction planning*:
  Sebastian Zametzer, Peter Hellauer, Janka Tóth
- Tragwerksplaner / *Structural engineers*:
  Mayr Ludescher Partner, München
  www.mayr-ludescher.com
- Bauleitung / *Construction management*:
  Michael Büttner / Walk Architekten, Reutlingen
- Bauphysik / *Building physics*:
  Ingenieurbüro für Bauphysik Ferdinand Ziegler, Ulm
  www.bauphysik-ziegler.de
- Energiekonzept, HLS / *Energy concept, Heating, Ventilating, Plumbing*:
  Zieher Technic Ingenieurbüro, Ulm
  www.ziehertechnic.de

Seite 111 / *page 111*
Mikro-Apartment-Haus in Seoul
Micro-Apartment Block in Seoul

9–17 Songpa-dong, Songpa-gu
ROK–Seoul

- Bauherr / *Client:*
  Chanill Lee, Seoul
- Architekten / *Architects*:
  SsD, New York, NY/Seoul
  Jinhee Park, John Hong
  www.ssdarchitecture.com
  Dyne Architecture (associate architect)
- Projektleiter / *Project architect*:
  Seung-hoon Hyun
- Mitarbeiter / *Team*:
  Taylor Harper, Allison Austin, Evan Cerilli, Mark Pomarico, Yufeng Zheng, Victor Michel, Virginia Fernandez Alonso
- Tragwerksplaner / *Structural engineer*:
  Mirae Structural Design Group, Seoul
- Lichtplanung / *Lighting design*:
  Newlite, Seoul
  www.newlite.co.kr
- Akustik, Decken und Trennwände / *Acoustics, ceilings and partition walls*:
  RPG Korea, Seoul
  www.rpgkorea.com
- Planer Metallschirm / *Planner metal screen*:
  Mohse, Seoul
  www.mohse.co.kr

Seite 114 / *page 114*
Gartenpavillon in Smetlede
Garden Pavilion in Smetlede

Serskampstraat 43,
B–9340 Smetlede

- Bauherr / *Client*:
  Jeroen Janda & Miek Vlaeminck, Smetlede
- Architekten / *Architects*:
  Indra Janda, Smetlede
  www.indrajanda.be
- Tragwerksplaner / *Structural engineers*:
  Arthur De Roover, Gent

Seite 118 / *page 118*
Wohnhaus am Lago Maggiore
House on Lake Maggiore

CH–6614 Brissago

- Bauherr / *Client*:
  Privat / *Private*
- Architekten / *Architects*:
  Wespi de Meuron Romeo
  Markus Wespi, Jérome de Meuron, Luca Romeo, Caviano
  www.wdmra.ch
- Tragwerksplaner / *Structural engineers*:
  Pedrazzini Guidotti Sagl, Lugano
  www.ing-ppg.ch
- Bauleitung / *Supervising*:
  Roberto La Rocca, Minusio
  www.rlrarch.ch
- Bauphysik / *Building physics*:
  IFEC Consulenze SA, Rivera
  www.ifec.ch

Seite 123 / *page 123*
Wohnhaus in Schweden
House in Sweden

- Bauherr / *Client*:
  Privat / *Private*
- Architekten / *Architects*:
  Tham & Videgård Arkitekter
  Bolle Tham, Martin Videgård, Stockholm
  www.tvark.se
- Mitarbeiter / *Team*:
  Konrad Krupinski, Eric Engström, Carmen Izquierdo, Lukas Thiel, Mårten Nettelbladt
- Tragwerksplaner / *Structural engineers*:
  KE Gruppen, Olle Claesson, Stockholm
  www.kegruppen.se

Seite 127 / *page 127*

Zentrum für Alterspsychiatrie in Pfäfers
Centre for Geriatric Psychiatry in Pfäfers

Klosterweg
CH–7312 Pfäfers

- Bauherr / *Client*:
  Hochbauamt des Kantons St. Gallen
- Architekten / *Architects*:
  huggenbergerfries Architekten, Zürich
  www.hbf.ch
- Projektleiter / *Project architect*:
  Carlo Zürcher
- Mitarbeiter / *Assistants*:
  Daniela Ziltener, Stephan Isler, Beata Kunert, Peter Reichenbach, Pierre Schild, Agnes Lörincz, Sabine Albrecht, Bettina Scheid
- Tragwerksplaner / *Structural engineers*:
  Gruner + Wepf Ingenieure, St. Gallen
  www.grunerwepf.ch
- Bauleitung / *Construction management*:
  Walter Dietsche Architektur- und Bauleitungsbüro, Chur
  www.wdietsche.ch
- Haustechnik, Lüftungsplaner / *Mechanical services, Ventilation engineering*:
  A-Z Planung, Diepoldsau
  www.azplanung.ch
- Sanitärplanung / *Sanitary engineering*:
  Kempter + Partner AG, St.Gallen
  www.kempter-partner.ch
- Elektroplaner / *Electrical planning*:
  Marquart Elektorplanung + Beratung, Buchs
  www.maq.ch
- Bauphysik / *Building physics*:
  Stadlin Bautechnologie Ingenieurbüro, Buchs
  stadlin-bt@catv.rol.ch
- Gebäudeautomation / *Building automation*:
  Boxler MSRL-Engineering für Gebäudeautomation, Rapperswil-Jona
  www.boxler-msrl.ch
- Landschaftsplaner / *Landscape planning*:
  Koepfli Partner, Luzern
  www.koepflipartner.ch
- Küchenplanung / *Kitchen planning*:
  gkp-plus Großküchenplanung, Steinach
  www.gkp-plus.ch
- Kunst am Bau / *Artist*:
  Jan Kaeser, St. Gallen
  www.jankaeser.ch

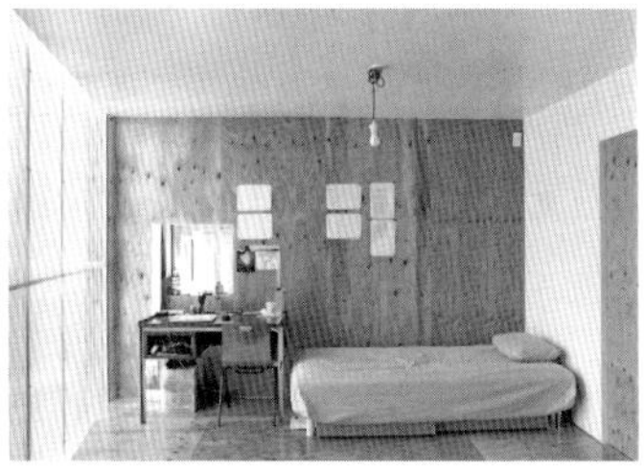

Seite 132 / *page 132*

Wohnhaus in Tokio
Dwelling House in Tokyo

- Bauherr / *Client*:
  Privat / *Private*
- Architekten / *Architects*:
  Satoko Shinohara / Spatial Design Studio + Ayano Uchimura / A studio, Tokio
  homepage2.nifty.com/sds
- Mitarbeiter / *Team*:
  Satoko Shinohara, Ayano Uchimura, Kohei Tano
- Bauleitung / *Construction management*:
  Link Power, Tokio
  www.link-power.co.jp
- Tragwerksplaner / *Structural engineers*:
  Hiroshi Ohno, Tokio
  www.ohno-japan.com
- Lichtplanung / *Lighting design*:
  Reiko Chikada Lighting Design, Tokio
  www.chikada-design.com

Seite 136 / *page 136*

Wohnhaus in Vrhovlje
House in Vrhovlje

Vrhovlje 9C,
SLO–6221 Dutovlje

- Bauherr / *Client*:
  Borut Pertot
  Showroom Pertot
- Architekten / *Architects*:
  dekleva gregorič architects
  Ljubljana
  www.dekleva-gregoric.com
- Mitarbeiter / *Team*:
  Aljoša Dekleva, Tina Gregorič, Lea Kovič, Vid Zabel
- Tragwerksplaner / *Structural engineers*:
  Luka Pavlovčič, Ljubljana
  www.konzola.eu

Seite 140 / *page 140*

Ferienhaus in Druxberge
Holiday Home in Druxberge

Bauernstraße 10,
D–39365 Druxberge

- Bauherr / *Client*:
  Privat / *Private*
- Architekten / *Architects*:
  Jan Rösler Architekten mit Sven Rickhoff, Berlin
  www.janroesler.de
- Begleitende Beratung / *Consulting*:
  Ingenieurbüro Heinz Tietke, Magdeburg
- Tragwerksplaner / *Structural engineers*:
  Rolf Rauhe, Magedburg

Seite 144 / *page 144*

Même-Experimentalhaus in Taiki
Même Experimental House in Taiki

158-1 Memu
J–Taiki-chō

- Bauherr / *Client*:
  LXIL JS Foundation, Tokio
- Architekten / *Architects*:
  Kengo Kuma & Associates, Tokio
  www.kkaa.co.jp
- Projektleiter / *Project architects*:
  Kengo Kuma, Takumi Saikawa
- Tragwerksplaner / *Structural engineers*:
  Yasushi Moribe, Tokio
  www.swu.ac.jp
- Haustechnik, Elektroplaner / *Mechanical services, Electrical planning*:
  Bumpei Magori, Factor M
  Institute of Industrial Science, Universität Tokio, Tokio
  www.iis.u-tokyo.ac.jp
- Visualisierung Temperatur- und Feuchteverlauf / *Visualisation system of temperature and humidity*:
  Tomonari Yashiro labotory, Institue of Industrial Science, Universität Tokio, Tokio
  www.yashirolab.iis.u-tokyo.ac.jp

Seite 148 / *page 148*

Hochschule für Gestaltung und Kunst in Basel
Academy of Art and Design Basle

Freilager-Platz 1,
CH–4023 Basel

- Bauherr / *Client*:
  Kanton / *Canton of* Basel-Stadt, vertreten durch das Bau- und Verkehrsdepartement Städtebau & Architektur, Hochbauamt, Basel
- Architekten / *Architects*:
  Morger + Dettli Architekten, Basel
  www.morger-dettli.ch
- Projektleiter / *Project architect*:
  Benjamin Fuhrmann
- Mitarbeiter / *Team*:
  Saskia Nurie, Marianne Kempf, Jan-Jakob Schröder, Henning König, Laura Cychy, Oana Bucerzan
- Tragwerksplaner / *Structural engineers*:
  Conzett Bronzini Gartmann, Chur
  www.cbg-ing.ch
- Generalplanung / *General planning*:
  dany waldner, Basel
  www.danywaldner.ch
- Fassadenplanung / *Facade planning*:
  PP Engineering, Ingenieurbüro für Fassadentechnik, Basel
  www.ppe.ch
- Elektroplanung / *Electrical planning*:
  Herzog Kull Group, Basel
  www.hkg.ch
- HLK / *HVAC:*
  Stokar + Partner, Basel
  www.stokar-partner.ch
- Sanitär / *Plumbing*:
  Bogenschütz, Basel
  www.bogenschuetz.ch
- Akustik / *Acoustics*:
  Martin Lienhard Akustik, Langenbruck
  www.kitsuka.ch
- Bauphysik / *Building physics*:
  RSP Bauphysik, Luzern
  rsp-bauphysik.ch
- Nachhaltigkeit / *Sustainability*:
  CSD Ingenieure, Zürich
  www.csd.ch

Seite 153 / *page 153*
Kongresszentrum in Cartagena
Conference Centre in Cartagena

Paseo De Alfonso X
E-30202 Cartagena

- Bauherr / *Client*:
  Gemeinderat von Cartagena
  www.cartagena.es
- Architekten, Innenraumgestaltung / *Architects, Interior design*:
  selgascano, Madrid
  José Selgas, Lucía Cano
  www.selgascano.net
- Mitarbeiter / *Assistants*:
  Lara Resco, José de Villar, José Jaraiz, Lorena del Río, Blas Antón, Miguel San Millán, Carlos Chacón, Julián Fernandez, Beatriz Quintana, Jaehoon Yook, Jeongwoo Choi, Laura Culiañez, Bárbara Bardín
- Mitarbeiter Innenraumgestaltung / *Assistants Interior design*:
  Antonio Mármol, Joaquín Cárceles, Rául Jiménez
- Tragwerksplaner / *Structural engineers*:
  Fechor, Madrid
  www.fhecor.es
- Bauleitung / *Construction management*:
  Antonio Marmol, Joaquín Cárceles, Raúl Jiménez
- Haustechnik, Elektroplaner, Spengler / *Mechanical services, Electrical planning, Plumbing*:
  JG Ingenieros S.A., Servicios Generales, Barcelona
  www.jgingenieros.es
- Akustikplanung / *Acoustic planning*:
  Arauacustica, Barcelona
  www.arauacustica.com

Seite 158 / *page 158*
Sportzentrum in Sargans
Sports Centre in Sargans

Pizolstrasse
CH-7320 Sargans

- Bauherr / *Client*:
  Hochbauamt Kanton St. Gallen
  www.hochbau.sg.ch
- Architekten / *Architects*:
  blue architects, Zürich
  www.bluearchitects.com
  mit / *with*
  Ruprecht Architekten, Zürich
  www.ruprecht-architekten.ch
- Projektleitung / *Project management*:
  Eva Herren
- Mitarbeiter / *Assistants*:
  Thomas Hildebrand, Rafael Ruprecht, Reto Giovanoli, Marcel Baumann, Massimo Della Corte, Katrin Pfäffli, Diana Zenklusen
- Tragwerksplaner / *Structural engineers*:
  Walt + Galmarini, Zürich
  www.waltgalmarini.com
- Baumanagement / *Building management*:
  Ghisleni Planen Bauen, St Gallen
  www.ghisleni.ch
- Holzbau-Fassade und Ausbauplanung / *Timber Facades and Fit-out*:
  Pirmin Jung Ingenieure für Holzbau, Rain
  www.pirminjung.ch
- Bauphysik / *Building physics*:
  Stadlin Bautechnologie, Buchs
- HLKS Konzeptplanung / *HVAC Conceptualisation*:
  Waldhauser Haustechnik, Münchenstein
  www.waldhauser-hermann.ch
- Elektroplanung / *Electrical engineering*:
  Inelplan, Walenstadt
  www.inelplan.ch
- Sanitärplanung / *Sanitary engineering*:
  Technoplan Sargans, Sargans
  www.tps-sargans.ch
- Heizungs- und Lüftungsplanung / *Heating and ventilation concept*:
  Kalberer + Partner, Bad Ragaz
  www.kapa.ch
- Brandschutzkonzept / *Fire protection concept*:
  Braun Brandsicherheit, Winterthur
  www.braun-bs.ch
- Landschaftsarchitektur / *Landscape design*:
  Engeler Freiraumplanung, Wil
  www.engeler-planung.ch

Seite 163 / *page 163*
Schwimmhalle in Paris
Indoor Pool in Paris

18 Rue de l'Atlas,
F-75019 Paris

- Bauherr / *Client*:
  Stadt Paris
- Architekten / *Architects*:
  yoonseux architectes, Paris
  Philippe Yoonseux, Kyunglan Yoonseux
  www.yoonseux.com
- Mitarbeiter / *Team*:
  Antoine Arquevaux, Gérald Darmon
- Tragwerksplaner / *Structural engineers*:
  étha, David Fèvre, Paris
  www.etha.fr

Seite 166 / *page* 166
Pumpenhaus in Bochum
Pumping Station in Bochum

An der Jahrhunderthalle 1
D-44793 Bochum

- Bauherr / *Client*:
  NRW.URBAN, Dortmund
- Architekten / *Architects*:
  Heinrich Böll, Essen
  www.architekt-boell.de
- Mitarbeiter / *Team*:
  Hans-Dieter Dreßler, Frank Günther, Birgit Lemmen
- Projektleiter / *Project architect*:
  Achim Pfeiffer, Wojciech Trompeta
- Tragwerksplaner / *Structural engineers*:
  Lederhose, Wittler & Partner Dortmund
  www.lederhose-wittler.de
- HLS-Planung / *HVP planning*:
  PSF-Bochum, Witten

Seite 170 / *page 170*
Carportüberdachung in München
Canopy Structure in Munich

Georg-Brauchle-Ring 29
D-80992 München

- Bauherr / *Client*:
  Landeshauptstadt München / *City of Munich,* Abfallwirtschaftsbetrieb München, Baureferat Hochbau (Projektleitung)
- Architekten / *Architects*:
  Ackermann und Partner, München
  www.ackermann-partner.com
- Projektleiter / *Project architect*:
  Alexander Soldan
- Mitarbeiter / *Team*:
  Peter Ackermann, Frank Höreth, Eoin Bowler
- Tragwerksplaner / *Structural engineers*:
  Ackermann Ingenieure, München
  Christoph Ackermann
  www.ackermann-ingenieure.de
- Elektroplaner / *Electrical planning*:
  Ebert Ingenieure, München
  www.eb-ing.com
- Bauphysik / *Building physics*:
  Basic, Gundelsheim
  www.basic-ing.de
- Sicherheitskoordination / *Security coordination*:
  A. Wittwer, München
- Brandschutzkonzept / *Fire protection concept*:
  hhpberlin Ingenieure für Brandschutz, Berlin
  www.hhpberlin.de
- Haustechnik / *Mechanical services*:
  Konrad Huber, München
  www.konradhubertga.de

Seite 174 / *page 174*
Fondazione Prada in Mailand
Prada Foundation in Milan

Largo Isarco 2,
I-20139 Mailand

- Bauherr / *Client*:
  Fondazione Prada, Mailand
- Architekten / *Architects*:
  OMA, Rotterdam
  Rem Koolhaas, Chris van Duijn
  www.oma.eu
- Projektleiter / *Project architect*:
  Federico Pompignoli
- Architekten vor Ort / *Local Architects*:
  Alvisi Kirimoto & Partners, Rom
  www.alvisikirimoto.it
  und / *and*:
  Atelier Verticale, Mailand
  www.atelierverticale.com
- Tragwerksplaner / *Structural engineer*:
  F&M Ingegneria, Mailand
  www.fm-ingegneria.com
  und / *and*:
  SCE Project, Mailand
  www.sceproject.it
- Haustechnik / MEP:
  F&M Ingegneria
  mit / *with*:
  Prisma Engineering, Saonara
  www.prismaengineering.it
- Kostenplaner / *Quantity surveyor*:
  GAD, Mailand
  www.gadstudio.eu
- Akustik / *Acoustics*:
  Level Acoustics, Eindhoven
  www.levelacoustics.nl
- Lichtplanung / *Lighting design*:
  DUCKS scéno, Villeurbanne
  www.ducks.fr
- Brandschutz / *Fire protection*:
  GAE Engineering, Turin
  www.gaeengineering.com

Seite 179 / *page 179*
Besucherzentrum Heidelberger Schloss
Heidelberg Castle Visitor Centre

Schlosshof 1
D-69117 Heidelberg

- Bauherr / *Client*:
  Land / *State of* Baden-Württemberg vertreten durch Vermögen und Bau Baden-Württemberg, Amt Mannheim
- Architekten / *Architects*:
  Max Dudler, Berlin
  www.maxdudler.com
- Projektleiter / *Project architect*:
  Simone Boldrin
- Mitarbeiter / *Assistants*:
  Patrick Gründel, Julia Werner
- Tragwerksplaner / *Structural engineers*:
  Ingenieurbüro Schenck, Neustadt
  www.schenck-ingenieure.de
- Bauleitung / *Construction management*:
  plan-art, Kaiserslautern
  www.plan-art.de
- Haustechnik / *Mechanical services*:
  IFG Ingenieurgesellschaft für Gebäudetechnik, Frankenthal
  www.ifg-frankenthal.de
- Bauphysik, Akustik / *Building physics, Acoustic planning*:
  ITA Ingenieurgesellschaft für technische Akustik, Wiesbaden-Delkenheim
- Außenanlagen / *External works*:
  TDB, Thomanek Duquesnoy Boemans, Landschaftsarchitektur, Berlin

Seite 182 / *page 182*
Besucherzentrum Schweizerische
Vogelwarte in Sempach
Ornithological Institute in Sempach

Luzernerstrasse 6,
CH-6204 Sempach

- Bauherr / *Client*:
  Schweizerische Vogelwarte Sempach
- Architekt / *Architect*:
  :mlzd, Biel
  www.mlzd.ch
- Projektteam / *Project team*:
  Claude Marbach, Julia Wurst, Pat Tanner, Daniele Di Giacinto, Roman Lehmann, Amelie Braun, Katharina Kleczka, Marlies Rosenberger, Regina Tadorian, Johannes Weisser, Samuel Wespe, Miriam Zenk
- Tragwerksplaner (Massivbau) / *Structural engineers (solid construction)*:
  WAM Planer und Ingenieure, Bern
  www.wam-ing.ch
- Tragwerksplaner (Holzbau) / *Structural engineers (wooden construction)*:
  Pirmin Jung Ingenieure für Holzbau, Rain
  www.pirminjung.ch
- Bauphysik / *Building physics*:
  B+S, Bern
  www.bs-ing.ch
- Bauleitung und Kostenmanagement / *Supervision and quantity survey*:
  kunzarchitekten ag, Sursee
  www.kunzarchitekten.ch
- Landschaftsplaner / *Landscape planning*:
  Fontana Landschaftsarchitektur, Basel
  www.fontana-la.ch
- Ausstellungsplaner / *Exhibition planner*:
  Steiner Sarnen Schweiz, Sarnen
  www.steinersarnen.ch
- HLKS / *HVAC and plumbing*:
  Gruner Roschi, Köniz
  www.gruner.ch
- Elektroplanung / *Electrical planning*:
  Brunner Elektroplan, Luzern
  www.brunnerelektroplan.ch
- Signaletik / *Signage*:
  Manuel Battagello, Brüttisellen
  www.fabritastika.ch

Seite 187 / *page 187*
Bibliothek in Liyuan
Library in Liyuan

Jiaojiehe Village
im Bezirk / *District* Huairou
CHN-Peking

- Bauherr / *Client*:
  Stadt von Jiaojiehe
- Architekten / *Architects*:
  Li Xiaodong Atelier, Peking
- Team:
  Liu Yayun, Huang Chengji, Pan Xi
- Tragwerksplaner / *Structural engineers*:
  Li Xiaodong Atelier, Peking
- Bauleitung / *Construction management*:
  Liu Yayun

Seite 190 / *page 190*
Mehrzweckgebäude der Escola Gavina in Valencia
Multipurpose Pavilion of the Escola Gavina in Valencia

Partida La Martina,
E-46210 Valencia

- Bauherr / *Client*:
  Escola Gavina Cooperativa
- Architekt / *Architect*:
  Carmel Gradolí, Arturo Sanz, Carmen Martinez arquitectos, Valencia
  www.gradolisanz.acontrapeu.com
- Tragwerksplaner / *Structural engineers*:
  VALTER, Valenciana de Estructuras, Valencia
  www.valter.es
- Bauleitung und Kostenmanagement / *Supervision and quantity survey*:
  Francesc Vallet
- Planung Elektrik und Hydraulik / *Electrical and hydraulic engineering*:
  Pablo Gómez

Rubrikeinführende Aufnahmen • *Full-page plates:*

Seite / *page* 5:	Materialstudie für Metallschaum / *Material study of the metal foam* Architekten / *Architects*: OMA, Rotterdam Fotograf / *Photographer*: ©OMA, Rotterdam
Seite / *page* 7:	Besucherzentrum Schweizerische Vogelwarte in Sempach / *Visitor Centre of the Swiss Ornithological Institute in Sempach* Architekten / *Architects*: :mlzd, Biel Fotograf / *Photographer*: Alexander Jaquemet, Erlach
Seite / *page* 75:	Wohnhaus in Schweden / *House in Sweden* Architekten / *Architects*: Tham & Videgård Arkitekter, Stockholm Fotograf / *Photographer*: Florian Holzherr, Gauting

Bildnachweis • *Picture Credits*

Fotos, zu denen kein Fotograf genannt ist, sind Architektenaufnahmen, Werkfotos oder stammen aus dem Archiv DETAIL.
Trotz intensiven Bemühens konnten wir einige Urheber der Abbildungen nicht ermitteln, die Urheberrechte sind jedoch gewahrt. Wir bitten in diesen Fällen um entsprechende Nachricht.
Sämtliche Zeichnungen in diesem Werk stammen aus der Zeitschrift DETAIL.

Photographs not specifically credited were taken by the architects or are works photographs or were supplied from the DETAIL archives.
Despite intensive endeavours we were unable to establish copyright ownership in just a few cases; however, copyright is assured. Please notify us accordingly in such instances.
All drawings were originally published in DETAIL.

Cover • *Cover:*
Ladenfassade in Tokio / *Shop Facade in Tokyo*
Architekten /*Architects*: Juno Aoki & Associates, Tokio
Fotograf /*Photographer*: Daici Ano, Tokio

Seite / *page* 8 oben / *top*:
© Anisha Jogani, NL–Rotterdam

Seite / *page* 8 unten / *bottom*:
Juliane Eirich, D–Berlin

Seite / *page* 9 oben / *top*, 10 oben rechts / *top right*, 11 oben / *top*:
© OMA, NL–Rotterdam

Seite / *page* 9 unten / *bottom*:
Sergio Pirrone, J–Tokio

Seite / *page* 10 oben links / *top left*, 10 unten / *bottom*:
Phil Meech, GB–London,

Seite / *page* 11 unten / *bottom*:
Philippe Ruault / image courtesy of OMA

Seite / *page* 12 rechts / *right*, links oben / *mid left*:
Gaudenz Danuser, CH–Flims

Seite / *page* 12 links unten / *left bottom*:
Ralph Feiner, CH–Malans

Seite / *page* 13:
Marc Lins, USA–New York

Seite / *page* 14, 15:
Georg Aerni / Sprengel Museum Hannover

Seite / *page* 16:
Roger Frei, CH–Zürich

Seite / *page* 17:
Marc Cramer, CDN–Montréal

Seite / *page* 18 oben / *top*:
Olivier Amsellem

Seite / *page* 18 unten / *bottom*:
Luigi Filetici, I–Rom

Seite / *page* 19 oben / *top*:
The MIT Museum, aus: Hess, Alan: Googie. fifties coffee shop architecture. San Francisco 1986, S. 50

Seite / *page* 19 unten / *bottom*:
Timothy Soar, GB–Norfolk

Seite / *page* 20 oben / *top*:
Christian Schittich, D–München

Seite / *page* 20 unten / *bottom*, 21, 22 oben rechts / *top right*, 22 unten / *bottom*, 23:
ICD/ITKE University of Stuttgart

Seite / *page* 22 oben links / *top left*:
Dr. Thomas van de Kamp, Prof. Dr. Hartmut Greven

Seite / *page* 24:
Frank Kaltenbach, D–München

Seite / *page* 25 oben links / *top left*:
René Müller / seele.com

Seite / *page* 25 oben rechts / *top right*, 25 unten / *bottom*:
Schott AG, D–Mainz

Seite / *page* 26:
Mayer'sche Hofkunstanstalt

Seite / *page* 27:
Nicolay Kazakov, www.hasenkopf.de

Seite / *page* 28 oben links / *top left*:
Design Composite

Seite / *page* 28 oben Mitte / *top middle*, 33 unten links / *bottom left*:
raumprobe OHG

Seite / *page* 28 oben rechts / *top right*:
nimbus GmbH

Seite / *page* 29 oben links / *top left*:
Andreas Schönbrunner

Seite / *page* 29 oben rechts / *top right*:
Julian Lienhard

Seite / *page* 29 unten / *bottom*:
Sean Ahlquist

Seite / *page* 30 links / *left*:
Konarka

Seite / *page* 30 rechts / *right*:
Andy Ridder

Seite / *page* 31:
Hightex, solarnext

Seite / *page* 32 oben links / *top left*:
Solid Objectives – Idenburg Liu

Seite / *page* 32 oben rechts / *top right*, 82 unten / *bottom*:
GKD – Gebr. Kufferat AG

Seite / *page* 33 oben / *top*, 33 unten rechts / *bottom right*:
Lucem GmbH

Seite / *page* 34:
MERK Timber GmbH, D–Aichach

Seite / *page* 35 unten / *bottom*:
Bernd Borchardt, D–Berlin

Seite / *page* 36:
Hanspeter Schiess, CH–Trogen

Seite / *page* 37:
Roman Keller, CH–Zürich

Seite / *page* 38 oben / *top*:
Adolf Bereuter, A–Dornbirn

Seite / *page* 38 unten / *bottom*:
Sebastian Schels, D–München

Seite / *page* 39 oben / *top*:
Fred Hatt, CH–Lausanne

Seite / *page* 39 unten / *bottom*:
Milo Keller, F–Paris

Seite / *page* 40:
Ignacio Martínez, E–Navia

Seite / *page* 41 oben / *top*, 42 rechts / *right*, 46 oben / *top*:
HTWK Leipzig

Seite / *page* 41 unten / *bottom*:
Ulrich van Stipriaan / TU Dresden

Seite / *page* 42 oben links / *top left*:
Thomas Weinberger / Firmengruppe Max Bögl

Seite / *page* 43 links / *left*, 47:
TU Dresden

Seite / *page* 43 rechts / *right*:
V. FRAAS Solutions in Textile GmbH, D–Helmbrechts

Seite / *page* 44 oben / *top*:
solidian GmbH, D–Albstadt

Seite / *page* 44 unten / *bottom*:
Harald Michler / TU Dresden

Seite / *page* 45:
Hering Architectural Concrete, D–Burbach

Seite / *page* 46 unten / *bottom*:
Robert Mehl, D–Aachen

Seite / *page* 49 unten / *bottom*, 0 unten / *bottom*, 51 unten / *bottom*:
Beat Bühler, CH–Zürich

Seite / *page* 51 oben / *top*:
Albrecht I. Schnabel, A–Gätzis

Seite / *page* 52:
Christian Schittich, D–München

Seite / *page* 53:
Bruno Klomfar, A–Wien

Seite / *page* 54 oben / *top*, 55:
BASEhabitat, A–Linz

Seite / *page* 58 unten / *bottom*, 59, 60 oben / *top*, 61 oben rechts / *top right*, 63, 64 oben / *top*:
Frank Kaltenbach, D–München

Seite / *page* 58 oben / *top*, 60 unten / *bottom*, 61 oben links / *top left*, 65:
Moeding Keramikfassaden GmbH, D–Marklkofen

Seite / *page* 61 oben Mitte / *top middle*:
Schettler Architekten, D–Weimar

Seite / *page* 61 unten / *bottom*:
buero4.dresden, D–Dresden

Seite / *page* 62 unten / *bottom*:
Burkhard Franke, D–München

Seite / *page* 64 unten / *bottom*:
Carolin Sjöholm, S–Malmö

Seite / *page* 71 unten / *bottom*:
Jörg Pfaffinger, D–Volkertshausen

Seite / *page* 76–79:
Lukas Roth, D–Köln

Seite / *page* 80, 81, 83 oben / *top*, 84, 85:
Roland Halbe, D–Stuttgart

Seite / *page* 82:
Ernst Fesseler, D–Berlin

Seite / *page* 83 unten / *bottom*:
Wynrich, Zlomke, D–Ravensburg

Seite / *page* 86–89:
Linda Bletzek Photography

Seite / *page* 90, 91:
Nacasa & Pertners, J–Tokio

Seite / *page* 92–94:
Sadamu Saito, J–Tsukuba

Seite / *page* 95, 96, 97 oben und Mitte / *top and middle*
Siegfried Wameser, D–München

Seite / *page* 97 unten / *bottom*:
Thomas Margaretha, D–München

Seite / *page* 102, 104, 105:
Annette Kisling, D–Berlin

Seite / *page* 103:
Margot Gottschling, D–Overath

Seite / *page* 106, 108 unten / *bottom*, 109, 110:
Jens Weber, D–München

Seite / *page* 107, 108 oben / *top*:
Conné Van d'Grachten, D–Ulm

Seite / *page* 114–117:
Tim van de Velde; B–Brüssel

Seite / *page* 118–122:
Hannes Henz Architekturfotograf, CH–Zürich

Seite / *page* 123–126:
Åke E:son Lindman, S–Stockholm

Seite / *page* 127, 128, 130 oben / *top*:
Kim Zwarts, NL–Maastricht

Seite / *page* 129, 130 unten / *bottom*:
Beat Bühler, CH–Zürich

Seite / *page* 132, 133 unten / *bottom*, 134 Mitte / *middle*, 134 unten / *bottom*, 135:
Taro Hirano, J–Tokio

Seite / *page* 136–139:
Janez Marolt, SLO–Ljubljana

Seite / *page* 140–143:
Simon Menges, D–Berlin

Seite / *page* 144–146:
Shinkenchiku-sha, J–Tokio

Seite / *page* 148–152:
Valentin Jeck, CH–Stäfa

Seite / *page* 153–157:
Iwan Baan, NL–Amsterdam

Seite / *page* 158–162:
Roman Keller, CH–Zürich

Seite / *page* 163–165
Alexandra Mocanu, F–Paris

Seite / *page* 166–169
Thomas Mayer, D–Neuss

Seite / *page* 170, 172:
Richie Müller, D–München

Seite / *page* 171, 173 unten / *bottom*:
Jens Weber, D–München

Seite / *page* 174:
Frank Kaltenbach, D–München

Seite / *page* 175:
Bas Princen / Fondazione Prada

Seite / *page* 176, 177:
Roland Halbe, D–Stuttgart

Seite / *page* 178:
Christian Schittich, D–München

Seite / *page* 179–181:
Stefan Müller, D–Berlin

Seite / *page* 182–185:
Alexander Jaquemet, CH–Erlach

Seite / *page* 186:
Schweizerische Vogelwarte / Marcel Burkhardt

Seite / *page* 187–189:
Li Xiaodong, CHN–Peking

Seite / *page* 190–193:
Mariela Apollonio, E–Valencia